信楽峻麿著作集 ④

歎異抄講義 Ⅰ

法藏館

序文

このたび縁あって『歎異抄』をめぐる私の講義の筆録を上梓することとなった。この『歎異抄』は、ことに近代以降において、親鸞の思想をよく伝えるものとして注目されるようになり、多くの人々によって読みつがれ、またその教義、思想内容についても、今日では専門の真宗学者以外の多くの学者や、他の宗教、他の宗派の人々、はたまた共産党員から文芸作家まで、さらには外国の学者たちによっても、取りあげられ種々に解説されている。いまも書店にいけば、それらさまざまな註釈書が並んでいるところである。その点、この書はまことに多くの人々に注目され、読まれているわけである。しかしながら、私の親鸞理解にしたがうならば、この『歎異抄』の中には、時に非親鸞的な思想が混濁していて、この書をそのまま無批判的に読むことは、まことに危険であると考える。もともとこの書は、親鸞没後かなりの年時が過ぎたのちに、一人の門弟によって執筆されたもので、その背景には、当時の原始的な真宗教団とその教学をめぐる、さまざまな歴史的社会的諸状況が伏在しており、それに大きく左右されながら、まったく筆者自身の個人的な意趣によって生まれたものにほかならず、この書をもって、ただちに親鸞の思想を伝えるものと理解してはならないであろう。その意味において、私はかつての大学在職時代に、学生さんと一緒に親鸞を学ぶについては、この書をテキストとして使用することはついに一度もなかった。

しかしながら、各地に生まれている、かつての私のゼミナールの学生さんたちによって組織された学習会においては、先年来その方々の要望をうけて、この『歎異抄』を講義することとなった。すなわち、京都のグループである「聴石の会」において、さらにはまた広島のグループである「甘露の会」において、それぞれ何年もかけてこれを講読したわけである。もとよりそこでは、問題の文章をめぐっては、私なりの見解を付しつつ、親鸞の本意について明かしたところである。いまここに発表したものは、それらの講義の筆録である。いささかはペンを加えたものの、もともと書き下ろしでないところ、充分なる思考も深まっておらず、また論理にも正確さを欠くところがあって、省みて忸怩たる思いがするところではあるが、ともかく分かりやすくということを基本にして語ったものであるところ、出版社の慫慂をうけてここに公表することとした次第である。

ところで、この歎異という言葉は、過去におけるある特定の事柄についてのみ語られたものではなくて、真宗の教団が存続するかぎり、またその教学が生きているかぎり、それは深甚なる意味をもつ言葉であると思うことである。そして今日における真宗教団とその教学をめぐっても、この歎異する心、その思念が、何にもまして重要であると思わざるをえない。もともとこの『歎異抄』における歎異とは、浄土教義の理解をめぐって、その一念義に偏向することによって生じたところの、真宗信心の観念化、二元化としての造悪無礙の異義と、その多念義に偏向することによって生じたところの、真宗信心の教条化、形骸化としての専修賢善の異義をめぐって、批判し歎異したものである。しかしながら、このような信心、信仰の観念化と教条化という両極的な偏向という問題は、宗教それ自身が本来的に宿しているところの、宿命的な課題ともいうべきものであって、宗教というものは、つねにそういう危険性を内含しているところである。今日における真宗教団とその教学の現実状況についても、開祖親鸞の本意から逸脱することまことに遠く、その根本意趣からの脱線、したがってまた現実社会からの遊離は、はなはだしいものがあるといわざるをえない。まさしくその教団と教学の現実状況をめぐっては、さまざまに厳しく歎異されるべきことであると思われる。

いまはその一端について述べるほかはないが、その真宗信心の観念化、二元化をめぐっていうならば、真宗信心と現実生活の分離の問題として、本願寺派教団における、かつての戦時教学をめぐる教団の自己批判が、まったく形式的でしかなく、その建て前と本音が見事に背反していることが指摘されるところである。たとえばこの教団では、全国の各寺院の本堂内陣の奉安形式において、従来は七高僧像を上座（向って右）に、聖徳太子像を下座（向って左）に安置していたが、過ぐるアジア・太平洋戦争の時代、一九三九（昭和一四）年九月に、天皇家の血を継ぐ太子像を、敵国の中国人を含む七高僧像の下に祀るとは何事ぞということで、全国の寺院に指令し太子像を上座に七高僧像を下座に変更移動させたわけである。そのことについて、教団は明確に自己批判し、戦前のもとの状態に回復すべきであると幾度も主張し進言したが、教団当局はまったく無視したままであった。しかしながら、敗戦より六十年も過ぎた先年、二〇〇四（平成一六）年五月に、当局は何を思ったか、突然に一片の声明をだしてその非を認めた。だが具体的には、各寺院に対する何らの指示もしないところ、全国のほとんどの寺院においては、いまもって太子像が上座に祀られたままである。門主が住職である全国の別院の内陣形式も、また同じようにそのままである。教団当局はこれで戦時教学、戦時下の教団のありようを自己批判したというのであろうか。まことに無責任きわまりない話である。このことひとつをもってしても、この教団における信心が、いかにうまく表と裏の二重に使い分けられて、観念化、二元化しているかが、ものの見事にうかがい知られるところであろう。

このような戦時教学をめぐる問題は、大谷派教団においても同様であって、東西本願寺教団とも、戦時下の戦争協力については自己批判しながらも、戦時教学そのものについては、いまもってまったく不問に付せられたままであって、このような状況では、真宗教団は、今日急速に進行しつつある、日本の軍事国家体制再生の動きに対する、阻止勢力にはとうていなりえないことであろう。近代以来、日本の富国強兵、軍国主義化政策に対して、私たち真宗教団がどのようにかかわってきたのか、まったく忘れ去られているのであろうか。ここでもまた真宗信心の観念化をめぐっては、厳しく歎異されるべきことである。

そしてまた、いまひとつその真宗信心の教条化、形骸化をめぐっていうならば、真宗信心というものが、人間における体験、経験とは無縁なところで、まったく教条的に捉えられ、解釈されているということがある。たとえば本願寺派教団の伝統教学においては、真宗信心とは非意業であって、人間における一切の経験を超えたものであると明かすところに明瞭である。かつて私が若い頃に、「宗教経験としての信の研究」と題した論文を作成したところ、真宗における信心とは非意業であって、経験、体験といわれるものではない、もしもあえてそういうならばそれは自力の信心であると、寄ってたかって批判されたことがあった。先年には真宗信心とは非意業であるという論文を公表した教学者もいるほどである。このような信心理解は、かつて幕末の頃に、西本願寺教団において発生したところの、三業惑乱という信心騒擾事件において、中央の学林派の功存、智洞らが、真宗信心とは、仏に対する身、口、意の三業にかけたところの帰命を意味すると主張したのに対して、地方派の大瀛、道隠らが、それは自力の信心であって、まことの真宗信心とは、仏が南無阿弥陀仏なる名号の印判を、私の無疑なる心の上に捺印してくださることであって、それは三業ことには意業にもおよぶものではないと主張して、十年にもおよぶ論争の末に、幕府の寺社奉行の裁定によって、大瀛、道隠らが正義と判定されたことによるものである。宗教による民衆支配を意図する幕府権力が、能動的、積極的な信心理解を排して、もっぱら受動的、消極的な信心理解を良しとするのは当然のことである。かくして以来、西本願寺教団の伝統教学においては、いまもって信心とは名号を領受することであって、非意業にして宗教経験ではないと主張しているわけである。真宗信心の正否が俗権の寺社奉行によって裁定され、そのことが今日に及んでいるわけである。真宗信心の教条化、形骸化の最たる事例というほかはない。しかもこのような名号捺印の話は名号印現説ともいわれているが、そのような理解は、今日の大谷派の伝統教学にも継承されているところであって、この三業惑乱事件の影響の大きさを思うことである。いずれにしても真宗信心が宗教的な経験ではないと主張する人々は、自己自身がそういう信心体験をもったことがないことを、ものの見事に告白していることにほかならず、それこそまさしく真宗信心の教条化、形骸化というほかはないであろう。

今日における真宗教団とその教学をめぐっては、仏教の本義と開祖親鸞の意趣に立つかぎり、歎異すべき現実はそのほかにも数多く存在するところである。そして私の領解によるかぎり、真宗信心とは、帰するところは人間一人ひとりが、その日々の念仏をとおして、ありのままなる現実の私からあるべき理想の私に向って、少しずつでも脱皮と成長を繰り返しつつ、確かなる人格の形成、人間成就をとげていくことを意味するものである。そしてまた真宗者にとっては、そういう信心主体の確立にともなうところの「しるし」としての生き方が、厳しく要請されてくることであって、ここにこそ親鸞が開顕したところの、まことの真宗信心の基本の意義があると思うことである。この『歎異抄』をめぐる講義においても、その始終をかけて、このような真宗信心の根本原理を明確化するということに、最大の焦点をあてながら語ったつもりである。

最後になって恐縮ながら、このような著作集を企画出版してくださった法藏館社長の西村七兵衛氏、そしてその編集の全般にわたって御高配をたまわった和田真雄氏、そしてまたこの著作集製作事業を推進してくださった、現代真宗教学研究所の毛利悠氏、大江修氏、福本憲応氏、速水昭隆氏らに、深甚なる謝意を表するところである。

二〇〇八年一月一五日

信楽峻麿

歎異抄講義 Ⅰ　目次

序文

第十条　無義為義の教訓

歎異抄講義

Ⅰ

序説

一、はじめに

戦前の日本を代表する哲学者に西田幾多郎博士という方がおられました。一九四五年、敗戦の年の六月に亡くなられたのですが、この人が、戦争が激しくなって、各地にあったさまざまな貴重な書籍が戦災で焼失していった時期に、「あらゆる書物が焼けても、『臨済録』と『歎異抄』が残れば、我慢できる」といわれたそうです。戦火のために何もかもが焼失しても、この二冊の書物が残るかぎり日本の思想も文化も、きっとこれを基礎にして、さらに前に進むことができるであろうということでしょうか。西田博士は、その生涯をかけて、禅仏教を基底にした新しい日本の哲学を構築された方です。その戦時下における思想には問題もありますが、この人は北陸の出身で、真宗信心の深い土壌に育った方です。「愚禿親鸞」というテーマの文章も書いておられます。亡くなる直前、その年の春に脱稿された「場所的論理と宗教的世界観」という最後の論文の中には、親鸞聖人の教えに関するものがいろいろと取りあげられています。このように昔から今日に至るまで、『歎異抄』こそは、日本の重要な文化遺産であり、今日なお生きて、私たちのまことの生き方を教えてくれる書物であると、多くの人々から高い評価を受けてきているわけです。

その『歎異抄』に、これから直接に迫って、皆さんと一緒に読んでいきます。書店に行けば、『歎異抄』をめぐる参考書はたくさんでていますから、それらをご覧になればよろしいのですが、私は私なりの『歎異抄』領解をこれから講義します。私は、いろいろと他の人と違ったことをいうと思いますが、どういう心持ちでいっているかを、充分に賢察いただいて、お聞きとりいただきたいと思います。

そこではじめに、『歎異抄』の構成についてちょっと触れておきます。『歎異抄』というものはたいへん小さな書物ですが、最初のところに「序文」がでています。もっとも、原典には「序文」という言葉は書いてありません。スタイルとして初めに「はしがき」にあたる文章があるということです。それから本文第一条になる。そして第十条までで一段落になっています。そして第十一条の前には、普通「別序」といわれている別の序文が入っています。この「別序」という言葉も原文にはありません。今日において私たちがそういっているだけです。それから後半の第十一条が始まって、第十八条まであります。ただし、私はここで第一条、第二条といいますが、本文では、一、二という番号が付せられているだけ、それは私の便宜的な呼称です。そしてその第十八条の後に、「結文」、結びの文章があります。これも原文には「結文」という言葉はない。その「結文」はかなり長いのですが、その次に「付記」があります。これも原文では「付記」とは書いてありません。ところが、どういうわけか、この「付記」には、親鸞聖人、法然上人の流罪の記録が載せられています。これはいったいなぜなのか、どうしてそういうものが付いているのか。そのことについては後に述べます。そして最後に「奥書」。これも原典では「奥書」とは書いてありません。そこでは、この書物は大事な聖教で、誰にでも見せてはならないという蓮如の言葉が入って、「釈蓮如」と書いて「花押」が置かれています。『歎異抄』の全体の組織は、だいたいこういう成り立ちになっています。ここでは「奥書」に「釈蓮如」と書いてあるのですが、実は、この蓮如が書写したものが、現存する『歎異抄』の中では最も古いものなのです。いまのテキストは、それによりましたのでそう書いてあるわけです。そしてその実物は西本願寺に伝えられています。その原本は、巻子本といって巻物になっているものですが、最近ではその写真版が、本の体裁になって京都の出版社からだされています。

『歎異抄』は親鸞聖人が亡くなって、まもなくしてできたものですが、その後だいたい二百年のあいだ、これがどこにあったか分かりません。最初に書かれたもの、原本というものは伝わっていないのです。成立してより、およそ二百年後に、蓮如が書き写したものより以前のものはないわけです。もちろんあったことはあった。親鸞聖人の曾孫である覚如が、ちゃんとこれを見ていることが分かっています。覚如のいろいろな著作に、『歎異抄』に伝えられている内容が書かれていますから、覚如がこれを見ていたということは分かる。だからそのころに『歎異抄』があったことは間違いありませんが、その原本は残っていないのです。蓮如の書写したものが一番古い。しかしこれも、原文に当たってみると文章におかしいところがある。書きまちがえたのかどうか、いろいろと問題があるわけです。蓮如と同じ室町時代の、蓮如のすぐ後のころに成立した、いくつかの写本があります。それら相互のあいだには、いろいろと相違する点もありますが、だいたいは蓮如が書いたものを元にして書写したものと考えられます。別系統のものがあったとは考えられません。そういう意味で『歎異抄』というのは、そもそもからして、問題がたくさんある書物だということで、これからそれをできるかぎり厳密に考えながら、『歎異抄』の本文に触れていこうと思います。

二、『歎異抄』序説

今はまず、その序説というような内容でお話しますが、それについては、(一)『歎異抄』の成立。いつごろできたのか。(二)『歎異抄』の筆者。誰が書いたのか。(三)『歎異抄』の構成。その仕組みはどうなっているのか。(四)『歎異抄』の背景。どういう理由でこれが生まれたのか。(五)『歎異抄』の地位。それは浄土真宗の教えの中でどういう意味をもつのか。(六)『歎異抄』と現代。現代における『歎異抄』の意義とは何か。だいたいこういうかたちで述べていこうと思っています。

一　『歎異抄』の成立

一、親鸞聖人没後の関東教団

『歎異抄』というものは、親鸞聖人が亡くなられた少し後に、生まれたということは分かるのですが、その成立をめぐる社会的状況を簡単に見ておきます。まず、親鸞聖人没後の関東教団のことから述べます。親鸞聖人は六十歳を過ぎたころに、それまで二十年近く、関東一帯に真宗念仏の教えを伝えられていたのですけれども、多くの信者や門弟が増えたところで、何をお考えになられたのか、奥様や子供たちと一緒に京都に帰られます。それから九十歳までを京都で過ごされます。かくして、親鸞聖人が不在になった関東では、各地に門弟集団が成立してきます。親鸞聖人の教えを学んだ弟子たちが、それぞれの地域に集団をつくって、真宗の教えを民衆に伝えていきました。つまり関東の各地域にそれぞれの真宗教団が生まれたのです。これが後世の真宗教団の基礎となるわけです。そこでは地名を冠した門徒集団ができました。たとえば高田というところが栃木県にありますが、その高田の近隣の人々が集まって親鸞聖人の教えを学んだ。これを高田門徒と称します。そこでは真仏、そして顕智という、親鸞聖人の直系の弟子が、その中心になりました。真仏という方は親鸞聖人より先に亡くなって、その後継者が顕智です。

顕智は、親鸞聖人が京都で亡くなるときに、いち早く関東から駆けつけてその枕元にはべり、亡くなられた後には、親鸞聖人の葬式を取り仕切り、その後の廟堂の造営にも力を尽くした人です。それから、茨城県の千葉県寄りに横曾根（現水海道市）というところがありまして、横曾根門徒というグループもあった。この横曾根門徒を代表する弟子は性信でした。親鸞聖人は、関東教団に関してはこの性信を非常に信用していました。杖とも柱ともたのんでおいでになったようです。それから、横曾根の東の方に鹿島という土地があります。霞ヶ浦の東あたりになりますが、そこには鹿島門徒というものがあった。ここでは信海という弟子が中心になって、このあたりに真宗を弘めていきました。そういうように、いろいろなグループが各地にあったのですが、もう一つだけいいますと、福島県の白河の近くに大網門徒というのがありました。ここには今も真宗十派以外の別派の本山を名のる寺があります。親鸞聖人の長男である善鸞が、異端、間違った教えを主張して親鸞聖人から義絶を受けます。その善鸞の子の如信という人が、この大網門徒を率いて生まれたものです。

こういう人たちが、関東各地に集団、教団を作って、真宗念仏を弘めていったわけです。記録を見ると、当時はまだ寺院らしいものは建っていなかったようです。ただ「小棟をあげ」（『改邪鈔』）たとありますから、普通の民家よりも屋根を少し高くした道場を作って、そこに仏様を安置して、人々が集まって聞法したというようなありさまだったようです。そしてそこでは名号を本尊としたようですが、そのことはまた後にどこかで触れます。そのほか本尊の名号のほかに、七高僧とか聖徳太子などを絵像にして安置したとも考えられます。今でいえば本堂の余間にあたるところに祀ったのでしょうか。そして、そのことは、地方の豪族など経済的、政治的に力を持った人たちのバックアップによって成立したもので、その人たちによって、この新興の真宗教団が支持され、発展していったものと思われます。これがいわゆる真宗教団のそもそもの始まりであったわけです。

先ほど話した善鸞事件は、このころに起きています。善鸞が、父である親鸞聖人から義絶されたのは、康元元年(一二五六)、親鸞聖人八十四歳のときです。親鸞聖人には子供が六人あったということが、『口伝鈔』という書物に書かれています。もっとも、西本願寺に伝わる『日野一流系図』によると、子供たちは七人になっています。七人という場合は、奥様が二人あったことになっている。最初の奥様は九条兼実の娘で、玉日姫《たまひのひめ》という人だといわれているところです。その兼実という人は時の太政大臣です。その娘だというのですが、これは史実としては全然かみ合わない。そういう女性は現実にはいなかったのですが、その人との間に、子供が一人あったというので七人になっている。しかし、今日では『口伝鈔』に六人と書かれているのが、だいたい定説になっています。そこで、その六人の子供、その母は兵部大輔の三善為則《みよしためのり》の娘であり、この為則は越後介も務めていたといいますが、それを母とし、その長男として生まれたのが善鸞です。

その善鸞義絶事件というのは、こういうことです。親鸞聖人が京都に帰られた後、関東には先ほどいったように、次第に念仏が弘まります。しかしその末端では、「真宗の教えは、いかなる悪を犯そうとも、仏はすべてをお救いくださり、みんな浄土に生まれるという教えだ。だからどんな悪いことをしてもいいのだ」という、考え方が生まれてきたのです。それは造悪無礙、いくら悪いことをしてもいいのだという、誤った教義理解、異義です。こういった問題は、宗教の世界には常にひそんでいる問題です。仏様という方は、非常にやさしく、いかなる悪人も赦されるのだという話が前面にでると、「だから悪いことをしても赦してくれるのだ」という、いわゆる「甘え」という論理になる。それが関東の教団の中にも生まれてきて、いろいろな問題を引き起こしたわけです。親鸞聖人はたいそう困られて、自分はとても行けないからと、代わりに息子の善鸞を送られます。「善鸞よ、お前がきちんと正しく教えなさい」と、こういうことだったのでしょう。善鸞は、父の親鸞聖人の名代として関東へ下ります。ところが関東では、すでに各地方において、非常に信心深い門弟たちが中心になって、それぞれの教団を形成しているわけですから、いってみれば、後からきた善鸞は、いかに親鸞聖人の長男だといっても、これは通らない。それぞれの信者が、それぞれの中心人物のもとにまとまっているのですから、あまり善鸞は歓迎されなかったわけでしょう。そこで、これは多分に私の想像も混じっているわけですが、善鸞は、そういう造悪無礙の異義を正すために、私は父の親鸞聖人から、夜中に私一人が特別に学んだことがあるといって、「私たちは念仏を申して阿弥陀仏に救われるというけれども、悪いことをしてはいけないのだ。善いことをしなくてはならない。そうでなくては仏には救われないのだ。これがまことの本願の教えだ」というかたちで、厳しく専修賢善の道を勧めたようです。専修というのは、一生懸命に念仏をもっぱらおさめる。賢善は、賢く善いおこないをする。悪いことをしないということです。確かに当時の関東教団では、仏の救いに甘えて、悪いことをする輩がたくさんいたのでしょうから、それを是正するために、こういうことを強調したのでしょう。そしていま一つ、真宗においては、神祇つまり神様を信奉することを否定します。これは親鸞聖人の教えの基本的立場です。親鸞聖人の教えは弥陀一仏です。あとのさまざまな仏、菩薩を礼拝することも、そのほかの民俗信仰も全部排除した。それが関東教団に徹底して、神祇信仰を排除したのです。しかしながら、日本では、伝統的に神祇崇拝を基盤として政治を行ってきました。鎌倉幕府もそうだった。だから神祇崇拝を拒否するものは、政治の権力者から非常に反発をかうわけです。そういうことから、関東の念仏教団は、当時の鎌倉幕府から、いろいろと弾圧をうけることがありました。ところが善鸞は、この神祇崇拝と妥協するわけです。このあたりから彼の真宗理解がおかしくなる。このように神祇と妥協しながら、善いことをしなければならない、本願に甘えてはならんと、こういうことを積極的に説いた。当然、今までの親鸞聖人が教えられた真宗の法義とは違ってきます。このことによる混乱が、その後に尾を引いていくわけです。

そこへ日蓮上人の念仏批判の問題が加わってきます。日蓮上人は、親鸞聖人より少し遅れて千葉県の海岸地方で生まれたのですが、比叡山に登って仏教を学んだのち、新しい宗派、日蓮宗を作ります。このときは、法然上人や親鸞聖人の念仏の教えや、栄西禅師、道元禅師の禅宗がもうすでに弘まっていたわけです。その後に日蓮上人は一派を立てた。日蓮上人の教えは「南無妙法蓮華経」と経題を唱えれば仏になるという教えです。これは基本的には、法然上人や親鸞聖人の「南無阿弥陀仏を称えれば仏になる」という教えにヒントをえて、まったく新しく作った教義です。こんな考え方が、インド仏教や中国仏教にあったわけではありません。「念仏を申して仏になる」という教えは、インド、中国を通して説かれた教えですが、経題を唱えて成仏するというのは、日蓮上人が法然上人や親鸞聖人の教えをヒントにして創作した話です。そもそも他の宗旨が弘まった後へもぐりこんで、自己の教義を主張するわけですから、日蓮上人は他の宗旨を強烈に批判しなくてはならないわけです。そこで有名な四箇格言というものがでてくるわけです。当時は、いわゆる元寇の役の直前です。蒙古の軍勢が周辺の国々を攻め亡ぼしている。次は日本へ攻めてくるという情報が早々と日本に伝わってきた。それを盾にとって、日蓮上人は、私の教えを聞かないかぎり日本は滅びるぞといって自己の教義を主張したのです。それが『立正安国論』という書物になります。自分の教えが一番正しいのであって、これにもとづけば、日本の国は安泰だと、こういう主旨を展開したわけです。日蓮上人がその『立正安国論』を鎌倉幕府に提出したのは文応元年（一二六〇）です。そのとき親鸞聖人は八十八歳、もう最晩年です。しかし、それより以前に、日蓮上人はいろいろのことをいっている。いまの四箇格言というのは、「念仏無間」「禅天魔」「真言亡国」「律国賊」の四つのスローガンです。当時の関東に弘まっていた仏教各宗派をこういうかたちで批判した。念仏する者は無間地獄に堕ちる。戦後、創価学会が、盛んにそういって真宗を批判したのは、ここからきたものです。それから、禅宗は天の悪魔だ。また真言宗、弘法大師空海の教えは、国を滅亡させる教えである。そしてまた律宗、今日の奈良の唐招提寺を本山にした律宗は、これは国賊である。こういう四つのスローガンを掲げて、当時の仏教を徹底的に批判した。このことはやはり関東の念仏者たちに、すくなからぬ影響を及ぼしたであろうと思われます。

そしてもう一つ、当時における教学状況の問題がこれに絡んできます。親鸞聖人が京都に帰られてから後、関東の門弟たちのあいだには各種の異義がでてくるのです。先ほどいったような造悪無礙、悪いことはいくらしてもいいというような考え方とか、あるいは善鸞が説いたところの、それとは反対の専修賢善、善いことをしなくてはならぬというような考え方など、真宗の教義があれこれ間違って理解されていきました。そこで当時の関東の門弟たちは、これらの混乱を正していこうとするわけです。これは親鸞聖人の没後二十九年目のことですが、まことの真宗の教義を伝えようということで、『教行証文類』全六巻という親鸞聖人の膨大な著述を、開版、印刷したということが、最近の学問で明らかになっています。このことにはなお疑問もあるのですが、あの膨大なものをどうやって開版できたのだろうかと思われます。記録によると、先にいった横曾根門徒の、あの性信の弟子の性海という人が、時の地元の権力者の支持をえて開版、印刷したといいます。開版というのですから、一枚一枚を木に彫り込んで出版したわけでしょう。版木だけでも膨大なものだと思われますが、それをやったといわれている。そのとき開版、印刷したものを写したとされる書写本が最近発見されましたから、やっぱり開版はあったのだろうかと思います。そしていまの『歎異抄』が作成されたのは、親鸞聖人の滅後二十七年くらい後のことと考えられますから、だいたいこれと同じころです。かくして、このように『教行証文類』の印刷や『歎異抄』の制作など、正しい真宗の教義を確立し、それを弘めるために、こういうかたちで、当時の関東の教団は活発に動いていたと、こういうことが想像されます。

二、写本をめぐる問題

次にその写本をめぐる問題について話します。何度もいうようですが、『歎異抄』の原本は今日存在しません。親鸞聖人の曾孫である本願寺第三代の覚如は、青年時代に関東にも行っていますから、どこかで『歎異抄』を手に入れて読んでいたと思われます。これにもとづいて書かれた書物がいくつかある。『口伝鈔』とか『改邪鈔』などがそれです。そこでは明らかに『歎異抄』から引きだして、親鸞聖人がおっしゃったというように書いてあります。だから当時にその原本があったことは間違いないのですが、今日では残っていない。今日では蓮如の写本が一番古いわけです。これも今日の学者の説では、蓮如の晩年、六十五、六歳ころの筆であろうといわれています。蓮如の筆跡は、四十代ころからの『御文章』(『御文』)がありますので、研究者が筆の動きを細かく調査検討して、そういうふうに発表しているのです。そこで、その書写本が一番古い。これは『歎異抄』ができあがったころからおよそ二百年過ぎているのですが、その間はどこに存在していたのか分からないわけです。そしてこの蓮如が書写したものを、その後に修正しながら写したものが今日幾種類か残っています。蓮如のものは、西本願寺に伝えられています。それ以外の古いものは、いまでは龍谷大学(室町時代写本)や大谷大学(端の坊本)など、大切に保存されています。

次に、その『歎異抄』が、親鸞聖人の教学、真宗教学の流れにどのように関わっていったかということです。いま、覚如は『歎異抄』を見ているということをいいました。そして蓮如はこれを書き写した。それから近世、近代と時代がくだって明治以後になりますと、大谷派系の学者は『歎異抄』を大事に扱っているのです。しかしながら本願寺派系ではあまり『歎異抄』を問題にしない。だから今日に至るまで龍谷大学で『歎異抄』の講義をほとんどしません。しかし、大谷大学では盛んに講じられました。今でもそういう傾向があるようです。大谷大学では真宗を専攻する学生は、一年生に入ったらみんな『歎異抄』を勉強する。龍谷大学では『正信偈』を教えています。これはなぜそうなっているかというと、これから読んでいくとよく分かりますが、『歎異抄』の根幹をなしているものは念仏往生の思想です。念仏して弥陀にたすけられ、念仏して往生する。このように念仏を中核として説かれています。ところが蓮如の『御文章』の思想は、まったく信心を中心とするものです。だから、そこには念仏往生の思想はないのです。ただ念仏は信後の報恩行であるといって、刺身の「つま」みたいになっている。かくしてそこでは信心ばかりをいう。「信心をもって本とせられ候」というわけです。

ところで大谷派の教学は、近世以来、称名念仏を重視してきましたが、本願寺派では、近世以来の教学においては、ことに信心を重視してきました。もとより本願寺派でも念仏重視の主張があったのですが、幕末に惹起した三業惑乱事件によって、この称名念仏を主張する学系は徹底して排除されました。かくして、今日では、大谷派の教学は念仏を中核とする教学を形成しており、本願寺派の教学は信心を中核とする教学を形成しているわけです。今日において、大谷派が、念仏を重視する『歎異抄』を大切にし、本願寺派が、信心を重視する『御文章』を大切にして、あまり『歎異抄』に注目しない理由がここにあるわけです。

とすれば、親鸞聖人の本意、真宗教義の根幹は、どちらが正統であるか、念仏往生か信心往生か、という問題となります。それについては今後いろいろと考察していきますが、結論的にいいますと、親鸞聖人においては、念仏と信心というものは、それが真実なる念仏であり、信心であるならば、両者は即一するものでした。その『末燈鈔』に「行をはなれたる信はなしときさて候。又信はなれたる行なしとおぼしめすべし」と明かされるところです。ただ教義の綱格からいえば、その主著『教行証文類』のタイトルが物語るように、行（念仏）が表であり信（信心）はその内実としての裏であるわけで、真宗教義としては、念仏往生、念仏成仏の道を明かすものといわねばなりません。『入出二門偈』に「念仏成仏する、是れ真宗なり」と明かされるゆえんです。その点、称名念仏をもって報恩行だという主張は、親鸞聖人の本意だとはとうていいわれません。詳しくは改めてお話しましょう。

二 『歎異抄』の筆者

一、筆者をめぐる問題

『歎異抄』の筆者については、古くは覚如が書いたとか、あるいは善鸞の息子の如信が書いたとか、江戸時代の学者はいろいろいっているのですが、今日では、常陸、河和田の唯円（一二二二〜一二八八）という人が書いたというのが定説になっています。この唯円は、もと平次郎といい、『親鸞伝絵』に見える常陸国大部（現水戸市）出身の平太郎の弟だといわれています。そこで筆者がどうして唯円だといわれるかというと、第九条に唯円という名前がでてきます。「念仏まふしさふらへども（中略）親鸞もこの不審ありつるに、唯円房おなじこころにてありけり」といいます。これは、門弟の唯円が親鸞聖人に質問したら、親鸞聖人が、「あなた、唯円も同じことを考えておったか」といわれたという話です。この前後を読んでみると、その文章は、いかにも臨場感にあふれています。どうみても問うた本人唯円が、親鸞聖人が答えられた言葉を、そのままに書いたという感じがして、第三者が書いたとは考えられない。これはやはり当事者が書いた文章です。それで『歎異抄』の筆者に唯円という人があがってきたのです。もう一つ、第十三条でも同じことがいえます。ここにも「またあるとき、唯円房はわがいふことをば信ずるかと、おほせのさふらひしあひだ」とあります。ここでも、「唯円房よ、あなたは私のいうことを信じるか」と親鸞聖人が仰せられたと、こう書いてある。これも同じように、そういう現場を体験した人の文章と考えられます。そうすると、やはり書いた本人は唯円だということになるわけです。

ところが調べてみると、親鸞聖人の弟子の中に唯円という人が二人いるのです。親鸞聖人の弟子の中の主だった人の名前を並べて書きだしたものの控えが、今日に残っています。それらによると、八十人あまりの親鸞聖人直系の門弟の名前が分かります。そこに唯円という名が二人ある。河和田の唯円と、もう一人、鳥喰《とりはみ》の唯円という人がいる。その二人のどちらかということがまた問題なのですが、今日ではこの河和田の唯円が『歎異抄』の筆者であろうということになっています。河和田という在所は茨城県の水戸市にあります。水戸市の郊外に報仏寺という、かつては藁葺きの鄙びた素朴な寺でした。今はその周囲は都会になっているかもしれませんが、そこの寺の開祖の唯円がその人であるといわれています。そうすると書かれた年代がでてきます。これにもちょっと問題はあるのですが、この唯円は、親鸞聖人からちょうど五十年遅れて生まれています。だから親鸞聖人が九十歳で亡くなられたときに、唯円はまだ四十歳だった。親鸞聖人最晩年の弟子であると考えられます。そして親鸞聖人が亡くなられて後、二十五、六年経ったころに、この『歎異抄』は書かれているのです。

二、題名をめぐる問題

今度は題名をめぐる問題です。『歎異抄』の最初の序文のところに、

仍故親鸞聖人御物語之趣、所留耳底、聊注之。（よって故親鸞聖人の御物語の趣、耳の底に留まるところ、いささかこれをしるす。）

とあります。「私、唯円は、亡くなられた親鸞聖人の法話を、その側にいていろいろと聞いてきたが、それが耳の底に残っているものをこれから書きます」という文章です。それから、第十条の次の「別序」のところに、

上人のおほせにあらざる異義どもを、近来はおほくおほせられあふてさふらうよし、つたへうけたまはる。いはれなき条々の子細のこと。

といって、親鸞聖人の教えとは違ったことをいう人が世の中には多いそうだが、という話がでてきます。そして最後の「結文」に、

一室の行者のなかに信心ことなることなからんために、なくなくふでをそめてこれをしるす。

同じく念仏成仏の仏道に縁を結んだものの中で、あやまった信心をもつものがないようにと、泣きながら筆を染めて書いたといっています。そして最後の結びの言葉に、

なづけて『歎異抄』といふべし。外見あるべからず。

とある。だからこの書を『歎異抄』と名づけたのです。この書き物は誰にも見せないでください。これが私の思いですという。こういうかたちになっていますが、『歎異抄』という題名の由来は、これでだいたい見当がつくでしょう。故親鸞聖人からお聞きした法語で、私の耳の底に残っているものを書きます。親鸞聖人の仰せとは違うことをいう人があることが嘆かわしいので、泣く泣くこの書物を書きました。名づけて『歎異抄』といいますと、こういうことでしょう。

この「歎異」という言葉は、これは非常に見事な表現だと思います。異なることを歎く。「抄」というのは書物ということです。戸籍抄本の抄ですから、短く文章をまとめたもののこと。異なることを歎き、泣く泣く筆を染めて書いたものということをあらわします。少し後に、覚如が『改邪鈔』という書物を書いていますが、この書名はまた非常に徹底している。「邪」は間違ったこと。「改」とはそれを改めさせる。どれが正しいか、どれが間違っているかを決め、正しいところをはっきりさせて間違っていることを批判する。こういう書物が『改邪鈔』です。

『歎異抄』はそうではなくて、私たちは同じ立場に立って一緒に法義を聴聞してきたのに、親鸞聖人の気持ちとは違った理解をしている者がいる。これはまことに悲しいことであると、泣く泣く筆を染めてこれを書き留めたというのです。ここには誰かが悪いといって批判し判定するという思想や論理はない。そのことは、この筆者唯円の深い信心の内実をよくあらわしているると思います。私たちには、他人が間違った理解をしているときに、こういう歎異という姿勢が大切なのではないでしょうか。家の中でもめごとがあったり、世の中になにかと不都合があったりすると、「ちょっとこい、私がこらしめてやる」と、そういう改邪をやるから、いくらやっても後をたたない。総理大臣か誰かが、「泣く泣く筆を染めてこれをしるす」というて歎異したら、少しは政治家や高級官僚が悪いことをしないようになるかもしれません。今どきは、そういう歎異という思想や論理がなくなった。家庭の中でも学校においても、「泣く泣くこれをしるす」というような姿勢や態度があったら、きっと相手の心に届くものがあるのではないでしょうか。

三 『歎異抄』の構成

一、構成をめぐる疑問

次に『歎異抄』の構成についてお話しますが、ここではちょっと私の独自な理解についてお話します。「別序」のところを見てください。第十条の途中、「そもそもかの御在生のむかし」から後を「別序」といっているのですが、前にもいったように、蓮如の書いたものには、そこに別序という言葉はでてきません。第十条という言葉もなくて、「十、一、念仏には」とでてくるだけです。そして、「のゆへにとおほせさふらひき。そもそもかの御在生のむかし」と、ずっと前文の続きになっています。だから学者によっては、「別序」などということはいえない、これは第十条の中なのだという人もいます。「別序」は問題の多いところですが、それについては後でまた触れることにします。

それから最後の「結文」についてもいろいろと問題があります。たいへん長い文章で、まとまりがなく、いろんなことが、あれこれと書いてあります。最近、ある学者が、この「結文」はおかしいといって、これを全部分解して順序を入れ替え、自分で文章を再構成して、これが正しいのだというような人がありました。そんなことを、よくもまあされたものだと思いますが、それほどこの「結文」は、ある意味では、文章全体に筋が通っていないのです。一つ一つはまとまった言葉なのですが、その前後がうまく続いていない。前後関係がおかしい。そういうことがあるものですから、これは古来問題になってきたところです。

しかしながら、それについては、最後の「結文」のところで、

いづれもいづれもくりごとにさふらへども、かきつけてさふらうなり。

かたはしばかりをもおもひいでまひらせて、かきつけさふらうなり。

と書いてあります。かつての親鸞聖人の法語を、あれこれと思い出しながら書きつけたというのですから、別に筋を通して書いたものではなさそうですので、これはこれでよいのではありませんか。ともあれ、この『歎異抄』の構成をめぐってはいろいろと問題があるということだけを、ちょっと指摘をしておきます。

二、組織をめぐる問題

次には『歎異抄』の組織をめぐる問題をいま少し考えてみましょう。最初に見ましたように、その第一条から第

十条までの十か条は親鸞聖人の法語です。これを古来「師訓」「教訓」といっています。先師の教えということです。それに「序文」があった。それから、第十条の次に「別序」があって、その後の第十一条から第十八条までの八か条は、間違った真宗理解を批判する文章です。だからこれを「異義」といっています。初めに親鸞聖人の教えをだして、後のほうには、それと違った真宗の理解を批判する。そして最後に総結、結びの文章がある。そのあとに、なぜか親鸞聖人の流罪の記録がついている。今日私たちが手にしている『歎異抄』の構成は、そういう組織になっています。何度もいいますが、原本の成立以来二百年のあいだ、『歎異抄』はどこに存在していたのか分からなかった。突如として蓮如によって筆写された。それが今日残っている。その点、もともとその原本が、こういう組織であったのかどうか、その辺もよく分からないのです。

そこで私が問題にしたいのは、この『歎異抄』の原形は、二部に分かれていたといいえないだろうかということです。そのように私はあえて考えるわけです。たいへん短いものなのですが、上巻と下巻があったといってもいいでしょうか。この『歎異抄』というものは、学者が組織立てて書いた論説などではなく、作者の心に留まっていたものを書き出したものでしょう。だから、もとは二部に分かれていたと考えられる。その二部を後にくっつけて、形が崩れてしまった。たとえば、第十条と「別序」とを、蓮如は何ら改行することもなく、ひと混ぜにして書いているように、どこかでその組織、構成が、入り乱れてしまったのではないかというのが、私のもともとの考えです。なぜそういうことをいうかについて、もう少し述べます。最後の「結文」の中ほどに、親鸞聖人の教えと違うことをいっている人があることが大変悲しい、というような話がでてきます。これが歎異と名づけられる話です。それでそのことをいっているくだりの最後のところに、

大切の証文ども、少々ぬきいでまひらせさふらうて、目やすにして、この書にそえまひらせてさふらうなり。

という文章がでてきます。この「大切の証文ども」というのは、いくつかの大切な証拠の文章ということでしょう。それをいまは「ぬきいでまいらせさふらうて」、抜き書きにさせていただいて、それを「目やすにして」、標準にして、「この書にそえまひらせてさふらうなり」というわけです。だから、その証文を標準、基準にして、正しい真宗の教法を理解してほしいと、こういう文章なのです。そしてそれをこの書に添えたということです。そうすると、この証文とはいったい何かという問題がでてきます。「大切の証文」といわれているのは、どの文章を指すものか。それについて、これまでの学者は、いろんなことをいっているのですが、だいたい四説に分かれます。

一番目には、この「大切の証文」というのは、『歎異抄』とは別にどこかにあったものだが、それがもう遺失してしまったのだという説です。失くなったというのですから論議の対象になりません。それはそう考えるというだけの話です。ただそれにちょっと色をつけたのが、いちばん最後の「流罪の記録」は、これがその失くなった証文の一部分なのだと、こういうことをいう人もいます。こういう別な文章があったという説は江戸時代からありまして、今日でもそういうことをいう学者がいます。

二番目は、この「流罪の記録」が「目やす（目安）」なのだという説です。ある歴史学者は、「こういう訴状を目安状ともいう」といっています。それで、「目安」と書いてあるから、これが「大切の証文」だという。しかし、それならどうしてこの流罪記録を、『歎異抄』の中に入れなければならなかったのか。ここには親鸞聖人やその兄弟弟子の住蓮房、安楽房らの、あの法難事件の記録が載っているわけですが、これがどうして「大切の証文」だということになるのか。この歴史学者は、「大切の証文」は他にもまだあったのだけども、それは蓮如が切り捨てたのだともいいます。

三番目に、「大切の証文」というのは、この文の次にでてくる文章だという説です。すなわち、

聖人のつねのおほせには、弥陀の五劫思惟の願をよくよく案ずれば、

聖人のおほせには、善悪のふたつ惣じてもて存知せざるなり。

これは、いずれも有名な言葉です。親鸞聖人の仰せが二文ここにでている。このことを指すのだと、こういうのです。しかし、「大切の証文ども」といってあるのですから、いろいろあるということでしょう。そしてまた「少々ぬきいでまひらせさふらうて」といっているわけですが、はたしてこれで「大切の証文ども」を「少々ぬきいで」といえるのかどうか。だが、この二文がそれだという学者がいるわけです。

そしてもう一つ、四番目は、私がこれからお話しようとする考えで、『歎異抄』の初めの、第一条から第十条までの文章だという説です。耳の底に残る親鸞聖人の言葉というのは、これは歎異ではない。間違っていることを歎くのが歎異です。だから、この親鸞聖人の法語の文章を『歎異抄』と名付けるのはおかしいことです。親鸞聖人の法語を集めて異なることを歎くなどと、そんな理屈に合わぬ話はない。歎異という言葉と初めの十条の文、親鸞聖人の言葉とは関係はないのです。あとの八条、第十一条から第十八条までの文章が、歎異、間違っていることを歎いてこれを批判しているのです。したがって初めの十条は、それを批判する標準、定規としてここに置かれてある。こういわなければ、「親鸞聖人の法語が間違っている。泣く泣くこれを書いた」といったのではおかしい話です。それで、もともと『歎異抄』は二部に分かれていたという発想がでてくるわけです。私はやはりそう理解せざるをえません。だから上巻、下巻、そのように上、下と書かれていたかどうかは別として、二部構成であったというようなことをいっているわけです。これは私が初めていうのではなくて、これまでにもそういうことをいった人が若干ある。それを今、私がまとめていっているのです。だから「序文」もそうなっているのだと、それは私が勝手にいっているのですが、でもこうすると、「序文」が初めにあって、中ほどにもあって、終わりにもまたあるという

ことが、話がぴたりと合います。すなわち、上巻の『歎異抄』には、初めに「序文」があって、その後に本文の師訓十条が目安として書かれ、下巻の『歎異抄』には、はじめに「序文」があって、その後に本文の異義八条が歎異の対象として示され、最後に全体の「結文」が置かれているわけです。今日の活字印刷にすれば、ほんの小冊子程度のものになってしまいますが、昔は大きな字で書いたわけですから、上下二冊であってもそれなりに格好がついただろうと思います。それでこの二部をひっくるめて『歎異抄』といったのであって、本来「歎異」というのは、この後の部分が「歎異」です。だから初めに目安、「大切な証文」として、親鸞聖人の言葉を置いたのだと、こういう意味合いがあると、私は考えるのです。とすれば、現行の体裁に改めたのは誰かということになりますが、蓮如によってそうされたのか、またはそれ以前のことか、ともあれ流伝、筆写の営みの中で、今日のような体裁に変形したものと思われます。

付随する問題で流罪記録の話がありますが、これはまた後のところでもっと詳しく話しましょう。

四　『歎異抄』の背景

一、当時における異義

次に『歎異抄』が生まれた背景、もっといえば、当時に間違った信心理解が生まれた背景について、少し考えてみたいと思います。そのことからいろいろ問題を掘り起こすことが必要だろうと思うのです。浄土念仏をめぐる異義は法然門下においてすでに生じていました。つまり法然上人のころに、正しい念仏理解とは違った考え方がでてきていたのです。これは、「一念義」「多念義」といわれた問題です。この一念義では、数多く称名、念仏を申すということよりも、その念仏の意味、その内容が中心になります。「念仏にその内実がともなって、私の念仏が、仏の心、仏智に相応すればよい。そういう念仏であれば、それがたとえ一声であっても、往生は決定するのだ」という、非常に明快な考え方が一念義です。それに対して、多念義というのは、「一生の間、ともかく念仏を懸命に称えなければならない。数多く念仏すべきだ」という主張、これが多念義の考え方です。そうすれば臨終に来迎見仏をうることができる。親鸞聖人は、この一念義、多念義をめぐって、『一念多念文意』という書物を書いています。そこでは、一念でよろしいと考えるのは間違いだ。しかしまた、多念がよろしいと考えるのも間違いだといって、一念多念、どちらの数量にもこだわってはならない、問題は、その念仏の内実であるということをいっています。ここに親鸞聖人の念仏理解の基本の立場があるわけですが、このことについてはまた後に改めて述べます。

一念義というのは、念仏は数の問題ではない。その念仏の中に莫大な功徳があるわけだから、私の念仏の心が仏心、仏智に相応すればもうそれでよろしいという、非常に抽象的、観念的な仏智、名号功徳への傾斜です。これは念仏の主体化の欠落です。頭ばかりで仏法や念仏の法義を理解すると、だいたいこういう傾向になっていくものです。それに対して、多念義は、逆に徹底的に念仏の数を競う。これは実践派です。人間の行為への傾斜です。実践というのは、ある意味では大切なことです。しかしこれにあまり傾斜すると、念仏はたくさん称えたほうがいいということになってしまって、外見ばかりが問題となって内実がともなわなくなります。そして今度は行業策励の偏執といって、いわゆる自力に偏るという問題がでてくるわけです。そしてそこでは、仏の智慧や慈悲のことが、充分に領解されないこととなる。これも非常に大きな問題があります。特にこの『歎異抄』が問題にした異義とは、まず一念義系、その観念派による異義です。これは観念的ですから、それが極端に走っていくと、私たちは阿弥陀仏の慈悲に救われていくのだから、どんな悪いことをしても赦されるのだという、造悪無碍の異義になっていきます。すでに法然上人の時代に、その一念義に属する弟子の中で、阿弥陀仏に帰依する者は、五逆、十悪は捨てることはない、心にまかせて行なうがよい、といったものがいました。そしてまた、多念義系、その実践派の流れからは、その行業策励が極端に走ると、教条的となって念仏者の日々の行為を厳しく戒めるという、専修賢善の異義が生まれてくることとなります。いまこの『歎異抄』が問題にする異義とは、その一念義系観念派の造悪無礙の異義と、多念義系教条派の専修賢善の異義の二種の異義を意味するわけです。そしてここに挙げられる八条にわたる異義の中では、その第十一条「誓名別執の異義」、第十二条「学解往生の異義」、第十五条「即身成仏の異義」、第十七条「辺地堕獄の異義」が、はじめの造悪無礙の異義に属するものです。そしてまた、その第十三条「専修賢善の異義」、第十四条「念仏滅罪の異義」、第十六条「随犯廻心の異義」、第十八条「施量分報の異義」が、のちの専修賢善の異義に属するものです。『歎異抄』が、その異義をめぐって批判し、是正しようとしたのは、上に掲げたところのこの二種の異義で、これらの異義が、親鸞聖人没後の関東に弘まっていたことが知られるわけです。それらの異義の内容については、これからの講義において詳しく見ていきましょう。

二、親鸞聖人の領解

そこで当時関東において弘まっていた異義はそれとして、親鸞聖人が教示されたところの、真宗のまことの仏道、本願念仏の道とは、いかなるものであったのか、そのことについていささかお話しておきましょう。

法然上人における仏道とは、ひたすらなる専修念仏の道でしたが、その具体的な内容としては「心行相応」(『往生大要鈔』)の道でした。すなわち、仏法、仏道に対する決定の信心(心)をおこして、専修なる称名念仏(行)を修める道をいい、そういう心行相応の道を励むならば、平生のときに三昧を発得して見仏することができるといい、たとえそれが不可能であったとしても、臨終には来迎をえて見仏し、浄土に往生することができるというものでした。法然上人自身は、その日頃の称名念仏の功徳によって、平生に三昧を発得したといい、そのことを記録した『三昧発得記』なるものも伝えられていますが、一般の人々に対しては臨終の来迎見仏を語り、そのような臨終の正念をうるならば、よく浄土に往生することができると教示しています。

ところが、その専修なる称名念仏をめぐって、『無量寿経』の第十八願文には「乃至十念」と説かれ、その第十八願成就文には「乃至一念」と説かれています。法然上人の理解によりますと、その「十念」とは十声の念仏のことであり、その「一念」とは一声の念仏のことでしたから、その仏道における称名念仏の数量をめぐって、一念か十念（多念）かという問題が浮上してきます。法然上人は、しばしば「信おば一念に生るととり、行おば一形にはげむべし」（『十二問答』）などといい、また余命いくばくもない臨終の人について一念といい、一般の尋常の人については十念、生涯の念仏を説かれたのだと語り、一念の念仏も多念の念仏もその功徳は同じであって、両者は別立してはならないと教示しました。

しかしながら、その法然上人の門下においては、称名念仏をめぐる理解が分裂して、すでに上に述べたように、一念義の立場に立つ者と、多念義の立場に立つ者とが生まれてきました。それについて詳しく話しますと、その一念義の立場に立って、それをもっとも先鋭的に主張したのが幸西（一一六三〜一二四七）です。この幸西の思想は、第十八願文にもとづく一念念仏往生の道を明かしたわけですが、ここでいう一念とは、凡夫相応の易行としての称名念仏を意味することは当然ですが、それはまた単なる口声、称名を超えて、阿弥陀仏に対する絶対帰依なる心念を意味して、そこに阿弥陀仏の仏智願力と、衆生の心念とが、念念に能所無二となり、その仏智とその衆生の心念とが相即冥合して、そのいわれを深く体得、領解する一念、一心のところに、まさしく浄土往生が決定するというものでした。かくして幸西は、念仏の相続、多念ということはまったく無益であるというわけです。このような幸西の一念義はやがて消滅して、今日では、その仏道、教団というものは存在していません。しかし、いま一人、一念義に属するものに証空（一一七七～一二四七）があります。この証空の思想は、同じように、第十八願文にもとづく念仏一行往生を主張したわけですが、また証空は、天台教学の開会《かいえ》の論理を援用することによって、念仏以外のあらゆる諸善万行は念仏胎内の善として、すべてこの念仏の中に摂まるものであるといって、間接的に諸行往生を肯定したわけです。そのことは当時、法然上人による専修念仏の主張が、聖道教の各宗から厳しい批判をうけていたことに対する、妥協の配慮によるものにほかなりません。そこでその仏道としては、阿弥陀仏とは、法蔵菩薩の誓願と修行の結果、その願行が成就したものであるところ、阿弥陀仏それ自身には、仏体即行として、衆生の往生に必要なる願と行は、すでにすべて成就されているわけで、衆生がそのいわれを学んでそれに帰依し、それを三心領解するとき、いまここにして浄土往生をうることとなるといい、そのような現生における往生を即便往生といい、死後来世の往生を当得往生といっています。かくして証空においては、称名念仏は称えても称えなくても、そのことには関係なく、ただひとえに仏体に帰命することにおいてこそ、すでに往生の業因は決定するわけでしたが、他方、彼は、その決定以後の行業を重視し、法然上人をまねて日課念仏を行じ、戒律までも堅持しました。すでに即便往生をえたものが、何の必要があってそのような行業を修めねばならないのか、いささか疑問ですが、それはすべて仏恩報謝の行になると理解していたようです。この証空の教学は、今日では、長岡京市の光明寺を本山とする西山浄土宗として流伝しています。

それに対して、多念義の立場に立って、自ら日課六万遍の念仏を修め、人々にも多念なる称名念仏の相続を勧めたのが弁長（一一六二～一二三八）です。この弁長の思想は、基本的には第十八願文にもとづいて、念仏往生の道を主唱しながらも、他方においては諸行往生をも許容して、いわゆる二類各生の仏道を語りました。これもまた当時の聖道教に対する妥協にほかなりません。そしてその念仏往生の道については、助けたまえと心念しながら、専ら多念相続の口称念仏を修めるように勧励し、それにおいて平生に見仏するものもあるが、臨終には正念に住して来迎見仏をえて、浄土に往生することができるといっています。この弁長の教学が、今日における京都市の知恩院を本山とする浄土宗として伝承され、流布しているわけです。また長西（一一八四〜一二六八）も多念義に属する人です。第十八願文にもとづく念仏往生の道を明かしましたが、また第二十願文にもとづいて諸行往生の道も語りました。そしてこの念仏、諸行のいずれの行業を修めても、真実の報土に往生することができると論じました。すなわち、諸行本願義の主張です。そしてその念仏の道については、基本的には称名念仏を意味するものでしたが、またそこには観念的な色彩も多分に含むものであり、定善念仏によれば、平生に三昧を成就して見仏をうるといい、散善念仏によれば、臨終に来迎をえて見仏をうるといいますが、それは帰するところ、同じく見仏三昧を成就することであって、それにおいてよく浄土に往生をうると明かします。この長西には多くの門弟が存在しましたが、後には衰退して、今日ではその仏道、教団ともに消滅しています。

このように法然上人の門下においては、その念仏往生の道をめぐって、その念仏理解に一念義の立場を主張する者と、多念義の立場を主張する者とに分裂して、そのような教学理解が今日にまで至っているわけです。法然上人の門弟によって受けとめられた教学が、今日にまで流伝しているものは、すでに上に見たように、その一念義の立場に立つ西山浄土宗と、その多念義の立場に立つ浄土宗と、それに親鸞聖人によって継承された浄土真宗の三教団のみであり、その西山浄土宗では、称名念仏を説くことなく、専ら阿弥陀仏の仏体に帰依することを教え、またその浄土宗では、専らなる称名念仏を勧励して、それによる平生見仏、臨終見仏を教示しているわけです。

それに対して、親鸞聖人は、この一念義、多念義の問題をめぐって、いったいどのように領解されたのでしょうか。親鸞聖人は、その晩年に『一念多念文意』と名づける書物を著わし、その結びにおいて、

浄土真宗のならひには、念仏往生とまふすなり、またく一念往生、多念往生とまふすことなし、これにてしらせたまふべし。

と語られています。一念とか多念とか、称名念仏の数量にこだわってはならない、ということを教示されているわけです。親鸞聖人がいわれるように、真宗の仏道とは、ひたすらなる念仏往生の道、念仏成仏の道であって、日々ひとえに念仏を申して生きるという道でしたが、その称名念仏については、それは数量の問題ではありませんでした。親鸞聖人が厳しく吟味されたのは、その称名念仏の内実、中味のことでした。親鸞聖人は、そのことをめぐって、その主著である『顕浄土真実教行証文類』（『教行証文類』）の「行巻」に詳細に論究されています。そこでいまはそれを簡略にいいますと、親鸞聖人は、その一念と多念の原点を尋ねて、『無量寿経』を丹念に精査されましたが、そこでは浄土の仏道として、称名を説示する文章は明確には存在せず、それに比べると、聞名の仏道を明かす教言が圧倒的に多いわけです。たとえば『無量寿経』に説かれている阿弥陀仏の四十八願の中で、十二種（第十八願文を入れれば十三種）の願には聞名の功徳が誓われており、その異訳の『如来会』では、十三種の願に聞名の功徳が説かれています。そしてその『無量寿経』では、その第四十七願文には、

たとえ我仏をえんに、他方国土のもろもろの菩薩衆、我が名字を聞きて、すなはち不退転に至ることをえざれば、正覚をとらず。

と明かされて、聞名、阿弥陀仏の名号を聞くならば、すなわち、不退転、正定聚の位に住することができると説いています。またその『無量寿経』の「往観偈」には、

その仏の本願力、名を聞きて往生せんとおもへば、皆悉く彼の国に到りて、自から不退転に到る。

とも明かしています。いずれも聞名不退、聞名往生の教示です。また第十八願成就文にも聞名往生、聞名不退が説かれています。かくして親鸞聖人は、浄土の仏道とは、念仏して往生し、念仏して不退転地に至ると学んできたけれども、その原点としての『無量寿経』には、聞名して往生し、聞名して不退転地に至る、と説かれていることに注目されました。経典、阿弥陀仏の誓願には、聞名往生、聞名不退と教示されているにもかかわらず、浄土教の伝統では、なぜに称名往生、称名不退と語ってきたのか。この称名と聞名の関係はどういうことなのか、この称名と聞名、聞名と称名の関係をめぐって、親鸞聖人は徹底して考究されたわけです。その考究の跡は、親鸞聖人の『教行証文類』の中の「行巻」と「信巻」に、みごとに開示されています。

そこで以下、そのことについて簡単に略して話しましょう。その「行巻」では、真宗の仏道を明かすについて、それが念仏往生の道として、私たちが日々称名念仏して生きていくべきことを教示しています。すなわち、「大行とは無碍光如来の名を称するなり」と明かすところです。そして親鸞聖人は、その称名行の根拠を示すために、『無量寿経』の第十七願文やその成就文などの六文を引用しますが、それに続いて、上に引いたところの「往覲偈」の聞名往生の文、そして『無量寿経』の異訳である『大阿弥陀経』の第四願文の聞名往生の文、および同じく異訳である『平等覚経』の第十七願文の聞名往生の文、第十九願文の聞名往生の文と、その「往覲偈」の文を引用します。そしてまた、阿弥陀仏の誓願について説いた『悲華経』の聞名往生の文の六文を引用しています。親鸞聖人は、この「行巻」において、そこでは明らかに真宗の仏道、そのまさしき行業が称名念仏であることを明かすのに、なぜにこれほどまでに多くの聞名往生を明かす経文を引用されたのか。結論を先どりしていえば、真宗における行とは、称名であるが、それはまた、そっくり聞名であること、その称名が、そのまま聞名とならなければならないこと、称名が聞名となる、私から仏への私の称名が、そのまま仏から私への仏の称名と聞こえてくるとき、その称名が大行として、真実の行となるということを教示されたわけです。

ところで、『無量寿経』では、聞名往生、聞名不退と説かれているにもかかわらず、浄土教の伝統ではなぜに称名と説いたのか、そのことについても、親鸞聖人が、その「行巻」において、龍樹菩薩（二、三世紀頃）の『十住毘婆沙論』の諸文を、長々と引用されたところをよくよく研尋していけば、氷解します。すなわち、『無量寿経』においては、すでに上に述べたように、繰り返して、聞名往生、聞名不退を説きますが、その聞名、阿弥陀仏の名号を聞くということ、そういう仏道体験は、どうすれば成立するのか、その聞名のプロセス、方法というものについてはまったく教示されていません。他方、龍樹菩薩は、新しく大乗仏教の般若空の教学を樹立するために、大きく貢献しましたが、自分自身の仏道修習をめぐっては、いろいろと内省もし、熟慮したようで、その『十住毘婆沙論』、ことにはその「易行品」によると、仏道に難行道と易行道があるといい、その難行道とは、般若空観なる五功徳法を修めることで、それはきわめて厳しく困難な仏道であるが、その易行道とは、たとえば『無量寿経』が説くところの聞名の道などがそれであり、その道は万人にふさわしい、きわめて容易な仏道であると明かしています。そして龍樹菩薩は、私は初地、不退転地に至る道を求めて、この易行道なる聞名の道を進むと表白しています。そこで龍樹菩薩は、その聞名という仏道体験をうるための方法、手段として、新しく三業の奉行、すなわち、身業による礼拝、口業による称名、意業による憶念という三種の行を新しく設定しました。これならば万人にふさわしい易行道です。龍樹菩薩によれば、私たちがその日々において、真摯に阿弥陀仏（像）を礼拝し、その阿弥陀仏のことを憶念し、その名号を称名していくならば、やがて必ず、阿弥陀仏の名号、その仏の名告りの声を聞いていくことができるというのです。

そしてこのような龍樹菩薩における三業奉行の道は、その後に天親菩薩（四、五世紀頃）の五念門行として継承され、さらにはまた中国の浄土教として流伝し、展開していきましたが、そのことは曇鸞大師（四七六〜五四二頃）における十念相続往生の道、善導大師（六一三〜六八一）における五正行往生の道として伝統されていきました。称名ことにこの善導大師に至ると、それらの行業の中でも、称名念仏行こそが、もっともその中核をなすもので、称名こそが浄土往生の正定業であると、主張されることとなりました。このことは、この浄土教が一般の在家庶民の仏道として普遍化し、定着化していく中で、その世俗生活のただ中で、もっとも身近く修め易い行業が、この称名行であったことによるものと思われます。かくして中国浄土教においては、この称名行がいっそう強調されていくこととなりました。そしてその中国浄土教、ことにはその善導浄土教は、日本には早く奈良時代に、そのほとんどの典籍が将来されていましたが、当時の浄土教は、専ら祖霊追善的な性格、ないしは学解中心的な性格において捉えられていましたので、個人救済的な性格をもつ善導浄土教は、あまり注目されることはありませんでした。しかし、やがて平安時代の末期、社会的、思想的な動乱の状況の中で、この善導浄土教は、法然上人（一一三三〜一二一二）によって注目されることとなり、新しく多くの民衆に信奉されていくこととなったわけです。その点、法然上人の浄土教は、ひとえにこの善導浄土教を継承するもので、ただひたすら称名念仏一行を専修するという教えでした。そしてすでに上において見たように、その門下の称名念仏理解をめぐって、一念義と多念義が生まれてきたということでした。

そこで親鸞聖人は、そのような一念義と多念義の対立、分裂を超えて、ただちに『無量寿経』の原点に回帰し、その称名念仏行とは、本来的には聞名念仏行であるべきことを明確化されたのです。親鸞聖人において捉えられた、真宗の仏道、行業としての称名とは、数量の問題ではなく、その称名の内実の問題であったわけです。日々称名しながら、そこにどれほど深く、阿弥陀仏の私に対する名告、名のり、その呼び声を、聞いていくかということだったのです。私が仏に向かって、仏の名を呼ぶという私の称名が、そっくりそのまま、仏が私に向かって、自分を名のり、呼びかけていてくださる仏の称名と、聞けるようになる、そのように思い当るようになる、それを聞名というのです。そしてまた、親鸞聖人によれば、そのような聞名の体験、そのように思い当るという体験は、

きくといふは、信心をあらわす御のりなり。(『一念多念文意』)

聞はきくといふ、信心をあらわす御のりなり。(『唯信鈔文意』)

と明かされるように、そのまま信心体験を意味するわけでした。かくして、その称名念仏というものが、まことの称名念仏となるということは、それがそのまま聞名体験となることであり、そしてまた、そのような聞名体験とは、そのまま信心体験を意味するということでした。すなわち、まことの称名(行)とは、そのまま信心(信)を意味することにほかならなかったのです。親鸞聖人が、

真実の信心は必ず名号を具す。名号は必ずしも願力の信心を具せざるなり。(「信巻」)

と明かされるものは、まさしくそのことを意味するものです。ここでいう名号とは称名のことにほかなりません。したがって、ここでは真実の信心は必ず称名をともなって、それに即一する。しかし、称名には、必ずしも真実の信心をともなっていないものがある、ということを教示しているわけです。そしてまた、

行をはなれたる信はなしとききて候。又信はなれたる行なしとおぼしめすべし。(『末燈鈔』)

という文章も、同じように、称名と信心体験の即一、一如なることを説示したものでしょう。かくして親鸞聖人においては、まことの称名念仏とは、そのまま聞名体験であり、また信心体験にほかならず、称名と聞名と信心とは、ついには即一するものであったのです。かくして、ここに真宗における称名念仏の基本の意味が存在するわけです。

その点、浄土真宗と、浄土宗および西山浄土宗の違いは、同じく法然上人の念仏往生の道を継承するものでありながらも、浄土宗および西山浄土宗においては、聞名という発想が存在しませんが、浄土真宗においては、称名即聞名という論理が強調されるわけで、ここに両者の明確な相違点があるわけです。

三、善鸞事件の問題

そこで次に善鸞事件の問題について少し触れておきます。『歎異抄』が生まれたのは、善鸞事件からすでに二十年以上も後のことですから、少しは状況は動いていると考えられますが、善鸞は、造悪無礙に対して賢善精進、正しい行為、善なる行為をしなければならないと主張した。それが後に『歎異抄』に尾を引いているように考えられますので、そこのところをちょっとお話しておきたいと思います。

善鸞の異義とはどういうものであったか。先に述べたごとく、善鸞は父の親鸞聖人の名代として関東へ行ったのですが、関東の門弟たちは、親鸞聖人ほどには善鸞を尊敬しなかった。それはそうでしょう。関東では、それぞれの地域の教団が、それぞれの師匠をもってきっちりとまとまっている。そんなところへ行っても、なかなかうまく溶け込めるはずはありません。一つには善鸞の性格もあったかもしれません。そこで彼は、当時の関東教団に蔓延していた造悪無礙の異義に対して賢善精進の教えを主張をしたわけです。もっとも学者によってはその反対に、どれほど悪い行為をしてもいいのだといったという人もありますが、これは誤りでしょう。いろいろな資料を見ると、どう考えても、やはり、「悪いことをしたのではだめだ、専修賢善でなければ浄土に往けない」ということをいったのだと思われます。そこで親鸞聖人は、八十四歳のときに善鸞を義絶します。その義絶状が今日残っている。もちろん親鸞聖人の直筆ではなくて、後に筆写したものが残っているのですが、最近ではこれも誰かが勝手に作ったのだろうという説まででてきています。だから問題は非常に複雑なのですが、私はやはり、この問題は認めざるをえないと思います。その義絶状の最後には、

いまはおやといふことあるべからず、ことおもふことおもいきりたり、三寶神明にまふしきりおわりぬ、かなしきことなり。(『親鸞聖人拾遺真蹟御消息』)

と記されています。

善鸞は関東へ行った初めのころは、親鸞聖人にその生活費を送っています。京都には両親や弟妹たちもいたわけでしょうから、その生活費もたいへんだったろうと思われます。善鸞宛ての親鸞聖人の手紙がたくさん残っていますが、その中に「御こころざしの銭伍貫文、十一月九日にたまはりてさふらふ」(『親鸞聖人御消息集』)などと書いたものがあります。「銭二十貫文」という手紙もあります。当時の銅銭一貫文は、およそ米一石ぐらいでしょうから、かなりの高額を送金していたようです。そこにはやはり親子の情が見られます。善鸞は関東の教化については懸命に努力しているという手紙を送ります。それで親鸞聖人は、それをそのまま信用しているのです。ところが、他の門弟から京都へ送られた手紙の言葉がどうもおかしい。初めは分からなかったようです。親鸞聖人に対してその息子を讒訴するわけにはいきませんので、遠まわしにいっていたわけでしょう。善鸞は造悪無礙の異義を鎮圧するために、政治権力とも結託したようです。かくして、関東の教団が混乱をしているのは、善鸞が教団の中心人物である横曾根の性信房らを鎌倉幕府に訴えたためだ、それで門弟たちが、幕府権力から弾圧を受けるようになったのだということが徐々に分かってきます。その上、善鸞は関東教団の中から、かなりの数の信者を引き抜いて自分の配下にします。教団から逃げて行く者がたくさんでてきた。そういう問題がいよいよはっきりしてきたときに、親鸞聖人は、心を定めて、泣く泣く手紙を書いて親子の縁を絶った。そしてそれを回覧状にして、あちこちの門弟

たちに見せられたのです。人々にこれを見せてくれ、と書いてあります。それで親鸞聖人の本意がはっきりしたと、こういうことだったのです。『歎異抄』の第二条に、念仏して本当に浄土に往けるのかどうかが分からないといって、関東から同行衆が生命がけで訪ねてきたという話がでてきますが、これもやはり善鸞事件と関わっているのではないかと考えられます。そこで、親鸞聖人の義絶の手紙を見てみると、善鸞の唱えた異義がどういうものかうかがわれます。それには問題点が二つあります。一つは「別授秘密の法門」という問題です。義絶状の中に書かれているのですが、善鸞は、親鸞聖人が息子である自分一人だけに、ある夜、大切なご法義を特別に伝えてくれたのだと、そんなことを門徒のあいだにいいふらしていたというのです。おまえたちが日頃に聞いている法門は間違っている。あれは父の親鸞聖人が表向きにいっただけであって、ほんとうの真宗の法義の真髄は自分だけが夜中に聞いているのだ。だから他の人の話を聞いてもだめだ、私の話を聞けと、こういうわけです。これは関東の門弟や同行たちには衝撃だっただろうと思います。これについて親鸞聖人は、善鸞が、おまえたちがこれまでに聴聞してきたことはみな嘘だ。私だけが直系の息子として真の法門を夜中に聞いた、といいふらしているようだが、たいへん悲しいことである、と批判するのです。これがその異義の一つです。そしてもう一つは、「本願背捨の邪義」といわれている異義です。そのころ善鸞は、「第十八願はしぼめる花だ」といったというのです。かつては花が咲いてきれいだったが、今はもうしぼんだという。どういう意味でいったのか、いま少しよく分からないのですが、だいたいの見当をつけてみれば、もう念仏だけではだめだ、念仏往生の本願はもはやしぼめる花で、昔はよかったが今は通用しない、だからいろいろと善根を修めなければならない、こういう意味のことをいったのだろうと思われます。このような善鸞の主張が関東教団を混乱させたのです。善鸞は関東の門弟、信者を自分のほうに引きつけようと企んで、そんなことをいったのでしょうが、このために関東の人々は大いに混乱しました。

そして、この義絶からしばらく後の文献を見ると、善鸞は無礙光流の念仏をしたとあります。そして南無阿弥陀仏ではなくて、南無無礙光如来と書いた名号の経巻を首にぶら下げて、外道呪術をこととする神子《みこ》、巫女《みこ》の首領になって、二、三百騎の隊列を率いていたといいます。そしてまた、後に覚如が親鸞聖人の跡を訪ねて関東へ下向したときに、風邪か何か病気になったことがあった。するとどういう縁でか善鸞が訪ねてきて、小さな紙片に言葉を書き、これを水で飲め、そうしたら病気が治るといったと、伝えています。そういう呪術の首領が善鸞だったということです。そののち善鸞は、かなり転落していったことが分かります。

ともあれ、この善鸞の問題が、関東教団の混乱の大きな原因になっていたことは否めません。日蓮上人の念仏無間という非難もこれに関わっていることでしょうが、善鸞の問題は小さくなかったことが思われます。もともと念仏には、そういう一念義、多念義、そしてそれにもとづく造悪無礙、専修賢善というような問題が潜んでいるといいましたが、これらが複雑に絡みあいながら、関東の教団が非常に混乱していったわけです。『歎異抄』が生まれたのは、この善鸞事件と関係があるか、ないかという問題ですが、善鸞義絶と『歎異抄』成立とのあいだには、二、三十年の隔たりがありますから、直接的に関係があるかどうかは、よくは分かりません。しかしながら、善鸞はかなり後まで生きていますから、そういう影響が尾を引いていただろうとは考えられるところです。この問題をめぐっては、関係があるという人と、ないという人で学説が分かれているのですが、やはり何らかのかたちで尾を引いていたと思われます。このことについては、念仏したら地獄へ落ちるというあの話が第二条にありますので、そのところでも、またお話したいと思います。

五　『歎異抄』の地位

そこで次に、この『歎異抄』が、真宗教学の中でいかなる地位をもつものか、ということについて、しばらく考えてみたいと思います。まず『歎異抄』と親鸞聖人との関係について少し話しておきたいと思います。『歎異抄』の前半、第一条から第十条までは、親鸞聖人の法語を、筆者唯円の耳の底に残っているところを書いているのだから、これは親鸞聖人の教化の言葉であるといわれます。しかしながら、その中には、いろいろと親鸞聖人の思想とのあいだに食い違いがあります。この点については充分に気をつけなくてはなりません。考えてみれば、『歎異抄』は、筆者が耳の底に残っているところを書きしるしたものであって、親鸞聖人の言葉そのままではないわけです。私たちでも他人の話を聞いて、二十年も三十年も経った後に、耳の底に残っている言葉などというものは、そのとき聞いた言葉とはだいぶ違うのではないでしょうか。釈尊の教え、つまり経典は、釈尊が亡くなられた直後に、五百人の遺弟たちが集合して、その代表が聞いたところを語ったもので、それについて五百人がさまざまに見解を述べ、その後にみんながそれで間違いないといったものだけが残った。経典の編纂、結集《けつじゅう》というものは、そういうことなのです。仏弟子五百人が集まって、「われわれはみんな確かにそう聞いた」と承認しなければ、経典として後世に残らなかったのです。教法を後世に伝えるということについては、そういう慎重さが大切です。『歎異抄』は、まったく個人的な記憶の筆記です。しかもまた、筆者唯円は、自分は泣く泣くこれを書いたというのですから、そこにはかなり個人的な感情も入っています。そういう意味で、この『歎異抄』というものは、親鸞聖人の教えそのものとは違っているところがあるということをいっているのです。だからそれを読むについては、充分に慎重でなければなりません。これは『歎異抄』だけではありません。『蓮如上人御一代記聞書』にしても危ない点がある。

あれは弟子が、蓮如がいったというように書いたものです。だからその内容は、充分に客観的にきちんと捉えなくてはなりません。親鸞聖人がご自身で書かれた書物、あるいは手紙に書かれたもの、そこには親鸞聖人の意趣があらわされてある。そうでないもの、聞書などというものは、充分に客観化し、吟味しながら読んでいくべきだろうと思います。このことについては、この先それぞれの文章を読むについて、その都度、大胆に、これは親鸞聖人の本来の意趣に直すと、こういうことでしょうというように話していくつもりです。

次に覚如と『歎異抄』との関係です。覚如の『口伝鈔』とか、『執持鈔』とか、『改邪鈔』、『親鸞伝絵』などには、『歎異抄』の文章を基礎にして書いているところがあることが分かります。たとえば『口伝鈔』です。『歎異抄』の第三条には、「他力をたのみたてまつる悪人、もとも往生の正因なり」と書かれていて、悪人が往生の正因だといっています。ところが覚如はその『口伝鈔』の文章では、悪人が正機だといいます（第十九条）。多くの学者は、この正因と正機とは同じことだといいます。しかし、それはおかしいというのは、今日では私ぐらいかもしれません。しかし、どう考えても正因と正機とでは違います。どうですか、皆さんもいつも悪人正機の本願と聞いているでしょう。しかしながら、親鸞聖人は悪人正因といわれたと『歎異抄』には書いてある。悪人が往生のまさしき因、「たね」なのです。だから悪人でなかったら浄土へ往けない。これは信心正因ということと同じです。信心がまさしく因なのです。だから、信心と悪人というのは同じです。信心の中身が悪人なのです。『歎異抄』がいおうとするのは、そのことなのです。正機とは、親鸞聖人がその『愚禿鈔』でいわれた言葉です。この正機とは傍機に対応していわれたものです。この『愚禿鈔』では、阿弥陀仏の本願は人間や天人を正機、目当てにして救おうといわれるわけです。そして菩薩、縁覚、声聞も、ついでに傍機として救うというのです。しかし、そのことと『歎異抄』が明かすところの、悪人にならなければ救われない、悪人になった者だけが浄土に往生する、悪人正因というのとでは、まったく違うのではないですか。『歎異抄』には悪人正機という言葉はどこにもありません。「悪人もとも往生の正因なり」です。こういうことは正確に捉えなければいけないのではないですか。言葉、用語が乱れると、その意趣も乱れてしまいます。その点、この悪人正因という教義は、もう覚如のところで乱れているのです。覚如は悪人正機としかいわなかった。これは思想的にそうなっているのです。悪人正因という教義は、とても厳しいものです。しかし悪人正機という教義は甘えの論理です。親鸞聖人にはそんな甘えの論理はありません。説教でよく聞くでしょう。仏は悪い者ほどかわいいんだ。悪くない人間はついでだ。親にとっては子供はみんなかわいいんだけれども、できの悪い子、力の弱い子が一番かわいい。そのできの悪いのがあなただ。ありがたいことだ、もったいないことだ。こういう甘えの論理が、さっきいった造悪無礙の異義、いくら悪いことをしてもいいという話になっていくわけです。悪人正因というのはそういうことでしょうか。親鸞聖人が罪業深重といわれたのは、そんなことをいっているのではないでしょう。念仏を申しつつ、仏の慈悲を味わっていく中に、私こそが地獄一定の悪人であるという自覚が生まれてくるのです。それは信心の内実、中身の話なのです。信心とは別のところで、仏は悪人がかわいいとおっしゃっているということをいうから、仏の救いに甘えるのです。そして造悪無礙になるのです。真宗の信者の日常生活が、あまり芳しくないといわれる原因がここにあると思います。しかし、この「悪人正機」と「他力本願」、これが今日における西本願寺の門信徒教化の基本のテーマになっているようです。まことに問題です。

次に蓮如との関係について話しますが、蓮如の場合にもまたいろいろ問題があります。『歎異抄』の第六条に、「親鸞は、弟子一人ももたずさふらう」とありますが、蓮如はこれを『御文章』の一帖目の最初に引いています。そしてこれを引いた後で、だから私が「如来の御代官」だという。この代官とは、もとは覚如が、善知識である自分は、「生身の如来」であり、「如来の代官」だといったことに始まります。代官というのは、時代劇などにでてくるあの代官、権力を一手に握っている主君の代理のことです。「弟子一人ももたず」というこの文章を引いておいて、だから私が如来の代官だ、如来の代わりを私がするのだという。どうしてそういう言葉がでてくるのでしょうか。私には分かりません。蓮如が『歎異抄』の最後に、「無宿善の機においては左右なく之を許すべからざる者なり」といって、この『歎異抄』は、簡単に誰にも見せてはならないといった意味が、よく分かるようにも思います。ともあれ、蓮如は、門弟を追放したり、自分で信心を裁断したわけですから、この「弟子一人ももたず」という親鸞聖人とは、まったく異質の地点に立っていたことは明らかです。

もう一つ、真宗教学と『歎異抄』の関係、いい換えれば、真宗教学からの『歎異抄』に対する評価の問題についてちょっと触れておきます。今でも学者の中には、『歎異抄』を、親鸞聖人の思想をよく明示するものとして、高く評価する人がいます。『教行証文類』などというものは難しくてよく分からない。だから『歎異抄』が、真宗の教えを学ぶについては一番よいというのですが、先ほどからいっているように、これは親鸞聖人の弟子の一人が、昔に聞いた話を思いだして書いたものです。ただそれだけのことです。もちろん『歎異抄』が全部間違っているとはいいません。数少ない親鸞聖人の言葉が書き残されているという意味では、非常に大事にしなくてはならない貴重なものですが、そのままこの『歎異抄』にのめりこむのは問題だ、危険であるということをいいたいのです。

六　『歎異抄』と現代

一、現代という社会状況

最後に、私たちが現代という時代の中で『歎異抄』をどのように捉えるかについて、私の考えているところをお話したいと思います。いちばん初めにいいましたが、西田幾多郎博士は「日本中の書物が焼失しても、この『歎異抄』が残れば我慢できる」といわれたということです。そういうような意味で、現代の私たちはこの書をどう受けとめるか。この『歎異抄』には、親鸞聖人の本音の部分がいろいろと端的に明示されています。それらの教言を現代に引き寄せて、しっかりと学んでみたいと思います。

それについて現代の社会状況を見ると、管理社会の出現、科学技術の進歩、エネルギー社会から情報社会への移行等々、いろいろな問題があります。近代、特に戦後六十年間には、科学技術が非常な勢いで進歩してきました。ある科学者がいっていましたが、人類の文明が誕生して以来今日までの人類数万年の歴史を十センチの高さに表すと、戦後五十年間には、七階建てのビルの高さぐらいにまで科学文明が進歩したということです。どうしてそういうことがいえるのか、私にはよく分かりませんが、ともかく非常な勢いで、科学文明が進んでいることは間違いありません。たとえば鍬一本にしても下駄一足にしても、あのような道具類はかつての古墳時代を少し過ぎたころからでてきたのです。それらが千数百年も続いたわれわれの道具の文化は、すでに全く変わってしまった。今どきは、鍬などというものはほとんど姿を消してしまいました。全部ショベルカーでやってしまう。長い伝統が音を立てて崩れ、新しい時代がやってきたわけです。その最たるものがエネルギー資源です。重要なエネルギー源であった石炭にとって代わって石油、ガソリンが主役になった。石炭以前は、みな人間の力でした。あるいは水力だった。それが非常な勢いで変化したわけです。そして、今日ではそのエネルギーの時代よりも情報の時代になった。情報をどうつかむかによって世界を制覇できる時代になっているのです。日本でも、最近の情報化社会というのはほんとうに激しいものがあります。携帯電話からメールのやりとりまで、まったく変わりました。今日では情報がすべてなのです。だから、より多くの情報を握った者が勝者になるのです。皆さんの家庭でもそうでしょう、毎日のように電話がかかってくる。布団を買いなさいとか、屋根の瓦を直しなさいとか。まことにやかましいことです。私がどういう職業で何をしている者かという情報が、どこからか漏れているわけです。そういう情報を全部つかんでいる者が一番強い。子供が小学校に上がるようになると、すぐどこからか、やれランドセルだ、やれ学習机だと広告や勧誘がくるでしょう。葬式をだしたらだしたで、すぐに四十九日の引き出物はいかがですかと、こうなる。そんな時代の中で、人間に一番大切な問題は何だと思われますか。それは人間の最も基本的な一人ひとりにおける自主、自立ということでしょう。この激しい情報化社会の中では、その一人ひとりの自立の問題がふっ飛んで、自分自身を見失ってしまうのです。しかしながら、親鸞聖人が教えられた真宗信心の道とは、人間一人ひとりが、かけがえのない自分の生命を精一杯に充実させて、確かに自立して生きていく道をいうのです。人間は誰でも独り生まれて独り死す人生を生きているわけで、その私自身の生命の問題を解決しなければなりません。

先日、私のかつての学生さんから電話がかかってきて、「先生、私は今度結婚します。式にきていただきたいのですが、まだ日時は決まっていませんがよろしく。それで、すみませんが挙式の引出物に先生の字を配りたいのです。書いてもらえませんか」という。そこで、「いいですよ。で、何と書くのかね」というと、「先生がいつも話される『無量寿経』の独生独死、独去独来。あの文字を配りたいのです」ということでした。そこで私は昨夜遅くにその字を書いて、今朝宅急便で送っておきました。独り生まれ、独り死し、独り去り、独り来る。どういう意味でそれを結婚式のときに配るのか、今度会ったときに聞いてみよう思うのですが、まあ、現代の若者がそういう考えをもつだけでも、私は嬉しく思います。相手は外国の女性です。私の話をよく二人で聞きにきていました。「独生独死、独去独来」、私は、こういう厳しい視座を保ち続けるならば、この情報化時代の中にあって、自己を見失うことなく、よくまことの人格主体を確立して、自立した人生生活を築いていくことができるであろうと思います。

『歎異抄』は、現代の私たちに対して、そういうまことの自立の道を教えてくれるものだと思います。

次に、現代社会の世俗化現象という問題があります。近世以降、人間の理性が独立することによって科学文明が生まれ発展してきました。その中において、かつての人間観、世界観が次第に崩壊していきました。昔は神が人間を造ったといった。しかし、近世になると、そうではなくて、人間が神を作ったのだといいだした。ヨーロッパでは、ニーチェが、神々は死んだということをいいました。もう神々の時代ではない、人間理性の時代なのだ。われわれの人間の理性は、どんなふうにでも世界を変えることができるのだ。人間はあらゆる可能性を持っていると、そういう考え方が今日まで科学を発展させてきたのです。しかしながら、その反面で宗教的意識がだんだん廃れていった。今日、科学文明が浸透する中で、古い伝統の宗教は早い勢いで廃れていっています。寺参りする者も少なくなった。若者は宗教から離れていった。いわゆる世俗化現象が進行しているわけです。しかしながら、その半面、最近では新新宗教とも呼ばれるような新しい宗教が、さまざまな装いをもって台頭し、蔓延しはじめています。書店においても、既成の宗教を凌ぐ勢いで、精神世界という名のもとに、星占いや霊魂談義などの本がたくさん並んでいます。人間の理性が進歩したら、迷信や邪教はすっかりなくなるはずですが、そうではない。やっぱり人間の理性生活には限界があるのです。私たちの人生生活の一寸先はまったく分からないのです。幸せだといっていても、いつどこで不幸せに遭遇するか分からない。みんなが見通しの立たない危うい人生を生きているのです。だから、どこかで危機に遭遇したら、何かにしがみつかざるをえないわけです。けれども、今まで先祖が大事にしてきた伝統の宗教を捨てたものだから、何でもいいからと、しがみつくのが今日の新新宗教でしょう。しかし、こういう新新宗教には、いささかいかがわしいものが多いようで、自分の人生を深く真摯に考える者にとっては、とうてい信頼するにたるものでもないでしょう。結局、現代の人間は、どれだけ理性的、科学的で便利のいい優雅な生活をしても、肝心の心の世界、霊性の世界は、ほとんど空洞化しているのです。そのことは科学技術では何ともしようがない。とうていそういう空洞化の深淵を埋めることはできない。一人ひとりの人間の心の世界、霊性の世界というものは、もっと別なものをもって育てなければ成り立たない。かくして現代では多くの人々が、心にさまざまな悩みや不安を抱き、それに対する癒しを求めて放浪しているということではありませんか。現代にはこういう現象がいたるところにでてきているわけです。

そしてもう一つ、現代では民衆意識の変化という問題があります。かつての時代に比べると、現代社会は人々の日常生活が向上して、そのために価値観が多様化してきています。そしてそのことを基因として、現代人の意識においては超越性、出世性が欠落してきています。昔の人々は、仏とか神とかという、超越的なるものの存在を認め、それを視点としてこの現実状況を逆照射しつつ、自分自身の在りようを反省するという生き方をもっていました。しかし今日では、人々はそういう視点を失ってしまったようです。したがって今日の社会では、人間生活の根本的な規範、基本原理がなくなってしまった。そして何が善であり、何が悪であるかが混乱して、よくは分からなくなっています。今日はそういう時代に入ってきたようです。これは日本だけではなくて世界的な傾向です。そこには人間生活における秩序がない。あたかも交差点の交通信号機が壊れて、それぞれが勝手に、右へ行ったり左へ行ったり、うろうろしているような状況です。多くの週刊誌や新聞が、くだらないゴシップ記事を書く。テレビがそれに輪をかけたように無責任な放映をする。それをまた大衆が手をたたいて喜んで見ている。すべてがそうだとはいいませんが、程度の低い言論や影像が、人々の精神生活に対して悪影響を及ぼしているのでありませんか。そしてまた、相も変らぬ政界や官界のトップクラスの人々の汚職事件は、民衆の生き方にさまざまな悪影響をもたらしていることでしょう。昔、太平洋戦争中に、裁判官なるがゆえに筋を通して、闇米を食べないで、ついに飢えて死んでいった人があったが、ああいう人はいなくなった、ああいう時代ではなくなった。今日の日本には、国家にも社会にも、いわゆる基本的な価値観がなく、したがってまた明確な秩序もない。

このことについては、何よりも宗教が無責任だったからだと私は思っています。国家、社会に秩序がないというのは、宗教が無力になってしまったからです。すべての人間が、無条件で、文句なしに頭を下げうる超越的な価値というものをもっていれば、そこから必然的に秩序というものがでてくるわけです。その社会に秩序がなくなった。人間に倫理道徳がなくなったというのは、宗教がなくなったということです。

二、『歎異抄』の現代的意義

そこで最後に、『歎異抄』がもっている現代的意義、それが現代の私たちに教えてくれるものについて話しますが、『歎異抄』の基本的立場とは、世俗から出世を志向するという営為にもとづく、世俗に対する徹底した相対化ということです。この世の中は、すべてそらごとなのだと、『歎異抄』ははっきりと主張します。

煩悩具足の凡夫、火宅無常の世界は、よろづのことみなもてそらごとたわごと、まことあることなきに、ただ念仏のみぞまことにておはしますとこそ、おほせはさふらひしか。

この「ただ念仏のみぞまことにておはします」という、ここのところが、『歎異抄』が教えてくれる一番の眼目であると私は思います。私たちが『歎異抄』からまず学ぶべきものはこのことなのです。これは「世間虚仮、唯仏是真」という聖徳太子の言葉をうけたものでもありますが、『歎異抄』が見事にそれを表現しているのです。この世の中の存在は何もかも、みんなそらごと、たわごとなのだ、しかし、いま私が申している念仏だけが、唯一まこと、真実であるという教言です。これこそが、この『歎異抄』を貫徹する根本原理なのです。この立場に立つと世の中がよくよく見えてきます。人々がそういう基本的な視座をもってないから混乱するのです。こういう視点が一本スッと通っていれば慌てることはない。迷うことはない。真実の人生はここから成り立ってくるのです。

そして今一つ最後に、信心における陥穽、落とし穴の問題について注意しておきます。先ほどいったところをもう一度いうのですが、世俗から出世という問題です。私たちはこの世はそらごと、たわごとだと思いとって念仏の道に入るのですが、それが観念の方向に行くとおかしくなる。またそれが教条といいますか、格好をつけて形式だけを整えようとするとおかしくなってくる。そのどちらかに偏っているのが、上に述べたところの一念義と多念義の問題です。私たちが真宗念仏者として生きていくについては、このような念仏の観念化と形式化については、よくよく注意すべきです。そしてもう一つの落とし穴は、これは『歎異抄』があまり問題にしていないのですが、個人と社会の問題です。つまり、真宗信心が非常に個人的になってくるという問題です。『歎異抄』も、やはりそこに問題をもっているが、他人はどうでもいい、私だけはというかたちになっていくと、おかしくなる。真宗信心の矮小化、個人化の問題です。そうではなくて、社会全体の中で、真宗念仏はどういう意味をもつものか。家庭の中で念仏はどういう意味をもつのか。こういう全体の広がりの中で、もういっぺん真宗の教えを捉えなくてはなりません。真宗信心の社会化、利他的実践の問題です。これは『歎異抄』では充分ではないところですが、この問題は真宗を学ぶときの大切な眼目です。

近世以降の真宗教学の実態は、いわゆる所行派と能行派の二つに分かれます。名号とそれをいただく信心こそが大切だという所行派と、念仏という行がなくてはならんという能行派との二種の考え方です。これは本質的には観念派と教条派の問題でもあります。そしてその根本は一念義と多念義の問題でもあります。ことにはこういう真宗信心の観念化の方向の中から、先に述べたような、信心が甘えになってくる。そして悪人正機になってしまったのです。悪人にならなければ浄土へは往けないという、この『歎異抄』の厳しい悪人正因の教えが、仏は悪人がかわいいとおっしゃるのだという話にすり替えられ、甘えの論理、甘えの信心になった。そして、その必然の結果として、仏法を聞くときには、そうだそうだといっておいて、現実の生活する場では、仏法と関係のない世間の常識、世俗の道理で生きていくというように、信心と生活が二元論になった。いわゆる真俗二諦論です。今でも真宗者の生活はそうではありませんか。

今『歎異抄』に学ぶにあたって、私たちは真宗の念仏、信心について、知識から体験へという方向で、真宗をもう一度捉え直さなくてはなりません。私たち一人ひとりが、その日常生活のただ中で、その念仏をどう主体化するのか。私たちの日々の生きざまにおいて、この念仏のみぞまことという教えを、どのように中心軸において生きていくのか。そしてまた、その真宗信心を私事から社会の全体へ、また家庭の全体へどう深め弘めていくのか、今私たちが、真宗念仏、真宗信心を学ぶについては、こういう方向で学んでいかなくてはならないと思うことです。

前序

それではこれから「前序」を読んでいきます。すでに何度かいいましたように、原本には前序とか序文というような言葉は入っていません。私がこれを「前序」といったのは、『歎異抄』の最後のところに、もうひとつまとまりの文章があり、それを「後序」と呼びたくて、これを初めの序文という意味で「前序」といったわけです。原文は漢文です。ただし、その全文に返り点と読み仮名が付してあります。

本文

竊廻愚案粗勘古今、歎異先師口伝之真信、思有後学相続之疑惑、幸不依有縁知識者、争得入易行一門哉。全以自見之覚悟、莫乱他力宗旨。仍故親鸞聖人御物語之趣、所留耳底、聊注之。偏為散同心行者之不審也。云々

竊《ひそか》に愚案を廻らして粗《ほぼ》古今を勘《かんが》ふるに、先師の口伝の真信に異なることを歎き、後学相続の疑惑有ることを思ふに、幸に有縁の知識に依らずば、争《いかで》か易行の一門に入ることを得ん哉。全く自見の覚語を以て、他力の宗旨を乱ること莫れ。仍て故親鸞聖人の御物語の趣、耳の底に留むる所、聊《いささか》之を注す。偏に同心行者の不審を散ぜんが為也と。云々。

組織

- 親鸞没後の教団の状況……竊に～
- 有縁の知識の重要性………幸に～
- 親鸞法語の聞書…………仍て～

語義

○竊に……人の眼をしのんでそっと。
○愚案……愚かな考え、謙遜の語。
○廻らして……いろいろと考えること。
○粗……おおよそ、あらまし。
○古今……過去と現在。
○勘ふる……吟味する、究明する。
○先師……亡き師匠。
○口伝……口伝えに奥義を伝えること、秘伝のこと。ここでは身近にあって教えられたこと。
○真信……真実の信心。
○後学相続……後進の人が先人の教えを引き継ぐこと。
○思ふに……それを心配するについて。
○幸に……幸運にも、縁あって。

○有縁の知識……縁の深い師匠、先達。
○争か……疑問・願望をあらわす語で、どうして〜であろうか。
○易行の一門……易行の道、浄土念仏の道。
○自見の覚語……この「語」は別本（端の坊本）によると「悟」になっている。いまはそれに従う。自分自身の理解、領解。
○他力の宗旨……浄土教の教義。
○乱ること……思いあやまること。
○仍て……その故に。
○御物語の趣……教訓、談語の意趣。
○聊……おおよそ。
○之を注す……これを書きつらねる。
○偏に……もっぱら。
○同心行者……同じ心、思いをもって教えを学ぶもの、信者。
○不審……疑問。
○散ぜん……解消する。
○云々……まだ言うべきことのあるのを省略する意味の語。

要旨

この前序は、真宗念仏の法門をめぐって種々の異義が生まれていることを歎きつつ、今後に真実の念仏義が正しく伝わることを願って、以下筆者が聞いたところの、親鸞聖人の法語の主要なものを記述するという意趣を明かす。

一、組織

まずこの文章の組織について見ます。それについては三段に分けたらよく分かるかと思います。はじめの「竊に」というところから「疑惑有ることを思ふに」までが第一段になります。これは親鸞聖人が亡くなってから後の真宗教団の状況をいっているわけです。それから「幸に」から「乱ること莫れ」までが第二段で、ここでは有縁の知識の重要性を述べます。仏法の縁をいただくについては、人との出遇いが大切だということです。そしてその次の「仍て」。これは読むときには「よって」と読めばいいのですが、そこから最後までが第三段で、ここには親鸞聖人の法語の聞き書きを記述するということが書いてあるわけです。

二、文義

次に、この文章の意味を述べます。「竊に」というのは、人の眼をしのんでそっと、という意味です。だから心深くそっと。「愚案」とは、愚かな私の考え。筆者の唯円が自分をへりくだってそういうのです。私の愚かな考えを「廻らして」。廻らすとは、いろいろ考えるということでしょう。「粗」、おおよそ。「古今」、古は昔、今は今日。

昔から今日の間についていろいろ考えてみるに、ということ。「先師の」、前の先生のこと。ここでは親鸞聖人のことです。「口伝」、口伝えに示してくださった。直接私たちに身近くおっしゃってくださいました。「真信」、まことの信心です。そのまことの信心と「異なること」、違ったことをいったり、受けとめている人がいる。だからそのことを私は悲しく思う、「歎く」というのです。そして、「後学相続の疑惑有ることを思ふに」。「後学」とは、後の人が親鸞聖人の念仏の教えを勉強するということ。「相続」というのは、その教えを引き継いで代々伝えていく。その人たちの「疑惑」、不審があること。まちがった理解をしている人たちがいろいろとあるので、後の人が親鸞聖人の教えを勉強するのに戸惑うことがあることを思うについて。「に」は、それを心配いたしますについて、という心持ちです。ここまでが親鸞聖人亡きあとの教団状況のことをいっているわけです。

そして次には筆者の思いが明かされます。「幸に」、不思議にも縁があって。「有縁の」とは、縁のある、仏法に縁の深い。「知識」というのは先生、先達という意味です。善知識ともいいます。よき先生によらなければ。「争《いかで》か」、おもしろい字を書いていますが、「どうして〜でありましょうか」という意味合いをもっている言葉です。そういう立派な先生に遇わなければ、どうして「易行の一門に入ることを得んや」。この浄土真宗の、誰でもが仏になれるというその一門、一つの道程に入ることができましょうか。「全く自見の覚悟を以て」。「またく」と仮名がつけられますが「まったく」のことです。「自見の覚悟」は自分の勝手な理解ということ。「覚悟」は蓮如の写本では「覚語」になっています。しかし、大谷大学所蔵の別本に「端の坊本」というものがありまして、これは蓮如が書いたものより少し遅れて書写されたものですが、それには「語」の字が「悟」になっています。どうもこっちのほうが筋が通りますので、いまはそのように理解します。自分勝手な覚悟、考えをもって。「他力の宗旨を乱ること莫れ」。他力の宗旨とは、浄土真宗のまことの教え、教義。それを「乱ることなかれ」、思い誤ってはなりません。

ここまでが第二段です。有縁の知識の大切さが述べてあります。

「仍て」、その故に。ここからが『歎異抄』を書いた意義が述べてあります。「故親鸞聖人の御物語の趣」。亡くなられた親鸞聖人が日ごろ私たちにおっしゃった物語、仰せになった言葉の趣、そのおよそのわけ。その「耳の底に留むるところ」、たいへんおもしろい表現ですが、忘れられない教えとして耳に残ったものを、「聊之を注す」。わずかばかりですが、およそ之を注します。書きつらねます。そういうことは「偏に」、ただひとえに、もっぱら。「同心行者の」、同じ思いをもって親鸞聖人の教えを学ぼうと思う行者、そういう信者の、「不審を散ぜんが為なりと、云々」。「不審」は疑問に思うこと。どうもこれはおかしいということがあれば、それを「散ぜんがため」、それを解消するためです。「云々」というのは、昔はよく使った言葉ですが、まだいうべきことがあるのを、以下省略するという意味合いがあります。以上が「前序」のだいたいの意味です。

もう一度「前序」の言葉の意味を簡単にまとめていいますと、真宗の念仏の法門をめぐって、種々の違った考え方が生まれてきています。そのことを歎きつつ、これから後に、真宗の念仏の法義が正しく伝わることを願って、私が聞いたところの、親鸞聖人の法語の主なものをこれから書きますと、こういうことを筆者の唯円がここに述べているわけです。以下『歎異抄』は全部で十八条あるのですが、初めの十条までは、親鸞聖人の法語のうち、筆者の耳の底に留まったものを書いたのだと、こういうことです。

三、私　解

一　筆者の意趣

そこで、この「前序」をめぐって、私の領解するところをあれこれとお話したいのですが、いまは大事なところだけに触れていくことにします。

まず第一に、筆者唯円の『歎異抄』を書いた意趣、気持ちです。それは親鸞聖人が教えてくださった正しい信心に対して、それを誤って受けとめている弟子や同行が少なからずいる。そのことを歎くのですが、その心持ちは『歎異抄』のいちばん終わりのところに、

一室の行者のなかに信心ことなることなからんために、なくなくふでをそめてこれをしるす。なづけて『歎異抄』といふべし。

とでてきます。親鸞聖人の教えが正しく伝わらないので、何とかして正しく伝わるようにと思って、泣く泣く筆を染めてこれを書いたという筆者の思いがそこにあるわけです。私たちは、まずこの筆者の意趣をしかと受けとめて、この『歎異抄』を読みたいものです。

二　宗教における異端の問題

それから二番目に、宗教における異端の問題が考えられなくてはなりません。異端というのは、まちがった理解のことです。ここの「前序」の言葉でいえば「自見の覚悟」です。宗教を学ぶについては、しばしば自分勝手な理解をすることが多い。宗教には、つねに多分にそういう危険が宿っています。普通の話なら目に見える話が多いですから、図面をもってきたり、グラフを書いたり、写真をもってきたりして、ここはこうなっていますというように説明できますが、宗教の話はそういう形をもって示すことができません。だから見よう見まねで自己流に解釈すると、とんでもないところへ話がいってしまう。そういう問題があるのです。「自見の覚悟」、自分の勝手な考え方ではまちがいますよと、こういうことを『歎異抄』はわれわれに告げています。充分に注意すべき事柄です。

それでは、どういうかたちで勝手な考え、まちがった理解がでてくるのか。一つには、観念的な領解をするということがあります。つまり頭だけで真宗の教えを理解する。知識的に勉強して、それで分かったと思う。だからまちがうのです。私も長年大学にいて真宗学の講義をしてきましたが、そのことはつくづくとそう思います。いろいろな書物を読んで親鸞聖人の文章を解釈できるようになると、真宗が分かったと思うのです。これはしかし非常に問題があります。仏法というのは、頭で分かるものではなくて、体を通してこそ、はじめて領解できるものです。真宗の教えは主体的、体験的に分からなければだめなのです。私たちがものを知るとか、分かるという場合、学校でいろいろな知識を学んで知るという知り方と、たとえば親の恩が知られてくるというような知り方とでは次元が違います。この世の中のことは勉強すれば分かる。昔の人に比べれば、いまの人はよく勉強していろいろなことを知っています。昔の人は、地球がどうなっているとか、日本の歴史がどうであったかとかいうことは、あまり知らないけれども、なぜ私はこの世に生まれてきたのか、何しに生まれてきたのか、死んでどこへ行くのかとか、あるいは親の御恩とは何かとか、そういうことはよく分かっていた。しかし、今どきの人は、そういうように自分の内側に目を向けて、自分の中味、その生命の根源について知ることができないのです。他人のことはとやかくあげつらうことはできる。世の中のこと、自分以外のことはいろいろと知っている。しかし自分自身の内側のことは何も知らない。そういう人間が現代人には非常に多いようです。いまここでいっている観念的理解というのは、そういう知的偏重の理解のことです。親鸞聖人はああいわれた、こういわれていると、これは私のような学者に多い。よく知っているのです。難しい本も書いている。けれども、そこで積んだ学習の結果が、いっこうに自分の生きざまに関わらないという人がいる。このことは、他人にいう前に、私自身について問わなくてはならないところですが、こういう観念的、知的理解のみで、首から上ではいろいろと分かっているが、それが喉を通って腹へは入っていない、主体的、体験的な領解の欠落したところの念仏理解ということです。

それからもう一つは教条的理解といいますか、真宗の法義を、まったく形式的、教条的に理解している場合があります。それは普遍性が欠落しているということなのですが、自分勝手に独善的な解釈をするわけです。これは私自身も充分に気をつけながら話したいと思うことですが、自分だけが理解し、自分が勝手にいっているというのではなしに、どこの誰が考えても、たとえ外国の人が考えても、やはりそうだと納得できるような普遍性をもたない理解ではだめです。真宗僧侶の中で、よく「自力はだめで、他力がいいのだ」、「真宗の法門は独脱の法門でそれ以外の宗旨はだめだ」などといっている人がいますが、そういう人はまったく井戸の中の蛙の話です。異質の世界にもっていったら全然通用しないとか、若い人にはさっぱり分からないというような話は、真宗を教条的、独善的に解釈しているからです。真宗の教えは世間の誰にでも分かるような話でなくてはならない。これを普遍性といったのです。そのためには、何よりも不断なる教法の本質への立ち返りが必要です。阿弥陀仏の本願の教えも親鸞聖人の教えも、根本の釈尊の教え、そして大乗仏教の原点にまで、つねに立ち返らないとおかしくなる。この原点にいつも回帰しながら、そしてそこを根本的立場として理解をしなければならないと思います。すなわち、真宗の教法を、東洋の文化として、また仏教、ことには大乗仏教として、さらには人類普遍の原理として、明らかにしていくということです。そういう立場に立って、真宗を捉え、真宗を語るならば、きっと多くの人々が受けいれてくれるだろうと思います。

三　仏法の伝達

そして三番目には、先ほど「幸いに有縁の知識によらずば、いかでか云々」という言葉がありましたが、仏法が伝わっていくためには、この有縁の人に出遇うということが非常に大切だということがあります。親鸞聖人は「値遇」という言葉を使っておられます。「値」は「あう」、「遇」も「あう」です。この二つを重ねて「値遇」といっておられるのですが、仏法に遇う、人に遇うということです。その「値」という字には、ぴったり合うという意味があります。ちょっとうまく合わないけれども、なんとかして合わせようということではない。一本の棒をポキッと折ったものを、そのまま元どおりにくっつければぴったりと合います。そういうように、両者が寸分の狂いもなくぴったり合うときに「値」という字を使うのです。「遇」という字は、偶然の「偶」と同じで、不思議にもたまたま遇ったということです。親鸞聖人は、この字を「たまたま」と訓まれます。まったく予期しなかったのに、たまたま出会ったというときには、この「遇」という字を書くわけです。親鸞聖人が法然上人にお遇いになったのは、そういう出遇いだったのでしょう。長いあいだ求めたが、なかなかよい師にめぐり遇えなかった。それが不思議にも、六角堂の救世観音菩薩、聖徳太子の縁を通して遇うことができた。親鸞聖人は「よき人」に遇ったとおっしゃいます。「遇い難くしていま遇うことをえたり。聞き難くして已に聞くことをえたり」（総序）、本当に不思議な縁で、ぴったりと出遇ったとおっしゃる。親鸞聖人は、「信巻」に『涅槃経』の次の言葉を引いておられます。

また二種あり。一つには道ありと信ず、二つには得者を信ず。この人の信心、ただ道ありと信じて、すべて得道の人ありと信ぜざらん、これを名づけて「信不具足」とすといへり。

この言葉は要するに、ただ道があると信じたのではだめだ。そうではなくて得者、道を得た人を信じなさい、そういう人に遇いなさい、ということです。得者というのは道をえた人です。ここに道があるぞといって、地図の説明をいくら聞いたり、勉強したりしてもだめです。その道をいま実際に歩いている人に遇わなければだめなのです。そうしないと本当の仏道は成り立たないと、『涅槃経』は教えているのです。親鸞聖人はこの文章をたいそう大事にしておられまして、「化身土巻」にも、同じ言葉を再度引いておられます。要するに、仏法を学ぶについては、人に遇わねばならないということです。かくして仏法の伝達ということは、ひとえに人格をとおしてこそ成立するものです。

明治時代に、九州博多の万行寺の住職で七里恒順という傑僧がありました。生まれは新潟なのですが、いろいろ悩みながら九州へ行って、縁があって博多の寺に入られた。明治以後の浄土真宗の優れた僧侶といえば、まずこの人ではないかと私は思っています。批判をする人もありますし、問題はありますけれども、実に多くの真宗念仏者を育てられた方です。私はこの人こそ近代を代表する真宗者だと思います。京都の本願寺の前に総会所というものがあります。説教場です。あれは昔からあそこにあったのです。この七里師は明治の僧侶ですから、あそこでよく説教をしておられたのでしょう。総会所では説教のあと質問を受ける。そのとき、ある同行が学問的な小難しいことを質問したらしい。学問のあるところを見せたわけです。そうしたら七里恒順師、「そんな話はあっちへ行って聞け」といって、龍谷大学のほうを指した、という話が残っています。私はずっと若いときから、その話をいつも思うことです。龍谷大学を指して、「あっちへ行って聞け」。信心に関係のない理屈なら、あっちへ行って聞けばいいというのです。これは私にはとても厳しい指南です。私自身が龍谷大学にいましたから、いつもそのことを学生さんにも話し、自分自身でも思い続けてきたものです。その七里恒順師が、「仏法を聞くには人に遇え」といわれた。そして「人に遇うのは、ちょうど汽車に乗るようなもんや。いくら線路の上をウロウロしたって汽車には乗れんぞ。停車場に行きなはれ。駅へ行きなはれ。それなら乗れる」と、こういわれている。明治時代らしい比喩ではありますが、見事な教化だと思います。世の中にはそんな人がある。ああだこうだ、こうだああだと、理屈ばかり並べて線路の上をウロウロしている。そうではなくて、私の信心のまことの先達がいまここにいるという、そういう思いをもって、そういう人に遇わないかぎり、仏法は分かりません。仏道には入りえません。どうして電車が走るのか、レールがどうなっているのか、そんなことをいくら分析し、考察していても電車には乗れない。電車に乗るには、何よりも駅に行きなさい、人に遇いなさい、というわけです。それについては、大きな駅もあれば小さい駅もあろう。駅の大きい小さいを議論して、あの人につかなきゃだめだとか、この人ではいかんとかいっていても始まらない。自分にとって、本当の先達だと思う人、そのまことの師に遇わなければ、仏法は聞こえてこないものです。このことは私の経験を通してもそう思います。親鸞聖人は、「たとひ法然聖人にすかされまひらせて、念仏して地獄におちたりとも、さらに後悔すべからずさふらう」といわれています。たとえ地獄であっても、法然上人がおっしゃることならついていきますと、こうおっしゃっている。そういう先師に遇わなければ仏法は開けないということです。そのことをここで、「有縁の知識に依らずば、いかでか易行の一門に入ることを得ん」と、こういうふうにいわれているわけです。

四　『歎異抄』の読み方

もう一つ、『歎異抄』の読み方についての問題があります。筆者の唯円は、親鸞聖人とは五十歳ほど年齢が違います。耳の底に残っている唯円の領解といっても、若いときに聞いた親鸞聖人の話を、二十年も三十年も経って書いているのですから、どこかで思い違いもあるだろうと思うことです。ここのところ、つまり『歎異抄』に書かれていることと、親鸞聖人の教えそのものとのあいだのズレ、これが大きな問題です。だから私は以下、その文章をめぐっては、ときどき、不遜にも『歎異抄』を訂正しながら講義をしていこうと思っています。それはおまえの「自見の覚悟」であると、そういわれればそうかもしれません。それは覚悟の上です。親鸞聖人の原意趣にきちっと返すと、『歎異抄』にはおかしいところがある。これをいささか問題にしたいと思います。すでに話したように、この『歎異抄』は、親鸞聖人自身が書かれたものではないわけです。ここに問題がある。本人が書かれたものならそれでよろしいが、他人が書いた聞き書きです。それは私でも、みなさんでもそうでしょう。「あいつがこういっていた」といわれても、「それは、そういうつもりでいったのではない」と、こういうことは世の中には多いことで、お互いに経験のあるところです。みんなお互いに得手勝手に聞きますから、そういう話になる。これは宗教書の問題点ということでもあります。いい換えれば体験と表現のズレの問題です。体験と表現というのは、いま当面のことでいいますと、唯円が親鸞聖人から教えていただいた信心の体験、学ばせてもらった仏法話、それを言葉に表現しようとする。そうすると、その思いはきっちりとは表現できない、うまくは伝わらないものです。どこかで切れてしまうものです。飛んでしまう。またはその体験がねじれたかたちに表現される可能性がある。しかも思ったことが全部は言葉にはなりません。それはそうです。手紙ひとつ書いても、何を書いても、自分の思いはなかなかストレートには表現できません。私は物書きだからよく分かりますが、何度書き直してもうまくいかないものです。すなわち、体験とその表現とのあいだには、つねにズレが生まれます。しかもいまここでは、親鸞聖人と唯円のあいだの問題だけでなく、唯円とこの『歎異抄』を学ぶ私たちとのあいだの二重のズレがあります。このような問題を宿す『歎異抄』の言葉を手がかりにして、今度は私たちが親鸞聖人の教えを勉強しようとするのです。そして真宗信心の領解をしようというのです。そこにはさまざまなズレが生じてくる心配があります。親鸞聖人も唯円も八百年前の人です。その考え方も言葉遣いも、八百年昔のものです。今の人の言葉であっても、いろいろと勘違いや読み誤りがでてくるのに、それを現代人である私たちが正確に読み取ろうというのですから、ここにも飛び超えなくてはならない大きな溝がある。落とし穴があるのです。すなわち、私たちがいま『歎異抄』を読むについては、親鸞聖人と唯円とのあいだの溝、そしてまた唯円と私たちのあいだにある溝、この二つの溝を超えなければなりません。それについては、親鸞聖人から唯円へ、そしてまた唯円から私たちへという、その体験と表現のズレという二重の溝があり、また逆にいえば、私たちから唯円へ、そしてまた唯円から親鸞聖人へという、その表現と体験のズレという二重の溝です。このように親鸞聖人↓唯円↓私。私↓唯円↓親鸞聖人という三者のあいだの溝をよく超えて、親鸞聖人のまことの原意趣をどれほど徹底して読み解いていくか、ここにこの『歎異抄』の読み方のポイントがあるわけです。

親鸞聖人ご自身でも、あれだけたくさんの書物を書いておられるが、本願念仏の教え、信心の、最後のところは説明できないとおっしゃいます。「不可称不可説の信楽なり」（「信巻」）、説明することも書くこともできないといわれる。それでいて、あれだけたくさんの書物を書いておられるのです。ということは、宗教の世界、仏法の世界では、どこかで言葉を超えた次元のものがあるということです。だから親鸞聖人の文章には、「不思議」「不可思議」という言葉がたくさんでてきます。「誓願不思議」「仏智不思議」「不可思議の願海」「不思議の中に仏法最も不可思議なり」などなど、数えればきりがないほどです。ここのところでは論理が飛躍しているのです。これをまず考えなくてはなりません。だからそこでは言葉を超えたものを読み取らなければならないのです。この『歎異抄』についても、またそういう問題がありましょう。それについては、その壁をどう乗り越えるか。それは、自分自身を賭けなければなりません。それはより具体的には、親鸞聖人が生きられたような生きざまをもつということです。さらにいえば、親鸞聖人と同じように念仏を申す生活を相続して生きていくということです。それを追体験という。自分自身が自分を賭けて生き、それと同じように追体験しないかぎり、その著者の原意趣は分かるはずがありません。ある歴史学者が『親鸞』という本を書いて、それを学生さんたちに宣伝してほしいといってきた。有名な学者です。しかし、その人は、その本の中で、「自分はいまの時代に念仏などする気にはなれない」と書いている。念仏する気のない人間が、念仏に生きた親鸞聖人のことを書いて、親鸞聖人というのはこういう人だという。それでほんとうの親鸞聖人が分かるのか。しかし、世間にはそういう類いの人が多いのではないですか。共産党員の何某だとか、生長の家の何某とか、日蓮宗の坊さんの誰やらとか、いろいろな人が『歎異抄』や親鸞聖人についていろいろと書いている。念仏を称えたということで流罪にあい、あらゆる弾圧に耐えていちずに念仏を申した親鸞聖人の意趣を、念仏を称えたことのないものが、どうして分かるか。お父さん、お母さんといって親の名を呼んだことのない者にどうして親心が分かるか。決して分かるはずはないでしょう。この世俗の中でも、実際に経験した者だけに分かることがありますが、宗教の世界はまさしくそうです。だから同じ宗教的体験をもってこそ、はじめてその宗教書は読むことができるのです。以下、この『歎異抄』を読むについては、ここのところをよくよく心得ていただきたいと思うことです。

第一条　行信一如の教訓

本　文

一、弥陀の誓願不思議にたすけられまひらせて往生をばとぐるなりと信じて、念仏まふさんとおもひたつこころのおこるとき、すなはち摂取不捨の利益にあづけしめたまふなり。弥陀の本願には、老少善悪のひとをえらばれず、ただ信心を要とすとしるべし。そのゆへは、罪悪深重、煩悩熾盛の衆生をたすけんがための願にまします。しかれば本願を信ぜんには、他の善も要にあらず、念仏にまさるべき善なきゆへに。悪をもおそるべからず、弥陀の本願をさまたぐるほどの悪なきゆへにと云々。

組　織

- 仏の救済の成立…………弥陀の誓願〜
- 信心の重要性……………弥陀の本願〜
- 本願念仏と善悪の問題……しかれば〜

語　義

○弥陀の誓願……阿弥陀仏の本願のことで、そこには十方衆生がことごとく成仏しなければ自分は成仏しないと誓っているので、それを誓願という。そしてその具体的な内実については、第十一条に「やすくたもちとなへやすき名号を案じいだしたまひて、この名字をとなへんものをむかへとらんと御約束」というように、念仏往生の道を誓ったものである。

○不思議……人間の思惟分別を超えた世界。

○たすけられ……仏教における救いは済度を意味する。

○往生をば……「をば」とは、対象をとくに取りだして強調する意味をあらわす語。

○とぐる……果たす、完成する。

○おもひたつこころ……「たつ」とは、物事が際立ってはっきりすることで、明確に思うこと。

○すなはち……「即」の字義について仏教では同時即と異時即を語る。いまは前者の意味。

○摂取不捨の利益……『観無量寿経』の文、「一一光明遍照十方世界念仏衆生摂取不捨」による。

摂…「もののにぐるをおわえとるなり。おさめとる」

取…「むかえとる」（『浄土和讃』左訓）

○あづけしめ……蒙らせる、あずからせる。

○本願……阿弥陀仏の根本の志願。

○老少善悪のひと……老人や少年、善人や悪人。

○信心を要とす……信心が肝要である。

○そのゆへは……その理由は。

○罪悪深重……罪悪の業が深くて重いこと。

○煩悩熾盛……煩悩の盛んであることをいい、「熾」とは火の勢いが強いことをいう。

○まします……坐します、あるの尊敬語で、おありなさるの意味。
○しかれば……そのゆえに。
○信ぜんには……「信ぜん」は、三人称の動作としては予想・推量をあらわす。「に」は、時・場合をあらわす助詞で、もしも信ずるならばということ。
○他の善……念仏以外の善。
○悪をもおそる……自分の罪悪について往生に不安をおぼえる。
○本願をさまたぐる……本願の障害となる。
○悪なきゆへに……罪悪がないからである。

要旨

この第一条は真宗における阿弥陀仏の救済が成立する時間とその構造について明かし、阿弥陀仏の本願が老少善悪を問わないものであり、そのゆえにこそ、その念仏信心はいかなる善よりもすぐれ、またいかなる悪にもさまたげられないことを明かしている。ただし、ここでは親鸞の念仏思想とのズレが見られることは注意すべきである。

一、組織

この第一条にタイトルをつけるとするならば、「行信一如の教訓」といいうるかと思います。この文章はいろいろと問題がありますが、結論的には、念仏と信心とは即一する、すなわち、行と信は一如であるということを明かすものと理解したいと思います。

そこで第一条は、全体が三段に分かれると思います。初めの第一段は、「弥陀の誓願不思議にたすけられまひらせて」から「摂取不捨の利益にあづけしめたまふなり」まで。そこにはまず、阿弥陀仏の救いがどのようにして成立するかについて示されています。次は第二段で「弥陀の本願には」というところから、「たすけんがための願にましますす」までで、これは信心が大切だという話をしているわけです。そして、「しかれば本願を信ぜんには」から終わりまでが第三段で、念仏と善悪の問題がだされています。こういう組織です。

二、文　義

次に、本文のおよその意味を見ていきましょう。「弥陀の誓願」、これは阿弥陀仏の本願ということです。本願とも誓願ともいいます。第十八願のことです。そこには十方衆生がことごとく成仏しなければ、自分は成仏しないと誓ってあるので、それを誓願というわけです。「不思議に」、私たち人間の分別を超えたところで。不思議にも「たすけられまひらせて」、「たすけられ」は、阿弥陀仏に救われて。「まひらせ」というのは丁寧語です。だから、救いをいただいてということです。「往生をば」というのは、「往生を」というところを、とくに強調するために、「ば」という助辞をつけているわけです。できるはずのない往生を「とぐるなりと信じて」、「とぐる」は完成する。でき上がると信じて、「念仏まふさんとおもひたつこころのおこるとき」、念仏をしようと思いたつ心がおきたときに、「おもひたつ」とは、新たにそういう心になることをいいます。「たつ」は強調の言葉です。物事が際立ってはっきりすること、明確に思うこと。「おこるときすなはち」、仏教では即、「すなはち」には、同時即と異時即との二種があるといいます。同時即というのは、時間的にいって直ちに、同時に、すぐさまということです。異時即とは、両者のあいだに時間差がある場合をいいます。たとえば川に渡し場がある。こちらの岸の舟に乗れば「すなわち」向こう岸に至る。こういう文章を書いたときには、その「すなわち」とは時間的には同時ではありません。しかし乗った以上、向こうへ行くことはまちがいない。こういう場合の「すなわち」は異時即です。光が照ったら「すなわち」影が映るというときには、これは同時に成立していますから、こういうときの「すなわち」は同時即です。いまの場合の「おもひたつこころのおこるときすなはち」は、時間差がないまま、直ちにということですから同時即です。その時その場で「摂取不捨の利益にあづけしめたまふ」のです。ここでは信心があるならば、念仏をしなくても、念仏をしようと思ったときに、その時すでに、仏の救済が成立するというわけです。このような考え方は親鸞聖人にはありません。たいへん問題のある文章です。この問題については、後に改めて考察します。

「摂取不捨」というのは、『観無量寿経』に「一一光明、遍照十方世界、念仏衆生、摂取不捨」とある言葉に依っています。阿弥陀仏に摂め取られて救われる。その利益にあずからせていただくということです。親鸞聖人は、その摂とは、「もののにぐるをおわえとるなり」ということだと味わわれています。私たちは、いつもいつも仏に背き、仏から逃げているのです。にもかかわらず、仏は私の後を追うて、ついにおわえとってくださるのです。取とは、「むかえとる」で、私を正面から両手をひろげて迎えとってくださるのです。そして、「弥陀の本願には老少善悪のひとをえらばれず」、阿弥陀仏の本願には、歳の多い人少ない人、善い人悪い人、そういうことを選ばれない。そういう人間の世俗的な値打ちには関係がないということです。「ただ信心を要とすとしるべし」、ただ信心だけが肝要である。そのわけは「罪悪深重、煩悩熾盛の衆生をたすけんがための願にまします」、「罪悪深重」は、多くの罪業を重ねて、地獄行きの日暮らしをしているこの私のことです。「煩悩熾盛」の「熾」は、燃えるという字です。

煩悩の火がかぎりなく燃えさかっている、そういう私を救うための本願です。「しかれば」は、だから、そのゆえに。「本願を信ぜんには」、この「ぜんには」という言葉について、『歎異抄』を解釈する人は、いろいろなことをいっていますが、結論的にいえば、この「ぜんには」という表現は、三人称の動作としては予想、推量をあらわします。「に」というのは、場所、時をあらわしますので、「もしも信じるならば」ということになります。そのようには解釈していない参考書がありますから気をつけてください。本願を信じるならば、「他の善も要にあらず」、信心以外の善は浄土往生には必要がありません。「念仏にまさるべき善」はないからです。ここでは信心と念仏を一つに捉えています。だから「悪をもおそるべからず」、どれほど粗末な悪業を重ねていようとも、心配も不安もいりません。「弥陀の本願をさまたぐるほどの悪なきゆへに」、阿弥陀仏の本願のはたらきを邪魔するような悪は、この境界にはないからですと、こういうのです。

そこでこの第一条に示されてあることを、もう一度簡略におさえておきますと、ここには、まず真宗における阿弥陀仏の救済が成立する時間とその仕組みが明かされています。そして阿弥陀仏の本願が老少善悪を問わないものであり、そのゆえにこそ、その信心、念仏は、いかなる善よりもすぐれ、またいかなる悪にもさまたげられない、ということを明らかにしているわけです。ただしここには、親鸞聖人の念仏思想とのズレが見られることが注意されなくてはなりません。この第一条は誤解を招くおそれのある文章であって、全部唯円がまちがっているとはいいかねますが、ちょっと問題があると考えられることをこれから話します。

三、私　解

一　救済はいつ成立するのか

一、第一条をめぐる疑問

それは一つには信一念の問題です。信一念というのは信心が成り立つ時、つまり救済成立の時間の問題です。この第一条ではそれを、「弥陀の誓願不思議にたすけられまひらせて往生をばとぐるなりと信じて、念仏まふさんとおもひたつこころのおこるとき」その時に救済が成り立つというのです。しかし、このような仏道の論理、救済の構造は、親鸞聖人には見られません。ここで「往生をばとぐるなりと信じて、念仏まふさんと」という、この「信じて」というのは、どういう内容の信心なのか。「念仏まふさんとおもひたつこころ」というのは、どういう心をいうのか。そしてこの二つのことはどう関係するのか、こういったことがいっこうにはっきりしない。これはたいへんに誤解を招くおそれがあります。ここでいう信心と念仏とが、あとの文章に見られる「本願を信ぜんには」という信心と、「念仏にまさるべき善なきがゆへに」という念仏と、どうかかわるのか。この文章によると、「念仏まふさんとおもひたつこころのおこるとき」救いをうるというのだから、救いをうるについては、念仏はしなくてもよいのかという問題がでてきます。私にとっては、この第一条はいささか理解しがたい文章です。親鸞聖人の言葉では、たとえば『文類正信偈』に「発信称名光摂護」、「信を発して称名すれば光摂護したまふ」とあります。『文類正信偈』というのは『浄土文類聚鈔』にあるもう一つの『正信偈』で、普通の『正信偈』とよく似ているのですが、『念仏正信偈』とも呼ばれている偈文です。ここでははっきりと、「信心をおこして、念仏すれば光明に摂取されて救われる」と明かされています。親鸞聖人においては、つねに信心と念仏は即一して捉えられています。しかし、この『歎異抄』では、「信じて、念仏まふさんとおもひたつこころのおこるとき」となっている。信心と念仏が別立されている。これでは親鸞聖人の領解と矛盾しないかという問題です。私の理解によりますと、この第一条には、当時の法然門下の多念義系、弁長とその門弟の良忠の流れとして成立した、浄土宗の教義理解に対する配慮が見られるように思われます。すなわち、この浄土宗は、その派祖の弁長は日課六万遍の念仏を修めたといわれ、今日でもひたすらに木魚を叩いて念仏するという、称名念仏を強調する宗派で、平生によく念仏を称えていたら、その功徳によって、臨終には必ず仏の来迎をえて救われていくと教えるわけです。そしてこの浄土宗は、親鸞聖人の晩年には、弁長を継いだ良忠が関東に布教し、またその後は京都において布教しましたが、良忠とその門弟たちの活躍はめざましく、京都を中心に、その勢力はいっそう拡大していったといわれています。それで、そういう多念義の浄土宗とのかかわりで、真宗の教義の独自性を示すために、ここではことに、こういうことをいったのではないか。向こうは多念の念仏往生だが、こちらは信心のところで、念仏をしようと思う前に話がつく、救いが成立するのだと、こういうことを主張しようとしたのではないかと思うわけです。

ただし、伝統教学の立場からは、このところで「信前行後」ということをいいます。そしてこの文章は、信心正因ということを明かすもので、念仏はあってもなくてもよい。救済には関係ない、称名はたんなる報恩行なのだといって、この第一条は信心正因称名報恩の教義を明かしているといいます。そしてだから『歎異抄』と蓮如はまったく同じだと、こういうことを主張する学者もいます。しかしながら、それはいささか問題です。称名が報恩行であると主張したのは、すでに上の序説で見たように西山浄土宗の証空で、それをのちに覚如や蓮如が取り入れたのであって、親鸞聖人は、称名こそが真宗の「大行」であると教示されています。

二、信の一念ということ

そこでこの問題を明確化するために、親鸞聖人の原意趣について尋ねてみます。真宗における救済成立の時間について、親鸞聖人は「信の一念」ということをいわれます。ここでいう「一念」とは信心が開発する「とき」、短い時間を意味します。信心が成り立つ「とき」です。親鸞聖人はこの「とき」については、しばしば解説されています。たとえば『高僧和讃』に、

　金剛堅固の信心の　　さだまるときをまちえてぞ
　弥陀の心光照護して　　ながく生死をへだてける

という和讃がありますが、ここに「とき」という言葉がでてきます。「念仏まふさんとおもひたつとき」の、あの「とき」です。「金剛堅固の信心の」定まった「とき」、その「とき」に救われるというのです。また『尊号真像銘文』には、

　この真実信心をえむとき摂取不捨の心光にいりぬれば。

とあります。この真実信心をえた「とき」、すなわち、摂取不捨の心光の中に入るのです。また『唯信鈔文意』の文にも、

　この信楽をうるときかならず摂取して。

とありますし、『末燈鈔』には、

　信心のさだまるとき往生またさだまるなり。

そしてまた『親鸞聖人御消息集』には、

真実信心をうるとき摂取不捨にあづかる。

と示してあります。いずれも、救済が成立するのは、信心がさだまった「とき」、信心をうる「とき」といいます。そうすると、なぜ「念仏まふさんとおもひたつこころのおこるとき」といわなければならないかということです。その「とき」に救済されるというのですが、親鸞聖人には、そういうような表現は一度もありません。いま、上に主なものを挙げましたけれども、そのほかにも拾えばいくつもでてきます。親鸞聖人は、「信心が決定したとき」、「信心を獲得したとき」に、救済が成立するということを、きわめて明快に示されているわけです。「念仏まふさんとおもひたつこころ」というのは、念仏をする以前にということですが、なぜこんなことをいうのか、私にはよく分からないところです。ともあれ、このような理解、論理は、親鸞聖人にはありません。もしもこの「おもひたつこころ」というのは、信心決定の上での話だとしても何故に称名念仏を排除したところで救済の成立を語るのか、親鸞聖人においては、信心と念仏とはつねに即一するものであって、別立するものではありませんでした。以下そのことについて説明しましょう。

親鸞聖人は、信心が成立することをめぐり、その時間と心相について一念といわれます。すなわち、

それ真実信楽を按ずるに、信楽に一念あり。一念とは、これ信楽開発の時剋の極促を顕し、広大難思の慶心を彰すなり。(「信巻」)

往生の心行を獲得する時節の延促について乃至一念というなり。(『浄土文類聚鈔』)

一念といふは、信心をうるときのきわまりをあらわす言葉なり。(『一念多念文意』)

信心が開発するとき、すなわち、救済が成立するとき、その時刻を一念というのです。しかし、親鸞聖人における

一念の意味には、もう一つの理解があります。それは次の文章が示すように、

一念と言ふは、信心二心無きが故に一念と曰ふ。是を一心と名づく。(「信巻」)

といって、一念を無二心、一心といわれる場合があるのです。だから信の一念ということについての親鸞聖人の理解は、時間のことで時の極まり、短い時間を表わす場合と、心相、心の相状について二心がないことを意味する場合との、この両方があるわけです。

二　真宗における仏道の構造

そこで、このような信の一念がどうして成立するのか、すなわち、真宗における行道、仏道の成立構造をめぐって、少々詳しく話してみます。まず仏教における行道、仏道とは、その原始経典によりますと、基本的には、信・行・慧という仕組みになっています。はじめに教えを信じて、その教えのとおりに行じて、それにもとづいて「さとり」の智慧をうる。これが釈尊の教えの、もっとも原形の仏道の構造です。原始経典、いちばん古い経典には、だいたいこのような構造が繰り返して述べてあります。教えというものは、どう歩けばよいか分からない人に向かって、こちらへ行きなさいと指示して教えるものです。そこでそれを見て、その言葉を聞いて、「あ、そうか」と思う。そしてその教えを信受する。しかし、思っただけ、信じただけではだめで、その教えのままに、その方向をめざして歩かなければならない。それが行。そして歩いて行ったら、向こうに行き着く、目的を達成する。それが慧、「さとり」です。仏教における基本的な成仏道とは、そういう信・行・慧の道でした。そのことが、長い仏教教理の展開の中で、親鸞聖人のところにくると、教・行・証というかたちに置き換えられます。しかし、それは

基本的には同じことです。教えを信じ、教えのごとくに行じて、そして証をうる。証も慧も、どちらも仏の「さとり」のことです。この教・行・証という構造は、中国仏教からずっと流れてきたことであって、もとは中国の天台大師が著わした『法華玄義』に書いてあることなのです。親鸞聖人が比叡山で学ばれたのは天台教学ですから、その考え方に従っているわけです。親鸞聖人の主著が、『教行証文類』となっているのは、ここからくるわけです。

浄土教における仏道とは、念仏往生、念仏成仏の道で、その念仏の教えということになると、そのもとはインドまでさかのぼって見なければなりませんが、今はそれを省略して、法然上人から見ていきましょう。法然上人は「教行証」といわずに、「心行相応の道」(『往生大要抄』)といわれました。その「心」というのは、法然上人のところでいえば、深心、信心のことです。教えを深く信じて、そして「行」ずる。その行とは、念仏を申すことです。その心と行、信心と念仏が、うまく「相応」して証をうるのですが、その証については、法然上人は二種を語られます。程度の高い者はこの世で仏に遇える。それを「三昧見仏」といいます。現に法然上人は何度も仏を見た、仏に出遇ったといわれた。けれども、普通の凡夫にはなかなかそれはできないのであって、平生に念仏していたら、臨終に仏が迎えにきてくださる、そこで仏に遇うことができると教えられます。いわゆる「臨終来迎」です。そのどちらかによって浄土往生ができるという。これが法然上人のいわれた念仏往生の行道の基本構造です。

それを承けた親鸞聖人は、天台教学の教えに従って、「教行証」とおっしゃいました。その「教」とは『無量寿経』、すなわち真実の教えです。「行」は称名念仏。「証」は往生成仏です。それは『歎異抄』でいえば、「本願を信じ念仏まふさば仏になる」(第十二条)と説かれているところです。経典の教えに従って本願の教えを深く信じ、念仏を申すならば浄土に生まれて仏になる、こういうことです。ただし、親鸞聖人はさらにはその行の内実を開いて信を別開された。その意味についてはあとで述べます。親鸞聖人は、阿弥陀仏の本願、第十八願については、その願の中味によっていろいろなタイトルを付けておられます。一般的には「念仏往生の願」という。これは法然上人がそう呼ばれたのです。第十八願とは念仏して浄土に生まれることを誓われた願だ、こういう理解です。ところが親鸞聖人は、それを「本願三心の願」ともいわれます。あるいは、至心信楽欲生我国と誓われてあるところから「至心信楽の願」ともいわれます。また「往相信心の願」ともいわれます。往相とは浄土に往生することです。要するに至心、信楽、欲生の三心を合して信心にもとづく往生の願だと、こういわれるわけです。だから親鸞聖人は、第十八願文の意趣を、基本的には念仏して往生といいながら、また信心して往生とも解釈されているわけです。すなわち、第十八願、本願の仏道とは、念仏往生の道であり、信心往生の道でもあるわけです。けれども、たてまえとしては念仏往生の道です。『教行証文類』「行巻」の最初のところに、

大行とは、すなわち無礙光如来の名を称するなり。

とあります。ここではなぜ南無阿弥陀仏の名前を称するといわれなかったかという問題がありますが、当時は、南無阿弥陀仏と称えるだけでなく、南無無礙光如来、南無不可思議光如来とも称名念仏していたのです。南無阿弥陀仏の南無というのは、インドの原語ナマス（namas）またはナマフ（namo）を、発音どおりに漢字を当てはめたから「南無」となるわけで、その意味は帰命、敬礼するということです。南が無いという意味ではありません。古い文献には「那摩」「那莫」「納慕」などとも書いてあります。そして阿弥陀仏とは、やはりインドの原語アミターバ（Amitābha）、アミターユス（Amitāyus）の音写で、光明無量、寿命無量の仏ということですが、親鸞聖人は、こういうインド語を、意味の分からないままに用いていると呪術になりかねないと考えられて、その意味をいうなら、ことに光明についていえば、無礙光仏、不可思議光仏、さわりがない光の仏、不思議なる光の仏であるというところから、南無阿弥陀仏と称えるとともに、南無無礙光如来とも、南無不可思議光如来とも称えていられたよう

です。関東の門弟に覚信房という人がいました。親鸞聖人の晩年に、この覚信房たちの何人かの弟子たちが、親鸞聖人にお会いしたいというので、関東から上ってきたことがありました。昔のことですから、歩いておよそ二週間ぐらいかかるわけですが、その途中で、この覚信房が病気になります。それで他の門弟たちが、「あなたは、ここから帰りなさい」といいます。しかし彼は、「このまま引き返しても治らぬ病気ならだめだろう。無理をして行っても治る病気なら治るであろう。行くか引き返すか、どちらにするかというなら、私はともかく一目でも親鸞聖人にお目にかかりたいから、一緒に連れていってほしい」といいます。それで門弟たちは、病気の覚信房を京都まで連れて行きます。しかし彼は、間もなく親鸞聖人のもとで亡くなるのです。そのときのことを、浄信という側にいた弟子が、覚信房の息子の慶信に手紙を認めて、「あなたのお父さんはこのようにして亡くなった」ということを報告しています。その手紙によると、「おはりのとき、南無阿弥陀仏、南無無碍光如来、南無不可思議光如来ととなえられて、てをくみてしづかにおわられて候しなり」(『末燈鈔』)とあります。いよいよ死んでいくときに、南無無碍光如来、南無不可思議光如来と称えたというのは、日ごろそのように称えていたからでしょう。そうでなければ、いよいよ生命が切れる前に、南無阿弥陀仏という念仏といっしょに、南無無碍光如来、南無不可思議光如来とはでてこないでしょう。だから親鸞聖人たちは、日ごろにそういう称え方をしておられたと思われます。親鸞聖人が書かれた名号本尊も、「南無不可思議光如来」「帰命尽十方無碍光如来」というものが残っています。ともあれ、真宗における行は称名念仏で、その仏道は念仏往生の道です。そしてその念仏の道において信心、信の一念が開発、成立してくるのです。

三　真宗における信心の性格

一、能入位の信心

次に信心の話をします。親鸞聖人が信心について語られる場合には、同じように信心といわれても、二種類の信心がありますので、その点については充分に注意してください。その二種類の信心とは、一つは能入位・初門位の信です。これは能入というのは仏法に入ること、初門というのはスタートです。すなわち、この教え、この道こそ真実である。私はこの教え、この道に帰依しようと決意する心としての、最初のときに生まれてくるところの対象的な信心です。そしてもう一つは能度位・究竟位の信です。この能度位というのは、ゴールとしての信心。究竟位というのは最後のどん詰まりの位の信心です。親鸞聖人が「信巻」において明らかにされた本願の信心とは、この究竟位の信心だということです。親鸞聖人における信心には、こういう二種の信心があるということをいったのです。このことは、私がはじめていうことですので、充分に心してお聞きとりください。たとえば『正信偈』の「還来生死輪転家、決以疑情為所止、速入寂静無為楽、必以信心為能入」といわれる文の中の信心とは、能入位、スタートの信心のことです。初めの二句は、生死の迷いの家に還ってくることは、決するに疑情、疑う心をもって所止となす。信心がなくて疑うから、再び迷いの世界へ入るということです。そしてあとの二句は、速やかに寂静無為の楽、真実平安な「さとり」の世界に至るについては、かならず信心をもって能入となすということです。この文章はその原形としては、ほとんど同じような文章が法然上人の『選択本願念仏集』にあります。それを親鸞聖人がそっくりこの『正信偈』に採られたのです。だから、ここでいう信心というのは、これは二種の信心の中のスタート、能入位の信心のことです。この教え、この道こそが真実である。だからこの道を進もうという決意の心、その教え、その道に対する信服の心のことです。ここらがよく分かっていないと、この文章の理解がおかしくなるのです。この文章は信疑決判といわれますが、もしもこの文の信心を本願の真実信心だと解釈したら、本願を信じたら浄土へ行くが、本願を疑ったら迷いの世界、地獄に行く、ということになる。それならばキリスト教です。キリスト教では、神の教え、その召命を前面にだして、これを素直に受けとめ、それに応答してよく信仰するならば天国に行けるが、それを疑う者は地獄へ堕ちる、というわけです。キリスト教の神は、正義の神、裁きの神ですから、キリスト教における救いの構造はそうなっているのです。しかし、阿弥陀仏の本願の論理はそんなことではありません。私のいうことを聞かなかったら地獄へ堕とすなどと、阿弥陀仏はそんなことをいわれるはずはないです。ここでいう「還来生死輪転家」というのは、どこまでも私がまいた自分の悪業の結果、その報いとしてそうなるのです。阿弥陀仏の本願とは関係ないのです。そう理解しないとおかしくなる。阿弥陀仏とは、私たちを支配し、裁く仏ではありません。私たちは自分でまいた種、その業因によって自分の人生の結果を受けとりつつ、ぐるぐると生死迷妄の世界を輪転しているのです。そういう私たちに向かって、阿弥陀仏の大慈大悲が働きかけてくださるというのでしょう。それを輪廻を出離するという。だからここでいう信心というのは、そんな深い意味ではなく、仏法を確かに学び受け止めて、それを信奉するということで、そうすればやがては「さとり」の世界に至るということです。上に述べた法然上人の「心行相応の道」の「心」が、これなのです。法然上人が、深心といい、信心といわれたのは、こういう能入位の信心のことをいっているのです。だから、いまの『正信偈』のこの文章の中の信心とは、仏法に対する信服の心のことで、初門位の信心を意味します。

二、能度位の信心

しかし、同じ『正信偈』に、「専雑執心判浅深、報化二土正弁立」という文がある。これは源信和尚の『往生要集』から引いた言葉です。「専雑」というのは、念仏が専修であるか、雑行、雑修であるか、その決判をいうのです。「執心」というのは、これは『菩薩処胎経』という経典の中にでてくる言葉で、ここでは信心と同じ意味に用いられます。『往生要集』では信心のことを執心といっている。親鸞聖人のところでいえば、本願の信心、究竟位、能度位の信心のことです。源信和尚は、いまここでは、その信心が浅いか深いかを判定して、そして浅い信心のものは化土、深い信心のものは報土に往生すると、「正弁立」、まさしく区分をされた、といっているのです。すなわち、本願の信心の人は報土に往生し、第十九願、第二十願の信心の人は化土に往生するという話です。この源信和尚の文を、昔の学者は信疑得失といいました。信疑得失と信疑決判は違います。信疑得失の信は究竟位の信であり、信疑決判の信は初門位の信について明かしたものです。充分に注意してください。ここでは真宗における信心をめぐって、能入位・初門位の信心と能度位・究竟位の信心という、二種類の信心が明快に説かれているわけです。

そこで、教行信証として別開された「信」とは、この能度位・究竟位の信心のことであり、それは法然上人の仏道でいえば、先に述べた見仏・来迎にあたります。法然上人における仏道では心行相応の道として、信心にもとづいて念仏していくならば、三昧見仏するか臨終来迎をうるといわれます。そのはじめの信心が、いまいっている能入位・初門位の信にあたり、その見仏、来迎をうる心が、能度位・究竟位の信にあたるわけです。親鸞聖人は、そのところを指して本願の信心といわれるわけで、だからこそ、その信心のところで正定聚、不退転地に至って救済が成立するといわれるのです。そのことは本願文の信心の原語を見たらよく分かる。すなわち、『無量寿経』の第十八願文には「信楽」と説いている。もう一つ、その本願成就の文には「信心歓喜」といわれています。これははじめの信楽を開いて、その信を丁寧に「信心」といわれ、あとの楽とは喜ぶということですから、これを丁寧に「歓喜」と訳されているわけで、その原語はともにチッタプラサーダ（citta-prasāda）という言葉です。cittaというのは心です。prasādaとは澄んできれいになるという意味。それを中国の仏教徒は直訳して「心澄浄」とあらわし、また浄心、信心、信楽などと漢訳した。これを私は「めざめ」体験といっています。まったく一元的主体的な信心体験です。初めのスタートの能入位の信心というのは、仏法、その教法に対する信ですから二元的対象的です。親鸞聖人の教えを学んで、これこそ私にとって大切な教えだと思い、深く決意してこそ、仏法に入ることとなるわけで、それが能入位の信心のことです。仏教の言葉に「たとえガンジス川が逆流するといえども、仏陀の教説に虚妄なし」といいますが、たとえガンジス川が逆さに流れても、釈尊の教えにはまちがいはないと、深く思いとる心、そういう信心を抱かなければ仏法には入れません。それが仏法を学ぶ、仏道を歩むためのスタートなのです。そこでいわれる信とは、私が教えを信じるということで、信じる私と信じられる仏法とは二元的であり、その信は対象的な信でしかありません。けれども、まことの信心、本願の信心とはそういうことではない。「ああそうだったのか！」と、思い当ること、目が覚めるという宗教的、出世的な体験をいうのです。そのことは信じる私と信じられる仏との二元的対象的な関係の話ではありません。ここのところをはっきりと領解しましょう。親鸞聖人が教えられた真実の信心とは、私のほかに仏なし、仏のほかに私なしと「めざめ」る。私の生命の中に仏がましまし、仏の生命の中に私が包まれてあると目覚めるのです。目が覚めるというのは、そういうことでしょう。何かについて対象的に目が覚めるのではない、自分が自分自身について目覚める。ああ、今まで夢を見ていたなと気づくのです。このときには、気づかれる対象と、気づく主体との関係ではなく、気づく全体が私であり、気づかれる内容すべてが私です。まったく一元的主体的な体験です。親鸞聖人が、本願の信心を明かすについて、「智慧の信心」

（『唯信鈔文意』）とか「信心の智慧」（『正像末和讃』）といい、また「信ずる心のいでくるは智慧のおこると知るべし」（『正像末和讃』左訓）と語られるのは、それがまさしく、一元的主体的な「めざめ」の体験であることを、よくよく物語るものです。

四　いかにして信心体験をうるか

一、一念義と多念義の論争

そこでそのような能度位・究竟位なる信心、真実なる本願の信心体験というものは、どのようにしてうることができるのか。そのことをめぐって、いささか話しましょう。真宗における信心開発への道を明らかにしたのはインドの龍樹菩薩です。かの『十住毘婆沙論』、ことにその中でも「易行品」によると、そのことがきわめて明快に教示されています。そのことについては、すでに上の「序説」のところでも述べたことですが、そこではまことの信心をひらく道を、「信方便易行」の道といい、その内実については、身業による礼拝、口業による称名、意業による憶念の、三業による奉行を語ります。そしてこの三業奉行の道こそが、いかなる無力な凡人にも修めうる信心開発のための易行道であり、ここに開けてくる信心によってこそ、まさしく菩薩の道における初地、不退転地に至ることができるというわけです。真宗における本願の仏道とは、まさしくここから始まったわけで、この礼拝、称名、憶念の三業奉行の仏道が、中国浄土教に継承されて一般の民衆に弘まっていくについて、もっとも容易に生活習慣化できる行業としては、称名行が一番ふさわしかったからでしょうか、その三業の中の称名念仏行が中心になっていきました。すなわち、善導大師における称名正定業の主張です。そしてそういう中国浄土教が日本に伝来してきたわけで、法然上人は、その善導浄土教の忠実な継承者として、もっぱら称名一行の実践を説かれました。いわゆる専修念仏の主張です。

しかしながら、この法然上人の門下においては、その称名に対する理解をめぐって分裂が生まれ、その称名念仏の一念こそが重要であって、ここにしてすでに阿弥陀仏の救済を受けることができ、多念の称名は無意味であるという一念義と、その称名念仏とは、やはり数多く修めるべきであって、そこにこそ功徳、利益が与えられるという多念義との対立、論争が続きました。そのことをめぐっては、すでに上において考察したところです。

二、親鸞聖人の開顕

そこで親鸞聖人は、その一念義と多念義の論争をめぐって、その浄土の行道の原意趣を尋ねて、『無量寿経』の教説を丹念に精査されました。そしてそこに明示されている仏道とは、ひとえに聞名の道であることを発見し、真宗における本願の仏道とは、明らかに聞名であることに開眼されたわけです。すなわち、そこでは、

あらゆる衆生、その名号を聞きて、信心歓喜し乃至一念せん。至心に廻向したまえり。彼の国に生まれんと願ずれば、すなわち往生をえて不退転に住せん。(第十八願成就文)

その仏の本願力、名を聞きて往生せんとおもえば、皆ことごとく彼の国に到りて、おのづから不退転にいたる。(「往観偈」)

と説かれて、聞名往生、聞名不退の道が明示され、またその四十八願においては、その中で、聞名による功徳、利益が、合計十三の願(第十八願文を含む)にわたって、繰り返して誓われており、ことにその第四十七願文には、

たとい我れ仏をえんに、他方国土のもろもろの菩薩衆、我が名字を聞きて、すなわち不退転に至ることをえず

は、正覚を取らず。

と誓われているところです。そこで親鸞聖人は、法然上人から学んだところの称名の道とは、『無量寿経』の原意趣に帰すならば、そのまま聞名の道でなければならないことを、明確に知見し領解されたのです。かくしてその称名とは、その数量にこだわって、一念義と多念義との論争をすべきではなく、その日々の称名行の実践をとおして、その私における称名とは、そのまま阿弥陀仏自身からの、私に向かった告名、その呼び声にほかならないと聞き、そのように「めざめ」ていくことが肝要であり、その私から仏への方向における私の称名が、そのままそっくり、仏から私への方向における聞名となることこそが、『無量寿経』において説かれるところの、本願の仏道であることを開顕されたわけです。そのことは『教行証文類』の「行巻」および「信巻」において、明快に論証されているところです。

その点、今日の浄土宗および西山浄土宗は、ともに法然上人の念仏往生の道を継承して、多念義または一念義の立場に立つわけですが、親鸞聖人によって開顕された浄土真宗とは、その念仏往生の道について、称名行とは、そのまま称名即聞名として、その称名の実践をとおして聞名という出世的な体験が成立すること、ここにこそ、まことの本願の仏道があると主張するのです。ともに法然上人の念仏往生の道を学びながら、浄土宗と西山浄土宗は、多念義と一念義との相違はあるとしても、いずれも称名にとどまるのに対して、真宗は、称名即聞名として、聞名体験を重視するわけで、ここに両者、浄土宗、西山浄土宗と浄土真宗の相違があるといいうるのです。

そしてまた、親鸞聖人は、その「聞名」の聞の意味を明かすについて、

きくといふは、信心をあらわす御のりなり。（『一念多念文意』）

聞はきくといふ、信心をあらわす御のりなり。（『唯信鈔文意』）

と語られ、そういう聞名体験とは、そのままに究竟位としての、本願の信心体験の開発を意味すると教示されるわけです。かくして、親鸞聖人においては、日々の称名念仏が、私から仏への方向が逆転して、それがそっくり仏から私への方向において聞かれてくるとき、すなわち、私の称名が、仏の称名として、仏の私に対する呼び声、名のりとして聞かれてくるという究極的な体験をもつことができるならば、そういう聞名体験を信心体験というのであって、まことの称名は、そのまま聞名、信心にほかならない、ということでした。したがって、いかにして信心をうるか、信心をひらくか、ということは、ひとえにその日々の生活の中において、生活習慣化した称名念仏行を相続していくほかはないわけで、その称名念仏が、そのまま聞名体験となることにおいて、まことの信心がよく開発してくるのです。

五　行信一如の境地

一、称名と聞名

かくして真宗の仏道とは、まず本願の教法に縁を結んで、仏教にもさまざまな宗旨があるけれども、私にとっては、この真宗、本願の教えこそが真実であり、この教えに帰依しよう、というところに立つ。そして、それが教えている方向に向かって歩いて行く。すなわち、礼拝、称名、憶念の三業を相続する。ことにそれが生活習慣行となることが大切です。そしてその称名念仏がまことの称名念仏になるかならないかが肝要なのです。称名念仏というものは、私が仏の名前を呼ぶことです。それはつねに私から仏へという方向において成り立つものです。しかし日ごろにおいて聞法を重ね、心を深くして称名念仏を相続していますと、その称名念仏の必然として、その称名念仏において、この称名念仏とは、阿弥陀仏が私に向かって、自己をあらわにしてくださっているのだ。仏の生命が、仏の言葉が、いま私の口をとおして私に現れてくださっているのだ、と気づかしめられてくるのです。私から仏への方向が、そのまま仏から私へという方向に逆転するのです。すなわち、称名が聞名になるのです。日々念仏を申す日暮らしの中で、いろいろな縁をとおして、これは私が称えている念仏ではなかった。仏が、いま私の生命の中に至りとどいて、私に呼びかけてくださっている仏の呼び声だと、「めざめ」ていくのです。それは固い言葉でいえば脱自ともいえましょう。脱自とは自分の全存在の底が抜けるということです。桶の底がスポッと抜けるように、自己が崩壊していくことです。念仏しているのだけれども、している私自身がなくなってしまうのです。自分がなくなるから、それは仏の声というほかはありません。自分が無化して仏があらわとなってくる。それを現成といいます。真実の到来です。念仏しながら念仏する私がなくなって仏さまと一つになる。仏があらわとなってくる。そういう体験、味わいを、経典の言葉でいうなら聞名です。仏の呼び声が聞こえた、ということです。そして「きくといふは、信心をあらわす御のりなり」と明かされるように、そういう体験が本願の信心といわれるものです。すなわち、ここでいう本願の信心とは、称名の内実、念仏の中味です。称名念仏が、まことの称名念仏となることの、中味を意味するものが信心です。

二、称名と信心

かくして、親鸞聖人においては、まことの称名念仏の成立が、まことの信心の成立を意味します。まことの信心の成立において、まことの念仏が成立することになるわけです。称名が表で信心が裏です。親鸞聖人は、

真実の信心は必ず名号を具す。名号は必ずしも願力の信心を具せざるなり。（「信巻」）

といわれます。ここでいう名号とは称名念仏のことです。そう理解しないとおかしくなる。もう一度いいます。「真実の信心は必ず名号を具す」、真実の信心は必ず称名念仏を具しているのです。しかし称名念仏は必ずしも願力の信心、ほんものの信心を具せざるなり。もしこれをそのまま名号と解釈したら、「必ずしも具せざるなり」とはいえないでしょう。名号には信心を具す場合と具さぬ場合があるということになる。それではおかしい。だからここでいう名号とは称名のことをいっているのです。親鸞聖人は、ときには名号と称名とを重ねていわれることがある。『正信偈』の「本願名号正定業」、ここには「名号」とあるけれど、これも称名行のことです。親鸞聖人が自分で、これは「選択本願の行」(『尊号真像銘文』)のことだといっておられるように、これは称名念仏行のことです。本願の念仏は正定の業なり、浄土往生の業因だというわけです。次の「至心信楽願為因」、この文は信心が浄土往生の正因だというわけです。だからここでは念仏が往生の因であり、信心が往生の因であると、ここには念仏往生と信心往生ということを重ねて明かされているのです。

また『末燈鈔』に、

弥陀の本願とまふすは、名号をとなへんものをば極楽へむかへんとちかはせたまひたるを、ふかく信じてとなふるがめでたきことにて候なり、信心ありとも、名号をとなへざらんは詮なく候。(『末燈鈔』)

とも語られています。ここでいう信心とは、能入位・初門位の信心についていうものですが、そういう信心があっても、「名号をとなへざらんは詮なく候」、意味がないという。

また一向名号をとなふとも、信心あさくば往生しがたくさふらふ。されば念仏往生とふかく信じて、しかも名号をとなへんずるは、うたがひなき報土の往生にてあるべくさふらふなり。(『末燈鈔』)

たとえ、いかに懸命に称名念仏するとも、まことの信心体験をともなわない念仏は無意味であるといわれるわけです。

またこういう教示もあります。

信の一念・行の一念ふたつなれども、信をはなれたる行もなし、行の一念をはなれたる信の一念もなし。そのゆへは、行と申は本願の名号をひとこゑとなえて、わうじやうすと申ことをきゝて、ひとこゑをもとなへ、もしは十念をもせんは行なり。この御ちかひをきゝてうたがふこゝろのすこしもなきを信の一念と申せば、信と行とふたつときけども、行をひとこゑするときゝてうたがはねば、行をはなれたる信はなしときゝて候。又信はなれたる行なしとおぼしめすべし。(『末燈鈔』)

「信の一念・行の一念」、ここで信の一念というのは、究竟位の信心の心相についていうものです。信心が二心でない、まことの信心ということをいっているわけです。また行の一念というのは、これは一声の称名念仏ということです。「ふたつなれども、信をはなれたる行もなし」、信と行、信心と念仏は別々ですけれども、信心をはなれた念仏はありません。「行の一念」、一声の念仏をはなれたる「信の一念」、まことの信心もありません。「そのゆへは、行と申は本願の名号をひとこゑとなえて、わうじやうすと申ことをきゝて、ひとこゑをもとなへ、もしは十念もせん」、十念というのは、一念が一声ですから、十声の念仏です。これは、ただ十声という意味ではなくて、生涯をかけた、たくさんの念仏という意味をもっています。「十念をもせんは行なり」、日々の称名念仏を行といいます。「この御ちかひをきゝてうたがふこころのすこしもなきを」、疑う心が少しもないこと、すなわち「めざめ」体験、その境地、それを「信の一念と申せば」、信の一念といいます。したがって、「信と行とふたつときけども、行をひとこゑするときゝてうたがはねば」、信心と称名とは別々のようですが、たとえ一声でも称名念仏して、その称名において信心の「めざめ」体験をもつならば、「行をはなれたる信はなしときゝて候」。ここで「ききて候」ということは、法然上人からそう学んだということでしょう。そして次には、それをひっくり返して、「又信はなれたる行なしとおぼしめすべし」。称名念仏をはなれた信心はありえない、また信心をはなれた称名念仏もない、称名と信心、信心と称名とは相即して、行信は一如であるということです。この文は行信一念の釈といって、有名な親鸞聖人の手紙の一節です。

以上、親鸞聖人における仏道をめぐって、ことにその信心体験が、どのようにして成立してくるかという問題を中心に明かしてきました。そしてそこでは、真宗の仏道とは念仏往生の道として、日々の生活において三業の奉行が大切であり、ことには称名念仏行を修めるべきであって、その称名が逆転して聞名体験となるとき、その聞名がそのまま信心体験にほかならず、ここにまことの救済が成立するということを論証しました。かくして、真宗の仏道においては、まことの称名念仏とは、そのまま真実信心にほかならず、「行をはなれたる信はなしときき て候。又信はなれたる行なしとおぼしめすべし」と明かされるように、念仏と信心、行と信とは即一するものであって、行信は一如であるというべきです。このことが親鸞聖人における仏道、その念仏と信心についての基本的な領解です。

しかしながら、この第一条にいうところの「弥陀の誓願不思議にたすけられまひらせて往生をばとぐるなりと信じて、念仏まふさんとおもひたつこころのおこるとき、すなわち摂取不捨の利益にあづけしめたまふなり」という文章は、明らかに信心と念仏を別立して捉える発想によるもので、それは上に見たような、行信一如を主張する親鸞聖人の領解とは、まったく相違するものといわざるをえません。ただし、その後半の「しかれば本願を信ぜんには、他の善も要にあらず、念仏にまさるべき善なきゆへに」という文章は、信心と念仏の即一を立場として語ったものであり、その点からすると、前半の信心と念仏を別立する発想とは矛盾することとなります。その点、前半の信心と念仏を別立する文章は、唯円の真宗領解にいささか問題が介在するか、あるいはまた、その表現に錯誤があったと思われるところです。しかしながら、このような親鸞聖人の原意趣とは異なった、念仏と信心、行信別立の発想について、唯円に対して好意的に弁明するならば、すでに上において述べたように、当時すでに弘まっていたところの、弁長、良忠らの浄土宗の多念義に対応して、真宗の独自性を強調するために、あえてそのようにいったとも考えられるところです。ともあれ、この第一条は、基本的には、信心と念仏、念仏と信心の、行信一如の真宗教義を教示したものと、捉えるべきであると思うことです。

第二条　念仏成仏の教訓

本　文

一、おのおの十余ヶ国のさかひをこえて、身命をかへりみずして、たづねきたらしめたまふ御こころざし、ひとへに往生極楽のみちをとひきかんがためなり。しかるに念仏よりほかに往生のみちをも存知し、また法文等をもしりたるらんと、こころにくくおぼしめしておはしましてはんべらんは、おほきなるあやまりなり。もししからば、南都・北嶺にもゆゆしき学生たち、おほく座せられてさふらうなれば、かのひとにもあひたてまつりて、往生の要よくよくきかるべきなり。親鸞におきては、ただ念仏して弥陀にたすけられまひらすべしと、よきひとのおほせをかふりて信ずるほかに、別の子細なきなり。念仏は、まことに浄土にむまるるたねにてやはんべらん、また地獄におつべき業にてやはんべるらん。惣じてもて存知せざるなり。たとひ法然聖人にすかされまひらせて、念仏して地獄におちたりとも、さらに後悔すべからずさふらう。そのゆへは、自余の行もはげみて仏になるべかりける身が、念仏をまふして地獄にもおちてさふらはばこそ、すかされたてまつりてといふ後悔もさふらはめ。いづれの行もおよびがたき身なれば、とても地獄は一定すみかぞかし。弥陀の本願まことにおはしまさば、釈尊の説教虚言なるべからず。仏説まことにおはしまさば、善導の御釈虚言したまふべからず。善導の御釈まことならば、法然のおほせそらごとならんや。法然のおほせまことならば、親鸞がまふすむね、またもてむなしかるべからずさふらう歟。詮ずるところ、愚身の信心におきてはかくのごとし。このうへは、念仏をとりて信じたてまつらんとも、またすてんとも、面々の御はからひなりと云々。

組織

関東門弟の訪問……おのおの十余ヶ国～
浄土の行道…………しかるに念仏より～
本願の真実性………弥陀の本願まこと～
親鸞の領解表白……詮ずるところ～

語義

○十余ヶ国……常陸の国から京都までの国をさす。常陸・下総・武蔵・相模・伊豆・駿河・遠江・三河・尾張・伊勢・近江・山城の十二ヶ国。

○たづねきたらしめたまふ……「しめ」は尊敬の意味。

○御こころざし……意趣、意向。

○ひとへに……ひたすらに、いちずに。

○しかるに……そうであるように。

○往生のみちをも存知し、また法文等をも……「も」は強意のための助詞。法文は仏法の文章のこと。

○しりたるらんと……「たる」は存続の助動詞。知っているであろうと。

○こころにくく……相手の心を計りかねて、なおその心の奥に何かがあると心おきすること。

○おぼしめして……「思し召す」で、思うの尊敬語。お思いになられる。

○おはしまして……「おはす」は「居る」の尊敬語で、おいでになる。

○はんべらん……「侍る（はべる）」の音便で「である」の丁寧語。
○南都・北嶺……南都は奈良の都で、ここでは東大寺、興福寺の諸大寺のこと。北嶺は京都の北の比叡山延暦寺のこと。
○ゆゆしき……非常にすぐれた。
○学生……学匠、学問僧。
○座せられ……座す、位置を占めるの尊敬語。
○往生の要……浄土往生についての要義。
○よくよく……充分に納得がいくまで。
○ただ念仏して……この「ただ」は念仏にかかる副詞で唯一という意味。
○まひらすべしと……この「べし」は確信のある推測の意で、きっと救われるであろうと。
○よきひと……すぐれた人。先師のこと。親鸞聖人は法然、隆寛、聖覚についてそう呼んでいる。
○かふりて……「かぶる」は「かうぶる」の音便。頭にいただき覆うことで、いただくこと。
○子細……理由・道理。
○たねにてやはんべらん……「たね」は業因。「にて」は断定的な意味をあらわして、「である」との意。「や」は疑問の助詞。「はんべらん」は前出。
○惣じてもて……「惣じて」は副詞で、すべて、まったくの意。「もて」は語調を強める語。
○たとひ……かりに、もしも。
○法然聖人に……「上人のわたらせ給はんところには、人はいかにも申せ、たとひ悪道にわたらせ給ふべしと申すとも、世々生々にも迷ひければこそありけめとまで思ひまいらする身なればと、やうやうに人の申し候し時も仰せ候しなり」(『恵信尼消息』)、「たとひ地獄なりとも故聖人のわたらせたまふところへまいるべしとおもふなり」(『執持鈔』)

○さらに……「さらに」は副詞で下に打ち消し語がくる場合には、全く、決しての意味。

○そのゆへは……その理由は。

○自余の行……爾余の行のことで、念仏以外の行。

○べかりける身……「べかりける」は、当然することができたという意味。「身」は人称代名詞で自分のこと。仏になることができた自分。

○さふらはばこそ~後悔もさふらはめ……「こそ~さふらはめ」は強意の語法。「も」は強意。「め」は推量の助動詞。後悔もありましょうが。

○およびがたき身……そうすることができない身、自分。

○とても……とてもかくても、いずれにしても。

○一定すみかぞかし……「一定」は確かに定まる。「すみか」は住む場所。「ぞかし」の「ぞ」は強意の助詞で、「かし」は念をおす意味で強意の助詞。

○弥陀の本願……阿弥陀如来の四十八願。念仏往生の願。

○おはしまさば……「ば」は、一般には仮定を意味する接続助詞で、もしそうであるならばという意味。「仏説まことにおはしまさば」「善導の御釈まことならば」「法然のおほせまことならば」、ここで用いられる「ば」とは、そういう仮定を意味する語意であろうか。決定的な確信にもとづく仮定。

○釈尊の説教……『無量寿経』の教説。
○善導の御釈……善導の著作、五部九巻。
○法然のおほせ……法然から面授された法義。
○またもて……「また」は、同じく、ひとしくという意味。「もて」は「また」の意味を強調する語法。
○むなしかるべからずさふらう歟……むなしい、根拠のないことではないのである。「か」は文末におく終助詞で、詠嘆をあらわす。
○詮ずるところ……結局、つづまるところ。
○愚身……自己を謙遜していう語。
○このうへは……以上のように申したからには。
○信じたてまつらんとも、またすてんとも……「とも」は「たとえ〜しても」の意。
○面々……ひとりひとり。
○御はからひ……お考え、判断。

要　旨

この第二条は、関東の門弟、信者たちが、京都の親鸞聖人を訪ねて、念仏がまことに浄土往生の道であるかどうかを質問したのに対して、自己の信心を吐露して返答した言葉であって、ここには親鸞聖人の門弟信者にかけた深い情愛とともに、親鸞聖人自身の念仏往生の行道についての確固たる信心の内実が披瀝されている。

一、組　織

この第二条にタイトルをつけるとするならば、「念仏成仏の教訓」ということになろうかと思います。その内容、中味としましては、念仏して浄土に生まれ、仏になる、ということが中心です。

そこで、その第二条の組織を見ますと、いちおう四段に分けて捉えることができます。最初の「おのおの」というところから、「ひとへに往生極楽のみちをとひきかんがためなり」までが第一段で、関東から門弟たちが、はるばると京都に親鸞聖人を訪ねてきたことが、親鸞聖人の言葉として述べられています。今日では東京、京都間は、新幹線ならわずか三時間足らずで行けますが、昔は二週間はかかっただろうと思われます。三百里もの道のりを、十日もそれ以上もかけて、関東の門弟たちが京都まで親鸞聖人を訪ねてきた、その話がまずそこにだされているわけです。それから、「しかるに念仏よりほかに」というところから「とても地獄は一定すみかぞかし」までが第二段で、親鸞聖人は、浄土往生の道は、「念仏して弥陀にたすけられ」るということのほかはないと、非常に厳しくいい切られ、そのあと関東の門弟への返答が続きます。次の第三段は「弥陀の本願まことにおはしまさば」から「またもてむなしかるべからずさふらう歟」までで、親鸞聖人は、本願の真実性、阿弥陀仏の本願こそが、本当なのだということを仰せになって、いままでの主張をまとめておられます。そしてそのあと「詮ずるところ、愚身の信心におきてはかくのごとし」から、最後の「面々の御はからひなりと云々」までが第四段目で、親鸞聖人自身の領解の表白、自己自身の信心の思いを、きわめて明快に告白される部分です。

だいたいこういう仕組みで、この第二条は成り立っているといってよいかと思います。まとめていえば、関東の門弟、信者たちが、京都の親鸞聖人を訪ねてきて、念仏がまことに浄土往生の道であるかどうかを質問したのに対して、親鸞聖人が、自分の信心の内実を吐露してお答えになった言葉です。ここには親鸞聖人の門弟、信者にかけた深い情愛とともに、親鸞聖人自身の、念仏往生の行道についての、確固たる信心の内実が披瀝されています。

二、文　義

そこで今度は、その本文の中味を少し説明していきましょう。親鸞聖人の言葉には、いうまでもなく、平安時代から続いた鎌倉期の、日本語独特の表現がいっぱいでてきます。現代の私たちには、少し分かりにくい言葉遣いがありますので、本文とその語義とを見合わせながらお聞きとりください。

最初の「おのおの」とは、関東の門弟たちが、京都の親鸞聖人のところへ訪ねてきたわけですが、これは何人かがグループで、十日も二週間もかけてやってきた。ですから複数の人を前にして、おのおのみなさんがた、といっておられるのです。当時、親鸞聖人は、京都のどこにおられたのか。詳しいことは分かりかねますけれども、『恵信尼文書』、親鸞聖人の奥方の手紙が、今日十通あまり残っていまして、それらの基本資料をもとに、その他若干の、親鸞聖人にまつわる伝記などによって見れば、その多くは、五条西洞院のあたりに居住しておられたらしいです。もっともこの第二条のときに、そこで関東の門弟たちと会われたかどうかは疑問です。親鸞聖人がお亡くなりになった場所は、「京都の押小路の南、万里小路の東」（『御伝鈔』）といいますから、今日の市街地図でいえば、中京区御池通烏丸を少し東に行ったあたりであったようです。そこの柳馬場通の東にある元柳池中学校の校庭のところに、「親鸞聖人御往生の地」と書かれた石柱が立っています。晩年のころはこのあたりにいらっしゃったのだろうと思われます。もっとも西本願寺では、親鸞聖人往生の地は、現在の右京区山ノ内御堂殿町であったといいますが、これはまったくの誤りです。正しくはいまいった柳馬場あたりであったかと思われます。そこは親鸞聖人の弟で、比叡山天台宗に属する僧侶であった尋有僧都の寺で、親鸞聖人は、ここで最期を迎えられたということになっています。史料によると、五条西洞院あたりにお住まいのとき、火事に遭っておられます。だからそのあとで、移転されたということでしょうか。どちらにせよ、京都で過ごしておられた親鸞聖人のもとに、関東の門弟たちが訪ねてきたわけです。そこで「十余ヶ国のさかひをこえて」、親鸞聖人を訪ねてきた人々は、常陸の国から山城の国までを、太平洋を左手に見ながら東海道を上ってきたのでしょう。当時、関東と京都間はこの道が主であったようです。常陸、下総、武蔵、相模、伊豆、駿河、遠江、三河、尾張、伊勢、近江、山城と十二ヶ国。それぞれの国境を通過して、山を越え、川を渡り、諸国の関所を通り抜けて、数々のいい知れぬ難儀があっただろうと思われますが、ともかくもこれらの十余ヶ国を越えて京都までやって来たわけです。その三河（愛知県岡崎市）に妙源寺という高田派の寺があります。そこには親鸞聖人が、京都に帰られる途中に逗留されて、念仏を勧められたという跡が残っています。古い様式をもった、小さいけれどもたいへん美しいたたずまいの、柳堂という建物があります。ここには親鸞聖人の真筆の名号も伝わっています。だから、かつての親鸞聖人も、おそらくこの道をたどって京都へ戻られたのでしょう。そういう道すがらのご縁の場所を通って、門弟たちがはるばると、親鸞聖人のもとに訪ねて来たということです。「身命をかへりみずして」、なにしろ当時はたいへんな時代でしたので、文字どおり生命をかけて訪ねてきたのです。前にもちょっと話しましたが、親鸞聖人の手紙を集めた『末燈鈔』の中に、覚信という弟子のことがでてきます。これは第二条の話とは別かもしれませんが、何人かの関東の門弟が親鸞聖人を訪ねて京へのぼった。その中の一人に覚信という人があったのです。その一行が「ひといち」というところまで来たとき、この「ひといち」とは、現在のどこになるのか定かでありませんが、ここでこの覚信が発病します。しかし、どうしても親鸞聖人に会いたい。こういって、一行の人たちに助けられながら、病気を押してついに京都まで来るのです。そして親鸞聖人のもとで間もなく死んでいきます。その死んでいく状況を、親鸞聖人の側にいた蓮位という門弟が細かに書きしるして、この覚信の息子の慶信に知らせるのです。その手紙が『末燈鈔』の中に残っています。「おはりのとき、南無阿弥陀仏、南無無礙光如来、南無不可思議光如来ととなえられて、てをくみてしづかにおわられて候しなり」と細かに書いている。そのように念仏を申して死んでいったというのです。そして、この手紙を書いた蓮位が、親鸞聖人の前で、「こういう手紙を覚信の息子の慶信にだしますが、よろしいですか」と、自分で読んで聞いてもらうのです。読んでいくうちに覚信が死んでいくくだりになったら、親鸞聖人が涙を流して泣かれたと、その手紙に書いてあります。「ことに覚信坊のところに御なみだをながさせたまひて候なり。よにあわれにおもはせたまひて候也」とあります。師弟の深いつながりが思わせられる文章です。これらの門弟たちは、文字通り「身命をかへりみずして」京都へのぼってきたわけでしょう。「身命をかへりみずしてたづねきたらしめたまふ」。「たづねきたらしめ」の「しめ」は、現代では使いませんが、これは尊敬語で、訪ねておいでくださったということです。親鸞聖人は門弟に対しては、いつも非常に丁重な言葉を使われています。この第二条には、こういう丁寧語や尊敬語がたくさんでてきます。まことに丁重な言葉で応対されている。おっしゃっている中味は、とても厳しいことをいわれるのですけれども、言葉遣いはきわめて丁寧です。「しめたまふ御こころざし」。「こころざし」とおっしゃらないで、「御」という字を付けておられる。「こころざし」というのは、そういう意趣、意向、あなたたちの考えということです。それは「ひとへに」、それは他ではない、たった一つの、もっぱら、という意味です。もっぱら「往生極楽のみちをとひきかんがためなり」。いかにして浄土に往生するのか、その道筋について質問をしようと思って、ここに来られたのでしょう。「ためなり」と結んでありますが、これには「でしょう」という推量の心持がこもっている。

ここまでが第一段で、門弟たちが京都に来た理由についてまとめておられて、次が第二段で、それに対する返答の中味を示されるのです。「しかるに」、しかしながら。「念仏よりほかに往生のみちをも存知し」、「往生のみちをも」の「も」は意味を強める助詞です。「存知」は知っているということ、それ以外の往生のみちも知っているに違いない。「また法文等をも」、「法文」とは仏法の文章、経典の言葉、先達の教え。そういうことなども「しりたるらんと」、「たる」は存続の助動詞といいまして、ある行為がなされてその結果があとへ残っている様子、過去の行為がそのまま今まで残っている状態を指しています。「らん」は推量です。だから、いろいろ勉強して、それをちゃんと知っているだろうと、こういう意味です。知っているだろうと、「こころにくくおぼしめして」、「こころにくく」は、これも難しい表現ですが、相手の心を計りかねてということで、表には何もいわないけれども、心の奥には何か別なことを思っているのではないかと、素直に相手の気もちを受けとりかねている、そういう状態を指す言葉です。親鸞聖人は、自分たちにはいろいろなことをおっしゃったけれども、しかしそれは本音ではなしに、もっと心の底には別なことを思っておられる。それを自分たちには、まだおっしゃってくださっていないと、そういうように思い計らっているという意味です。「おぼしめしておはしましてはんべらんは」。「おぼしめして」は「思う」の尊敬語です。「おはしまして」の原形は「おわします」で、「いる」の尊敬語です。「はんべらん」は「はべる」の音便形に推量の助動詞「ん」がついたかたちです。「はべる」は「ある」の丁寧語。あなたたちは、何か私の心の底がもう一つ分からないと、考えているのでしょう。しかし、そう思われるのは、「おほきなるあやまりなり」。たいへんな誤り、まちがいです。「もししからば」、もしそうであるならば、「南都・北嶺にも」。「南都」、南の都というのは、平安時代以後は、もとの奈良の都をそう呼んだのです。もちろんこの場合は、東大寺や興福寺等々、時には高野山までを含めて、奈良の都の寺院を指します。そういう奈良を中心にした仏教のことをいっているわけです。「北嶺」は、南都に相対するわけで、いうまでもなく比叡山です。それらの寺々にも、「ゆゆしき学生たち」、「ゆゆしき」は、たいへん優れているということです。「学生」は「がくしょう」と読みますが、学問の先生、あるいは学問をしている僧侶たちをそう呼んでいるのです。「おほく座せられてさふらうなれば」、「座せられて」も尊敬語です。大勢おいでになることですから、「かのひとにもあひたてまつりて」、そういう人をもお訪ねになって、「往生の要」、浄土に往生する肝要、いちばん大事なことを、「よくよく」、充分に納得がいくまで、「きかるべきなり」、お聞きになるべきです。「親鸞におきては、ただ念仏して」、この「ただ」という言葉は、『歎異抄』にしばしばでてきます。唯一、たった一つという意味です。唯一、念仏して「弥陀にたすけられまひらすべしと」、これも丁寧にいわれるわけです。ここでは「べしと」と断定的にいわれる。まちがいなく仏に助けていただくと。「よきひとのおほせをかふりて」、「よきひと」とは立派な人、優れた人、先生のことをいうのですが、親鸞聖人の言葉遣いでは、法然上人ならびに兄弟子の隆寛律師、聖覚法印について、「よきひと」と呼んでおられます。親鸞聖人は、隆寛、聖覚の二人の兄弟子には非常に傾倒しておられて、この二人の書物を、自分で書き写して関東の門弟たちに渡したり、あるいはこれを注釈しておられます。今日残っている『唯信鈔文意』とか『一念多念文意』というのは、この人たちの書物の注釈書です。その「おほせをかふりて」、「かふりて」は、「かぶりて」、これは「かうぶりて」の音便で、頭に頭巾のように被るということをいいます。だから、頭の上に置く、丁寧にそれを頂戴するということ。そして「信ずるほかに、別の子細なきなり」。それ以外のわけ、道理は何もありません。法然上人がいわれる「念仏して弥陀にたすけられる」という教えをいただいて生きるほかには、別の理由は何もありません。

私の胸の底にはこの思いしかありませんと明確にいわれるのです。

そしてさらに、「念仏は、まことに浄土にむまるるたねにてやはんべらん」、「たね」というのは業因のことです。「にて」は断定をあらわします。「はんべらん」のいい切りのかたちは「はんべる」で、「はべる」の音便形です。前にもありましたが「である」の丁寧語。「や」は疑問の助詞、「らん」は推量の助動詞。だから「にてやはんべらん」でもって、浄土に生まれるたねでありましょうか。「また」、それとも、「地獄におつべき業にてやはんべらん」、「べき」は当然をあらわします。「はんべるらん」は、さっきの「はんべらん」と同じです。地獄に堕ちていく業でしょうか。この場合の「業」は、前の「たね」と重なっています。仏教では、業というのを業因と業作の二つに分けて捉えます。結論的には同じことですが、業作というのは行為です。行為はかならず結果をもたらします。その結果をもたらす原因のところで、その行為を業因という。そしてその表にでる行為そのものを業作という。業とは、つねにそういう二つの側面がある。そしてその業作、業因はやがて結果をもたらします。それを業果という。いまの場合は、その原因のところをいわれるわけで、「たね」（業因）と呼ぶか「業」（業作）と呼ぶかの違いはあっても、業因も業作も結局は同じことです。いまは、「浄土に生まれるたね」、「地獄におつべき業」とおっしゃっていますが、いずれも私の行為であり、私の行為の原因のことです。念仏は浄土に生まれる業因でしょうか、地獄に堕ちる業作でしょうか、「惣じてもて存知せざるなり」。「惣じて」というのは、すべて、全部、まったくという意味で、「もて」は意味を強める言葉で、「もって」と読み習わします。「存知せざるなり」、まったく知りません。念仏を申して地獄に堕ちるのか、浄土に生まれるのか、尋ねられても私はまったく知りませんと、たいへん厳しく仰せになります。これはあとに続く親鸞聖人の、非常に深い心がこういう言葉になってでてくるわけです。そして「たとひ法然聖人にすかされまひらせて、念仏して地獄におちたりとも」、「たとひ」は、もしも、かりに、

「法然聖人に」、今日では法然上人の場合、普通には上人と書き習わしていますけれども、当時は両方同じように使われていたようです。「すかされまひらせて」、「すかす」は騙すことで、「まひらせて」は謙譲語です。ですから、この文章は、ありうべきことではないが、もしもかりに法然上人が虚言を弄されて、その言葉に自分が惑わされ、念仏して地獄に堕ちたとしても、というような意味になります。「さらに後悔すべからずさふらう」、「さらに」は打ち消し語があとへくると、「けっして〜ない」という意味になります。いっこうに後悔するものではございません。

この地獄に落ちてもかまわないと仰せになる言葉は、別の資料の上では、恵信尼の手紙にでてきます。親鸞聖人の奥方、恵信尼が、親鸞聖人の亡くなられた後に、娘の覚信尼に宛てて書かれた手紙の中で、亡き夫のことをいろいろ語っています。その中で、親鸞聖人の若いときの話として、

上人のわたらせ給はんところには、人はいかにも申せ、たとひ悪道にわたらせ給ふべしと申すとも、世々生々にも迷ひければこそありけめ、とまで思ひまいらする身なればと、やうやうに人の申し候し時も仰せ候しなり。

と書いておられる。これは親鸞聖人が日常の生活の中で語られた言葉を、恵信尼が思い起こして書かれたものでしょう。かつて親鸞聖人は、法然上人がおいでになるところならば、他人が何といおうと、たとい悪道、つまり地獄、餓鬼、畜生の世界に行くことになっても、私は必ずついて行きます。私は世々生々に迷っていた者であるから、そのような悪道に落ちても何の後悔もしませんと、いろいろと他の人々が非難していたときに、そのようにおっしゃっていましたと、書いておられます。法然上人は、時の政治権力から弾圧され、あるいはまた、比叡山や奈良の旧仏教の僧侶たちから、厳しく批判を受けられました。そのとき他人がいろいろ法然上人の悪口をいって、「あんなことをいっていたら浄土に生まれるはずがない、きっと三悪道に堕ちるだろう」と、そういうことをいったの

でしょう。それに対して親鸞聖人は、「誰が何んといおうとも、私は法然上人の行かれるところなら、悪道に堕ちても後悔しない」とおっしゃっていたのでしょう。この『歎異抄』と同じような表現です。また覚如が書いた『執持鈔』という書物には、「たとひ地獄なりとも故聖人のわたらせたまふところへまいるべしとおもふなり」という言葉が伝えられています。ここでいう「故聖人」というのは法然上人のことです。親鸞聖人は日ごろ「たとえ地獄であっても、師匠のおいでになるところにはついて行こうと思います」と仰せになっていた、というのです。こういう親鸞聖人の表白を、恵信尼をはじめ門弟たちが、深い意味をもつ言葉として聞き留めていたのでしょう。そして続けて、「そのゆへは」、そのわけは。「自余の行もはげみて」、念仏以外の行業をも一生懸命に修めて「仏になるべかりける身が」、「べかりける」というのは、当然なることができるはずのという意味です。「身」は自分自身のこと。念仏以外のいろいろな行業を励んだら必ず仏になるはずの私が、「念仏をまふして地獄にもおちてさふらはばこそ」、そういう私が、念仏をして地獄に堕ちたというのであるならば、「さふらはばこそ」の「こそ」も意味を強めた表現です。「さふらはばこそ〜後悔もさふらはめ」、この「も」も強意。「こそ〜さふらはめ」は極めて調子の強いいい方です。「め」は推量の助動詞で「む」の已然形。私がいろいろな行をして、仏になることができるはずの身であるにもかかわらず、念仏したばかりに地獄に落ちたというならば、後悔もするでしょうが、ということです。そのあいだに「すかされたてまつりてといふ後悔」とあります。そういう私が法然上人の教えを聞いたばかりに、その言葉に、すかされ、騙されて、地獄に堕ちたというならば、「後悔もさふらはめ」、後悔ももつでしょうが、ということです。しかしながら「いづれの行も」、いかなる行業も、「およびがたき身なれば」、どんな行業も、とてもすることができない私、この身であるから、「とても」は、いずれにしても、とてもかくても、どうあってみても、「地獄は一定すみかぞかし」。決着するところは、地獄以外には行き場所がない私です。「一定」というのは、一つに定まる。もうそこに決定的に定まっている。「すみか」というのは住む場所。自分のいる場所です。「ぞかし」の「ぞ」は強意の係助詞。「かし」は念を押すところの強意の助辞。私には念仏の道以外に行く道はないのだ、だから、たとえ法然上人に騙されて地獄に落ちても何一つ後悔はしないと、こういうかたちで、念仏に対するぎりぎりの思いを非常に厳しく仰せになるのです。

そしてその次、第三の段落で本願の真実性を語られます。「弥陀の本願まことにおはしまさば」、阿弥陀仏の、念仏して浄土に生まれるという本願、念仏往生の本願がまことであるならば、「ば」は仮定を表す助詞です。「釈尊の説教虚言なるべからず」。念仏往生の本願を教示された釈尊の言葉、具体的には『無量寿経』、その教説は嘘、偽りの言葉であるはずがありません。それを受けて、「仏説まことにおはしまさば、善導の御釈虚言したまふべからず」。その釈尊の言葉がまことであるならば、それについて、善導大師がいろいろと書物を書かれた解釈は、嘘、偽りを仰せになるはずがありません。その「善導の御釈まことならば」、善導大師の解釈、教示がまことであるならば、また同じように「ば」がでます。「法然のおほせそらごとならんや」、法然上人が仰せになった言葉が、どうして嘘、偽りでありましょうか。「法然のおほせまことならば」、法然上人の言葉が本当であるならば、「親鸞がまふすむね」、私、親鸞が申しあげている趣旨は、「またもてむなしかるべからずさふらう歟」。「もて」は「また」の意味を強めた語法です。親鸞がいっていることも、また決して空しいはずはありません。根拠のない偽りごとではありません。ここに「歟」という字が付けられていますが、この「歟」は、ここでは詠嘆をあらわしています。非常に深い親鸞聖人の心のうちが、この言葉ににじみでているわけです。ここの文には「ば」という仮定の接続助詞が何度かでています。「弥陀の本願まことにおはしまさば」、「仏説まことにおはしまさば」、「善導の御釈まことならば」、「法然のおほせまことならば」。この「ば」をいま仮定といったのですが、これは私の思いですが、表現としては「もし

〜であるならば」「弥陀の本願が本当であるならば」という言葉になっているのだけれども、これはたんなる仮定ではなく、非常に深い確信の意味がこもっているようにうかがわれます。ただ客観的に「弥陀の本願がもしも本当ならば」というような、浅いレベルの仮定の語ではないはずです。このことは、またのちほど別な角度から話してみたいと思います。

そして最後の第四段の結びの文章になります。「詮ずるところ、愚身の信心におきてはかくのごとし」。結局、詮じつめたところ、とどのつまりは、「愚身」というのは、親鸞聖人が、自分のことを卑下し謙遜しておっしゃるわけです。私の信心においては「かくのごとし」。私の信心は、いま申しあげたことがすべてです、と仰せになる。そして「このうへは」、以上申しあげたそのうえは、あなた方が「念仏をとりて信じたてまつらんとも」、私が申している念仏往生の教えを信じて、念仏の道を歩まれようとも、「またすてんとも」、または私の考えが誤っているとして、その念仏の道を捨てようとも。それは「面々の」、おのおの、いちばん最初にでてきたおのおの、あなた方お一人お一人の、「御はからひなり」、あなたたちの考えに任せます。どうぞ自分で判断してくださいと、親鸞聖人は、たいへん厳しく最後にいい放っておられるわけです。

三、私　解

一　門弟訪問の背景

一、善鸞と造悪無礙の異義

以上で、第二条の文章の大まかな意味をお話ししましたが、この第二条のおおよそがお分かりいただけたかと思います。そこで今度は、この第二条をめぐる私なりの理解、私解を、問題を絞りながらお話してみたいと思うことです。最初に、関東の門弟たちが、「十余ヶ国のさかひをこえて、身命をかへりみずして」、京都に親鸞聖人を訪ねてきたという、その背景の問題です。その背景には、善鸞の異義があったということがいわれています。これはまちがいのないことでしょう。

その善鸞のことですが、西本願寺に伝わる『日野一流系図』には、親鸞聖人には子供が七人いたとでてきます。はじめに印信という名が見えます。これはのちに範意といわれた人です。この系図の印信（範意）のところに、母は九条兼実の女子と書いてあります。九条兼実は時の関白太政大臣です。その娘が玉日の姫。この人と親鸞聖人とのあいだに生まれた子供が印信だということです。しかし今日の学問研究のところから見ると、九条兼実は親鸞聖人よりも二十四歳も年長で、その娘が親鸞聖人の奥方になるには、いささか年齢があわず、このことは架空の話だといわれています。したがって、印信は実在した人物ではないと考えられます。そこで、その次の子供の母は三好為教の女子で、この人が恵信尼です。恵信尼には親鸞聖人とのあいだに六人の子供があった。いまの「系図」にそう書かれています。覚如が書いた『口伝鈔』に恵信尼の話がでてきますが、そこのところに割註して、「男女六人の御母儀」と書いてあります。だからこの六人という説は話が通るわけです。そうすると善鸞は長男であったということになります。ついでにいいますと、次男の明信は、のちに栗沢の信蓮房という僧侶となり、三男の有房は益方の入道といいます。入道とは在俗の仏教信者のことです。そして長女は小黒女房といい、次女は高野禅尼といい、末娘が覚信尼といって、親鸞聖人の臨終をみとり、その墓所を守り、本願寺の基礎を築いた人です。

親鸞聖人は、四十歳すぎからおよそ二十年間ほど関東においでになって、六十歳を過ぎたころ、妻子を伴って京都へお帰りになります。京都に帰られたあと関東で問題が生じてきます。関東の教団で、念仏者の生き方をめぐって混乱が生まれたわけです。その問題の一つは造悪無礙の異義です。阿弥陀仏の慈悲によって、いかなる悪人でも救われていくのだから、念仏者はいくら悪いことをしてもかまわない。いかなる悪もみな赦されて、すべてが救われていくのだというわけです。観念的に念仏の教え、仏の慈悲を捉えると、こういう甘えの論理が生まれてくることとなり、念仏者の生活が乱れてきます。こういう造悪無礙の異義が弘まることにより、関東の真宗教団には、さまざまな混乱が生まれてきました。そのような混乱を沈静化するために、関東の門弟たちは親鸞聖人に再度の教化をお願いをしたのでしょう。ここらのことは、想像の域に入りますが、「どうかもう一度関東へおいでください。さもなくばご名代をお遣わしください」と、こういうことではなかったのではないでしょうか。そこで、長男の善鸞が、親鸞聖人の名代として派遣されたわけでしょう。どうぞこの混乱を収拾してほしいという、願いを託されたのだろうと想像されます。ところが善鸞は、親鸞聖人ほどの大きな力はもたなかった。むしろ親鸞聖人の直系の門弟たち、たとえば高田の真仏、顕智、横曾根の性信という、かつて親鸞聖人に身近く学び、年齢的にもかなりの長老であった門弟たちが関東には多かったわけですから、いかに親鸞聖人の息子だからといっても、関東の人々は、そう簡単には善鸞になびかなかったのだろうと思われます。したがって、思うようにその混乱を収拾しきれなかったのです。しかし、責任を感じている善鸞は、なんとかして関東の同行を、自分が中心になって指導しようと功を焦ったのでしょう。そこで掲げたのが専修賢善の主張だったと考えられます。前にもいいましたが、この専修賢善というのは、造悪無礙に対してその逆の主張です。本願の大慈大悲がすべての人をお救いになるといって、どんな悪いことをしてもいいというわけではない、むしろ本願に出遇った私たちは、いよいよ念仏を励んで善根を修めなければ浄土に生まれることはできないのだと、造悪無礙に対する、まったく逆な論理としての専修賢善の考え方を主張します。このために関東の信者、同行たちは、いよいよ混乱します。もともと造悪無礙の異義が弘まって関東の教団が混乱していたうえに、それとは逆の、専修賢善の異義が主張されたのですから、その混乱はいっそう重複し拡大していったわけです。初めのうちは、親鸞聖人には、それらの事情がよく分からなかった。長男の善鸞を信用されていたのです。善鸞は関東へ行った当初は、諸方でもらった布施などを、京都の親鸞聖人のところへ送っています。親鸞聖人もそれに対する礼状を認めておられます。両親と弟妹たちが京都にいるわけですから、その生活費として送ったわけです。それらのこともあって、親鸞聖人は善鸞を信頼していたのですが、関東からいろいろな話が聞こえてくる。あるいは手紙がくる。それでだんだんと善鸞をめぐる混乱事情の全貌が明らかになってきた。そして関東の門弟や同行たちが混乱しているのは、ひとえに善鸞が、その種をまいているのだということが分かってきます。

そこで親鸞聖人は、その混乱を収拾するために善鸞を義絶なさった。親子の縁を切られたわけです。そしてその義絶状を関東に送って、門弟衆に廻し読みをさせられたのです。それは親鸞聖人が八十四歳の五月のことでした。親子の縁を切るということは、血のつながりを断絶するということと同時に、今まで受け取っていた生活費の仕送りのルートが切れるということでもありましたので、親鸞聖人としては非常に複雑な思いがあったことでしょうし、悲しかったことだろうと思います。その義絶状の最後には、「このことどもつたえきくこと、あさましさまふすかぎりなければ、いまは親といふことあるべからず、子とおもふことおもいきりたり。三宝、神明にまふしきりおわりぬ。かなしきことなり」と書かれてあります。まさに断腸の思いの中での執筆であったことでしょう。その義絶状が今も残っています。その中に、善鸞は夜中に父親である親鸞聖人から秘事口伝を受けたといっているようだが、とんでもないことだ、ということが書いてあります。誰にもいわない特別の法義を、父の親鸞聖人が私だけに教えてくれた。あなたたちは知らないだろうが、私だけが知っている親鸞聖人の教えだと、こういうことを善鸞がいいふらしていたことが、この義絶状によって分かります。また、善鸞は、本願はしぼめる花だということをいったとも書いてあります。この本願がしぼめる花だというのは、どういう意味か分かりませんが、想像できることは、念仏往生の道を誓った本願はもう過去のものだ。もうその花はしぼんで役に立たない。つまり、いまの時代には合わないのだという意味だろうと考えられます。要するに善鸞は、いままで門弟や同行たちが学んでいた教義とは、まったく違った説を立てて、私に「ついて来い」といったのだと考えられます。もう一つこの義絶状をとおして知られてくることは、善鸞が在地権力者および鎌倉幕府に接近したということです。善鸞は、自分のいうことを聞かない者や自分に背く者を、権力に密告し、その権力を背景として、関東の教団を支配しようと考えたようです。そのことから鎌倉幕府は、親鸞聖人の直系の門弟たちを呼びつけて取り調べ、関東の念仏教団は、さまざまに弾圧されます。その義絶状には、「六波羅の辺、鎌倉なんどにひろうせられたること、こころ憂きことなり」と書かれています。親鸞聖人は、法然上人門下時代の若い頃から、権力と対立し、その弾圧を受けてこられたわけで、まことの信心を貫くためには、決して権力に接近してはならないことを、身をもって知っておられたわけです。親鸞聖人は、関東の門弟に宛てた手紙には、しばしば権力者を縁として念仏を弘めようと考えてはならないと、厳しく忠告されています。このことはその後の真宗教団の歴史を振り返れば、充分に反省されるところであり、また今後の私たちの生き方についても、よくよく銘記すべき事柄でしょう。ところで、父の親鸞聖人から義絶された善鸞は、その後どうしたかということですが、善鸞は、関東の教団から離れて、次第に民俗信仰に転落していったようです。本願寺の第三代覚如のことを書いた『最須敬重絵詞』という記録があります。この覚如は親鸞聖人の曾孫ですが、若い頃に関東地方に親鸞聖人のあとを訪ねたことがある。その時に、この善鸞に遭っているのです。覚如が旅先で病気になって休んでいると、善鸞がやって来て、護符のようなものを書いて「これを飲んだら治る」といって、何かの呪いをしたというのです。そこで覚如は、それを飲んだふりをして捨てたという話が、この『最須敬重絵詞』にでています。またそこには、当時の善鸞は、親鸞聖人が書かれた無碍光如来の名号を丸めて首からぶら下げ、呪術を仕事にしている神子や巫女たちの首領となり、二、三百騎の隊列を引率して馬上豊かに念仏しつつ歩いていたと書いてある。だから最後には真宗とはまったく無縁の民俗信仰、呪術の宗教に転落して、多くの民衆に接していたということのようです。とにかく、善鸞は親鸞聖人の念仏往生の教えとは違ったことを説くようになり、それで関東の門弟、信者たちが念仏の法義に対していろいろと疑問を抱くようになった。そしてこの第二条に見られるような、関東の門弟たちが生命がけで親鸞聖人を訪ねてきた背景に、こういう善鸞をめぐる事件があっただろうことが考えられるわけです。

二、日蓮上人の念仏批判

ところで、この第二条の背景としては、善鸞問題とは別に、もう一つ日蓮上人の念仏批判の問題が考えられます。

日蓮上人は、法然上人や親鸞聖人と同じように、若き日に比叡山で仏教を学ばれました。そしてそののちに彼は、法然上人の浄土教、念仏成仏の教えにヒントをえて、新しい民衆の仏教として、唱題成仏、『法華経』の題目を唱えれば仏に成れるという教えを開きました。法然上人の教えは称名成仏、すなわち念仏成仏の道です。これはインドから中国を通って、日本にまで伝統された仏教の教えです。その『無量寿経』の本願文には名号の話が説かれています。また『観無量寿経』には、いかに罪深い者でも、南無阿弥陀仏と称えるならば、八十億劫の罪がすべて消えて、ついには成仏する、浄土に生まれて仏になると明かされています。この浄土教の教えが中国に弘まって、やがて日本に伝来してきたわけです。ところが、日蓮上人は、『法華経』という経典はたいへん功徳があるから、その経の題目を「南無妙法蓮華経」と唱えれば成仏できる、といったわけです。しかしながら、そういうことは、『法華経』にも説いてなければ、そのほかのどの経典にも書いてはありません。日蓮上人がはじめていいだしたものです。そういう仏道は、法然上人の念仏成仏の教えにもとづいて、仏の名前を称えて成仏するのなら、経の名前を唱えても成仏できるだろうというだけのことです。したがって、そういう唱題成仏の教え、日蓮宗というものは、インドにも中国にもありません。こういうかたちで、新しく日蓮上人によって創作された宗旨です。その点、自分の宗旨の根拠、モデルとした念仏宗を、徹底的に嫌い排斥したわけです。そのことは必然的にそういうことになるのだろうと思います。その日蓮上人が、建長五年（一二五三）、親鸞聖人八十一歳のときに、関東で新しく日蓮宗の開宗を宣言したのです。日蓮上人はそれ以来、あちこちで辻説法をしながらその唱題成仏の教えを民衆に伝えるのですが、当時すでに新しい仏教として日本に弘まりつつあった法然上人、親鸞聖人の念仏宗と、道元禅師、栄西禅師の禅宗を、口をきわめて批判します。そして『立正安国論』を造るのです。それは文応元年（一二六〇）、親鸞聖人八十八歳の年です。日蓮上人が、他宗を非難するスローガンとして掲げたものが、有名な四箇格言です。

「念仏無間、禅天魔、真言亡国、律国賊」という主張です。念仏するものは無間地獄に堕ちる。禅宗は天の悪魔の教えだ。真言秘密の教えは国を滅ぼすものであり、奈良仏教の律宗は国賊の教えだと、こういうスローガンを掲げたわけです。日蓮上人は、若い頃より浄土教を非難しており、この四箇格言も開宗以来、その辻説法で主張したわけですから、当時の関東の門弟や信者に対しても何らかの影響があったことでしょう。すでに新しい仏教が弘まりつつあったときに、後から開宗してその教えを弘めるためには、すでに弘まっている教えを批判して、自分の立場を鮮明にしなければなりませんから、日蓮上人はこういうきわめて烈しい言葉で表明したわけでしょう。これは一つには、日蓮上人その人の性格もあるかと思われます。ことにこの「念仏無間」という主張は、『法華経』の中に、この経典を批判したり否定する者は、無間地獄に堕ちる、と書いてあることを根拠として、法然上人や親鸞聖人が、念仏だけが真実であると主張するのは、『法華経』を否定することになるから、地獄に堕ちるといったわけです。問題は、この日蓮上人の主張が、『歎異抄』の第二条の背景にあると考えるかどうかです。そうなるとこの第二条の話は、いつ頃のことかということと絡んできます。ともかく、この第二条に「念仏は、まことに浄土にむまるるたねにてやはんべらん、また地獄におつべき業にてやはんべるらん」といわれていることからすると、この日蓮上人の「念仏無間」の非難と関係があるようにも思われます。親鸞聖人が八十歳を過ぎられたころに、関東の門弟が訪ねて来て、この第二条の話が生まれたものとするならば、日蓮上人のこの念仏批判の影響を、まともに受けているということも考えられます。しかし、ここのところは少し疑問符を付けざるをえないところです。親鸞聖人がこの第二条の中で、「念仏よりほかに往生のみちをも存知し」というように門弟にいっておられるところからすれば、これは善鸞が主張した異義に関係するものかとも思われます。そのあたりは幅をもたせて捉えたいと思いますが、ともかくそういう善鸞事件や日蓮上人の非難などを原因とする混乱の中に、はるばると門弟が訪ねてきたということの中で、この第二条の内容が生まれたものと思われます。

二　念仏成仏の行道

一、原点としての聞名往生の道

次に、親鸞聖人が、この第二条において、「親鸞におきては、ただ念仏して弥陀にたすけられまひらすべしと、よきひとのおほせをかふりて信ずるほかに、別の子細なきなり」と、確信をもって仰せになるのには、たんなる個人的な見解、主張ではなくて、その背景としての長い伝統、歴史があるという問題を、少し話してみたいと思います。その詳細については別に発表していますので、それをご覧いただくとして、いまは簡単に述べますが、浄土教における行道の思想は、『無量寿経』の中に、その根拠があることはいうまでもありません。いま私たちがいただいている経典でいえば、『無量寿経』の中心をなす第十八願文、第十九願文、第二十願文が明かすところの三種なる浄土への道です。

実は、この『無量寿経』には、阿弥陀仏の誓願を説くについて、二十四願を語るものと、三十六願を語るものと、四十八願を語るものとの三種類があります。いま私たちが用いているものは、その中の、もっとも後期に成立した四十八願経ですが、それに対して、二十四願経は、その『無量寿経』の原形をなすものと考えられています。この二十四願経についても、今日では二種類が伝えられており、その中でも、より古いものと思われる『大阿弥陀経』によりますと、そこで説かれている浄土往生の道は、第五願文、第六願文、第七願文に見ることができます。そこで、その第五願文では、在家の者で、ことには社会の底辺に生きて、その日々の生活において、善根を修めることが少なく、悪業を犯すことの多い人たちのための行道が説かれており、その内容は、聞名にもとづく道として、自らの悪業について悔過し、作善し、持戒して願生すれば、死後に必ず浄土に往生できるという道です。次の第六願文では、在家の者であって、経済的にも余裕があって、さまざまな善根功徳を修めることのできる人々のための行道が説かれており、その内容は、浄土を願生して、仏塔に供養し、出家者に布施し、仏塔を起て、寺院を造るなどの善根を修め、持戒し、憶念すれば、ついには浄土に往生することができるという道です。そして次の第七願文では、出家者の道として、六パーラミター（波羅蜜）の行を修め、持戒し、不断に願生すれば、やがて浄土に往生して不退転位の菩薩となることができるという道です。かくして、浄土教におけるもっとも原形なる浄土往生の行道としては、在家者にして不善作悪者の道、一般の在家者の道、出家者の道の、三種の行道が説かれていたことが知られます。そしてこの行道の思想が、後の四十八願経に至ると、第十八願文、第十九願文、第二十願文の三種の行道に展開しているわけで、その第十八願の行道は、『大阿弥陀経』の第五願文の不善作悪者の道が展開したものであり、第十九願の行道は、その第七願文の出家者の道が展開したものであり、第二十願の行道は、その第六願文の一般在家者の道が展開したものであることが明らかです。そしてその後の浄土教の歴史においては、ことにその第十八願文に説かれる不善作悪者の道が注目されることとなったわけで、親鸞聖人が、この第十八願を阿弥陀仏の根本願として捉え、それを悪人成仏の道として注目されたことはご案内のとおりです。ところで、この不善作悪者の行道においては、聞名ということが説かれているわけで、この聞名という思想は、後の四十八願経においては、きわめて重視され、繰り返して説かれており、聞名すれば往生できる、聞名すれば不退転位に至る、聞名すれば多くの功徳、利益をうることができるなどと明かしていますが、その聞名体験ということはいかにして成立するか、聞名するについてはどうすればよいか、ということをめぐっては、この『無量寿経』ではまったく語っていません。

なおこの『無量寿経』には、その原典においては、称名念仏の思想はまったく説かれてはおらず、この経典に称名念仏が説かれているといったのは、後世の中国浄土教の人たちの主張です。

二、龍樹における易行道の開顕

そこで、その聞名体験の成立をめぐって、明快に解説を試みたのが龍樹菩薩（二、三世紀頃）です。龍樹菩薩は、この後期『無量寿経』（四十八願経）が成立したであろう時代近くに出生した人で、その『十住毘婆沙論』によりますと、仏法が明かすところの仏道には、難行道と易行道との二種の道があるといい、その易行道を説明するについて、この『無量寿経』が説くところの、聞名不退、聞名往生の教説に注目し、聞名するについては、身業による礼拝、口業による称名、意業による憶念の三業を奉行すべきことを明かしています。すなわち、いかなる人間であろうとも、阿弥陀仏に帰依して、日々に礼拝、称名、憶念の三業を修めるならば、やがて確かな聞名体験をえて、菩薩の階位の中の初地、不退転地に至ることができるというのです。なお龍樹菩薩は、ここでは阿弥陀仏以外の、諸仏、諸菩薩にかかわる三業奉行の道も語っていますが、浄土教において、阿弥陀仏の名号を称えるという称名念仏の思想は、この龍樹菩薩において、はじめて主張されたわけです。龍樹菩薩は、その称名の思想は、『宝月童子所問経』の「阿惟越致品」によったといっていますが、その詳細については、ここでは省略します。ただし、称名の思想は、『無量寿経』の第十八願文に、「十念」と説かれているところに見られるという人があるかもしれませんが、ここでいう十念の「念」とは、その原典のサンスクリット本によると、チッタ（citta）とあり、それは心、意、思などと訳されるもので、称えるという意味はまったくありません。この十念を十声と読みかえて称名念仏のことだといったのは、後世の中国の善導大師に始まることです。また『観無量寿経』に称名が説かれているとしても、今日の学問研究によれば、この経典は後世において、中央アジアまたは中国で成立したものであろうといわれるわけです。その意味において、浄土教における称名思想とは、この龍樹菩薩に始まるといってよかろうと思います。

三、浄土教における行道思想の展開

そしてこの称名思想は、その後に、インドの天親菩薩（四、五世紀頃）の浄土教において、浄土往生の道としての五念門行に継承されます。すなわち、そこでは礼拝、讃歎、作願、観察、廻向の五種の行業が明かされますが、ここでいう讃歎の行とは、口業による称名行を意味するものでした。それら龍樹菩薩、天親菩薩の浄土教、その称名思想が、中国に伝来されますと、曇鸞大師（四七六〜五四二頃）が、浄土往生の行道として、十念相続の道を語りますが、その十念念仏とは、阿弥陀仏の名号を称すること、または阿弥陀仏とその浄土を観ずることによって成就すると明かしています。そしてまた善導大師（六一三〜六八一）は、その浄土往生の道として、安心起行の道を語りますが、その安心とは、『観無量寿経』に説くところの、至誠心、深心、廻向発願心の三心を意味するといい、その起行については、上に見た天親の五念門行をいささかアレンジして、読誦、観察、礼拝、称名、讃歎供養という、五正行を創設しました。ことに善導大師は、その五正行については、称名行がその中核をなすもので、その他の四種の行は、その称名行を補助する助業であって、称名行こそが往生浄土のための正定業だと主張したわけです。そしてその善導大師の称名正定業の思想が日本に伝統されて、それを継承したのが法然上人（一一三三〜一二一二）でした。法然上人における行道とは、心行相応の道として明かされましたが、その心とは、『観無量寿経』における三心の中の深心、『無量寿経』における第十八願文の三心の中の信楽を意味し、その行とは、善導大師が明かしたところの、称名正定業を意味するわけで、法然上人は、浄土往生の道とは、信心にもとづく、ひたすらなる称名念仏一行の道、専修念仏の道であると主張されました。すなわち、浄土教における阿弥陀仏の本願の仏道とは、そのもっとも原形のところでは、ことにその不善作悪者の道としては、聞名にもとづく行道が明かされていました。そしてその行道が、龍樹菩薩によって万人が修めうる易行の道として注目され、その聞名の具体的な実践方法として、礼拝、称名、憶念の三業奉行の道が明かされたわけです。そしてその三業奉行の内容が、その後の浄土教の展開において、種々に教説されていくこととなり、ついには称名一行の道として語られることとなったわけです。

いま親鸞聖人が、この第二条において明かされる念仏往生の道とは、そういうインド、中国、日本を一貫して伝統されたところの、ひとすじの道であったわけです。そして私たちが、この念仏往生の道、親鸞聖人の教えに帰入し、その道を歩んでいくについては、何よりもこの念仏の歴史、その仏法の流れに出遇うことが大切です。私たちが仏法に帰依し、仏法を学ぶについては、私たちは、何故に宗教、仏法を、学ばなければならないのか、ということ、すなわち、私の人生生活における仏法がもつところの意味をめぐって、理論的に考えてみるということも大切ですが、もう一つは、仏法の歴史、より具体的には、いま現に仏法を生きている人、念仏を申しつつ、私たちの前を歩いている人、そういう人格に出遇うことが肝要です。それこそ、まさしく生きた念仏の歴史です。二千年の昔に教説された阿弥陀仏の本願の教えが、いまここにまで届いているのは、人と人との出遇いが、絶えることなくしてここにまで続いてきたからこそです。私たちが、いま親鸞聖人の教えを学び、念仏の道を歩むためには、まず何よりもその歴史、より具体的には、念仏を申し、念仏に生きている人、その人格に出遇うということが、もっとも肝要なことです。そういう人格に遇わないかぎり、仏道は決して始まりません。

三　本願の真実性

一、真実という意味

そこで次に、本願の真実性という問題をめぐって、いささか述べてみたいと思います。この第二条の第三段目に、「弥陀の本願まことにおはしまさば」とあります。実はこの第二条では、弥陀の本願が真実かどうかということが問題になっているのです。しかし、そのいちばん問題のところを、まず最初に結論的にいい切って、弥陀の本願がまことだから、釈尊のおっしゃったのは本当だ。釈尊がおっしゃったのが本当だから、善導大師や法然上人がおっしゃるのは本当だ。その法然上人がおっしゃるのが本当なら、この親鸞のいうことは正しいのだと、こういう論理展開がなされている。だが問題は、その弥陀の本願がまことかどうかがはっきりしないかぎり、私たちとしては親鸞聖人の教えも法然上人の教えもはっきりしない、こういうことになるはずです。しかし、ここでは、そのいちばんの原点のところを、初めに、弥陀の本願がまことだから、という論から展開されている。これはある意味では非常に観念的、独断的な話で、現代の私たちには納得できないという批判がでてきそうです。いま門弟たちは、親鸞聖人の仰せになることが本当か嘘かと、尋ねてきているのです。それをこんなかたちで仰せになるのは、どういう意味があるのか。そのところを少し見ていきたいと思うわけです。

それに先立って、真実という言葉の意味についてはっきりしておきましょう。これはまったく常識的なところでいうのですが、真実ということの意味については、およそ三種があると思います。常識的真実と科学的真実と宗教的真実です。普通、何かを説明する言葉が、それが指示している対象と、客観的に合致している場合、そのことは事実的判断として真実であるといいます。これは第一の常識的真実、存在論的真実です。そういう場合には、一般的には「ほんとう」といいます。今日は天気が悪いという表現が、具体的に戸外の風雨の状況と合っているならば、それは「ほんとう」だといいます。今日は天気がいいといっても、外に雨が降っていたのでは、これは嘘だということになります。だから説明した言葉と、説明された対象がまったく一致するならば、それは「ほんとう」だというわけです。真実というのは、常識的にはそういう意味をもっています。これが第一の常識的真実です。それから第二の科学的真実とは、これは論理として筋が通っているかどうか、という問題です。一プラス一は二である、というような場合です。論理的に筋が通っているならば、科学的な意味で論理的判断として真実だ、正しいという。社会科学も含めてそういうことでしょう。この場合は、理論的真実として、真理であるとか、正義であるとか、「正しい」とかいう言葉が使われます。

それから第三の宗教的な意味で真実というのはどういうことかということです。今日、さまざまな怪しい宗教が、宗教の仮面を被って次々と出現しています。ある宗教が、本当の宗教か、真実の宗教か、そうでないかという場合の、判断の基準になるのは、一つには、客観的に見て科学的認識と矛盾しないかどうかということです。このことがまず明確でなければなりません。空中に体が浮揚するとか、あるいは何かを透視するとかいうような、そんなことが語られるとき、それが自然科学的にきっちりと納得できるかどうかです。宗教というものは、どこかでは科学を超えるものなのですから、全部は解明できないとしても、非科学的、反科学的なものは、正しくないといいうるでしょう。あるいはまた、社会科学的な視点から見て、その宗教が社会の向上、発展のためになるかどうか、この社会の向上のためにということにも問題がありますが、常識的にいって、その宗教が社会の発展、人類の幸福のためになりうるかどうか。こういう角度から見ることも大切でしょう。しかし最終的には、まことの宗教とはどういうものであるかという、宗教の基本概念を明確にして、そこから正しい宗教か、そうでないかを、明らかにしていかなければならないと思われます。宗教というものは、この世界と人類のすべてに貫徹するところの普遍的な道理を明らかにし、それにもとづくところの人間のまことの生き方を教示するもの、ということができると思われます。その点、宗教の真偽については、ある程度は客観的に判断できるとしても、その宗教における真実というものは、まったく主体的なところでいうわけで、究極的には客観的にどうかという問題ではありません。宗教における真実とは、基本的にはどこまでも主体的な問題だというべきです。すなわち、私にとってそれが真実であるかどうか、なのです。宗教的真実というものは、たんに論理的にとか、客観的にというものを超える側面をもっていると思います。さらにいえば、私自身が、その教えによってよく生き、あるいは、それにもとづいてよく死ねるという、そういう私の生命の根源に、深く関わってうなずかれてくるような、そういう世界でこそ、宗教的真実というものは語りうるものであろうと思うことです。決して浅いレベルのところで、真実か虚偽かと判断できる問題ではない。「弥陀の本願まことにおはしまさば」というところの「まこと」とは、そういう非常に深いところで、親鸞聖人の主体をかけて、あるいは生命をかけて、はじめて出遇い納得した、うなずくことのできた、そういう「まこと」、真実をさしていると思われます。

二、形式的真実

そのような宗教的真実については、もう少し詰めていいますと、真宗の教えの真実性という問題がでてきます。これは親鸞聖人における『無量寿経』の真実性という問題です。親鸞聖人の主著の『教行証文類』は、正式には『顕浄土真実教行証文類』というタイトルが付いています。このタイトルの意味は、まずこの「顕」は、何を顕わすと考えるか。これにはいろいろと解釈できますが、少なくとも、浄土の教え、仏教の中における阿弥陀仏の教えを顕わすということは明確です。さまざまな仏についての教えがあるが、いまは阿弥陀仏の教えについての真実の教行証を顕わしたもの、それについての文類、文章を集めたものであるということです。そこで、その真実の教行証といわれる真実の意味です。親鸞聖人が、真宗が真実であると主張される場合には、歴史的な視座から考察して主張される形式的真実と、論理的な視座から考察して主張される論理的真実と、いま一つ主体的な視座から考察して主張される主体的真実の三種があるように思われます。すなわち、親鸞聖人は、その『教行証文類』の「教巻」において、

それ真実の教を顕さば、すなはち『大無量寿経』これなり。

といわれます。阿弥陀仏の教えを説いた『無量寿経』こそが、もっとも真実の教えだということです。そして親鸞聖人は、その『無量寿経』が真実であるということを論証するのに、この経典の最初のところに明かされる出世本懐の文を引用して、だからこそこの経典が真実であるといわれるのです。出世本懐というのは、釈尊がこの世におでましになったいちばんの本懐、目的として説かれたものが、この経典であるということです。そのことを意味する文が、この経典にある。だからこの経典が真実であるという考えです。これは客観的な歴史の立場からの真実性の主張です。そのことは『正信偈』に「如来所以興出世、唯説弥陀本願海」と示されるように、釈尊がこの世にでられたのは、ひとえに阿弥陀仏の本願を説くためであった。したがって釈尊の思し召しからして、仏教の中では、この経典がいちばん真実だという論が展開されるわけです。それで『無量寿経』の中から、この出世本懐を意味する文章を引いて、だから真実だと主張されたのです。すなわち、歴史的視座からの形式的真実の主張です。ところが大乗仏教の多くの経典は、何らかのかたちで出世本懐の文章をもっているものが多いわけです。大乗仏教の経典というものは、釈尊が亡くなられて、だいたい四、五百年たってから生まれてきた新しい経典であるところ、『無

量寿経』『華厳経』『般若経』『法華経』などの経典は、いずれも、この経典こそが、釈尊の本意を明かした経典であるということを、自己主張するために、なんらかのかたちで、出世本懐と理解される文章が明かされているわけです。その点、親鸞聖人は、比叡山で二十年間も天台教学の学問をなさったのですから、その天台宗の根本経典の『法華経』の中に、同じように出世本懐の文があることは充分に承知のはずです。しかし、この『教行証文類』の中には、『法華経』の文章はまったく引いておられない。ただ他の人の書物の中に引いてある『法華経』の言葉がでてくるぐらいのものです。この書物は「文類」だから、たくさんの経典からいろいろな文章が引いてあるのですが、『法華経』についてはまったく触れないで、『無量寿経』の出世本懐を主張する文章を引き、それを根拠として、この経典こそが真実だと、こう主張されるのです。この出世本懐の文をめぐる『無量寿経』と『法華経』の矛盾について、親鸞聖人は、そこのところをどうお考えになっていたのでしょうか。それについては何も語ってはおられません。親鸞聖人に会えるものなら一度お尋ねしてみたいところです。そこで、これは私が思うことですが、親鸞聖人は、そこのところを自分自身の主体をかけたところの選びにもとづいて、きっちりと分判された。自分にとっては、これしかないという立場に立って、『無量寿経』が真実の教えであるということをおっしゃったのだと思います。

三、論理的真実

親鸞聖人は、出世の本懐の文を根拠として、かるがゆえにこの経典が真実だとおっしゃった。形式のうえではそういうことですが、出世本懐の経典は他にもある以上、本質的には、もっと深いところの意味によったものだと思われます。それは私の理解では、形式的な歴史的真実に対する、論理的真実によったからだといいたいと思います。

その論理的真実というのは、その『無量寿経』の内容としての本願の真実性ということです。それが第二の視座としての論理的視点から見た論理的真実の問題です。親鸞聖人は、その「教巻」において、『無量寿経』が真実であるといわれたあとに、『無量寿経』の宗と体ということを明かされます。その宗というのは、もっとも肝要な点、中心、中核ということです。扇子でいえば要《かなめ》のところです。それで『無量寿経』のいちばん肝要なところ、それは本願である、第十八願文であると、親鸞聖人はこのようにいわれるわけです。そしてその体というのは、扇子でいえば骨《ほね》です。初めから終わりまで、ずっと貫き通っている本質です。『無量寿経』を貫いているいちばんの本質、それが名号、念仏である。親鸞聖人は、この『無量寿経』について、こういう捉え方をされます。このことをのちの学者は、「本願為宗名号為体」といっています。かくしてここでは本願が真実である。だから『無量寿経』が真実なのだ。それで釈尊が出世本懐の教えを説くとおっしゃったのだ、ということです。この本願が真実だという、そういう親鸞聖人の信念や立場があればこそ、『法華経』をまったく無視して、その本願を説いた『無量寿経』こそが、ひとり真実であるといえたのでしょう。そうすれば、次に問題になるのは、なぜ本願が真実であるといいうるかということです。

そのことについていささか考えてみましょう。親鸞聖人は、阿弥陀仏の本願を理解するについては、そこには「生起」と「本末」があるといわれます。すなわち、「衆生、仏願の生起本末を聞て疑心あることなし」(「信巻」)といわれます。その生起とは、阿弥陀仏の本願が生まれ起きた、すなわち、それが発起された根拠、理由ということで、それはこの私たちが、無明、我執に閉ざされたまま、無始以来今日まで、この迷妄の世界にさまようて、ついには地獄に向かって堕ちつつあるところから、そういう私たちを救済しようとして、阿弥陀仏の本願が発起、建立されたわけで、本願の生起とは、そういう私の現実についていったものにほかなりません。そしてまた、その本末とは、阿弥陀仏の本願の本と末、すなわち、その始終すべてをいうわけで、阿弥陀仏は、その大いなる慈悲の心をもって、私たちに向かって絶え間なく到来し、働きかけていられることの、全部すべてをいうわけです。ところで、釈尊が、その仏の「さとり」をひらかれた後に、初めて説法された教えの内容は、今日では、四諦八正道の教説として伝えられていますが、その四諦とは、四種の真理ということで、苦諦、集諦、滅諦、道諦をいいます。初めの苦諦とは、私たちの人生にはさまざまな苦悩があるということ。次の集諦とは、そのような人生の苦悩とは、外から襲ってくるものではなく、ひとえに私たちの心のありよう、その煩悩、我執にもとづいてこそ生まれてくることをいいます。かくして、はじめの苦諦と集諦の教えは、この私たちのありのままなる現実的真理について明かしたものにほかなりません。それに対して、後の滅諦とは、そのゆえに、私たちは教えを学んで、その煩悩、我執をよく止滅、転成していくべきであるといい、次の道諦とは、その煩悩、我執を止滅、転成するためには、八種の正しい道、八正道を生きるべきであるというわけです。かくして、後の滅諦と道諦の教えは、私たちのあるべき理想的真理、すなわち彼岸なる仏の「さとり」と、それに至るための方法について、明かしたものです。仏教は、釈尊が亡くなられた後に、その教説をさまざまに深化しつつ展開して、いろいろな仏の教え、経典が説かれてきましたが、それらはいずれも、この釈尊の最初の説法であるこの四諦八正道、すなわち、私たち人間の現実的真理と理想的真理をめぐる教えにもとづき、その発展として成立してきたものです。かくして、この『無量寿経』における阿弥陀仏の本願の教えもまた、基本的には、この四諦八正道にもとづいて教説されたものにほかなりません。すなわち、上に見たところの、本願の生起としての私の現実とは、その苦諦と滅諦の教えが明かすところの、私のありのままなる実相としての現実的真理について、もっとも徹底して捉えたものであり、またその本願の本末という阿弥陀仏の大いなる慈悲とは、その滅諦と道諦の教えが明かすところの、私のあるべき理想的真理、仏の「さとり」

の内容を、もっとも徹底深化することによって、説かれたものです。すなわち、この仏の「さとり」とは、仏教がめざすところの、万人にとってのあるべき究極の理想、智慧、彼岸として明かされたものですが、ここでは私たちが願求すべき、そういう仏の「さとり」、彼岸とは、そのまま大いなる慈悲として、絶えず此岸なるこの現実世界に向かって到来しつつある、ということを明かしたわけです。かくして、この阿弥陀仏の本願の思想とは、釈尊の最初の説法である四諦八正道の教説、すなわち、人間のありのままなる迷妄の現実相と、万人が願求すべき、あるべき理想としての仏の「さとり」、その人間の現実的真理と理想的真理をめぐって、それを象徴的に表現されたものにほかならないといいうるわけです。そしてこの『無量寿経』では、その現実については、それが無明煩悩に繋縛されて出離することが不可能であることを、そしてまた、その理想としてのその仏の「さとり」とは、つねに限りない大慈悲として、いまここに絶えず到来しつつあるということを、もっとも徹底して教説されているわけであって、このことは、仏教の根本原理としての四諦八正道の教義の深化、展開としては、きわめて鮮明に開示されているところです。いま親鸞聖人が、この『無量寿経』を仏教経典の中において、唯一なる真実なる経典と判定されたのは、その歴史的、形式的なところでは、出世本懐の経典であるという理由によるとしても、より本質的なところでは、このような理論的根拠によって、阿弥陀仏の本願こそが、仏教教理について、もっとも深いところの真髄をよく開顕しているという、論理的真実にもとづいて主張されたものとうかがわれます。

四、主体的真実

そして第三の視座として、主体的視点から見た主体的真実という問題があります。宗教における真実、仏法における真実というものは、すでに上に見たように、歴史的、形式的なところでいわれる真実、さらにはまた、論理的なところで主張される真実ということがあります。しかしながら、究極的には、宗教的真実とは、私たち一人ひとりの人生の生き方において、それにおいてこそよく生きることができ、それにおいてこそよく死ねるという、私の根源的な生命のところで、深く領納することのできるような究極的な価値、主体的な真実をいうものでしょう。そしてそのような主体的真実というもの、いまこの第二条のところでいえば、弥陀の本願であり、念仏ということですが、そういう真実と出遇い、それを身にうるためには、一つには人格に出遇うということであり、いま一つは自己を徹底して問うということが肝要だと思います。

はじめの人格に出遇うということは、この第二条において、親鸞聖人が、

たとひ法然上人にすかされまひらせて、念仏して地獄におちたりとも、さらに後悔すべからずさふらう。

といわれる世界です。親鸞聖人は、法然上人の人格の上に、阿弥陀仏の本願の真実性、その念仏の真実性を発見されたのです。宗教における真実、究極的なまこというものは、人格をとおしてしか出遇えないものです。そのことは私の求道体験をとおしても、まことそう思います。仏法を学び、仏法を伝えるということは、そういう人と出遇うということが、もっとも大きい契機になると思います。今日の私たちの教団の在りようでいうならば、もともと教団というものは、そういうよき人に出遇う場所を構成するものだということです。寺に行けば、そういう人に遇える。教団に属せば、そういうよき師匠、よき人に遇える。こういうことが、教団あるいは寺院というものの基本の在り方なのです。人と人との出遇いということが見事に成り立つときに、宗教は本当に人から人へと伝わっていくのですが、悲しいことながら、私たちの教団の現実は、そのことがまったく形骸化している。師匠寺というのは、葬式の導師をしてもらう寺を指すというのが現状です。こんなものは人と人との出遇いとはいいません。それがそうなっていないところに教団の形骸化があるわけです。かつての教団や寺院では、そういう人と人との出遇い

が見事に成り立っていたのです。

たとえば四国讃岐、現在の香川県大内町の庄松同行（一八〇〇〜一八七一）、彼は天衣無縫の生き方をした妙好人として知られています。幕末のころの人です。真宗興正派の門徒だったのですが、興正寺の本山で帰敬式を受けた。門主がしずしずとでてきて、頭に剃刀《かみそり》を当てる。その帰敬式の最中に、庄松は門主の袖を引っ張ったという。パッと引っ張って、「兄貴、覚悟はよいか」といった。格好つけて立派な法衣を着ているけれど、あんた、後生の一大事は大丈夫かというわけでしょう。彼はまた、村の庄屋に代官が宿泊したとき、たのまれて風呂で代官の背中を流しながら、「よい体をしてござる。さぞかし地獄の鬼がよろこぶことだろう」といったといいます。さまざまな娑婆の権威や秩序を、自在に超えて生きた念仏者です。その庄松が、生涯よき人と慕っていたのは、周天というその所属寺の役僧だったといいます。しかし、この方はどういう人だったのか、まったく記録が残っていません。しかし、庄松は、いつもその役僧さんを、「周天如来」と呼んで拝んでいたといいます。庄松はその人に育てられたのです。妙好人が育つというのは、やはりそういう人が存在していて、そういう人格に出遇うからです。

同じく幕末のころの妙好人に、山口県の六連島《むつれじま》の、お軽（一八〇一〜一八五六）という女性がいます。この六連島は下関港の西方、玄海灘に浮かぶ小島です。彼女はそこの西教寺の現道という住職に感化された。お軽は気性の強い女性だったようで、夫がお軽を裏切って外に女をつくったのです。そこでお軽はずいぶん煩悶苦悩して、ついには海に身を投げようと考える。そこで現道住職のところへお別れに行きます。そして自分の苦衷を涙ながらに告白しました。そのとき、その住職は黙ってお軽のいうことを聞いていたが、最後に、ふと「そうか、それはよかったな」といった。そこでお軽はカッとなって、「私のつらい思いを、ご院家さんに相談にきたのに、よかったな、とは何ごとですか」といって、たいへん立腹して座を蹴って帰っていきました。ところがその翌日、再びお軽に会った現道師が、前日の非を詫びながら、「私はあなたの噂を聞いて、たいへんだと思って心配し、なんとか力になりたいと思っていたが、何ぶんあなたは気性の激しい人だ。私が一口いえば、三口もいい返すようなあなたのことだ。私の力ではとても手に合うものではない。あなたにはとても御法義は伝えられないだろうと思っていた。けれども昨夜あなたがやって来て、自分のすべてを投げだして、素直に私の前に座っている。ああ、これではじめて私はあなたに御法義を伝える縁が生まれたと、あなたの話を聞きながら思った。それで、ふっと私の本音がでて、思わずよかったなといったのだ。あなたを怒らせたのはまことにすまなかった」といったといいます。そこでお軽の胸に、この現道師の深い心、お軽の苦悩をわがこととして受けとめ、いろいろと案じてくれていた暖かい心が、そのまま届いたわけでしょう。そのことを縁として、彼女はこの現道師をたよりに仏法を聞き始めたといいます。それがあの有名なお軽同行の誕生の因縁なのです。

宗教的な真実というものは、最終的には、私にとっての真実として、まさしく主体的真実というものですが、そのことは、ひとえに人格との出遇いにおいてこそ、よく発見できるものです。親鸞聖人は、この第二条では、そのことを要求しておられるのだと思います。関東の門弟、同行たちが、自分の語っていることを素直に聞いてくれないところ、自分自身の信念にもとづいて、法然上人との人格的な出遇いの大切さをいっておられるわけです。そして最後は主体的な決断にゆだねておられる。このうえは「念仏をとりて信じたてまつらんとも、またすてんとも、面々の御はからひなり」と、非常に厳しく突き放しておいでになるわけです。このことは、親鸞聖人は、非常に深い悲しみの思いと深い願いの心を込めて、この言葉をいわれたものでしょう。ここの文には丁寧語をたくさん使っておられます。上に立って教えるのではなくて、同座の立場で、この人たちを包み込みながら、しかし最後は自分の信念をかけて、皆さん一人ひとりで、主体的に判断をしなさい。それなくしては本願には出遇えません。真実には出遇えませんぞと、いおうとされたのだと思うことです。

ところで、その主体的真実、それを確かに実感し、それを体験するためには、いま一つ、自己自身の在りようについて、徹底して問うていくということが大切です。自己を問うということの契機についてはいろいろと考えられますが、いまは善導大師の「散善義」の中にでてくる、有名な二河白道の譬え話によって、いささか考察してみましょう。あの話は、一人の旅人が、西に向かって荒野を歩き始めた。これは人生の旅路をあらわすわけです。そこで歩いていたら、突然に大きな川が現れた。その川の幅は百歩。百歩というのは、人生百年をあらわすといわれます。そしてその真ん中に白い道が向こう岸まで続いている。その道の幅は四、五寸という。昔の中国で一寸というのは指の幅をいいますから、四、五寸といえばおよそ手の平の幅です。それだけの狭い白い道が向こう岸に通じている。そしてその道の左側、つまり南側の河には火が燃え盛っている。反対の北側、すなわち右側の河には水が逆巻いている。この火と水は私の煩悩の瞋恚と貪欲をあらわすといわれます。私たちの日々の煩悩の生活を象徴表現したものです。その火と水のあいだに見え隠れして一本の白い道がある。そこへ差しかかる。そして気がついて後ろを見たら多くの群賊悪獣が襲ってきている。もはや後ろには戻れない。この群賊悪獣も人間の煩悩を象徴表現したものです。前にも後ろにも煩悩に取りかこまれている。この譬え話は、これとよく似たような話が『大智度論』などにありますから、それなどをもとにしたと考えられますが、とにかく大師は、自分の現実を問う契機として、こういう具体的な譬え話をだされるのです。そこで旅人は、そういう土壇場にきて、どうしようかと考える。前へ行くについても、そんな幅の狭い道が、炎々と燃え盛る火の河と、怒濤逆巻く水の河の中に見え隠れするだけです。とてもそこを進んで行くことなどはできそうにない。しかしまた後ろへ引き返そうとしても、多くの群賊悪獣が咆え叫んで追って来ているので、後ろへも帰れない。しかしまた、そこにじっとしていても、いずれ後ろから群賊悪獣が襲ってくる。そういう人生のぎりぎりのところ、絶体絶命の地点に立ったときのことを物語るのがこの二河白道の譬え話です。

我今回《かえ》らばまた死せん、住《とど》まらばまた死せん、去《い》かばまた死せん。一種として死をまぬがれざれば

この言葉は、ここで善導大師がいっておられるものです。この文を昔の学者は三定死といっています。後ろに引き返しても死、前へ進んでも死、そこにじっと止っていても死、いずれにしても破滅、死は逃れえない。わが人生は終わってしまう。私たち人間の現実の相を深く問うならば、まさしくそういうことだといわれているわけです。ここでは死が前面にでて煩悩、悪業が周りを取り巻くという状況を語られていますが、それは私の人生における罪の問題と死の問題を厳しく提示しているわけです。ともかくこういう絶体絶命の地点に、私たちの人生はいま立っているのだということを、譬えでもって説明しているわけです。このぎりぎりの地点に立って、行くか、止まるか、帰るか、いずれにしても死を免れないと、自己の人生を深く省察せよといわれるわけです。そしてその現実が深く思い知られてくるとき、善導大師は次のようにいわれます。

この念を作すとき、東の岸にたちまちに人の勧むる声を聞く。仁者《きみ》ただ決定してこの道を尋ねて行け。必ず死の難なけん。

東の岸というのは、旅人が立っているところです。その背後から、こういう声が聞こえてきた。後ろから、心を決して前に進んで行きなさい、という声が聞こえた。すると、その声に応じて、西の岸、河の向こう岸から、

汝一心正念にして直ちに来れ、我よく汝を護らん。すべて水火の難に堕せんことをおそれざれ。

こういう声が聞こえてきた。その水の河も火の河も決して心配することはない、ただちに来なさいという声です。直ちに来いという。「直来」と書いてあります。そこでこの旅人は、「此に遣《つか》はし彼に喚《よば》ふを聞きて」、善導大師の

まことに美しい文章です。「ここにつかわし」、「かしこによぼう」。背中から「行け」、向こうから「来い」という声がかかって、そこで「まさしく身心に当て、決定して」その両者の声を身と心に受けとめ決心して、その白い道を歩いて、ついに向こう岸に到達したというわけです。これが有名な二河白道の譬えです。これは善導大師が、私たちに浄土念仏の道を勧める言葉として、まことにスケールの大きい見事な文章で書かれたものです。私たちが自分の人生に行き詰まって、また自分の現実存在の実相を深く問うことによって、行くも死せん、止まるも死せん、帰るもまた死せん、一種として死を免れえずと、ぎりぎりの土壇場に立ったときに、東岸より行けという声、西岸より来いという声が聞こえてくるというのです。これは善導大師があとで説明しておられますが、東岸の「行け」というのは釈尊の声、西岸の「来い」というのは阿弥陀仏の声だというのです。それが聞こえてくる。自己の現実存在の実相を深く問うて、絶体絶命の地点に立ったら、仏の声が聞こえてくるというのです。その東岸と西岸の声、釈尊と阿弥陀仏の声を「まさしく身心に当て、決定して」、これもおもしろい表現です。体と心に当てる。生命をかけて、主体をかけて決断せよということです。そしてそのときにこそ、はじめて仏道は開けてくるのです。この人生において何らかの決断をもつということ、この娑婆の何かを捨てる、この現実のどこかを飛び超える、そういうことが、私たちに生まれてこないかぎり、本願、念仏が、まことに真実であるという体験は成り立たないものです。ここのところを、みなさん一人ひとりが、その人生の中でどう受け止めるかということです。まだ何とかなる、私にはそんな心配はいらないと、逃げ道をもっているかぎり、私たちは、ほんもの、真実には出遇えません。親鸞聖人が「いずれの行もおよびがたき身なれば」とおっしゃったのは、ここのところをいわれているのだろうと思います。しょせん地獄に堕ちるほかはないのだというところまで、自己の生命を深く見つめたときに、はじめて真実というものがほのかに見えてくるものです。

　ちょっと私の経験を話してみたいと思います。もう十数年も、その昔になりますが、大阪の南、柏原市に住んでおられた、高津アイさんという方ですが、私に手紙をくださった。そこには「あなたの本を読んで非常にうれしかった。私が若いとき、お念仏の道に育ててくださったお師匠さんと同じことを、あなたはいっている。それで改めて、いまは亡きお師匠さんに遇ったような思いをもった。ついては死ぬまでに、ぜひ一度あなたに会いたい」と、こういうようなことが書いてありました。私は、そのころ大学で、たいへん忙しい日々を過ごしていました。住所は大阪の南のほうです。会いたいといわれても、そう簡単に行くわけにもいかんがと思って、その返信に「ありがとうございます。いずれ御縁がありましたらお会いしましょう」と、まことに無責任なことを書いてだしたのです。そうしたらまた手紙が届いて、「あなたが来てくれないのなら、自分のほうから行きます」と書いてある。たいへん恐縮しました。そして訪ねてくださり、初めてお目にかかったのですが、ずいぶんお年をめされたおばあさんで、そのころで八十歳ぐらいに見えました。腰が曲がっていて両手に杖をついて、そろりそろりと歩いてこられた。その妹さんが、これもかなりの老齢でしたが、一人では危ないからというので付いてこられた。二時間以上もかかって来ましたといわれて、私は本当に恐縮しました。そこではじめてお目にかかったので、いろいろな話を聞かせていただいたのですが、そのときに、「私の師匠は、いつもいつも、仏法に遇うということ、お念仏を聞くということは、嘘に遇うことじゃと、繰り返して仰せでした。私は若い頃から、このお師匠さんにお育ていただいて仏法の道に入り、いまはこうしてお念仏を喜ばさせていただいている」というお話をされるのです。私は、なるほどと思いました。そしてそのおばあさんのいわれるには、このお師匠さんが亡くなられるときに、あなたが亡くなられたら、私は誰について仏法を聞いたらよろしいかと尋ねたら、また誰か私と同じことを教えてくれる人がいるから、心配するなといわれました。しかし、今日までそういう人には遇えませんでしたが、あなたの本を読んで、お師匠さんと同じことをおっしゃっているので、ほんとに驚き、お師匠さんにお遇いしたようで、とても嬉しうございました。だから一目お目にかかりたいと思って、こうして訪ねてきたといわれました。そのお師匠さんとは、村の鍛冶屋さんだった人ですが、とてもありがたい人だったそうです。私は、その著書に「嘘に遇う」という言葉は書いていなかったのですが、似たような思いを書いておりました。そんな思いを書いていたところを、このおばあさんは、そのように深く受けとめてくださったのです。しかし、私は逆に、このおばあさんから大事なことを教えられました。なるほどそのとおりです。仏法に遇うとは「嘘に遇う」ことです。嘘に遇えばこそ、真実なる仏に遇えるのです。私たちは毎日毎日、嘘ばかりの生活を繰り返しているのです。私の人生は嘘ばかりです。したがって、その私が真実に遇うことは、まことに至難なことです。しかし、私の人生が嘘のかたまりであるところ、その気になれば、嘘に遇うことは可能です。しかもまた、嘘が嘘と分かるには真実に遇わないかぎり分かりません。真実に遇えばこそ嘘が嘘と分かるのです。私たちは、日々嘘の人生を過ごしているところ、真実そのものに遇うことは困難ですが、嘘に遇うことは、その気になれば容易なことです。そしてその嘘が嘘と分かるということは、そのまま真実に出遇っているということです。真実に遇えばこそ、嘘が嘘と分かってくるのです。はじめから暗闇の中で生活していたら、それが暗闇とは気づかないのです。それが暗闇だったと分かるのは、光に遇えばこそです。私たちは久遠劫来、嘘ばかりの生命を生きてきていますから、なかなか真実そのものに出遇うことは難しいことですが、逆に嘘に出遇うことは可能です。かくしてこの嘘に遇うことをとおしてこそ、真実が見えてくる道がある。いまの村の鍛冶屋さんの教化の言葉、仏法に遇うとは「嘘に遇う」ことであるとは、まことに見事です。まさにそのとおりです。かくして仏法を学ぶとは、自己自身の現実の実相を徹底して問い、それが全分虚妄であり、嘘であることを、どれほど深く思い知っていくかということです。自分のことで恐縮ですが、私は子供の頃から、母親をはじめとして多くの肉親に次々と死に別れて、早くより人生の悲哀を味わい、人の世が嘘であること、何ひとつとして頼りになるものはないということを、身にしみて知らされてきました。そしてそれを縁として仏法に近づき、念仏に育てられてきたわけで、このおばあさんの話を聞いて、まことにそうだということを、改めて実感したことです。

このように、自分の人生を深く問うことによって、そこに嘘を思い知る、そういう根源的な自己否定、そういうものをとおしてこそ、はじめて仏法の門に入れるのです。そのことを善導大師は三定死といわれました。親鸞聖人は「いずれの行もおよびがたき身」だといわれます。このおばあさんは嘘に遇うといわれる。表現はいろいろできるでしょうけれども、自分の人生のいちばん根源的なところにひそむその根本問題にめざめていくことが大切です。それは禅宗でいえば疑団というものでしょう。人生に対する大きな懐疑、どうしようもないところの自己存在が宿している空虚さ、何一つとして頼りにすべきものはまったくないというその人生への凝視、それは親鸞聖人的にいえば罪業という問題です。あるいは蓮如的にいうなら無常という問題でもありましょう。いろいろな表現はその人その人で語られるとして、究極的に、自己にはまったく真実はないということを深く自覚するということ、そういう自覚を跳躍台にしてこそ、はじめて念仏がまことであるという世界が成り立ってくるのだと思います。親鸞聖人は、この第二条で、そういう自分の経験、体験を踏まえて、そのことを私たちに教えておられるのではないかと思うことです。

仏も、浄土も、念仏も、慈悲も、それらは私たちの日常的な生活の延長線上にあるものではありません。どこかでその日常性を飛ばなければならない、飛び超えなければ、仏にも浄土にも遇えません。その飛び超える契機、その跳躍台になるものを、私はいまいっているつもりです。どこかで飛んだ時にこそ、「われ如来の中に在り、如来いま我に在り」という、そういう世界が開けてくるのです。この第二条は、親鸞聖人が、そういうことを私たちに要求し、教示してくださっているように思うことです。

第三条　悪人正因の教訓

本文

一、善人なをもて往生をとぐ、いはんや悪人をや。しかるを、世のひとつねにいはく、悪人なを往生す、いかにいはんや善人をや。この条一旦そのいはれあるににたれども、本願他力の意趣にそむけり。そのゆへは、自力作善のひとは、ひとへに他力をたのむこころかけたるあひだ、弥陀の本願にあらず。しかれども、自力のこころをひるがへして、他力をたのみたてまつれば、真実報土の往生をとぐるなり。煩悩具足のわれらは、いづれの行にても生死をはなるることあるべからざるを、あはれみたまひて願をおこしたまふ本意、悪人成仏のためなれば、他力をたのみたてまつる悪人、もとも往生の正因なり。よて善人だにこそ往生すれ、まして悪人はと、おほせさふらひき。

組織

- 本願の意趣………善人なをもて～
- 世間の道理………しかるを世のひと～
- 自力作善の人……そのゆへは自力～
- 真実信心の人……煩悩具足のわれら～

語　義

○善人……ここでいう善人とは、次の悪人とともに、仏教的、倫理的な意味とともに、社会的階級的な意味での善人悪人を意味すると考えられる。

┌善人―上層貴族
└悪人―下層庶民

○なをもて……「なを」とは、「ですら」の意味。「もて」とは、「もって」の意で強意の語。

○いはんや〜をや……言うに及ばないの意味。「をや」は、強調する意をあらわす間投助詞。はじめの「や」は疑問、あとの「や」は感動の助詞。

○しかるを……しかしながら、そうであるのに。

○世のひと……世間一般の人。

○いかにいはんや……いうまでもなく。

○をや……強調の意を示す語で、いうまでもなく。

○この条……この件、このこと。

○一旦……いちおう、ひとまず。

○いわれ……理由。

○本願他力……阿弥陀仏の誓願。

┌他力―自執の心をはなれること。
└自力―自執の心にとらわれること。

○意趣……本意。
○自力作善のひと……自執の心をもって善根を修める人。
○ひとへに……いちずに。
○他力をたのむ……阿弥陀仏の本願に帰依する。
○あひだ……のゆえに、ほどに。
○本願にあらず……自力作善の人は本願に相応しないこと。
○しかれども……しかしながら。
○自力のこころ……自執の心。
○ひるがへし……心をかえる、転ずること、廻心。
○他力をたのみ……本願他力の教えを信じ。
○真実報土……阿弥陀仏の浄土、願に酬報して成立した世界。

願土
報土

○煩悩具足……煩悩（kleśa）心と身を悩ます精神作用、具足とは、欠けることなく全部が具わること。
○生死……迷いの世界のこと。
○あるべからざるを……あるはずがないことを。
○あはれみ……ふびんに思うこと。
○本意……根本の意趣。

○悪人成仏……悪人とは善人に対するもので、不善の人が仏に成ってゆくこと。
○他力をたのみたてまつる……まことの信心をひらくこと。
○悪人もとも…ここでいう悪人とは、信心の内実としての悪人である。「もとも」はまさしくの意味。
○正因……「正因といふは浄土へ生まるるたねとまふすなり」（『尊号真像銘文』）
○よて……よって、だから。
○善人だにこそ……「だに」とは、すら、さえも、「こそ」は強意か。
○往生すれ……往生する、確定をあらわす語。
○おほせさふらひき……おっしゃいました。この語は第三条と第十条のみにある。他の条はすべて「～云々」と結んでいる。（法然の法語とする見解の問題）

要旨

この第三条は、悪人こそが往生の正因であることを教示している。すなわち、自分自身を善人と思うものは、阿弥陀仏の本願に帰依する心がない以上、その仏道を進むことはできないが、もしもその心を入れかえて、阿弥陀仏に心から帰依するならば、浄土に往生することができる。すなわち、この阿弥陀仏の本願の意趣は、悪人成仏の道であるから、自分を深く顧みて、自分こそが悪人であるとめざめる者は、そのまま往生の正因となるわけである、ということを明かしたものである。ただし、後世の解釈では、これを悪人正機と解することとなったが、それは明らかに誤解である。

一、組　織

この第三条にタイトルをつけるとすれば、「悪人正因の教訓」といいうると思われます。ここでは悪人が往生の正因であることを教示するわけです。

そこでこの第三条の組織については、この全文を、四段に分けることができると思います。まずはじめの「善人なをもて往生をとぐ、いはんや悪人をや」。この文章が第一段落で、ここでは阿弥陀仏の本願の基本的な意趣を、まず明確に指示します。次の、「しかるを、世のひとつねにいはく」から、「本願他力の意趣にそむけり」までは第二段で、真宗の道理ではなしに、世間の道理では、その逆をいっている、すなわち、悪人が往生するから善人は当然に往生するというが、それは誤解だといいます。それから、次の「そのゆへは」というところから、「往生をとぐるなり」までは第三段で、自力作善の人を批判して、すべからく他力念仏に帰すべきことを教示します。そして、「煩悩具足のわれらは」以下が第四段で、ここでは真宗のまことの信心の内実、すなわち、悪人が往生の正因であることを開顕しているわけです。およそのところ、第三条の内容は、こういうように構成されていると思います。

二、文　義

次には、少々詳しくそれぞれの語句の解説をしながら、本文をなぞって読んでいきます。「善人なをもて」。昔の文章では、促音の「つ」を書かないというしきたりがありますから、「もて」となっていますが、声にだして読むときには「もって」と読んだようです。そこに善人と悪人とがでてきます。ここでいう善人とは、次の悪人とともに仏教的、倫理的、道徳的な意味とともに、社会的、階級的な意味での善人、悪人を意味していると考えられます。その社会的、階級的な意味でというのは、当時では上層階級、身分の高い貴族たちのことを善人といっているのです。そして悪人というのは、その反対の、下層の一般の庶民、さらには被抑圧者、虐げられた人々を指していました。このことについては、後にまた詳しく説明しましょう。ここで「善人なをもて往生をとぐ」とは、そういう上級層階級の人でも、念仏をして往生を遂げることができるのだ、という意味になります。ここでいう「なをもて」の「なを」は「ですら、もて」は、もっての意で強意の語。善人でさえも、念仏して往生をうることができるのだ、と語調を強めているわけです。「いはんや」とは「いうまでもなく」、これも調子を強めています。「いはんや悪人をや」と、「や」が二つありますが、はじめの「や」は反語の助詞、あとの「や」は係助詞で、一例をあげて他を類推する働きをします。善人でさえも往生するのだから、悪人においてはなおさらである、悪人が往生するというのは当然のことだというわけです。ところがその次に、「しかるを、世のひとつねにいはく」とあります。本当はそうであるところを、世の中ではその逆のことをいっているというのです。「悪人なを往生す」、悪人でさえ往生するのだ。「いかにいはんや善人をや」。どうして善人が往生しないことがあろうか。できの悪い者が誉められるのだから、できのいい者が誉められるのは当たり前だというわけです。だが真宗の本義はその逆だというのです。「この条一旦そのいはれあるににたれども」、このことはいちおう、その理由があるように見えるけれども、「本願他力の意趣にそむけり」。そういうことは、阿弥陀仏の誓願の本意に背いている。浄土真宗の信心の意趣とは違っている。善人が往生するのだから、いはんや悪人をやと、これが真宗の本義だということを主張するわけです。

「そのゆへは」、そのわけは。「自力作善のひとは」、自力作善というのは自分の力を頼んでいろんな善根を修める人です。自分の力で往生をしようと思う人は、「ひとへに」、専ら、「他力を」、本願の力を、「たのむこころかけたるあひだ」、たのむというのは信心することです。阿弥陀仏に帰依する心、信心の心が欠けている「あひだ」、あいだはとは、そのゆえに。「弥陀の本願にあらず」、そのゆえにそれは弥陀の本願ではありません。阿弥陀仏の本願には相応しません。阿弥陀仏の本願の仏道とはいえません。「しかれども」、しかしながら。「自力のこころを」、自分の力を頼む心を、「ひるがへして」、翻すはひっくり返すこと、捨てて。「他力をたのみたてまつれば」、阿弥陀仏の本願に帰依してまことの信心を開くならば、「真実報土の往生をとぐるなり」。まことの往生、阿弥陀仏の浄土に往生成仏することができるのです。ここでは、自力、自執の人を批判するわけです。次に、まことの信心の内実について説明します。「煩悩具足のわれらは」、煩悩の煩はなやむ、悩もなやむという字です。梵語ではクレーシャ(kleśa)といいます。心と身を悩ます精神作用のことです。具足というのは、全部揃っていること。無いものがないほどに、われわれはあらゆる種類の煩悩の全部をもっています。そういう私たちは「いづれの行にても」、どんな善行であっても、いかなる行業によっても、「生死をはなるることあるべからざるを」、迷いの境界を離れることがあるはずがないのを、「あはれみたまひて」、不憫に思ってくださって、「願をおこしたまふ本意」、仏が私たちのために誓願をおこしてくださったその根本の意趣は、「悪人成仏のためなれば」、先ほどいいました善人悪人の関係ですが、その善行を行うことのできない悪人のための仏道であるから、「他力をたのみたてまつる悪人」、阿弥陀仏の本願を信心する人、それは自分が悪人ということにめざめるということです。ここにこの第三条の本意、肝要があるわけですから、充分に注意してください。詳細は後で話します。その悪人が「もとも」、もっとも「往生の正因なり」。浄土往生のまさしき原因です。すなわち、悪人であることが往生の正因であるというわけです。これを後世の教学では「正機」といい換えるのですが、ご覧のように、『歎異抄』では「正機」ではなくて「正因」となっています。昔から今日まで、ほとんどの学者は、『歎異抄』の第三条は悪人正機の教えを明かす、というふうにいっていますが、正機という言葉は、『歎異抄』のどこにもありません。親鸞聖人は、別の著書で、正因という言葉も、正機という言葉も、ちゃんと使用され、使い分けていられるのです。したがって正因と正機とでは意味が違う。これを混同して、なぜ悪人正機といってきたのか。ここにはたいへん大きい問題があります。親鸞聖人の言葉としては、正因という語は何度かでてきますが、その一つに、『尊号真像銘文』には「正因といふは浄土へ生まるるたねとまふすなり」とおっしゃっています。浄土に往生する正しき原因だということです。そうすると、この文章は、悪人が往生の原因だと、こういうことになります。しかし、伝統教学は、親鸞聖人の教えを正しく学ぼうとしない。自分の都合のいいように解釈するから、親鸞聖人が亡くなられた後には、いろいろと親鸞聖人の教えが屈折して理解されてきた。そのことはほかにもありますが、この正因と正機もその一つです。ここでは、悪人が往生の原因だと、親鸞聖人が、せっかくはっきりとそういわれると伝えているにもかかわらず、そう読まなかったのです。このことはたいへん問題ですが、そのことについては後にまたお話します。「よて善人だにこそ往生すれ」。「よて」は、よって、だから。「だに」は、さえも、善人でさえも、「こそ」は強意の係助詞。「すれ」というのは、「する」を強めたいい方で確定をあらわします。間違いなく往生するのだ。善人ですら間違いなく往生するのだから、「まして悪人はと、おほせさふらひき」。「まして悪人は」のあとには、往生することに間違いがないという言葉が省略されている。まして悪人は間違いなく往生する、とおっしゃいました、ということです。この「おほせさふらひき」という言葉は、この第三条と第十条だけにでてきます。第一条から第十条までは、親鸞聖人の教えだということになっていますが、この二か条以外の結びの言葉は、「と云々」と、言葉を少し省略したような表現になっています。

このことについて、浄土宗の学者、増谷文雄氏は、これは法然上人がいわれた法語だという説を立てています。第十条の「念仏には無義をもて義とす」というのは、たしかに法然上人の言葉です。そこにも「とおほせさふらひき」とある。したがって、この「善人なをもて」も法然上人の言葉であるというのです。これは親鸞聖人がいわれたものではない、法然上人の法語だ、だから『歎異抄』の筆者は、これを区別して、この二箇所だけには「とおほせさふらひき」と書いたのだと、こういうわけです。そういう点でも、この第三条はたいへん問題を含んでいるわけです。このことについては、いろいろと考察すべきですが、結論的には、法然上人に、そのような悪人正因の思想があったとは考えられません。この問題については、後ほど改めて話しましょう。

三、私解

一　釈尊滅後の仏教の展開

以上、第三条のだいたいの文義はそういうことですが、この第三条の中心課題は、すでに上に指摘したように悪人が往生の原因だということですが、ここにはたいへん深い論理、思想を宿していますので、ここのところを特に大事にしながら、若干の私解を述べてみたいと思います。そこで、まず釈尊滅後における仏教の展開ということから話していきます。

一、出家者中心の教団

今日までの研究成果によりますと、釈尊が亡くなられたのは紀元前三八三年といわれています。その釈尊滅後の仏教は、およそ二つの流れに分かれて展開していったと考えられます。その一つは、釈尊の在世中、釈尊に従って、その教えを学び行を修めていた出家者たちが、教法を核とする教団をつくったということです。もはや釈尊の教えは聞けないのだから、今まで聞いた教説を整理編集して残そう、そしてその教えを繰り返して学んでいこうと、こういうかたちで経典を編纂し、その教法を中心にする教団が生まれていったわけです。それが出家者中心の教団です。もちろん、出家者だけでは生活は成り立ちませんから、在家の信者がその教団を支えたのは当然です。この出家者たちは、釈尊とは自分たちの先達者であると考える立場に立ちます。釈尊は自分たちの前を歩いて行った人だ。私たちは、釈尊と同じような姿をし、同じように修行をし、同じように生活していけば、やがて釈尊が悟られたと同じ、仏の「さとり」の境地に達することができるのだと、こう考えたのです。仏教では、仏のことを如来ともいいます。この如来という言葉の原語はタターガタ（tathāgata）といい、この語については、タター＋ガタ（tathā＋gata）と分解して捉える見方と、タター＋アーガタ（tathā＋āgata）と分解して捉える見方が生まれてきますが、そのtathāとは真実、真如、ありのまま、という意味です。これは真如、一如などと訳されます。そしてそのgataには、去った、行ったという意味があり、またāgataとは、そのアーは次に続く語根の意味を逆にしますから、来るということを意味します。かくして、この原語のタターガタには、真実に向かって行った（如去）という意味と、真実からやって来た（如来）という、二つの意味を見ることができます。そこで、いまこのタターガタ（如去・如来）の語にもとづいて説明すれば、この出家者たちが、釈尊とは、自分たちの先達者であると考えたということは、釈尊を真実に向って行った、すなわち、タターガタ、如去として捉えたということであり、自分たちもまた、その後を慕って真実に向かって行こうと願ったということです。そしてこのような出家者中心の教団は、その後その教義の解釈をめぐって、保守派と進歩派に分裂していき、さらにまたその両派からさまざまな部派が成立していきました。その仏教は、後世において部派仏教と呼ばれています。そしてたいへん大雑把にいいますと、このような出家者中心の仏教が、後世において聖道教といわれる仏教になっていったわけです。

二、在家者中心の教団

ところが、そういう出家者中心の教団に対して、もう一つの流れとして、在家者を中心とした教団が生まれてきます。釈尊が亡くなられると、在家の信者たちが、その遺骸を荼毘《だび》、火葬にします。そしてその遺骨を八つに分け、それぞれの集団が持ち帰って仏塔を建てたといいます。そして在家の信者たちは、その仏塔を中心に釈尊を慕いつつ、その仏塔に捧げものをし、その功徳をたたえて崇拝しました。かくして、ここに仏塔を中核とする在家の信者中心の教団が成立してきたと考えられます。もちろんそこにはそれを指導する出家者もいたと思われますが、基本的には在家の信者が中心になったもう一つの教団の流れです。そしてそこでは、釈尊を自分たちの救済者と考え、それは彼岸なる真実からやって来たもの、すなわち、タターアーガタ、如来と捉えたということです。そしてこのような仏塔を中核とする在家者中心の教団は、その後さらに展開して仏塔もインド各地につくられ、また多くの信者たちはそれらを巡礼するようになり、釈尊は八十歳で亡くなられたけれども、そのまことの生命は今もなお生きて私たちを導いていてくださるのだといって、そこに永遠の釈尊を考えることとなりました。すなわち、釈尊の永遠化、超越化です。そしてついには、釈尊という原形が消えて、新しい仏としての阿弥陀仏が説かれるようになったわけです。

阿弥陀仏の阿弥陀とは、アミターバ（Amitābha）・アミターユス（Amitāyus）を音写したものですが、そのamitaとは、量ることができない、無量ということです。そしてābhaとは光明のことです。だからアミターバとは光明無量ということです。そしてまた、āyusとは寿命のことです。だからアミターユスとは寿命無量という意味になります。したがって阿弥陀仏とは、光明限りなく、寿命限りない仏ということです。いまはそのアミタというところだけをとって、阿弥陀という漢字を当てたわけです。しかし、このアミターバ、アミターユスとは、もともとは釈尊について、その教え、その生命が、無限の広がりをもち（光明無量）、また無限の長さをもつ（寿命無量）ことをあらわしたもので、本来は釈尊のことなのです。かくして、阿弥陀仏思想、浄土教とは、こういう在家信者中心の教団を母胎として生成してきたと考えられます。そしてそのことは、釈尊が亡くなられて、およそ四、五百年経った頃、一世紀の頃のことと考えられています。そしてそれが成立した地域については、今日の研究では、およそ西北インドのインダス河中流域あたりであろうといわれています。

二　浄土教の基本的立場

一、浄土教経典の思想

そこで次には、その浄土教の基本的立場について、ことには浄土教経典の立場をめぐって考察していきます。浄土教の根本の経典である『無量寿経』の第十八願文には、

設我得仏、十方衆生、至心信楽欲生我国、乃至十念、若不生者、不取正覚、唯除五逆、誹謗正法。

とあります。有名な本願文です。ここでは浄土往生の仏道を明かすについて、その対象を問題にしています。そこ

では「ただ五逆と正法を誹謗するを除く」とでています。この第十八願文のあとに、第十九願文、第二十願文の二願が明かされており、親鸞聖人の理解でいえば、ここには三種の往生の道が説かれているというわけですが、この第十八願文にかぎって、そこに「唯除」という言葉があるのです。ここでいう五逆とは、父を殺し、母を殺し、阿羅漢（修行者）を殺し、和合僧（教団）を破り、仏身（釈尊）から血をだす。この五つの罪を五逆罪という。仏教では一番大きく重い罪です。この五種の罪を犯した者は除くというわけです。そして次の誹謗正法とは、誹謗とは謗る、悪口をいうことです。正法とは仏法のことです。これは当然でしょう。仏法を嫌う者は仏法を学ぶことはない、したがって往生はできないし成仏もできない。これは当然です。問題は、はじめの五種の罪を犯した者は除くということです。当面の文章からいえば、ただし、これだけは除く、というのですから、この五種の罪以外はよろしいということになります。だから世俗的なところにかぎっていえば、父を殺し母を殺す者は排除される。それ以外の悪業なら、すべて赦されるということになる。この唯除の文は、その後の浄土教においては、非常に大きい問題になっていきます。親鸞聖人は、この五逆と誹謗正法という問題は、他人ごとではない、私自身の問題だと、受けとめていかれるのですが、それは後の話として、ともかく、第十八願、本願では、最初から罪を犯す者を問題にしているということは注目すべきことです。次にこの『無量寿経』の原形としての経典に『大阿弥陀経』という経典があります。この経典が、もっとも古い初期の〈無量寿経〉です。この経典は漢訳したものだけが残っているのですが、阿弥陀仏の本願文が二十四願しかないわけです。その中の第五願文、第六願文、第七願文が、後期の『無量寿経』の第十八願文、第十九願文、第二十願文に当たります。そしてその第五願文が第十八願文に相当するわけです。すなわち、この第十八願文の原形がこの第五願文だということです。そこには、

某作仏せん時、八方上下の諸の無央数の天人民及蜎飛《けんぴ》蠕動《ねんどう》の類、若し前世に悪を作すに、我が名字を聞きて我

> が国に来生せんと欲わん者は、すなわち正に返りて自ら過を悔い、道の為めに善を作し、すなわち経戒を持して、願いて我が国に生まれんと欲いて断絶せずば、寿終わりて皆泥犁《ないり》、禽獣《きんじゅう》、薜茘《へいれい》に復らざらしめ、即ち我が国に生まれて心の所願に在らざらしめん。是の願をえば乃ち作仏し、是の願をえざれば終に作仏せず。

と明かされています。「某作仏せん時」、法蔵菩薩の誓願です。「八方上下」、東西南北をさらに半分ずつに割れば八方、それに上下を加えて十方。「諸の無央数の」、数限りのない。「天人民及蜎飛蠕動の類」、蜎飛というのは空を飛ぶもの、蠕動は蛇やミミズのように土を這うものの類、だから一切の衆生のことをいっているわけです。「若し前世に悪を作すに」、前世というのは、この場合は浄土を目指しているのですから、今生ただいまの日暮らしをいっている。この現世でいろいろと悪業を犯してということです。そういう者でも「我が名字を聞きて我が国に来生せん」、阿弥陀仏の名字を聞く、聞名するならば救われるという話です。そのほかに悔過、作善、持戒が説かれていますが、その中心は聞名です。この第五願文は、今いったように、悪をなす者、善ができない者、不善作悪者の往生の道が説かれています。第六願文は、ここでは願文を引きませんが、一般の在家者の往生の道です。いろいろの善根をしなさいということが説いてある。その善根も、たとえば仏塔にお供え物をしなさいとか、出家の僧たちに、いろいろと布施をしなさいとかいう、いわゆるある程度の経済的な余裕がないとできないような善根が説かれています。そして第七願文は、出家者の道として六波羅蜜行を修行せよということが説かれてあります。この三種の願がもとの原形で、それが『無量寿経』の第十八願文、第十九願文、第二十願文に展開していったわけです。ところがこの『大阿弥陀経』には、阿闍世王太子が釈尊に帰依して成仏したという話が説かれています。そこにでてくる阿闍世王太子というのは、太子とあるから阿闍世王の子供だとも考えられるのです。しかし阿闍世太子その人だというようにもとれる。これは学問的に問題のあるところです。阿闍世王の子供が仏に帰依したという経典もありますからここは難しいのですが、親鸞聖人の理解では、これは阿闍世のことであると領解されていると考えられます。阿闍世は、父を殺し、そのあと母をも殺そうとした。しかし、この経典では、その阿闍世が仏に帰依したという話になっている。これは非常に問題のあるところで、この辺はまだ学問的に研究が充分に進んでいないから、どうしてこの話がここにでるのかよく分からないところです。しかし、ともかく、そういう恐ろしい親殺しの罪を犯した者でも救われるということが説かれています。

ところで、もう一つ『平等覚経』という経典があります。これも初期の〈無量寿経〉で、『大阿弥陀経』と同じく二十四願しか説かれていません。そこでは、その第十九願文が『無量寿経』の第十八願文に相当します。すなわち、次のような文です。

我作仏せん時、他方仏国の人民、前世に悪を為すもの、我が名字を聞き、正に反りて道を為し、我が国に来生せんと欲はん、寿終えて皆また三悪道にかえらざらしめ、則ち我が国に生ぜんこと心の所願に在らん。しからずば我作仏せず。

「我作仏せん時」、設我得仏と同じ意味です。「他方仏国の人民、前世に悪を為すもの、わが名字を聞き」、やはり名号を聞くこと、聞名によって往生できるという話ですが、ここでもまた、前世に悪を犯すと、いわゆるこの人生において罪業を犯す者ということがでてきます。一般在家者にあって善根を行うということは、仏塔に供養したり、出家者に布施したりという、経済的な善行を意味するわけですが、ここで「悪を為す者」といっているのは、そういう経済的な善行ができない者という意味も含んでいるわけです。すなわち、ここでいう作悪者とは、たんに心が粗末で悪行を犯すという意味だけでなくて、供養や布施のできない、社会の底辺に生きている人々を意味していると考えられるのです。

インドには、昔から今に至るまで、カーストという古い身分制度が残っています。釈尊の頃から浄土教が成立した頃にかけても、古代インドの封建制度が厳しかった時代です。そこでは人々の身分が四種に分かれていた。一番トップがバラモンで、これは司祭者、宗教家です。二番目をクシャトリヤといいまして、王族や武士の階級。次がバイシャで一般の庶民。そして最も底辺の下層階級をシュードラ（センダラ）といいました。こういう四つの階級がありました。仏教は、衆生すべて、生きとし生けるものすべてが成仏できるという教えです。したがって人間すべてが仏になれるという、平等の思想を説いたわけですから、このことは当時のインドの文明、文化、思想にとっては、非常に大きな新しい光明であったわけです。ともかく、そういう流れの中で、この浄土教経典、阿弥陀仏の教えでは、そういう社会の底辺に生きる民衆の往生成仏が説かれたのです。だから、ここでいう悪とは、たんなる倫理的、仏教的な視点から見た悪のほかに、社会生活上において善根を修めえない、社会階級的な悪という意味合いをももっているわけです。その点、この第三条の主題である悪人往生の思想とは、すでに浄土教生成の最初の段階からの、基本の命題であったわけであり、それが親鸞聖人によって鮮明に開顕されたということです。

二、浄土教理史の展開

そこで、このような浄土教における悪人往生の思想が、その後の浄土教理史において、どのように展開していったのか、その主なところを少しだけお話ししましょう。まず、龍樹菩薩の教学に浄土教思想がでてきます。そのところで、その『十住毘婆沙論』序品に、

若し福徳利根の者あれば、但だ直ちに是の十地経を聞きて即ち其の義を解して、解釈すべからず。是の人のために此の論を造らず。（中略）若し人鈍根懈慢にして、経文難きを以ての故に読誦する能はず、難とは文多く

して誦し難く説き難く諳じ難きことなり。若し荘厳語言雑飾譬喩の諸偈頌等を好楽するあれば、これらを利益する為めの故に此の論を造る。

とあります。「若し人鈍根懈慢にして、経文難きを以ての故に読誦する能はず」、経典の読めないような人々のために、この論を作るというわけです。そしてこの後に「易行品」を設け、そこでは信方便易行の道を明かして、礼拝、称名、憶念の三業奉行なる易行を修めれば、いかなる人も、よく初地、不退転地に至ることができると説いています。ここでは詳しい説明は省きます。また中国の曇鸞大師も、その『浄土論註』の中で、

下品の凡夫、ただ正法を誹謗せざれば、信仏の因縁をして皆往生をえしむ。

という文章を書いています。ここでいう下品とは、何ひとつとして善根を修めることなく、悪行のみを犯す人間のことです。そういう人でも、阿弥陀仏を信ずる因縁によって、浄土に往生できるというわけです。また善導大師も「玄義分」に、

世尊は定んで凡夫のためにして聖人のためにせず。

と明かして、釈尊は、善人のためにこの経典（『観無量寿経』）を説いたのではない、凡夫、おろかな人間のために説いたのだと明かされています。そしてまた同じように、法然上人は、その『選択本願念仏集』の中で、

浄土宗の意は、本凡夫のためにして兼ねて聖人のためにす。

と書いておられます。この「本為凡夫兼為聖人」という言葉は、浄土教の特色をあらわす語として、後世よく用いられました。浄土念仏の教えは、ひとえに凡夫のための教えであって、かねて聖人、善人のためのものであるというわけです。また法然上人の『和語灯録』にはこういう言葉があります。

罪をば十悪五逆のものなお生ると信じて小罪をもおかさじと思うべし。罪人なお生まる、いかにいわんや善人

をや。

「罪人なお生まるいかにいわんや善人をや」。これはいまの『歎異抄』とは反対です。『歎異抄』では「善人なおもて往生をとぐ、いわんや悪人をや」といいます。これはその後の「しかるを、世のひとつねにいはく」という箇所の文章が、そのままでているわけです。法然上人は、親鸞聖人とは逆のことを考えていた。悪い者が生まれるのだから、善い者が生まれるのは当り前だというわけです。これは世間の常識です。親鸞聖人が批判された発想です。しかしながら、もうひとつ『法然上人伝記』、京都の醍醐三宝院にある法然上人の伝記書です。その中に、こういう題がついた文章がでてきます。

善人なお以って往生す。況んや悪人おやと云うこと。

これは『歎異抄』の文章と同じ論理です。そこに「口伝有之」と書いてありますから、法然上人が口伝えでそうおっしゃったということでしょう。そしてそれに続く本文の一節に、

私に言く、弥陀の本願は自力をもつて生死を離るべき方便ある善人の為にをこし給はず。極重悪人無方便の輩を哀しみておこし給へり。

こういう言葉があるのです。この表題に「況んや悪人おや」という言葉があることから、先にいったように、増谷文雄氏は、『歎異抄』のこの第三条は法然上人の法語であって、親鸞聖人のものではないというわけです。ところが、よく考えると、これは『歎異抄』の論理とは異質なものです。法然上人の場合は、先ほどからいっている、浄土教理史伝統の「本為凡夫」の思想の延長でしかない。一応「悪人おや」といっているけれども、それに続く文に「私に言く、弥陀の本願は自力をもって生死を離るべき方便ある善人の為にをこし給はず」とあって、阿弥陀仏の本願は、方便をもっている善人のためではなく、極重悪人には方便がないから、そのために哀れんで本願をおこさ

れたのである。だから本願は、悪人のためのものであって、善人はそれに兼ねているのだということであって、悪人がそのまま往生の正因だという思想ではありません。『歎異抄』では、「いはんや悪人をや」という話の続きで、悪人こそが往生の正因だ、という論理が主張されてくるのであって、これは『法然上人伝記』が「況や悪人おや」といっているのとは、その中味がまったく違うわけです。これはやはり、阿弥陀仏の本願は、悪人を哀れんでおこしてくださったのだ、という話の延長の中でいっているといわざるをえません。すなわち、それは同じように、「本為凡夫兼為聖人」の思想でしかありません。それは悪人にならないと往生できないという、悪人正因の論理とは明確に違うものです。その点、『歎異抄』のこの第三条は、法然上人の言葉だというのは、第三条の本意が充分に読めずにそういっているだけだと、こういえるかと思います。

三　親鸞における悪人の概念

一、歴史学者の見解

そこで、次にもう少し問題を掘りさげて、親鸞聖人における悪人の概念、悪人ということを、親鸞聖人はどう考えていられたか、ということについて考えてみましょう。それについてはまず歴史学者の見解をざっと見てみましょう。まず家永三郎氏という方があります。元東京教育大学の教授でした。この方は、かつてのアジア・太平洋戦争中に、「日本思想史における否定の論理の発達」という論文を作成されていますが、そこには親鸞聖人の思想についても言及されており、多くのことが教えられる、とてもすぐれた論文だと思います。この方は別のところで、私は若い時代に、この世俗を否定する考え方が、日本の文化や思想の中にあるという論文を書いた。そのころ私が戦争に迎合しなかったのは、この世の中のことは、「みなもてそらごとたわごと、まことあることなきに、ただ念仏のみぞまことにておはします」という親鸞の言葉に支えられて、当時の日本の政界や軍部の動きを客観化できたからだ、と書いておられます。この人は、真宗の信者ではありませんが、親鸞聖人の教言を的確に学ばれているわけです。かつての戦争下において、東西本願寺の僧侶や真宗学者にそういう人がいたでしょうか。この家永さんよりも、ずっと多く、親鸞聖人の言葉を身近く学びながら、その教言に背いて、戦争に賛同し協力していった過去の真宗の歴史に対しては、痛切に自己批判せざるをえません。改めてすぐれた思想史家としての家永氏に深く敬意を表することです。この人の『中世仏教思想史研究』によりますと、親鸞聖人の時代においては、悪人というのは武士階級のことであるといっておられます。源平の合戦などで、武士たちは相互に殺したり殺されたりした。その武士階級が自分の罪業を自覚して、自らを悪人といったのだというわけです。それから赤松俊秀という歴史学者がおられました。東本願寺の寺院出身で、京都大学の教授でした。この方は、その『鎌倉仏教の研究』によりますと、当時の悪人というのは、商人や中小の名主層のことだといっています。いわゆる、あき人や名主たちです。あき人というのは商人のこと。名主とは農村、地域の主導的地位にいた人、そういう人たちは、世間の中ではいろいろと嘘をいったり、他人をごまかしながら生きている。これを悪人といったのだといわれた。それから服部之總。この人も歴史学者ですが、戦争中にマルキシズムの立場に立って、いろいろと社会主義運動をなさった。島根県の真宗寺院の出身です。彼は戦後に『親鸞ノート』という書を発刊されました。それによると、悪人というのは耕作農民のことだといわれました。下級の農民、つまり下人、新百姓のことである。新百姓というのは、鎌倉幕府ができたときに、越後地方の百姓が関東に移動してきた。移った連中の村は被差別部落になっていく。新百姓というのはそういう意味です。それで、そういうところで、もっとも虐げられた人たちが親鸞聖人の教えを聞くようになった。

そういう者を悪人といったのだ、という理解をしています。それから笠原一男。この方は東京大学の教授ですが、この人の『親鸞と東国農民』によりますと、親鸞聖人がいわれる悪人とは、在地の農民のことだといいます。当時の権力から支配されていた直接的生産者としての農民を指すというわけです。それから松野純孝。この人は東本願寺の寺院出身で信州教育大学の教授でしたが、その『親鸞』という本によりますと、猟師や商人を中心とする漁民や農民たちを悪人といったのだろうといわれます。古田武彦。この人も著名な親鸞研究者ですが、その「親鸞における悪人正機説について」という論文によると、悪人とは、末法時代の衆生、ことには耕作農民のことだといわれます。そして河田光夫という方、この人は先年亡くなられましたが、高等学校の先生で、真摯に親鸞聖人に傾倒されて、多くの著書を残しておられますが、その『親鸞と被差別民衆』によると、親鸞聖人がいうところの悪人とは、人類的存在としての悪人、いわゆる被差別民のことを悪人といったのだといわれています。

このように、歴史学者たちは、親鸞聖人がいわれた悪人という意味を非常に問題にしています。しかしながら、従来の真宗学者は、悪人というのは罪業深重の者のことだというだけです。誰一人としてこういう社会的視点から考えようとはしません。だがこれらの歴史学者がいうような歴史的社会的な視座からも、充分に考察すべきではありませんか。このへんのことを少しお話しておきたかったわけです。

二、親鸞聖人における悪人の意味

そこで次に、親鸞聖人は、その悪人をめぐってどのように見ておられたのかについて、いささか考察してみたいと思います。一般的な立場で、親鸞聖人が善人悪人といっておられる場合は、仏教的な視点と社会的な視点の両方があります。たとえば「一切善悪凡夫人」、「憐愍善悪凡夫人」。いずれも『正信偈』の言葉ですが、このように、親鸞聖人には、善悪の人間という言葉がしばしばでてきます。このときの善人、悪人というのは、その中味が何であるかが充分にははっきりしないのですが、やはりこれはただ仏教的に、煩悩が浅い深いとか、悪業を犯す犯さない、ということだけではなしに、同時に、社会的な意味をも含んでいると、考えるべきであろうといいたいのです。そのことについては後でまた話します。しかし、阿弥陀仏の本願の立場からいえば、第一条で見たように、「弥陀の本願には老少善悪のひとをえらばれず」で、善人も悪人も本願からいえばみな同じです。しかし、さらに信心の視点からいうならば、みんな悪人なのです。愚かな者、迷える人間なのです。さらには、親鸞聖人の信心の立場からいうならば、「聖人のおほせには善悪のふたつ惣じてもて存知せざるなり」(『歎異抄』後序)といわれます。親鸞聖人は、自分は何が善か、何が悪かは分からないのだ、仏だけが、それをはっきり分かっておられるのだ、とこういわれる。これは親鸞聖人の一つの人間観です。そして親鸞聖人は、自己の信心の立場から、一切群生海は、無始よりこのかた今日今時に至るまで、穢悪汚染にして清浄の心なし、虚仮諂偽にして真実の心なしです。始めのない始めから、生まれ変わり死に変わりして無明の海に迷い続けてきた。そのことは私だけではない、一切の衆生が例外なしにみんな悪なのだ。みんな地獄から這い上がってきた極悪人なのだと、こういい切っておられるのです。たいへんなことをおっしゃっているわけですが、そのことは自己を徹底的に問うことによって、自己の生命、人間の生命というものは、結局はそうなのだという、非常に深い感慨をもって告白されておられるわけです。だから、世の中では、人を見て善人とか悪人とかいろいろ評価するけれども、人間というものは、本質的にはすべてが悪なる存在である。これが親鸞聖人の立場です。

次に、この善人と悪人の意味をめぐって、親鸞聖人の当時における、社会体制の原理についていささか考えてみます。平安時代以後、当時の社会体制の中では、善人と悪人とが非常に明確になってきます。そこでは権力をもつ体制側の人たちはすべて善人だったのです。そしてその反対に、世の中の底辺に生きざるをえなかった下層階級の民衆、虐げられ抑圧されていた賎民たちが悪人とされたのです。その一例ですが、『塵袋《ちりぶくろ》』という名の書物、親鸞聖人よりちょっと遅れて、文永、弘安の頃にできたと考えられる辞典がありますが、その中に、「天竺に旃陀羅《せんだら》と云うは屠者なり。いきものを殺してうるエタ体の悪人なり」と、こういう言葉がでています。この旃陀羅とはインドのシュードラのことで、社会的な最下層の人たちのことです。それは生き物を殺す者だ。「いきものを殺してうるエタ体の」、エタという言葉が、親鸞聖人の時代に早くもでてくるのです。「エタ体の」とは、そういうような格好をし、そういう生活をしているところの、「悪人なり」。非常にはっきりといい切っています。当時では悪人というのはそういう者を指していたのです。日蓮上人も同じようなことをいっています。「世間の悪人は魚・鳥・鹿などを殺して世路を渡るもの」（『題目名号勝劣事』）というのです。そういう生業をしている者を悪人というわけです。それから、これは反対の善人の方ですが、親鸞聖人の兄弟子であった聖覚法印の『安居院唱導集』に「娑婆世界十善王」とか「十善法王」という言葉が見えますが、この十善王とか十善法王とは天皇のことをいうのです。十悪に対する十種の善業を、前世に行なった者だけが、身分の高いところに生まれたのだというわけです。だから大雑把にいえば、当時の善人というのは、行ないが正しいとか、どうとかということではなくて、そういう高い地位、上層階級の者をいったのです。権力にまかせて人を貶めたり、税金を絞りとったり、あるいはまた、そのほか人間的に悪行をしても、上層階級の者を善人といった。その反対に、どれだけまじめに生きていようとも、低い身分の者、下層の者は、すべて悪人といわれた。当時は、まだ被差別階級制度は明確には成立していません。そういう差別制度はだいたい近世になって生まれたといわれています。しかし、もっと早い時代、この時代に、すでにこういう人間に対する差別的な考え方があったのです。これは親鸞聖人を取り巻くところの、当時の社会的状況について話したわけです。

そこで、次には、親鸞聖人は、悪人ということをどのように考えておられたかについて話してみます。親鸞聖人の主著である『教行証文類』の「信巻」の中に、中国浄土教の元照《がんじょう》という人が著わした『阿弥陀経義疏』の、次のような言葉を引用されています。

具縛の凡愚屠沽《とこ》の下類、刹那に超越する成仏の法なり。

この「具縛」とは、煩悩に縛られているということ。「凡愚」というのは、平凡にして愚かなもの。「屠沽」の屠というのは、生き物の生命を奪う者。つまり猟をしたり魚を獲ったりして、暮らしを立てている者のことです。沽というのは商売をする者。そういった「下類」、いちばん下層社会の人々。これらが「刹那」に、一足飛びに、仏になれる道、それが浄土念仏の教えである、というわけです。そしてこの文を、その弟子の戒度《かいど》が説明した文章を次に引用してあります。『阿弥陀経義疏聞持記』という書物の文ですが、それは次のようなものです。

屠は謂く殺を宰《つかさど》る。沽は即ち醞売《うんばい》。此の如し悪人、ただ十念に由りて便ち超往を得。豈、難信にあらずや。

ここでいう「屠は謂く殺を宰る」とは、いわゆる生き物を殺す仕事。「沽は即ち醞売」。醞は酒を造ることで、売は商売ということです。「此の如し悪人」とは、かくのごとき悪人。この場合、親鸞聖人は「ゴトシ」と読まれていますが、「如き」のことです。そこには「悪人」と書いてあります。つまり中国でも、こういう生き物を殺したり、酒を売り買う者を「悪人」といっていたのです。そういう人でも「ただ十念に由りて」、十声の念仏によって、「便ち超往を得」、ただちに浄土に生まれることができる、というわけです。このように屠とか沽とかを仕事とする人は悪人であるといってあるのを、親鸞聖人は受けて、その『唯信鈔文意』に、次のように書いておられます。

具縛といふはよろづの煩悩にしばられたるわれらなり。煩は身をわずらはす、悩は心をなやますといふ。屠はよろづのいきたるものをころしほふるもの、これは猟師といふものなり。沽はよろづのものをうりかふものなり。これはあき人なり。これらを下類といふなり。かやうのあき人猟師さまざまなものは、みないし、かはら、つぶてのごとくなるわれらなり。

そこには、「具縛といふはよろづの煩悩にしばられたるわれらなり」。「かやうのあき人猟師さまざまなものは、みないし、かはら、つぶてのごとくなるわれらなり」と、「われら」ということをいっておられます。親鸞聖人は、別に生き物を殺したり、商売をしたわけではないのですが、この「下類」、「悪人」といわれるものを、「われらなり」といわれているのです。このことは充分に注目すべき文章だと思われます。自分自身も、そういう下層の民衆、悪人であると考えられていたことが、よくうかがい知れます。ここには、親鸞聖人が、自分というものをどのように捉えておられたか、社会的にどういう存在であると考えておられたか、明確に知られます。また親鸞聖人には、次のような文章があります。「皇太子聖徳奉讃」、これは親鸞聖人の晩年の作品です。

とめる者のうたへは　　石を水にいるるがごとくなり

ともしきもののあらそひは　　水を石に入るるにたりけり

これは、聖徳太子の伝記を典拠として作られたものですが、「石を水にいるるが如く」というのは、金銭をもっている者、権力のある者の命令は、水の中に石を投げ入れるようなもので、大きな波紋、影響があるということです。ところが貧乏人の言い分は、逆に水を石に掛けるようなもので、まったく届くことがない。親鸞聖人が、ここで何をいおうとされているのか、お分かりになるでしょう。またその『正像末和讃』では、

よしあしの文字をもしらぬ人はみな　　まことの心なりけるを

善悪の字をしりがおは　　おおそらごとのかたちなり（『正像末和讃』）

善悪の文字を知らぬ人は、まことの心をもつ善人である。文字も書けないような下層の人々こそ、まことは善人なのだ。しかし、「善悪の字をしりがおは」。あれは善い、これは悪い、あいつは善だ、こいつは悪だといって、理屈をいろいろ並べたり、人を裁いたりしている者は、「おおそらごとのかたちなり」。みんな嘘で、そこには真実はないということです。ここにも親鸞聖人が、当時の社会状況をどう捉えておられたのか、そこでは非常にはっきりした視点をもっておられたことがうかがわれます。また『一念多念文意』という書物には、

真実信楽のひとおば是人とまふす、虚仮疑惑のものおば非人といふ、非人といふは、ひとにあらずときらひ、わるきものといふなり、是人はよきひととまふす。

と明かされます。この非人という言葉は、親鸞聖人の時代にはもうあったわけです。近世江戸時代の用例とは違いますが、乞食や刑罰をうけた者など、社会から疎外されていたものを非人といいました。そういう社会の底辺にいる者を非人といった。それを親鸞聖人はここで、真実の信心の人は是人、善き人である、そうでない仏法を正しく学ばない人は非人、悪しき人であるといわれるのです。だから社会的に疎外されている非人でも、仏法を学んだら、仏法の世界では是人になるという論理、主張です。当時の社会的に虐げられた非人を、仏法の立場で捉え直し、そういう非道な社会秩序に対して、批判的な主張をされているわけです。また西本願寺に伝えられる親鸞聖人自筆の「屠児宝蔵伝」というものがあります。短いものですが、親鸞聖人が書き残されたものです。屠児というのは屠殺を生業としている者という意味で、その屠児の宝蔵という人が、善導大師に導かれて、念仏して浄土に往生したという話が書かれています。これは『西方略伝』という中国の往生伝の中からの抜き書きですが、なぜ親鸞聖人が、この屠児宝蔵のところだけを注目されたのか。親鸞聖人は、その日常の生活において、こういう屠殺を生業としている人々と、何らかの交流があったのではないでしょうか。上に述べた『唯信鈔文意』において、「あき人猟師」

を「われらなり」といわれていることと重ねると、そう思わざるをえません。

以上、主な資料をいろいろと挙げてみたのですが、親鸞聖人は、その思想から見ても、またその伝記からいっても、やはりこういう社会の下層の人々と、どこかでは深くつながっていた、深く交流されていたと考えざるをえません。こういうところに親鸞聖人の社会的な生き方があったと思うことです。

そこで、結論的にいいたいことは、親鸞聖人における悪人とは、社会的な下層の民衆、当時の支配体制の中で「悪人」と呼ばれた人々、すなわち猟師、商人などの被差別民衆、広い意味での被抑圧民衆をさすもので、親鸞聖人はそういう人々を「われらなり」と呼んで、自らもその悪人の一人であるという自覚をもっておられたと思われます。そのことは親鸞聖人自身が、流罪の身となり僧籍を剥奪された者として、その支配体制の中で、生涯を通じて「悪人」と呼ばれる側に属しておられたからでもありましょう。しかし、そのような親鸞聖人における悪人の自覚は、たんにその社会的意識、その視点からのみ生まれたものではなく、それはより本質的には、自らの仏道における本願の信心、その信知、「めざめ」体験の内実でもあったわけです。そしてそのことは、北越に流罪となって以来、多くの農民や漁民、被差別民衆たちとの交流を深め、それにおいて彼らの苦悩を共有し、それに同苦していくことの中で、しかもまた同時に、自らの念仏、信心の生活をいっそう深化していくことの中で育まれ、開花していったものでしょう。すなわち、親鸞聖人はそこで、善悪の文字さえしらぬ下層民衆（悪人）の心の中にこそ、かえってほんものの善性、真実が宿っていることを発見されていかれたわけですが、そのことは、その延長線上、ないしはそのことの深化の方向の中で、自らにおける罪業深重の信知のほかに真実大悲の信知は成立せず、真実大悲の信知は、自己における罪業深重の信知に即してこそ成立するという、真実信心の内実と重なるものであって、そういう人間普遍なる悪性という人間存在の本質、その実相に、徹底してめざめていくほかに、まことの仏道は成立しないということを実感されたわけでしょう。そしてこのような悪人の自覚にもとづく仏道の開示は、上に見た浄土教が、もともと社会の下層民衆、悪人の成仏道として教説されたことにかかわり、その成仏道の意趣が、この親鸞聖人において、もっとも鮮明に開顕されたといいうることでしょう。

四　親鸞における悪人正因の思想

最後に、『歎異抄』における悪人正因という思想について、いま少しお話します。ここでいう悪人とは、上に述べたところでいえば、親鸞聖人の信心の内実として自覚されたところの悪人を意味するもので、それはより具体的には、当時の社会の下層民衆としての被抑圧、被差別の人々を立脚点としてめざめたところの、人間普遍なる悪性という人間存在の本質、その実相としての悪人をいうわけです。そしてその正因ということは、最初にいったように、親鸞聖人自身が、「正因といふは浄土にむまるるたねとまふすなり」(『尊号真像銘文』)といっておられるところで、「まさしきたね」、浄土往生の因種のこと、浄土に生まれる原因だということです。真実信心の内実において、悪人になることにおいてこそ仏になる。これが『歎異抄』において、悪人が往生の正因だといっていることの基本の意味です。信心というのは、そういう内容、構造をもっているのです。ところが覚如は、その『口伝鈔』において、「如来の本願は、もと凡夫のためにして聖人のためにあらざる事」というタイトルのもとに、

本願寺の聖人、黒谷の先徳より御相承とて、如信上人おほせられていはく、世のひとつねにおもへらく、悪人なほもて往生す、いはむや善人をやと。この事とをくは弥陀の本願にそむき、ちかくは釈尊出世の金言に違せり。そのゆえは、五劫思惟の苦労、六度万行の堪忍、しかしながら凡夫出要のためなり、まったく聖人のために

あらず。しかれば凡夫、本願に乗じて報土に往生すべき正機なり。

と書いています。これは上に述べた、浄土教の原点としての〈初期無量寿経〉以来、法然上人までに伝統されてきた、いわゆる「本為凡夫兼為聖人」の発想にもとづくものです。ここでは正機という言葉がでてきますが、この正機ということは、親鸞聖人が、その『愚禿鈔』において、

又傍正ありとは、一には菩薩、大小。二には縁覚。三には声聞辟支等。浄土の傍機なり。四には天。五には人等なり。浄土の正機なり。

と明かされるところです。そしてここでの用例では、浄土の正機というのは天、人等とあります。その正機は、天人と人間などだというわけです。ここで人等というのは人間のほかに、修羅、畜生、餓鬼、地獄までを含めるということで、天人以下地獄までの六道の迷界の者が、浄土の正機であるということです。それから、浄土の傍機というのは、菩薩、縁覚、声聞、辟支仏等だというのです。これらはすでに迷界を離れた上等な方々をいうわけです。これは親鸞聖人がそういっておられるのです。そしてまた親鸞聖人は、その「化身土巻」においても、『観無量寿経』の隠顕を明かすところで、韋提希夫人と私たち衆生が、「悪人往生の機」、「往生の正機」であるといわれています。正機というのは、正しきめあての者ということです。傍機というのは、それに対してついでにかかわる者ということです。本通りと脇道、バイパスというような意味です。すなわち、親鸞聖人は私たち迷界の衆生の全体を正機といわれるのです。しかし正因というのは、そういう意味ではない。正因といったら、正しき原因は一つしかないわけですから、それのついで、バイパスということで、善人傍因という発想はでてきようがありません。だから、悪人にならなければ仏には成れないということと、悪人がめあて、正機であって、あとの善人はついでだということとは、明確に違う話です。その点、『口伝鈔』のこの文章は、本為凡夫兼為聖人という、浄土教の伝統の発

想を受けていっているだけの話です。これでは親鸞聖人が、自己が極重の悪人だとめざめること、そういう信知体験こそが、浄土往生の正因であると教示されたこととは、まったく相違するわけです。このことは、親鸞聖人の信心理解と、覚如の信心理解とが、まったく相違することによって生じた問題です。親鸞聖人における信心とは、私たちが念仏生活を相続することによって開かれてくるところの、確かなる「めざめ」体験、信知体験のことであって、それはまったく一元的主体的な、この世俗を超える出世体験をいうわけです。しかし覚如における信心とは、「帰托」(『口伝鈔』)することであり、「帰属の心」(『執持鈔』)のことであって、それはまったく二元的対象的なものであり、それについては、自分こそが「善知識」であり、また「生身の如来」、「如来の代官」(『改邪鈔』)であって、自分を仲介としてこそ、はじめて阿弥陀仏に帰托し、帰属できるというわけです。これが覚如が理解する真宗信心であったわけです。ここでいう「生身の如来」とは、自分自身は生き仏であるということでしょうが、そういう自分が仲介者となってこそ、よく阿弥陀仏に救われるというわけです。よくもまあ、そういうことをいったものです。これでは親鸞聖人の信心とは、まったく相違するところの、世俗埋没の虚妄の信心といわざるをえません。したがってここでいう悪人正機とは、阿弥陀仏の慈悲は、一切の衆生を平等に憐愍したまうが、ことに悪人を憐れみたもうというわけで、そのような慈悲に向かって、いちずに帰托し、帰属するということは、自己の罪業深重性に対する自己責任を放棄した、まったくの甘えの信心でしかありません。そんな信心では、「悪人もとも往生の正因なり」という思想は、とうてい領解できるはずはなく、またまことの念仏者としての新しい生き方が生まれてくるはずもありません。こんなものは、まことの真宗信心とは、とうていいえないことです。

ところで、親鸞聖人における正因の用例についてみますと、悪人正因のほかに、しばしば念仏正因とも、信心正因とも明かされています。親鸞聖人が、念仏が正因だといわれることは、たとえば、「安養浄土の往生の正因は念仏を本とす」(『尊号真像銘文』)といわれます。念仏すれば浄土に往生できる、これが往生の正因であるという。また信心が正因ということは、たとえば、「不思議の仏智を信ずるを報土の因としたまへり、信心の正因」(『正像末和讃』)といっておられます。しかし、そのほかに、さらにこの正因については、慈悲が往生の正因だともいわれます。すなわち、「大慈悲はこれ仏道の正因なるがゆえに」(「信巻」)というわけです。慈悲というのは如来の心、その生命です。それが往生浄土の原因になるといわれる。これは曇鸞大師の『往生論註』の教説をうけていわれることです。そうすると、慈悲が正因であるということと、悪人が正因だといわれることは、充分に注目すべきことです。阿弥陀仏の心、その生命としての慈悲が、私が浄土に往生する正因であり、また私自身の現実の存在相、私の心、その生命としての悪業に対する信知が、私が浄土に往生する正因であるといわれる教示は、またそのまま念仏正因、信心正因に重なり、その内実を意味するものにほかなりません。私が悪人であるということが分かる、私がどこまでも罪業深重の存在であると確かに思い知る、分かるということは、そのまま阿弥陀仏の慈悲が無倦であると深く思い知る、分かることなのです。阿弥陀仏の慈悲が、ひとり私のための慈悲であると思い知れたら、それと一つになって、その慈悲に背いて地獄に堕ちつつある自分自身の姿が思い知られてくるのです。したがって慈悲正因といい、悪人正因というのは別な話ではなく、それは即一して成り立つものなのです。その即一を「めざめ」体験といい、それにもとづいてこそ、信心正因といったり、念仏正因といったりしているわけです。第三条で、「他力をたのみたてまつる悪人、もとも往生の正因なり」といわれるのは、そういう信心の内実についての表白にほかなりません。真宗における真実信心というのは、主体的な「めざめ」体験のことです。「めざめ」というのは、地獄一定とめざめるのです。そしてまた、同時に往生一定とめざめるのです。そのことは私においては同時に成立するものです。いつもいっているように、光が照ったら影が映る、影が映ったら光を浴びている証拠です。これは絶対矛盾的に自己同一なのです。二つのことはまったく矛盾するものですが、しかもまた、一つになって成立するのです。そういう矛盾的な「めざめ」の中にこそ、私たちははじめて、少しずつ人間成熟を遂げていき、また新しい人格主体、責任主体を確立していくのです。かくして、親鸞聖人が教えられたものは、悪人正機ではなく、悪人正因の教えです。悪人の信知、どこまでもおのれが罪業深重であると気がつくほかに、念仏成仏の道は成り立たないのです。今日における伝統教学における悪人正機という仏道理解には、悪人をめぐる歴史的社会的視点がまったく欠落しています。多くの歴史学者が、あれほどいっているところを、全然問題にしないのはいかがかと思います。また何ゆえに正因と正機を同義に理解するのか、字義の上からは歴然たる相違があるのではありませんか。この悪人正因と悪人正義とを同義に理解するのは、親鸞聖人の一元的主体的な「めざめ」体験としての信心を、まったく二元的対象的な帰向、頼他の心情として捉えるからです。阿弥陀仏は、いちばん力の弱い者を大事にしてくださる。それほどに泳いでいる者はすぐに助けなくてもそれは後回しでいい、いま溺れているものをまず助けてくださる。それほどに私たち凡夫、悪人を大事にしてくださるのだ。これが仏の慈悲だというわけです。これをそのまま南無阿弥陀仏の救いであると受けとったら、それはまったく甘えの構造になります。私は何にもできないけれど、仏の慈悲のおかげで助かっていく。なんともったいないなや、ありがたや、という論理です。

日本人の心情には基本的にそういう発想があります。まさしく甘えの論理です。そのことについては、すでに先人によるすぐれた研究があります。これはヨーロッパの人やアメリカの人と比べたらよく分かります。日本人は古来個人の責任を最後までは詰めないわけです。たとえば、アジア・太平洋戦争の戦争責任だってそうです。海外では二千万人、国内では三百十万人の死者がでたというに、戦争を始めた昭和天皇は責任をとらなかったし、時の首相の東条英機は断罪されたが、いつの間にか靖国神社に祀られて神になっている。これでは非業の死を遂げた人々が、あまりにも気の毒ではありませんか。このことは真宗教団においても同じことです。あれほど戦争を賛美した教学者は、誰一人として自己批判し、責任をとったものはいませんでした。ここには日本の文化構造としての無責任性、そしてそれにもとづく甘えの思想が、見事にうかがわれます。いまの悪人正機の思想は、まさしくそういう日本的心情にうまく重なった、真宗信心の甘えの構造を物語るものにほかなりません。このような甘えの心情とは、日本独特の精神的風土の中で育ったところの心理であって、そこではつねに原理の貫徹が欠落して曖昧性が許容され、つねに他者に依存し、自己の責任が免責されるという構図が成立してくることとなります。それは本質的には、まことの人格的な自立、その責任主体が確立されていないことによるものであって、その信心が、二元的、対象的な信として理解されるかぎり、その必然としてそうならざるをえないわけでしょう。このような真宗信心の理解のところでは、何ら念仏者の主体性、責任性というものは生まれてはきません。本願寺教団は、さかんに信心の社会性を謳いますが、教学的には何一つとして発言することはありません。責任主体の確立が語られることなく、まったく没主体的な信心から、そのような社会的実践論が生まれてくるはずがありません。

しかしながら、まことの真宗信心、その「めざめ」体験というものは、新たなる人間成長をもたらすものであって、新しい人格主体、責任主体を確立せしめていくものであると考えます。すでに上において見たように、親鸞聖人が八十四歳にして、息男の善鸞を義絶されたということは、親鸞聖人が身をもって示された、真宗信心の責任性の問題でもありましょう。そしてまた私は、親鸞聖人が、「目もみえず候。なにごともみなわすれて候」(『末燈鈔』）といいながら、八十八歳の最晩年まで、著作を書き続けられた姿に、親鸞聖人における信心の主体性、その責任性を深く重く感ぜずにはおれません。

第四条　浄土慈悲の教訓

本文

一、慈悲に聖道・浄土のかはりめあり。聖道の慈悲といふは、ものをあはれみ、かなしみ、はぐくむなり。しかれども、おもふがごとくたすけとぐること、きはめてありがたし。浄土の慈悲といふは、念仏していそぎ仏になりて、大慈大悲心をもて、おもふがごとく衆生を利益するをいふべきなり。今生に、いかにいとをしく不便とおもふとも、存知のごとくたすけがたければ、この慈悲始終なし。しかれば念仏まふすのみぞ、すゑとをりたる大慈悲心にてさふらうべきと云々。

組織

- 慈悲二種の区別……慈悲に〜
  - 聖道の慈悲……聖道の慈悲〜
  - 浄土の慈悲……浄土の慈悲〜
  - 浄土慈悲の真実性……今生にいかに〜

語義

○慈悲……仏教における智慧、さとりの具体的な活動相について明かすもの、次下に詳細に解説。

○聖道……聖道教―出家者中心の仏道。
○浄土……浄土教―在家者中心の仏道。
「大乗の聖教に依るに、まことに二種の勝法をえて以って生死をはらはざるによる。これを以って火宅をいでず。何をか二となす。一にはいわく聖道、二には往生浄土なり」（道綽『安楽集』）
「この界の中にして入聖得果するを聖道門と名づく、難行道といへり。安養浄刹にして入聖証果するを浄土門と名づく、易行道といへり」（「化身土巻」）
○かはりめ……相違するところ、けじめ、区別。
○もの……物（もつ）人間・衆生のこと、物機（衆生の根機）、為物（衆生のため）、利物（衆生を利益）などという。
○あはれみ……憐み。同情する、不憫に思う。
○かなしみ……愛しみ。可愛がる、いとおしむ。
○はぐくむ……育む。羽をもってくるむ、養い育てる。
○おもふがごとく……思うように、望みどおりに。
○たすけとぐる……助けとぐる、完全に助ける。
○きはめて……はなはだ。
○ありがたし……有ることがむつかしい、困難なこと。
○念仏して……念仏を申す道を生きて。
○仏になりて……成仏すること。

○大慈大悲心……大きな慈悲の心。
○もて……もって。
○衆生を利益……衆生を済度すること。
○いふべきなり……いうべきである。
○今生……この世、現世。
○いとをし……いたわしい、気の毒。
○不便……便宜（勝手）ならずの意で、哀れむべきこと、不憫はあて字。
○存知のごとく……会得のままのことで、思いのままに。
○たすけがたければ……助けることが困難であるから。
○始終なし……終わりがないこと（始には意味がない）、結末がうまくつかないこと、一貫しないこと。
○しかれば……接続詞で、かくして。
○するとをりたる……最後まで貫徹した、徹底した。
○にて……断定の意味をあらわす。
○さふらうべき……でありましょう、「べき」は推量の意味。

要　旨

この第四条は、慈悲、人間における憐愍、愛情というものには、聖道と浄土、今生と当来、人間の力にもとづくものと仏の力にもとづくものとがあるといい、その聖道、人間の力による慈悲には、つねに限界があるが、その浄土、仏の力による慈悲には限界がない。だからこそ、念仏して浄土に往生成仏し、その仏力によってこそ多くの人々を利益すべきである、ということを教えている。

一、組　織

この第四条は、タイトルをつけるとすれば、「浄土慈悲の教訓」といいうると思われます。教義的には還相廻向の問題について明かすものです。

そこでこの第四条は、四段に区分してみることができると思います。最初の「慈悲に聖道・浄土のかはりめあり」という文、これがまず第一段です。このように慈悲について、聖道の教えと浄土の教えの違いがあるということは、親鸞聖人が初めていわれたわけで、親鸞聖人までの仏教では、こういう理解はまったくありません。親鸞聖人独自の慈悲観です。そして次の「聖道の慈悲といふは」からが第二段で、ここでは聖道の慈悲、聖道教の教え、人間における慈悲について述べます。そして「浄土の慈悲といふは」からが第三段で、次には浄土の慈悲、阿弥陀仏の慈悲について述べます。そして「今生にいかに」というところから最後までが第四段で、ここでは、浄土の慈悲こそが末とおるところの、真実の慈悲である、という話になっています。この第四条のところでは、慈悲のことをめぐって、少し突っ込んだ話をし、慈悲ということが教える、私たちの生きざまについて、いろいろ考えてみたいと思っています。

二、文義

それではいつものように、まず全体の文章の意趣を、分かりやすく、その文をなぞりながら読んでいきます。「慈悲に聖道、浄土のかはりめあり」、「慈悲」の慈は慈しむ、悲は悲しむということです。これは仏教における智慧、「さとり」の具体的な活動相について明かすものです。後で詳しく説明します。「聖道」と「浄土」というのは、聖道教と浄土教ということです。普通、真宗の現場では、これを自力、他力というように話されていますが、仏教の基本のところでは、そういうことはいえないことです。仏教を学ぶについては何宗であっても、何らかの意味で自分自身の心を励まして努力しなければなりません。そういう意味では自力も大切です。しかし、仏道を歩んでいたら、誰でも何らかの意味で他力ということを体験できるものであって、聖道教は自力教、浄土教は他力教というように、単純に分類することは、非常に問題があると思うことです。この聖道教と浄土教については、歴史的にいいますと、すでに前にも話しましたが、釈尊が亡くなった後に、その仏教が二つの流れに分かれて展開していきました。一つは釈尊と同じように、世俗を捨てて修行に励んでいった仏弟子たちのグループ。それは出家者中心の仏教でした。いま一つは、釈尊の仏塔を中心に、その人格を崇拝していった一般の在家信者のグループ。それは農民であったり商人であったり、そのほかさまざまな職業をもった在家の信者たちを中心にした仏教の流れであったわけです。もちろん、出家者中心の仏教だといっても、それは当然に、在家の人が支えねば成立しません。だからそこには在家の信者がいたわけです。それから、在家信者中心の仏教だといっても、当然にそれを指導する出家者がいたわけです。ともあれ、そういう二つの流れに分かれて展開していきました。それが後世において、聖道教と浄土教になっていったわけです。そのことは、仏教が日本において展開していった歴史や、親鸞聖人が比叡山から下りられ、新しく在家者の仏道として、念仏の道を弘められた、その足跡からも分かると思います。

そしてこの聖道、浄土という言葉は、今から千五百年ぐらい昔、中国の隋の時代にでられた道綽禅師が、その『安楽集』の中で、

大乗の聖教に依るにまことに二種の勝法をえて以って生死をはらはざるによる。これを以って火宅をいでず。何をか二となす。一にはいはく聖道、二には往生浄土なり。

ということをいわれたことから、聖道と浄土という分け方が生まれてきたのです。そしてこれを受けて親鸞聖人がその『教行証文類』で、

この界の中にして入聖得果するを聖道門と名づく、難行道といへり。（中略）安養浄刹にして入聖証果するを浄土門と名づく、易行道といへり。（「化身土巻」）

と明かしておられます。入聖得果と入聖証果とを使い分けてありますが、意味は同じことで、仏果、仏の「さとり」をうるということです。この現世において成仏するという教えを説くのが聖道教といい、死後、来世において成仏するという教えを説くのが浄土教だというわけです。しかしながら、今日では、聖道教のほとんどの僧侶は肉食妻帯して、まったくの世俗的な生活をしていますから、現世で成仏するという入聖得果を語るのはむつかしいようです。今でもインド、ミャンマー、スリランカなどの南方仏教では、出家主義が守られていますが、今日の日本では、もはや聖道教は、成立しえなくなっている、といわざるをえないと思われます。先日も、ある聖道教に属する僧侶の方が、母が浄土に往生しましたと挨拶されましたので驚きましたが、そういう意味では、もはや日本の仏教では、聖道教と浄土教の区別はなくなり、すべてが浄土教になっているということではないでしょうか。その意

味においては、厳しい弾圧に抗しながらも、在家止住の者の成仏道として、新しく浄土真宗を開顕してくださった親鸞聖人の先見性は、まことに尊くありがたいことであると思うことです。

そこで『歎異抄』に戻りますが、慈悲に聖道、浄土のかはりめがあるといいます。その「かはりめ」というのは、相違するところ、けじめ、区別のことです。聖道の慈悲と浄土の慈悲には違いがある。このことは親鸞聖人がはじめていわれたことですが、これはたいへん面白い発想です。その違いについていうわけですが、「聖道の慈悲といふは、ものをあはれみ、かなしみ、はぐくむなり」。そこに「もの」とあります。この「もの」とは漢字では「物」の字を書くのですが、中国の古典の中で、人間のことを「物」といったのです。仏教以前の話です。これは伝統的には「ブツ」と読まないで「モツ」と読んでいます。それで仏教で「モツ」といったら人間のことですが、これは中国仏教がそういったからです。ただし、ここでは「もの」と読んでいます。だから、「物」は「モツ」と読めば人間のことです。それで、「物機」（モッキ）といえば、人間の根機、性根です。「為物」は「イモツ」と読みますが、この言葉は、曇鸞大師が『往生論註』の中で、阿弥陀仏のことを説明するのに用いておられます。そこでは「実相身」、「為物身」と書いてある。「如来は是れ実相の身なり、是れ物の為の身なりと知らざるなり」、為物身の身というのは、阿弥陀仏の色身、姿のことです。実相身の実相というのは、真理、真如そのままの道理ということです。その真理、真如なる、形を超えるものが、衆生、私たち生きとし生けるもののために顕わになってくださったのが、阿弥陀仏なる姿、仏身だというので、これを為物身というのです。そういうところにでてくるのが、この「為物」です。それから「利物」ともいいます。これは衆生を利益するということです。次の「ものをあはれみ、かなしみ、はぐくむなり」。「あはれみ」は、憐れんで、同情して、不憫に思ってということ。「かなしみ」は、愛《かな》しんで、かわいがって、いとおしんでということ。「はぐくむ」というのは、羽でくるむことをいいます。大切に養い育てるということです。そして「しかれども」、しかしながら。「おもうがごとくたすけとぐること」、思うように最後までちゃんと助けとげるということは、「きはめてありがたし」。はなはだ困難なことです。私たち人間の、日常的な慈悲、愛情というものをそのように説明しているのです。これが聖道の慈悲だというわけです。ところが、この後で、浄土の慈悲はそれと違うということを、親鸞聖人は問題にされるわけです。「浄土の慈悲といふは、念仏していそぎ仏になりて」、念仏を申す道を生きて、急いで成仏して、浄土にいってという意味です。「大慈大悲心をもて」、大きな慈悲の心をもって、「おもふがごとく」、自分の思い通りに。「衆生を利益するをいふべきなり」。「利益する」とは、救う、済度すること。「いふべきなり」、いうべきである。浄土の慈悲とは、そのようにいうべきものだといっているわけです。だから、聖道の慈悲というものには限界があるが、浄土の慈悲には限界がないということをいっているのです。

最後に、そのことをもういっぺん念を押していわれます。「今生に」、この境涯で、現世で。「いかにいとをし不便とおもふとも」。「いとをし」は、いたわしいの原形です。気の毒に思い。「不便」とは、便宜ならずということで、思うようにならないということ。普通は「不憫」という字を書きますが、これは当て字です。本来は「不便」と書くのが正しい。『歎異抄』のこの字が正当な字です。「存知のごとくたすけがたければ」、知っているとおり、思いどおりに助けることが困難であるから。「この慈悲始終なし」、聖道の慈悲には終わりがない。うまく結末がつかない。始終の始というのは、この場合はついでに置いてある文字であって、はじめという意味はないのです。終わりがない。始末がつかない。その前に「たすけとぐること、きはめてありがたし」と書いてあるそれを受けていっているのです。「しかれば念仏まふすのみぞ、すゑとをりたる大慈悲心にてさふらうべきと云々」。そういうわけで、念仏をして浄土に往生し仏と成って、この世に還ってきて助け遂げるならば、それだけが、最後まで徹底貫徹した慈悲の働きになりましょう。「にてさふらうべき」というのは、推量の意味で、「でありましょう」と理解してよいかと思います。

以上、第四条のだいたいのところの文義ですが、その内実といいますか、親鸞聖人が、どうしてこういうことをいわれたのか、そこには親鸞聖人の非常に複雑な思い、胸中があるように思われます。親鸞聖人の身近なところでいうならば、門弟とのかかわりあいについても、いろいろな悩みがあったと思われます。思うように門弟を指導、教育できなかった。この前の第二条のところにもでてきましたが、門弟や信者に対して、なかなか思うように仏法が伝わらなかった。自分の思いが伝わらなかった。そのようなもどかしい悩みが、いろいろとあったことだろうと思います。なかには、親鸞聖人を捨て、師弟の縁を切って離れていくという者もあった。親鸞聖人は、それらの出来事をとおして、自分の教化をめぐる力の及ばなさをしみじみと思われたことでしょう。あるいは、長男の善鸞については、その真宗領解をめぐる考え方が異なって、親子の縁を切られたわけですが、この問題には、親鸞聖人の親としての心情が、忘れえざる悲しみとして、いろいろと絡んできただろうと思われます。かくして親鸞聖人は、今生の慈悲がいかに末通らないかを、このようなさまざまな場面において、深く感じとられたことでしょう。第四条のこの言葉は、親鸞聖人の晩年の言葉と考えられますけれども、この文章の行間には、そういう親鸞聖人の心情、苦悩がいろいろと伏在しているのではないでしょうか。

三、私解

一　聖道の慈悲と浄土の慈悲

一、慈悲と智慧

そこでこの第四条をめぐる私解ということで、慈悲について考えてみたいと思いますが、まず、慈悲と智慧のことをいいます。仏の「さとり」の中味を智慧といいます。普通の場合は知恵とか知識とか「知」の字を書きますが、仏の「さとり」という場合は、「智」の字と、難しい「慧」という字を書いて「ちえ」と読みます。原語であるサンスクリット語ではプラジュニャー（prajñā）。それからその俗語形ではパンニャー（paññā）です。この原語が般若という漢字に置き換えられます。般若というのは智慧という意味です。そしてその智慧とは、仏の「さとり」の中味をいうわけですが、普通私たちがもつところの知のことを、仏教では分別智といいます。分別というのは、見る私と見られる対象とが別々であるということです。いつも私という枠の中にいて、そしてその自己中心的な窓から外なる対象を見て、「あいつは仲間だ」、「あいつは敵だ」というように、つねに価値判断して見る。その時には、いつも自分の自己中心的な心、その我執が付きまとっている。そして損したとか得したとか、敵だとか味方だとか。そのように分別します。それを自我智といいますが、これは自分の我執が中心になっている知です。私たち普通の生活をしているものが、物を見て知る知恵とはそういうものでしょう。ところが、仏の「さとり」の智慧、プラジュニャーというのは無分別智です。見るものと見られるものとが別でない、一つだということなのです。見るものがそのまま見られるものであり、見られるものがそのまま見るものであるような智です。これを無我智といって、こういう智慧は、我執をはなれ、無我となり、他者の立場に立って他者を知るという智慧です。たとえば卵を見るにしても、私たちは普通、卵は惣菜になる栄養価の高いもので、マーケットで売っている。一個いくらだと、そういうように対象として見ますが、無我智でもって、それを見るならば、卵は私の食べものではなく、一つの生命ある実存在として見えるわけです。しかもそこでは、見るものと見られるものの関係は、まったく即一して成立するという無分別において見るわけですから、私がその卵そのものになって見る、卵の中に入って、卵と一つになって卵を見るわけです。そうするとその卵の生命は私の生命と変わらないことが知れてきます。だから、私たちが卵を食べることは恐ろしい罪になる、ということに気づかされてきます。仏教が殺生の罪ということを語るのは、このような仏教の「さとり」の視点から、他者の生命について見るから、そういうことになるわけです。仏教が、人間以外の生きもの、生きとし生けるものを衆生とか、有情と呼ぶのは、そういうように、お互いが見るものと見られるものの関係ではなしに、つねに相手の立場に立って、相手と一つになって相手を見るという、こういう見方をするところから生まれたものです。こういうものの見方、これが本当にものを見る見方なのだということを、厳しく教えているのが仏教なのです。

そして、そういうようにものを見るならば、そこには必然的に、私たちに新しい生き方が生まれてきます。それが慈悲ということです。仏の「さとり」、智慧の具体相は、相手、他者の立場に立って相手、他者を見ることです。そうすると、そこではその他者の生命を擁護し、その成熟をめざす、他者の気持ちのとおりに、その思いを育てていこうということになります。そうすれば、そこでは当然に、相手の生命を大事にし、育てていくということになりますから、そういう智慧の具体的な働きの姿を慈悲というわけです。この慈悲ということの意味も、原語サンスクリット語によりますと、その「慈」の原語はマイトリー（maitrī）です。これには、つながりという意味がありまして、友情とか親交とかいうことで、切っても切れないつながりをあらわします。そして「悲」の原語はカルナー（karuṇā）です。これには、憐れむ、かわいがるという意味があり、あるいはまた呻くという意味もあるといわれています。他者の苦悩に同感同苦する。同じように感じ同じように苦しむ。こういう心の動きをカルナーというのです。かくして慈悲とは、他者に対して、それに深いつながりがあると思いとって、その苦しみを自分の苦しみとして受けとめ、その苦しみを除こうとして働きかけることをいうわけです。古い中国の仏教文献に、「惻愴を悲と称し、愛憐を慈という」（慧遠『大乗義章』）という言葉があります。「惻愴」の、惻にも愴にも、りっしん偏が付いていて、ともに憐れむ、悲しむ心という意味です。「愛憐」のほうは、愛も憐も、いつくしみ、かわいがるということです。同じような意味です。それから曇鸞大師の言葉に、「苦を抜くを慈といい、楽を与ふるを悲という」（『往生論註』）というのがあります。これは『大智度論』にでるものですが、抜苦与楽、苦をのぞくを抜苦といい、楽しみを与えるを与楽という。それを慈と悲とに分けたものです。

二、キリスト教における愛と仏教における慈悲

ところで、次に、この仏教における慈悲の意味と、キリスト教における愛の意味を対比して、いささか述べてみましょう。キリスト教では、愛に二種があると考えます。ギリシャ語に、エロース（erōs）とアガペー（agapē）という言葉があることによるわけです。そのギリシャ語のエロースというのは、英語のエロスという言葉の原形です。これは、人間における愛、自我愛のことで、世俗的な価値に対する所有の願望をいいます。愛というのはだいたいそういうものでしょう。有島武郎に『惜しみなく愛は奪う』という作品がありますが、恋愛とか夫婦愛とかと

いう異性間の愛情というものは、自分を相手に捧げるが、同時に相手を自分が全部奪いとる。そういう交換の上に成り立つものです。だからエロースは、自分を中心にして、自分にプラスになるもの、自分にとって価値があるものを愛するという、きわめて人間的な自我愛です。ところがいまひとつのアガペーとは、もっと高度な愛をいいます。これは神における愛であるといわれます。アガペーというのは、価値のないもの、自己に背くものに対して、自己を与えるという意思と行為をいいます。それは犠牲愛といわれるものです。『聖書』のヨハネ伝の一節には、

神は愛である。神はその一人子を世につかわし、彼によって私たちを生きるようにしてくださった（中略）ここに神の愛がある。

と記されてあります。キリスト教では、神が人間を創ったといいます。ところが、その神によって創られた人間の先祖である男女、アダムとエバは、神の戒めを破って禁断の木の実を食べた。神の教えに背いたわけです。それで神は怒って、アダムとエバをエデンの園からこの地上に追放した。そこから人類の歴史が始まったという。だから私たち全人類は、いちばんの始祖なる人間が神に背いたという、その根源的な罪を背負って生きているわけです。これがいわゆる原罪といわれるものです。三浦綾子さんに『氷点』という小説がありました。人間の心の底には、どこか凍りつくほどに冷たい何かがあるというところで、氷点という題がつけられたのでしょうか。そういう人間の根本的な我執というものを抉りだした見事な小説です。そういうものが原罪で、人間というものが、一人残らず誰もが宿している根源な罪だというわけです。親鸞聖人の場合も、人間とは、根本的に罪悪の存在であるといわれますが、そのことについては、生きとし生けるもの、一切の衆生一人ずつが、無始已来、初めがないその始めから、ずっとひとしく罪悪深重であるというのです。それは何かに対して犯した罪ではなくて、生命あるものが本来的に宿しているものだという考え方なのです。キリスト教では、人間は神によって創られたのだから、創られたその当

初には神と同じ存在だった。ところが神に背いたから罪が始まった。だから人間はひとしく罪無きところに帰るべきである。天国に帰ろう、というわけで、そのために、神が一人子のイエスキリストを遣わしたということです。自分に背いた人類のために、おのれの子を遣わしたのです。だからイエスは神の子です。処女マリアによって生まれたといわれるわけです。マリアは処女懐胎した。そうでないとイエスは人間の子になってしまいます。だから彼は神の子だというのです。そしてそのイエスキリストが、自ら十字架上で神に対して贖罪した。今までの全人類の罪を私が代わって償うから、どうぞ人間の罪を赦してくださいといったのです。だから私たちは、そのイエスをとおして神に赦されて、もう一度天国に帰っていくということなのです。かくして、ここに神の愛、アガペーが語られるわけで、その愛とは、自己に背くものに対する愛であって、それは自己犠牲愛、献身愛といわれるべきものです。とすると、そのようなキリスト教における神の愛、アガペーと、仏教における慈悲との違いは、どこにあるのでしょうか。それについてはいろいろと問題がありますが、きわめて明確なことは、神の愛というものは、自分に背いた者に対して、神が自己犠牲的に全部を投げだすというかたちにおいて愛するということです。だから神によって愛されるべき人間は、神とはまったく対立関係にあるのです。そのように自己に背いた相手を赦して救うというかたちの愛が、キリスト教で語る愛、アガペーです。ところが、仏教が語るところの仏の慈悲というものは、すでに上において見たように、仏と人間とは、敵対する、背反するものではありません。その慈とはマイトリー、深いつながりということ、悲とはカルナー、憐れむことで、相手の苦悩を同感同苦することを意味するわけで、もともとひとつのもの、お互いに深い繫がりがあるのだから、相手が苦しんでいたら、それを自分の苦しみとして、それを解決しようとして働きかけることをいうのです。だから、そこでは背反したとか、対立するとか、そういうことではなくて、仏と人間は、本来的に繫がっている。仏と人間は同根であり、ひとつなのだという論理をもっており、その上において相手の仕合わせのために尽す心をいうわけです。

この相違は、東洋文化と西洋文化の違い、あるいはまた、キリスト教と仏教の違いであるともいえます。それはまた二元論と一元論の違いです。西洋の文化、キリスト教の発想は、つねに二元論的です。神が人間を創造したわけです。だからそこでは、神と人間は、創造者と被創造者で明確に対立します。そして神は自己に背いた人間に対して愛を尽し、人間はその愛によって、赦されて神の国に至るというわけです。したがって、人間が神に救われて天国に至ったとしても、神になるわけではありません。神の下僕、しもべとなるだけです。それはどこまでも二元論的です。ところが仏教では、仏とは人間が仏に成ったというわけで、人間と仏とのあいだには、本質的な相違、対立を語ることはありません。仏とは、すべての人間のもっとも理想的な在り方について説いたものにほかならず、人間は誰でも、自分の心を育てていくならば、ひとしく仏に成ることができると説くわけです。その点、仏教においては、仏と人間のあいだには何らの対立もなく、根本的には通底しているのです。かくして仏教は、まさしく一元論的な立場に立つものです。東洋の論理と西洋の論理の根源的な違いがここにあると思います。今日では科学文明に象徴されるように、ヨーロッパ的、二元論的な発想が非常に強くなって、日本においても、東洋的、一元論的な考え方が薄くなっていますが、このことはたいへん重大な問題であろうと思うことです。仏教では縁起ということを説いて、彼あればこそ此があり、此があればこそ彼がありうるわけで、彼此といい、我他というものは、相互に相依的相関関係においてこそ存在しうるもので、相手、他者を倒して、自分だけが生き延びようという発想は、そもそも迷いの考え方だ、根本的な誤りだというのが仏教の立場なのです。相手が生きなければ自分の生き方も成り立たないのだという。自分と他者が相依して生きる、共生して生きる。ここにこそ、私たち人類の基本的な生き方があるといい、さらにはまた、人間はあらゆる動物とともに、また広くはあらゆる自然なる山川草木に至るまで、相互に相依し共生してこそ、私たち一人ひとりの生命はまっとうされるというのです。そしてそういう考え方は、仏教が説くところの智慧、そしてそれによって生まれる慈悲の思想にもとづくわけです。ただいまこの二十一世紀の最大の問題は、人間による環境汚染、地球破壊ということでしょう。企業の利益、国家の利益を最優先させつつ、天然資源を争奪し、それを利用できるだけ利用するという今日的な世界状況が続くかぎり、もはや人類と地球の未来はありえないのではありませんか。その点、東洋の論理、仏教が教えるところの一元論の叡智、人間も動物も植物も鉱物も、一切の存在に生命が宿り、それが相互に通底し、相依相関してこそ存在しうる。私たち人間の生命もまたそれらに支えられてこそ成り立っているということを、改めてよくよく学ぶべきではないでしょうか。そしてその叡智にもとづいて、私たちの欲望をできるかぎりコントロールしながら、すべての生命と共生する生き方を模索すべきであろうと思います。

三、三種の慈悲

そこで、次に仏教が説くところの三種の慈悲について話してみます。その三種の慈悲とは、衆生縁と法縁と無縁の慈悲です。このことは、もとは『大般涅槃経』に説かれるところであり、また龍樹菩薩はその『大智度論』において、詳細に解説しています。そしてまた、このことについては曇鸞大師も、『往生論註』において詳しく説明されておられて、親鸞聖人も、その文章を「真仏土巻」に引用されています。曇鸞大師は、その三種の慈悲について、また衆生縁の慈悲を小悲、法縁の慈悲を中悲、無縁の慈悲を大悲といわれます。大悲という言葉は、親鸞聖人の和讃や『正信偈』などにしばしば見られるところです。そこでその衆生縁の小悲というのは、世俗的な人間関係における共感と慈愛の働きかけのことで、この人間の世界において親や兄弟とか友達、先生などが、自分のすべてを投げだして相手を助けるとか、相手のために尽くすとかという行為、これが衆生縁です。そういうのは、より小さな慈悲だというわけで、小悲といいます。次の法縁の中悲とは、法すなわち道理を縁として成り立つところの慈悲で、諸法とは因縁和合して生起するものであって、本来は空であると観じることにより、執着を去って他者に何らかのものを施与し、奉仕することをいいます。龍樹菩薩によれば、これは阿羅漢の慈悲であるといいます。すなわち、小乗仏教における慈悲ということです。そして無縁の大悲というのは、一切の世俗的な限定を超越した、無限の拡がりにおける愛念と慈心の行為のことで、それはすなわち、諸法実相、一切皆空なることを観じる境地に立ち、すべてを平等に憐愍する心にもとづく働きかけをいい、それは諸仏のみにある慈悲をいいます。これこそが、仏教が説くところの仏の慈悲なのです。親鸞聖人が「如来大悲の恩徳」とか「大悲無倦常照我」とかいわれる大悲というのは、このことです。それは無縁、まったく縁がなくても、また逆に、自分に背くものであっても、同じように働きかけていくということにおいて、無縁といわれるわけです。

二　今生における慈悲

一、真宗における信心の性格

この三種の慈悲というのは、仏教一般でいうわけですが、親鸞聖人は、それを二種の慈悲だといわれます。すなわち、聖道の慈悲と浄土の慈悲です。こういう発想は、親鸞聖人が、まったく初めていわれたことで、ここには親鸞聖人の独自な慈悲観が見られます。そしてここでいう聖道、浄土とは、たんに聖道教と浄土教ということよりも、その聖道とは今生、現世を意味し、浄土とは当来、来世を意味していると理解すべきでしょう。そしてここでは、そういう聖道の慈悲、今生、現世での慈悲は、思うがごとくたすけとげられない。願いどおりには成就することがむつかしい。上に述べた三種の慈悲でいえば、小悲にあたるわけでしょう。この現世の慈悲は、必ず限界があるということです。それに対して、浄土の慈悲、当来、来世における慈悲は、末通る働きをもつものであって、それはこの世を超えたものとして働くわけで、ここにはじめて無縁の大悲の実践が成り立つのだ、というのです。だから浄土の慈悲とは、念仏していそぎ仏に成りて、思うがごとく衆生を利益することで、それは当来、来世、死後における、成仏にもとづく慈悲の活動のことで、親鸞聖人によれば、それを還相廻向といわれます。すなわち、真宗では、私たちが浄土に往生したら、仏と成ってこの世に再び還り来て、阿弥陀仏の無限の衆生救済の働きに参加するというのです。『正像末和讃』に「弥陀・観音・大勢至、大願のふねに乗じてぞ、生死のうみにうかみつつ、有情をよばふてのせたまふ」という和讃がありますが、浄土に往生したものは、ひとしくその阿弥陀仏の大願の船に乗って、それぞれが思うように衆生を救済できるというわけです。

ところで、この当来、来世における慈悲、還相廻向の問題については、また改めて後に至って述べることとして、ここではまず、今生における慈悲について、あれこれと話してみましょう。親鸞聖人が教示された真宗の信心とは、まったく一元的、主体的な「めざめ」体験のことです。それは決して、二元的、対象的に、私が遠い彼方にましま す阿弥陀仏に向かって、それを頼りとし、それに寄りかかるということではありません。「この如来微塵世界にみちみちたまへり、すなわち一切群生海の心なり」(『唯信鈔文意』)といわれるように、阿弥陀仏とは、私の心、その生命とともにましますわけで、仏を信心するとは、その私のうちに、私の煩悩、罪業とともにまします仏に、確かに確かに「めざめ」ていくことをいうのです。どうしたら、そのような「めざめ」体験が成立してくるのか、それは私たちが、日々心して念仏を申すこと、阿弥陀仏の名を呼びながら、その私が仏を呼ぶ声は、そのまま仏が私を呼ぶ声だと思い当っていくのです。私から仏に向かう私の称名念仏が、そのまま仏から私に向かう仏の称名念仏、仏の私に対する告名、名のりの声にほかならないと思い当たっていくのです。称名が聞名となるという体験、こういう「めざめ」体験を信心というのです。だから信心というのは、聴聞したところの真宗の理屈を頭で固めることではない、念仏を申しながら、腹の底から「ああそうだったのか」と思い当たることなのです。思い込むのではなく、思い当たるのです。そのことは、世俗的にいえば、親の恩は山よりも高い、海よりも深いという。誰でもそういう道理、先人の教えの言葉を知っている。その道理、その言葉が、私たちの日々の暮らしの中で、何かを縁として深く思い当たる。なるほどその通りだなと思い当たるときに、私たちは親の恩にめざめ、親の心をいただくわけです。いまの信心もまた同じことで、念仏と聞法を縁として、仏の心、仏の願いに思い当たる日暮らしを重ねていくことを、信心に生きるというのです。

二、信心とは菩提心

かくして、真宗における信心というのは、まったく一元的、主体的な「めざめ」体験のことです。ところが親鸞聖人は、この信心をきわめてしばしば菩提心といわれています。この菩提心とは、菩提の心、ボディーチッタ（bodhi-citta）。ボディーとは菩提、正しい「さとり」のことです。チッタとは心のことです。だから菩提心とは、「さとり」を求める心のことですが、親鸞聖人はそれは信心を意味するといわれます。「願力不思議の信心は、大菩提心なりければ」（『浄土和讃』）とか、「大菩提心即ち是れ真実信心」（『浄土文類聚鈔』）とか、いろいろといわれるところです。しかしながら、菩提心と信心とは、その内実においては明らかに相違するもので、ただちに同一だとはいいえません。それなのに、どうして親鸞聖人は、信心とは菩提心のことであるとおっしゃったのか。実は、法然上人の専修念仏の主張に対して、その当時、それを徹底的に批判をした人がありました。華厳宗の高僧、京都栂《とが》尾《のお》の高山寺《こうざんじ》の明恵《みょうえ》上人です。その生涯をかけて厳しい修行をした人です。その彼が、法然上人が亡くなったのちに出版された、その『選択本願念仏集』を読むのですが、そこにはとんでもないことが書かれているというので徹底的に批判をしました。それが『摧邪輪』という書物です。この『摧邪輪』の冒頭に、明恵はこういうことを書いています。法然という僧は、非常にわかりやすい仏法を説いて、新しい仏教を開説した。この乱世の都で、たくさんの民衆が彼を慕って集まった。非常に偉い僧であると私は心から尊敬していた。しかるに今、その法然が書いた『選択本願念仏集』という書物を読んだが、まことにあるべからざることに、仏教を間違って理解している。それについては、どうにも我慢ができない。そこで私は、これを徹底的に批判するものであるというのです。それが『摧邪輪』という書物です。そしてその翌年には、続いて『摧邪輪荘厳記』という書をもう一冊著わしています。その明恵上人が、法然上人の念仏の教えを徹底的に批判したことの中心は、その第一は、法然上人は菩提心を撥去するの過失を冒しているということです。法然上人は、菩提心は不要だといっているという非難です。菩提心とは仏になろうと願う心です。たいていの皆さんならご存じのはずの、「願以此功徳、平等施一切、同発菩提心、往生安楽国」という廻向句には、同じく菩提心をおこして安楽国に往生せんといいます。あの菩提心のことです。それについて、そんなものは不要だ、念仏だけでいいというのが、法然上人の専修念仏の主張です。法然上人によれば、菩提心は念仏の中に入っていると、こういういい方をしているのです。けれども、またどこか別のところでは、菩提心についても語っているわけです。まあそのことでは、法然上人もいささか不徹底で、ちょっと問題があるのですが、そこのところを明恵はきちっと突いているわけです。菩提心を撥無し不要であるといって、それで仏道が成り立つかというわけです。これはまことに厳しい批判です。仏に成りたいという心、「さとり」をえようという心をもたずして仏道が成り立つか、そんな道理があるかと、こういうわけです。これは何としても反駁の余地のないところです。菩提心ということは、法然上人がいちばん慕っておられた善導大師も、しばしば語っておられます。先ほどの「願以此功徳、平等施一切、同発菩提心、往生安楽国」という文は、善導大師の言葉です。また『無量寿経』にも、しばしば菩提心のことが説かれています。それを不要だなどと、どうしていいうるかと明恵はいうわけです。まあ、法然上人としては、念仏に何もかも揃っていると、こういい切られたわけですが、いささか言葉が過ぎたとも思われます。これを明恵上人は非常に厳しく批判した。そして、この『摧邪輪』は、仏教界に広く伝っていきました。そうすると、法然は仏法が分かっていないのだ。菩提心なくして仏に成れるはずがない。仏道が成り立つはずがないではないか、ということになります。これはまことにそのとおりで、経典に書いてあるということを否定したのでは仏法は成立しません。それで法然上人の門下の人々は、ことにこの批判をめぐって、充分に弁護せざるをえなくなったわけです。

そこで親鸞聖人の『教行証文類』六巻の書物も、ある意味では、この明恵の批判に対する弁護の書であるといってもいいと思われます。それほどに親鸞聖人は、この問題をめぐって深く考察されたのです。そして親鸞聖人は、その菩提心とは信心のことである、という独特の理解を展開されます。その点、法然上人は、念仏の仏道には信心は必須条件だといわれているわけですから、信心が菩提心であるとするならば、明恵上人が菩提心を否定しては仏道は成立しないという批判は、見事に回避されることとなります。法然門下でも、他の弟子たちは、やはり仏道には菩提心が必要であるといって、法然上人の誤謬を認めました。いわば『選択本願念仏集』の論理、主張を修正したわけです。けれども親鸞聖人は修正されませんでした。法然上人は、念仏の道には信心が大切なのだといっておられるではないか。この信心が菩提心のことなのだと、スラリといい切られるわけです。このへんに親鸞聖人独特の信心をめぐる理解があります。しかもまた、親鸞聖人は、この菩提心というのは、「願作仏心、度衆生心」のことだといわれます。この「願作仏心、度衆生心」ということを、最初にいわれたのは、中国の曇鸞大師なのです。その『往生論註』に、「この無上菩提心は、すなわちこれ願作仏心なり、願作仏心はすなわちこれ度衆生心なり」と明かされています。これをうけて親鸞聖人は、その『教行証文類』の「信巻」に、

真実信心すなわち金剛心なり。金剛心すなわちこれ願作仏心なり、願作仏心すなわちこれ度衆生心なり、度衆生心すなわちこれ衆生を摂取して安楽浄土に生ぜしむる心なり、この心すなわちこれ大菩提心なり。

と明かされています。そしてまた、『正像末和讃』にも、

浄土の大菩提心は　願作仏心をすすめしむ
すなわち願作仏心を　度衆生心となづけたり

などと讃じておられます。ここでいう願作仏心とは、願作仏の心。自分が仏にならんと願う心のことです。それを親鸞聖人は、この和讃の左訓に、「弥陀の悲願をふかく信じて仏に成らんと願う心」だと記しておられます。つまり自己成仏を願う心です。それから、度衆生心とは、度衆生の心。衆生を救おうとする心です。その左訓では、「よろづの有情を仏に作さんと思う心」と明かされています。つまり他者作仏、他人を仏にすることを願う心です。すなわち、個人の成就と社会の成就の願いです。この二つの願心が一つになって成り立つのが菩提心、信心であると、親鸞聖人は何度もおっしゃっています。すなわち、親鸞聖人は、この明恵上人の法然批判を縁として、真宗信心とは菩提心のことであり、その故にそれはまた、自己成仏とともに、他者成仏を願う心のことであるという、まったく新しい解釈をされたわけです。

三、信心の利他性

そしてまた親鸞聖人は、その『唯信鈔文意』に、「この願作仏心はすなわち度衆生心なり、この度衆生心とまふすは、すなわち衆生をして生死の大海をわたすこころなり。この信楽は衆生をして無上涅槃にいたらしむる心なり、この心すなわち大菩提心なり」とも明かされます。真宗の信心、菩提心とは、衆生をして仏果、「さとり」に至らしむる心であるといわれるのです。信心には、衆生救済という利他の心がこもっているというわけです。しかもまた、親鸞聖人はその「信巻」の欲生釈において、この欲生釈とは、本願文に、真実の信心を明かすについて、「至心、信楽、欲生」という言葉がでてきます。これは親鸞聖人によると「本願の三信心」(『唯信鈔文意』)といわれるものです。その中の欲生、浄土に生まれたいと願う心を説明する文章が欲生釈ですが、そこに曇鸞大師の『往生論註』の往相還相の二種廻向の文を引用されます。ここでいう往相とは、私が浄土に往生していくことをいい、還相とは、その浄土に往生した私が、この現実世界に還ってきて、多くの人々に働きかけながら、人々を浄土に導き、仏にまで育てることをいいます。すなわち、真宗における仏道が、自利と利他の実践であることを明かすものです。ところが、親鸞聖人は、この信心の中の欲生の心を明かすについて、何ゆえに、このような往相還相の二種廻向の文を引かれるのでしょうか。それはすなわち、浄土に向かう欲生、願生の心には、その必然として、その自利に対する利他の実践として、多くの人々に仏法を伝えて、ともに仏道を進もうという、深い願いの心を宿していることを明かそうとされた、ということを意味しているとうかがわれます。すなわち、まことの信心、浄土に往生したいと思う心には、必ず他の人々に働きかけて、ともに浄土に往生したいという、利他の心がともなうものであるというわけです。

しかしながら、従来の伝統教学では、真宗の信心が菩提心であるということ、すなわち、真実信心とは、願作仏心、度衆生心であって、そこには利他の心、他者に対する働きの心がともなうことをいいません。このことは、今日の布教、伝道でもまったく語りません。そのことは近世、江戸時代からそうです。このあたりに、真宗信心が社会性をまったくもってこなかった、一番の原因があると思います。従来から「往生は一人のしのぎ」（『蓮如上人御一代記聞書』）であるといった蓮如の言葉を引用しながら、真宗では自分だけが往生したらそれでいい、他人には関係ないと長い間いってきたのです。しかしながら、そんなことを仏教も真宗も教えてはいません。「願以此功徳、平等施一切、同発菩提心、往生安楽国」、「願くはこの功徳をもって平等に一切に施し、同じく菩提心をおこして安楽国に往生せん」（「玄義分」）と説かれるところです。

親鸞聖人は、信心の人について、

まことの信心をえたるひとは、すでに仏になりたまふべき御身となりておはします。（『末燈鈔』）

念仏を信ずるは、すなわちすでに智慧をえて、仏になるべきみとなる。（『弥陀如来名号徳』）

などといって、「仏に成るべき身と成る」と、しばしばいわれます。聖道教でないから「仏に成る」とはいわれません。私たちは、この肉体をもっているかぎり、いかに信心を深く生きるとも、この世では仏に成れません。「仏になるべき身と成る」のです。そしてまた、親鸞聖人は、信心の人を、「如来と等しき人」（『末燈鈔』その他）、「必定菩薩」（『愚禿鈔』）ともいわれています。信心の人は、如来、仏ではないが、それに等しい人だといわれる。また必定というのは、必ず定まるということで、仏になることに決定した菩薩であるというわけです。菩薩とは、自分が仏になると同時に、他の人々をして仏に育てるために実践する者で、自利利他の実践者をいいます。そのことは、すでに上に見たように、願作仏心と度衆生心の願心をもって生きるということでもあります。すなわち、自己成仏と他者作仏、自分自身がその仏道において成長していくとともに、世の人々に働きかけて、他者の成長のために尽していくということです。かつてのアジア・太平洋戦争中には、真宗教団は、戦争に参加する兵士は、すべて菩薩行を行ずる人である。だから兵士は菩薩である。したがって戦死したものは、みんな浄土に生まれる、といいました。とんでもないことです。いかなる戦争も罪悪です。そんな殺人の行為をするものを、どうして菩薩といいえましょうか。本来のところで、きちんといわなくてはなりません。親鸞聖人は、その『正像末和讃』に、真宗念仏者の生き方を教示して、

南無阿弥陀仏をとけるには　　衆善海水のごとくなり
かの清浄の善身にえたり　　ひとしく衆生に廻向せん

と明かされていますが、この「衆生に廻向せん」というところに、左訓で「名号の功徳善根をよろづの衆生にあたうべしとなり」と記しておられます。念仏を喜ぶ者は、その喜びを他者に分かち与えて、他者の仕合わせ、その成長のために、少しでも役に立てということです。

このような信心の利他性について、親鸞聖人がことさらに強調されたことは、常行大悲の益ということです。その「信巻」に、信心の人には現生に十種の利益がめぐまれるということが明かされています。その中の第九番目に、常行大悲の益ということが説かれています。この大悲とは、上に見たところの無縁の大悲のことです。信心の人は、常にそういう大悲を行ずるという利益を身にうるというのです。だから、大悲というのは仏だけではなくて、私たちも行じうるということです。そのことは、道綽禅師の『安楽集』の、

『大悲経』に云はく、いかんが名づけて大悲とする。若し専ら念仏相続して断えざれば、その命終に随って定んで安楽に生ぜん。若し能く展転して相勧めて念仏を行ぜしむる者は、此れらを悉く大悲を行ずる人と名づく。

という文に拠っていると思われ、この文は同じ「信巻」に引用されるところです。親鸞聖人はこのように、信心に

生きるものには、他の人々に、仏法を伝えて念仏を行じさせる働きが生まれ、そのことは大悲を行ずることであり、そのことは、他者のために尽くす菩薩の働きを意味する、といわれるわけです。ところが今日の伝統教学では、あえてこういう教言を無視します。それは信心の利益としての正定聚、不退転地とは密益であると理解するからです。この顕益と密益という考え方は比叡山の教学からでてくるのですが、密益とは、その利益の相が表へでないということ、顕益とはそれが表へでるという意味です。いまの信心の利益に関していえば、存覚や蓮如の理解では密益であるというのです。かくしてこの常行大悲の益についても、何も表相にでるものはない。ただ、そういう意味、法徳があるだけだというのです。しかしながら、上に見た「かの清浄の善、身にえたり、ひとしく衆生に廻向せん」という和讃の文と、その左訓の「名号の功徳善根をよろづの衆生にあたうべしとなり」という文は、明らかに顕益について語ったものです。廻向ということは、仏についていい、私たち人間についてはいわないという人がいますが、そんなことはない。ちゃんとここに書いてあるとおり、親鸞聖人が、明確に私たち人間についてもいっておられるのです。私たちが他者のために働きかけることを廻向という。それは明らかに顕益です。私たちが学生の頃、ある龍谷大学の真宗学の教授が、いつもいつも、真宗における救いというものは、ちょうど土曜日みたいなものだといっていました。土曜日がくると、あくる日の日曜日はのんびりできると思ってホッとするだろう。信心というのは、ちょうどそのようなものだ。この現実の人生生活がどれほど苦しくても、悲しくても、死んだら浄土に往生して仕合わせになれると思ったら慰められ、心が安らかになる。それが信心の利益、それが真宗の救いだというわけです。私たち学生は、その講義を、「土曜日の真宗」と揶揄していましたがね。これが今日の伝統教学の現実です。信心の利益というものは、何にも表相にはでないという。すべて密益だという。もしそうだとしたら、親鸞聖人が、何ゆえにわざわざ常行大悲の益ということをいわれたのか。

親鸞聖人の奥様の恵信尼の手紙を集めた『恵信尼文書』に、親鸞聖人が関東に旅されたとき、衆生利益のために『浄土三部経』を千部読もうとされたということが書かれています。詳しいことは分からないのですが、上野の国と武蔵の国の国境付近、今日の群馬県邑楽郡の佐貫というところのことだったらしいのです。いまそこに行ってみると、広々とした関東平野の水田が広がっています。しかし、そこでは利根川が平地よりも高いところを流れています。いわゆる天井川です。川の土手を登ってみると、高みに川が流れている。もしも土手が切れたら大洪水になります。いまは立派な治水工事が施されていますが、昔はいろいろとたいへんであったろうと思われます。京都にもそういう地域があります。川が高いところにあって、田圃や家屋が低地にあるのですから、大雨が降って氾濫したらたいへんな惨害です。私も若い時、戦後時代に高校の教員をしていたころに、京都の農村地帯でそういう大洪水が発生して、生徒さんたちの家屋が流されたり、浸水したりしたのを見舞った経験がありますが、本当にひどいことでした。そういうことが、この時代、この佐貫という在所でも、しばしばあったのだろうと思います。親鸞聖人は、ここで、「げにげにしく三部経を千部よみて衆生利益のためにとてよみはじめてありしを」と『恵信尼消息』にありますから、親鸞聖人は、そういう大洪水か、何かの災害によって、塗炭の苦しみに喘いでいる民衆のために、衆生の利益のためにということで、もっともらしく『浄土三部経』を読んだというのです。ところが、こんなことをするのは真宗の教えに背いていると思いとって、その読経をやめたという話なのです。たぶん手の施しようのないような大災害だったのでしょう。その惨状を眼にされた親鸞聖人は、何とかしよう、何とかしなければならないと思って、咄嗟にかつての比叡山時代の慣例にしたがって、経典千部の読誦を思い立たれたのでしょう。そのことは中止されましたが、ここには親鸞聖人の、民衆の苦悩に共感された熱い思いが読みとれるところです。

次に、これはまた別の話ですが、親鸞聖人が、性信房という、もっとも信頼されていた関東の門弟にだされた手紙の一節に、こういうくだりがあります。

わが身の往生一定とおぼしめさんひとは、仏の御恩をおぼしめさんに、御報恩のために御念仏こころにいれてまふして、世のなか安穏なれ、仏法ひろまれとおぼしめすべしとぞ、おぼえさふらふ。

このすぐ前に、「往生を不定におぼしめさんひとは」自分自身について往生がはっきりしない人は、「まづわが身の往生をおぼしめして、御念仏さふらふべし」、何はさておいても念仏を申せよとあります。そして、自分自身の往生が決まった者は、「仏の御恩をおぼしめさんに、御報恩のために御念仏こころにいれてまふして、世の中安穏なれ、仏法ひろまれとおぼしめすべし」、ただ念仏のみぞまことという立場に立って、世の中が平和であるように、仏法がひろまるように力を尽しなさいといわれるわけです。これが報恩行です。称名念仏すれば報恩行になるというようなものではありません。どうしてそんなものが報恩の行になるでしょうか。「恩徳讃」に、「身を粉にしても報ずべし」、「骨を砕きても謝すべし」といわれるではありませんか。もしも称名が報恩行ならば、こんな和讃が生まれるはずがありません。念仏しながら、自分自身の力を尽して精一杯に、世の中のため、仏法のために尽すことを、報恩行というのです。親鸞聖人は、このような民衆に対する利他行をめぐっては、社会的、経済的、政治的な側面についても、いろいろと深い配慮をもっておられたと考えられますが、そのことについてはまた別のところで話しましょう。

四、今生における利他の限界

親鸞聖人には、そういう常行大悲の行、衆生利益の働きかけについて、晩年には、次のような和讃を作られています。

如来の廻向に帰入して　　願作仏心をうるひとは
自力の廻向をすてはてて　　利益有情はきはもなし（『正像末和讃』）

如来の本願に帰入して信心を生きる人が、他の人々に念仏を伝えて利益することは際もない、いくらでもできる、という喜びの讃歌です。この和讃は、八十五歳頃の作品と思われますが、ここには衆生利益をめぐる確かな自信が表白されています。しかしながら、親鸞聖人には、この衆生利益をめぐって、その限界性を自覚し、それについての挫折を表白した和讃があります。次の和讃がそれです。

小慈小悲もなきに身にて　　有情利益はおもふまじ
如来の願船いまさずば　　苦海をいかでかわたるべき（『愚禿悲嘆述懐』）

ここでは、小慈小悲もない私のようなものには、有情利益などということは、とてもできるものではないといって、その限界を告白されておられる。片方では、「利益有情はきはもなし」といっている。この和讃の制作年代は、はっきりとは分かりませんが、およそ親鸞聖人八十六歳頃かと思われます。そうすると、上の和讃とは一年の差があるということです。これは私の思いなのですが、この衆生利益の実践をめぐっては、親鸞聖人においては自信と挫折という、心の揺れをみることができるように思われます。念仏の布教が非常にうまくいって、念仏がひろまった。親鸞聖人は、ああよかったなとばかりに、「有情利益はきはもなし」と歌いあげてみたが、また別の状況の中では、布教が思うように進まず、深い挫折観を味わわざるをえなかった。それが「有情利益はおもふまじ」という告白でしょう。このことは、もう衆生利益はやめる、断念したということではないでしょう。ここには親鸞聖人の有情利益をめぐる熱い思念があったと思われます。親鸞聖人の還相廻向という思想は、このような限界の自覚を媒介として、いっそう豊かに培われてきたのだと思います。衆生利益、人々に念仏の法義を伝えるためにいろいろと働きかけてみる、しかし、何度やってみても思うようにならない。どうしたらいいのだろうかということです。ここから当来、死後の活動、還相廻向の思想が語られざるをえなかったのでしょう。ここには前に話した善鸞事件も深く絡んでいたのではなかろうかと思うことです。

三　当来における慈悲

一、真宗教義の綱格

ここで還相廻向ということがでてきましたので、そのことをめぐって少々解説します。親鸞聖人は、その『教行証文類』の最初の「教巻」の冒頭において、真宗の教義の綱格を示して、

謹んで浄土真宗を按ずるに二種の廻向あり、一には往相、二には還相なり。

と明かされます。真宗の教えというものは、往相廻向と還相廻向の二種の仏道によって成り立つというわけです。そしてその往相廻向とは、私が浄土に往生して仏の「さとり」をひらいていく道をいい、還相廻向とは、私が浄土で仏の「さとり」をひらいたら、この現実世界に還来して、多くの人々に仏法を伝えて、浄土に往生せしめるという働きかけをしていく道をいいます。そしてその往相廻向について、教、行、信、証があるといいます。すなわち、阿弥陀仏の教えを学び（教）、日々に称名念仏を申しつつ（行）、やがて私が仏の生命の中に包まれており、仏が私の生命の中に宿っていることにめざめることにより（信）、すでに今生において仏の生命を生き、当来、死後には、浄土に往って仏の「さとり」をひらく（証）という仏道です。そしてその浄土に往き、仏の「さとり」をひらくことによってえられる利益を、還相廻向というわけです。かくして真宗の教えとは、私が浄土に往って仏に成る自利

の道と、浄土で仏に成ったものが、この世界に還ってきて、人々を救うという利他の道の、往と還、自利と利他の二種の仏道を説くわけです。ところで、このような往相と還相、自利と利他の道は、大乗仏教の仏道における自利と利他の構造にもとづくものですが、より具体的には、天親菩薩がその『浄土論』において、廻向を解釈するについて、入の廻向門と出の廻向門を明かすところにも見られるものです。その入の廻向門とは、浄土に往生するための行業としての、衆生に対する利他なる廻向行をいい、出の廻向門とは、浄土に往生した者が、自分が成仏得証するための行業としての、衆生に対する利他なる廻向行をいうわけです。そしてそのような思想を継承発展させたのが曇鸞大師です。曇鸞大師はその『往生論註』において、その廻向について、往相廻向と還相廻向の二種の廻向を語り、その往相廻向とは、現生における、私が浄土に往生するための行業としての、他者に対する善根の廻向をいい、その還相廻向とは、当来、浄土における、私が成仏するための行業としての、他者に対する善根の廻向をいうわけです。上に見たところの、真宗の教義の綱格としての、往相還相の二種の廻向は、このような天親菩薩と曇鸞大師の思想を継承したものですが、ただ注意すべきことは、曇鸞大師における往相廻向と還相廻向という場合の廻向は、いずれも私が他者に対して善根を廻向することですが、親鸞聖人がいわれる、真宗の仏道としての往相廻向と還相廻向の場合の廻向とは、いずれも阿弥陀仏の私たちに対する働きかけ、仏力廻向ということです。その点は充分に注意して理解すべきです。

ただし、親鸞聖人は、他面においては、私自身を主語とする衆生廻向を、現生における信心の利益としての廻向と、当来、浄土における仏果の利益としての廻向を語られます。その現生における信心の利益としての衆生に対する廻向としては、

南無阿弥陀仏をとなふれば　　衆善海水のごとくなり

かの清浄の善みにえたり　　ひとしく衆生に廻向せん（『正像末和讃』）

一念のほかにあまるところの念仏は、十方の衆生に廻向すべしとさふらふも、さるべきことにてさふらふべし。なをなを一念のほかにあまるところの御念仏を法界衆生に廻向すとさふらふは、釈迦、弥陀如来の御恩を報じまいらせんとて、十方衆生に廻向せられさふらふらんは、さるべくもさふらへ。（『親鸞聖人御消息集』）

などという文に見られるところです。なおここでいう「さるべき」とは、「もっともなこと」、「賛成できる」ということです。そしてまた、その当来における仏果の利益としての衆生に対する廻向としては、

願土にいたればすみやかに　　無上涅槃を証してぞ
すなはち大悲をおこすなり　　これを廻向となづけたり（『高僧和讃』）

安楽浄土にいたるひと　　五濁悪世にかへりては
釈迦牟尼仏のごとくにて　　利益衆生はきはもなし（『浄土和讃』）

などと明かされるところです。その点、親鸞聖人は、真宗教義の綱格としての、二種廻向、往相廻向と還相廻向については、その廻向とは、ひとえに阿弥陀仏を主語とする廻向として理解されていますが、また他面においては、曇鸞大師の思想をうけて、私自身を主語とするところの、現生における衆生に対する廻向と、当来における衆生に対する廻向も認められていたわけで、そのことについては充分に注意すべきでしょう。

二、浄土往生の意義

そこで次に、当来における衆生に対する廻向、すなわち、還相廻向について述べますが、その前提として、浄土往生の意味、私たちは何ゆえに死後において、浄土に往生するのか、ということをめぐって、いささか考えてみま

しょう。親鸞聖人は、その『唯信鈔文意』に、

信心をうればすなわち往生すといふ。すなわち往生すといふは不退転に住するをいふ。不退転に住すといふは、すなわち正定聚のくらいにさだまるとのたまふ御のりなり。これを即得往生とはまふすなり。

と明かされています。この文は、まことの信心を開発したものは、そのまま不退転地に至り、正定聚の位に定まるわけで、そのことを経典では即得往生をうると説かれている、ということを教示したものです。このような文章はそのほかにも見られます。かくして、真宗では、往生ということは、基本的にはこの世、今生でいうのです。信心をえて、仏になることが決まった者を、すでに往生をえた者だというわけです。このことを、親鸞聖人は、「即得往生」と明かし、あるいはまた、「必得往生」とか「摂得往生」とおっしゃるのです。この現生における往生をめぐっては、また改めてお話しましょう。ともあれ、親鸞聖人は、信心の人の往生については、この現生における往生と、死後、当来における往生を語られます。その現生における往生を「即得往生」などといい、死後、当来における往生を「難思議往生」といわれます。真宗では、往生ということを、今生でもいうが死後、当来でもいうのです。今生においてすでに往生をえているからこそ、いかなる死にざまをして死のうとも、死んでさらに何かをプラスすることなく、死んだらそのまま往生をうるというのです。そのことは、すでにこの世で、決着がついているから、すでに往生しているからこそ、そういいうるのです。そうすると、真宗の教義からすると、この信心の獲得、その開発のところで、真宗における仏道は、すべてが完結しているわけで、私が仏の「さとり」をひらくについては、この信心のほかに、何かをさらに加える必要はまったくないのです。とすれば、親鸞聖人はどうして今生で成仏を語られなかったか。それについては親鸞聖人は、徹底して人間における肉体性にこだわられたからです。この肉体をもっているかぎり、そこには根源的な生命的欲求としての我執、煩悩が存在しています。聖道教では、たと

えば真言宗の弘法大師が即身成仏を主張し、曹洞宗の道元禅師が身心脱落を語ったように、この肉体を保持したままでの成仏を認めるわけですが、親鸞聖人は、どこまでも肉体にこだわられたところ、この現身における成仏ということは語られませんでした。そこで親鸞聖人は、信心の人を、「仏に成るべき身と成った人」といい、また「如来と等しき人」といわれるわけです。決して仏に成ったとはいわれませんし、また如来ともいわれませんでした。どこでも、「仏に成るべき身と成った人」、「如来と等しい人」といわれます。親鸞聖人は、そういうことをしばしば語られているのです。そこのことは、古くから釈尊の「さとり」、涅槃をめぐって、有余涅槃と無余涅槃ということを語るところに、学ばれたものと思われます。この有余、無余とは、有余とは、未完ということで、肉体上の束縛、煩悩が残っていることをいい、無余とは、完成を意味して、一切の煩悩の束縛を離れることをいいます。すなわち、釈尊における生前の「さとり」を有余涅槃といい、滅後の「さとり」を無余涅槃といったのです。親鸞聖人は、この用語を「化身土巻」において使用されていますから、そのような仏教伝統の発想は充分承知されていたと思われます。かくして親鸞聖人が、往生をめぐって、現生の往生と当来の往生を語り、また仏に成るべき身に成ると成仏とを区分し、また如来と等しき人と如来とを区別されたのは、このような有余涅槃と無余涅槃という思想にもとづかれたものと思われます。

このように、親鸞聖人は、その往生と成仏の意味を、現生と当来に区別されましたが、そのことは、その往生や成仏を、現生と当来に二分割したということでありません。そうではなくて、その往生も成仏も、基本的には、この現生においてすでに成就しているということでした。親鸞聖人は、信心の人においては、すでにその救済が完結しているということを明かして、

必ず無上浄信の暁に至れば三有生死の雲晴る。清浄無礙の光耀朗かにして一如法界の真身顕る。(『浄土文類聚

鈔』）

金剛堅固の信心の　　さだまるときをまちえてぞ
弥陀の心光摂護して　ながく生死をへだてける（『高僧和讃』）

信心をえたる人おば、無礙光仏の心光つねにてらしまもりたまふゆえに、無明のやみはれ生死のながきよすでにあかつきになりぬとしるべしと也。（『尊号真像銘文』）

などと教示されるところです。信心を開発するならば、すでに三有生死の雲が晴れ、無明の闇が晴れ、生死の夜が明けるのです。親鸞聖人はまた、

念仏衆生は横超の金剛心を窮るが故に、臨終一念の夕大般涅槃を超証す。（「信巻」）

とも明かされます。ここでいう一念は、非常に短い時間を指します。だから、死んだら、肉体を捨てたら、そのまま、大般涅槃、究極の仏の「さとり」をうるというのです。そうすると、死んでなお、何かを加えて「さとり」を開くのではないのです。もう仏になるべき身に成っているのですから、あとは肉体がなくなれば、それで決着がつくのです。死ぬるを待つばかりということです。妙好人の浅原才市さんの歌に、

わたしや臨終すんで、葬式すんで、浄土に心すませてもろて、南無阿弥陀仏と浮き世におるよ。
才市や、どこに寝ておる、おるか。娑婆の浄土に寝ておるよ。おこされて参る、弥陀の浄土に。

というものがありますが、真宗信心の人は、もう浄土に往生しなくてもよいわけです。今生において、すべてが完結しているのです。しかしながら、真宗の教義において、信心の人が、死後に浄土に往生するとは、いかなる理由で語られるのでしょうか。そのことは、上に述べたところの、有余涅槃と無余涅槃の発想に重なるわけで、今生における往生においては、なお肉体、煩悩をもったままでしかないが、当来、死後における往生こそが、まさしく往

生即成仏としての、仏道の究極的な成就となるからです。

そしてまたいま一つ、親鸞聖人が、すでに現生における即得往生を語りながら、なおまた当来、死後の浄土往生、難思議往生を語らざるをえなかったのは、その浄土往生にともなう仏果をうることによる、衆生救済を実践するためであったわけです。今生における信心の利益にもとづく常行大悲の働き、度衆生心にもとづく衆生利益には、さまざまな限界があるところ、浄土に至って仏の「さとり」をうるならば、「このさとりをうれば、すなはち大慈大悲きはまりて、生死海にかへりいりてよろづの有情をたすくる」（『唯信鈔文意』）ことができるのです。インドの無着菩薩とその弟の天親菩薩が著した、『摂大乗論』と『摂大乗論釈』（真諦訳）によりますと、仏の「さとり」、涅槃、浄土とは、「般若によるがゆえに生死に住せず、慈悲によるがゆえに涅槃に住せず」といい、「すなわちこれ無住処涅槃なり」と明かしています。仏の「さとり」とは、生死のまよいの中にも住しないが、また「さとり」の中にも住しないで、無住処、住するところがない存在だというわけです。ということは、仏の「さとり」とは、定住するところなく、つねにあらゆるところに到来しつつあるということでしょう。浄土に往生して、まことの仏の「さとり」をひらいたものは、「慈悲によるがゆえに涅槃に住せず」というわけで、この迷界にただちに還来して衆生救済の活動を始めるのです。すなわち、浄土に難思議往生したものは、ただちにこの世界に還ってきて、改めてまことの大悲を行ずるのです。かくして、私たちが浄土に往生するということは、私自身のために往生するのではなくて、ひとえに他者を救済するために往生するのです。いまこの第四条において、「念仏していそぎ仏になりて、大慈大悲心をもて、おもふがごとく衆生を利益する」といわれるところです。その意味では、浄土には誰もいないわけで、浄土とは、まったく無人の世界であるといわざるをえないわけです。

三、還相廻向の思想

すでに上において述べたように、真宗の教義は、仏の「さとり」、浄土をめざして歩む往相の道と、その仏の「さとり」をひらき、浄土に至ったものが、その必然として、再びこの現実の世界に還来して、人々をして仏道に導き、仏の「さとり」をえしめるという還相の道の、往還二種の道を説くものです。そしてこの往相と還相の二種の道は、すべて阿弥陀仏の本願力にもとづいてこそよく成立するというものでした。世界にはさまざまな宗教が存在しますが、その死後において、救済をえた者が、いまだ救済をえない者のために、さらにこの現実世界に立ち返って、働きかけるということを説くという宗教は、この真宗のほかには存知しません。また仏教の各宗派においても、その成仏道において自利利他は説くとしても、この真宗教義のような、死後、当来における還相廻向としての、他者救済、衆生利益の実践を教示するところはありません。このことは真宗の独自なる教義として、よくよく領解されるべきことです。そしてこのことは、親鸞聖人が、いかに自己の成仏に即する他者の成仏、個人の成仏に即する全体の成仏、個人の成就に即する社会全体の成就ということを、熱願されていたかを知ることができるわけで、真宗信心とは、人間一人ひとりの成仏、成就を志向しながらも、また同時に、つねに人間全体、社会全体の成仏、成就を志向するものであることを、充分に認識すべきであり、またここにこそ、浄土真宗の基本の立場があることを銘記すべきです。

そして親鸞聖人によれば、このような還相廻向の実践は、阿弥陀仏の本願の中の第二十二願文にもとづき、その願力に支持されてこそ成り立つものであるといわれます。この第二十二願文の意趣は、浄土に往生して仏の「さとり」をひらく者は、十方世界に向かって、衆生救済の働きかけを実践することができる、というもので、親鸞聖人は、この第二十二願を「大慈大悲の願」とも名づけ、その願の意趣については、「弘誓の功徳をもって、自ら荘厳し、あまねく一切衆生を度脱せんと欲す」(『浄土文類聚鈔』)るところの願であると明かされています。そしてまた、その具体的な働きの内実については、

願土にいたればすみやかに　無上涅槃を証してぞ
すなはち大悲をおこすなり　これを廻向となづけたり（『高僧和讃』）
安楽浄土にいたるひと　五濁悪世にかへりては
釈迦牟尼仏のごとくにて　利益衆生はきはもなし（『浄土和讃』）

などと明かされるところです。浄土からこの現実世界に還来して、あたかも釈尊のように、人々を仏道に誘引し、仏の「さとり」までに育成するというのです。

ところで、このような親鸞聖人における還相廻向の教示は、たんなる死後の利益として観念的世界の中で語られたものではなく、それはすでに上において見たように、当来における成仏得証、その「さとり」の必然の結果として、生起してくるところの出来事だということです。そしてまた、親鸞聖人において、このような還相廻向の教義が強調されたのは、すでに上においていろいろと述べたように、この現生における念仏者の生き方としての、真実信心がもつところの必然の行動としての、常行大悲の実践、度衆生心の実践、という衆生利益の働きかけをめぐる限界と挫折、そしてそれをめぐる深い悲歎という心情にもとづくものであったと考えられます。そしてそのような現生における信心にこめられた衆生利益に対する熱い志願、信心の社会的実践の願望、そういうものの果てることのない延長として思念されたものが、この還相廻向の思想であったと思うことです。その点、親鸞聖人における還相廻向とは、たんなる当来、死後の問題ではなくて、この現生における真実信心の内実として、そこに宿されているところの常行大悲の益と度衆生心なる、衆生利益の無限の志願を、よく象徴するものであるというべきでしょう。

なおまた、今日では、この還相廻向の教示を、信心の現実生活の相状として理解する人があります。しかしながら、親鸞聖人においては、この還相廻向については、その「証巻」において、当来、来世の証果の内容として解説されたものであり、また上に引用した和讃にも、「願土にいたれば」とか「安楽浄土にいたるひと」と語るところであって、それを現生に引きよせて理解するのは無理でしょう。現生における信心の社会性をめぐっては、その信心に必然するところの常行大悲の実践、度衆生心の実践、という衆生利益の問題について注目すべきであろうと思います。なおまた、このような浄土から還来した還相廻向の人は、この現実世界の中のどこにいるかという問題については、私たちの煩悩の眼をもってしては、確かに分かるはずはありません。しかしながら、真剣に仏道を求めていくならば、その還相廻向の人によって育てられたところの、まことの信心の人には出遇うことができるでしょう。あるいはまた、ほのかにでも還相廻向と思われる人に、直接に出遇うことができるでありましょう。

第五条　不廻念仏の教訓

本　文

一、親鸞は、父母の孝養のためとて、一返にても念仏まふしたることいまださふらはず。そのゆへは、一切の有情はみなもて世々生々の父母兄弟なり、いづれもいづれもこの順次生に仏になりてたすけさふらうべきなり。わがちからにてはげむ善にてもさふらはばこそ、念仏を廻向して父母をもたすけさふらはめ。ただ自力をすてて、いそぎさとりをひらきなば、六道・四生のあひだ、いづれの業苦にしづめりとも、神通方便をもて、まづ有縁を度すべきなりと云云。

組　織

- 父母孝養………親鸞は～
- 衆生意識………そのゆへは～
- 念仏不廻向………わがちから～
- 有縁済度………ただ自力を～

語　義

○父母……「ブモ」、ここでは亡き父と母。

○孝養……「キョウヨウ」、もとは孝行、孝養、転じて死者に対する追善供養の意味をもつこととなった。
○一辺……一遍、一度。
○そのゆえは……以下、全体の文章にかかる言葉。
○有情……サットバ（sattva）の翻訳語で、情をもつもの、非情に対す。旧訳では衆生と訳す。
○みなもて……ここの「もて」とは上をうけて特に示すもので、すべて。
○世々生々……輪廻転生の思想による生まれかわり死にかわること。
○いづれも……誰でもすべて、「一切衆生皆是我父母」（『梵網経』）。
○順次生……順次の生涯、来世の生涯において成仏して衆生を救済すること。
○仏になりて……往生成仏による還相廻向の働きをいう。
○さふらはばこそ……あるならばこそ。
○廻向……廻自向他、廻転趣向のことで、いまは追善供養のこと。
○さふらはめ……「め」は助動詞「む」の已然形で推断の意を表す、でしょうけれども。
○ただ自力をすてて……まったく仏力によって。
○六道……六趣、六道は因、六趣は果、地獄、餓鬼、畜生、修羅、人間、天上の六種の迷界をいう。
○四生……胎生、卵生、湿生、化生のことで、すべての迷界をいう。
○業苦……自己の業の結果としての苦悩。
○神通方便……神変不可思議なる通力を手段とする。「六神通をもって衆生を救済する」（『往生要集』）。
○有縁……因縁のあるもの。

○度す……済度、救済のことで彼岸に渡ること。

要　旨

この第五条は、真宗信心と死者儀礼の問題について、親鸞は一遍も亡き父母のためには念仏したことがないといい、今生に仏縁なくして死んだものには、来世に還相の菩薩としての働きによって済度すべきことを明かすものである。

一、組　織

この第五条の主題は真宗信心と死者儀礼の問題で、タイトルとしては、「不廻念仏の教訓」とつけるのがよいと思います。親鸞聖人は一遍も亡き父母のために念仏したことはないといわれます。今生に仏縁なくして死んだ者については、来世に還相の菩薩となり、その働きによって済度すべきであることを明かします。

そこでこの第五条は、四段に分かれるかと思います。最初の「親鸞は」というところから「いまださふらはず」までが第一段です。死んだ父母への孝行のため、供養のために、念仏すべきではないということが教示されます。「父母」は、仏教では「ブモ」、「孝養」は、「キョウヨウ」と読みならわしています。そして次の「そのゆへは」から「たすけさふらうべきなり」までが第二段で、ここには「一切の有情」の話がでてきます。仏教における有情意識、衆生意識といいますか、仏教では、生命あるものは、みんな通底していて、どこかではつながっているという思想、考え方を語ります。そして次いで、「わがちからにて」から「父母をもたすけさふらはめ」までが第三段で、念仏とは、死者に対して廻向するものではない、念仏は不廻向だということが主張されます。そして「ただ自力をすてて」というところから最後までが第四段で、ここでは仏縁なくして死んだ者を、仏道に入れるための還相廻向の話がでてきます。だいたいこういう仕組みで、第五条は明かされているわけです。

二、文義

次に全体の意味を確かめながら、本文を改めて読んでみましょう。「親鸞は、父母孝養のためとて」。父母はここでは亡き父母のこと、孝養とは、もともとは生きた両親に孝行することを孝養といいますが、ここでは亡くなった父母に対する追善供養の意味で使われています。「一返にても」。「返」という字が書いてありますが、普通には「遍」を書きます。一度だって、ということ。「念仏まふしたることいまださふらはず」。念仏を申したことは、いまだかつて一遍もありません。「そのゆへは」、そのわけは。この言葉は、そのあとの全部の文章へつながる言葉になります。「一切の有情は」、あらゆる有情は、この有情は衆生とも訳します。中国の唐の時代に有名な玄奘三蔵という人がおられます。あの孫悟空や猪八戒などがでてくる『西遊記』の、三蔵法師のモデルになったという人です。三蔵というのは経・律・論のこと。経典と戒律、いろいろな仏教の掟。そしてそれらを後の弟子たちが注釈したのが論です。この経・律・論の三種は、それぞれ大切なものが収めてあるというので「蔵」といいました。それでその三蔵をインドから持ってきて、中国の言葉、つまり漢文に翻訳した僧侶のことを三蔵法師といいました。だから三蔵法師というのは固有名詞ではありません。玄奘三蔵のように中国の僧でインドへ行って、経典を持ち帰って中国語に翻訳した人が多数おられた。あるいはインドや西域地方から中国へやって来て、経典や論釈を漢訳した人もありました。そういう翻訳僧を三蔵法師といったわけです。この玄奘三蔵は、中国に帰ってきてから、従来の訳語の中に、正しい翻訳ではないと思われる言葉がかなりあるといって、その訳語をいろいろと改めました。いまここにでている「有情」という語も、その一つです。これはサンスクリットの原語では、サットバ sattva という言葉ですが、生きとし生けるもののことです。それを従来では「衆生」と訳していた。それに対して、玄奘は、衆生という訳語はおかしい、そもそもサットバというのは、基本的には感情をもっているもの、という意味があるところから、彼はこれを「有情」と訳しかえたわけです。このようにして玄奘の時に、かなりの訳語が修正されたのです。それで、それ以前の古いものを旧訳と呼びます。これも仏教読みでは「クヤク」と読む。それに対して玄奘以後の訳語を新訳といいます。

そこで本文に返ります。生きとし生けるものは「みなもて」、こういう場合、昔は読むときに「っ」を入れた促音として読んだようですが、書くときには「っ」を外して「みなもて」と書いた。これは、その前の「一切の有情は」という言葉を受けているわけです。「みなもて世々生々の父母兄弟なり」。古代のインドでは、生きとし生けるものは、死んだら全部無くなってしまうのではなくて、また何かに生まれ変わるのだという、そういう考え方、輪廻転生という考え方がありました。輪廻というのは、輪が廻るようにくるくると廻るということ。転生というのは、姿を転じて生まれ変わるということです。このような考え方は、今日のインドでも生きています。インドへ旅行するとよく分かりますが、今日のインドの社会では、貧乏な人と金持ちの人との格差が非常に大きい。けれども、多くの人々は、それを社会構造の矛盾とは考えません。金持ちの人は、前世で善根を積んだからそうなったのであって、私も今こうして善根を積んでいるから来世は仕合わせになれる。だから他人をうらやむことはない、というわけです。こういう考え方が非常に徹底しています。インドの人々は、そういう簡明至極な論理でもって自己規制をしながら生きているのです。日本でもかつてはそうだったのです。人を殺すような罪業を犯すと地獄へ落ちるというように、輪廻転生の論理によって、きちんと自己規制をしていました。だから凶悪な犯罪はあまりなかった。しかしながら、今日では世俗化が進行して来世ということは考えなくなった。どんなに悪事をはたらいても発覚しなければそれでいいと、もっぱら現世的に、しかもまたきわめて単純な感情的なレベルで行動する人が増えてきて、自己の良心にもとづく自己規制などという倫理が薄くなってきました。これにはいろいろな原因が考えられますが、とにかく仏教が教えたのは、こういう古代インドの輪廻転生という論理、それにもとづく人生観でした。次の、「世々生々の」というのは、輪廻転生によって死に死にし、また生まれ生まれて、ということ。「父母兄弟なり」。私たちは、今生では人間であっても、猫や犬であっても、その輪廻転生のいつか、どこかでは、親子であったり、兄弟であったり、隣人、知友であったりしたのだ。そういう深い繋がりをもって、私たちはいまここに生きているのだというのです。有名な行基菩薩の歌に、「ほろほろと鳴く山鳥の声聞けば、父かとぞ思う母かとぞ思う」というのがあります。全国を行脚していた行基菩薩が、あるとき山中を一人とぼとぼと歩いていたら、二羽の山鳥が、前になったり後になったりして、いつまでもついてきた。そこで彼は、この歌を詠んだのだそうです。この山鳥は、前生では自分の父であり母であったのだろうか。だからこそ、こうして自分が歩いていく道に、いつまでもついてくるのだろうというわけです。いまの文章もそういうことでしょう。「いづれもいづれも」、誰でもかれでも。「この順次生に」、この人生を終えて、次の境界に生まれることを順次生といいます。次の生に「仏になりてたすけさふらうべきなり」。ここでは、まことの念仏、信心に生きる者は、次の生に浄土に生まれるということです。そして浄土に往生して仏に成るならば、今生で因縁の深かった人々をまず救うことができるのだ、という意味です。

その次の第三段は念仏の話です。「わがちからにてはげむ善にてもさふらはばこそ」、念仏というものが、自分の力ではげむ善根、善行であるならばこそ。「こそ」は意味を強めたいい方です。「念仏を廻向して」、廻向というのは、古来「廻自向他」のことであると解釈します。自分のものを他人に差し向けるということです。たとえば、扇子でこうしてあおいでいるときに、隣の人が暑そうにしていたら、「どうぞお使いください」といって自分の扇子を相手に渡す。その時には、相手に使いやすいように、くるりと廻して渡さなければいけません。それを廻自向他という、自分のものを相手に向きをかえて渡す。これが廻向ということです。また「廻転趣向」ともいいますが、これも同じことで、転じて相手に差し向けることをいう。趣というのは向けることです。廻向というのはそういう意味です。いまは死者に対する追善供養のことをいっているのです。「念仏を廻向して」、私が申す念仏の功徳を追善供養をして。「父母をもたすけさふらはめ」。「さふらはめ」は推断の意味です。何々でしょうに、ということ。助けられましょうに。自分で努力して造作した善根ならば、それを相手に渡して助けることもできましょうが、念仏というものは、そういうものではないという話をしているわけです。そして「ただ自力をすてて、いそぎさとりをひらきなば」。私の今生における善根などというものは、大したものではありません。その全部が煩悩に染まって虚仮不実なものです。そんな善根をもって、肉親がどんなに苦しんでいるからといっても、自分の力で救うということはできません。だから、ただ自力を捨てて「さとりをひらきなば」。浄土に往生して、仏の「さとり」を開いたならば、つまり仏に成ったならば。「六道・四生のあひだ」。六道は六趣ともいいます。六趣の「趣」は世界ということで、結果としての地獄、餓鬼、畜生、修羅、人間、天上の六種の迷いの世界をいいます。六道の「道」はプロセス、道筋で、その結果に対して原因をいう。その六趣に堕ちるような悪業を積みつつあることをいうわけです。また「四生」は「シショウ」と読みます。これも衆生、有情を四種に分けていうわけです。有情とか衆生というものは、この境界に生まれるのに、胎生、卵生、湿生、化生の四つの方法をもって生まれてくるというのです。

「胎生」とは、親と同じ格好をしてこの世にでてくるものをいいます。猫でも犬でも人間でも胎生です。「卵生」というのは、鳥とか爬虫類みたいに、この境界にいっぺん卵になってでてきて、それがやがて孵って親と同じ姿になるものをいいます。「湿生」とは、じめじめしたところに生まれてくるというわけです。何かの下をはぐったら、うじ虫みたいなのがいっぱい、うようよとでてきたというときに、そういうのを湿生という。本当は卵ででてくるのでしょうが、小さなものはよく分からないから、昔のインド人は、それをじめじめした湿気の多いところから発生したと考えたのでしょう。そして「化生」というのは、天上界とか地獄などの世界に生まれる時には、元の姿とは違ったかたちで忽然としてでてくる。これを化生というのです。これらはみな迷いの境界ですから、生きとし生けるものが迷いの境界に生まれる場合の生まれ方には、この四種があるということです。いまここでは「六道・四生のあひだ」。いかなる迷いの境界の中にあって。「いづれの業苦にしづめりとも」。どんなに恐ろしく、苦しい生き方をしていようとも。「神通方便をもて」、神通の「神」というのは、仏教では神さまのことではなくて、普通には精神、心、意識のことをいいます。そしてまた、きわめて優れているという意味で使いますが、ここではそういった意味です。「通」は通力です。超能力。だから優れた能力でもってということ。「方便」というのは手段のことです。いろいろな方法をもってということです。そして「まづ有縁を度すべきなりと云云」。「まづ」、何よりも先に、今生において縁のあるものを度すべきである。因縁のあるものから救っていくことができるのだ、というのです。だから父や母が、たとえ仏法に縁なくして亡くなったとしても、その亡者のために、念仏をしてその功徳を届けようと考えてはならない。その亡者を救うのには、まず自分が浄土に往生して仏の「さとり」を開くことが肝要である。そして私が仏に成ったならば、阿弥陀仏の衆生救済の働きのお手伝いをさせてもらいながら、まず因縁のある者から仏法を伝えて、済度することができるということです。

ここらあたりには、親鸞聖人の深い思い入れの心がひそんでいるのではないかという感じがします。親鸞聖人のお母さんという方は、よく分からないけれども、早く亡くなられたらしい。仏法の縁は薄かったかもしれません。またお父さんの有範という人にしても、仏法の縁がどれほどあったのでしょうか。あるいは息子の善鸞も、上に述べたように、正しい仏法の縁は切れてしまった。いまここで「まづ、有縁を度すべきなり」といわれる、親鸞聖人の言葉には、このようないろいろと複雑な今生における思いがこもっているのではないでしょうか。ともかく浄土に往生して仏に成らないかぎり、他人を救うことはできないのだということをここでいわれるわけです。逆にいうならば、念仏というのはいったい何の意味があるのかということが、ここでは問題になります。

三、私　解

一　真宗における念仏の意義

それではこれから私解として、この念仏不廻向の問題について、お話してみたいと思います。真宗の仏道、行道とは、親鸞聖人が教示されるように、教、行、証の道です。そのことは、親鸞聖人の主著である『顕浄土真実教行証文類』のタイトルに、よく明かされているところです。この教行証とは、釈尊の教説を伝える原始経典に、その仏道を、信、行、慧の道として説くことにもとづいて語られたものです。その信、行、慧の道とは、教えを信奉して、その教えのように日々その行業を実践していくならば、ついには仏の「さとり」、すなわち、慧をうることができるということです。そういう信、行、慧なる仏道の構造を、後世中国の天台大師智顗《ちぎ》が、教、行、証といいかえたわけで、その教とは、仏法の教言を信奉することを意味し、その行とは、その教言が指示するところの行業を意味し、その証とは、仏の「さとり」の慧を意味するわけで、この教、行、証の道とは、仏法の教説に帰依し、それを信奉することにより、そこに示されている行業をいちずに実践するならば、必ず仏の「さとり」の証に至ることができるということです。そしてこのことが天台大師の教示であるところ、比叡山の天台宗では、つねにこの教行証なる術語が語られてきました。いま親鸞聖人が、このように「教行証」と明かされるのは、そのような伝統にもとづくものにほかなりません。また同じく若き日に、比叡山で修学した道元禅師や日蓮上人もまた、この教行証の術語をしばしば用いているところです。そこでいま親鸞聖人が教示する真宗の行道としての教行証の道とは、その教とは、真宗の根本経典としての『無量寿経』を指し、その行とは、親鸞聖人が、「大行とは、すなわち無礙光如来の名を称するなり」(「行巻」)と明かされるように、称名念仏を意味し、その証とは、私が往生成仏していくこと、すなわち、この私が今生において、仏に等しい人にまで育てられ、死んだら浄土に生まれて仏になることをいいます。その意味においては、真宗における仏道とは、この『歎異抄』の第十一条に、「本願を信じ念仏をまふさば仏になる」というとおりです。その点、真宗の仏道とは、まさしく念仏成仏の道にほかなりません。

ところで、親鸞聖人は、この称名念仏について、三種の念仏があるといわれます。すなわち、偽なる念仏と、仮なる念仏と、真なる念仏の三種です。普通一般では、ものの価値判定をする場合には、善と悪、正と邪、真と偽というように、二分法によって判断しますが、ここでは親鸞聖人は、その真と偽の中間に、真でもなく偽でもない、そのいずれにも属さないところの価値としての、仮(かり)という判断を加えられたわけです。このような概念、思想は、もともと天台教学が語るところであって、いまはそれに学ばれたものでしょうが、人間の教育、人間をある目的に向かって人格的に育てるためには、このような仮の思想がきわめて重要であると考えられます。今日の学校教育が、そのすべてにおいて、勝ち組と負け組、合格と不合格というように、二分法によって判定するところに、大きな問題が介在するように思うことです。

そこで親鸞聖人が、念仏について、真、仮、偽の三種があるといわれる場合、まずその偽（うそ）なる念仏とは、その一つは、現世の利益を祈って申す称名念仏をいいます。親鸞聖人が、

仏号むねと修すれども　　現世をいのる行者をば

これも雑修と名づけてぞ　　千中無一ときらはるる（『高僧和讃』）

と明かされるところです。自分の我欲、煩悩にまみれたところの、自分の欲望を満足する手段として称える念仏は、すべて雑修、自分の私欲がまじった行であり、そんな称名念仏は、千の中の一つとして意味をもつものはなく、すべてが空虚であるといわれるところです。そしてまた、その偽なる念仏のいま一つは、いまこの第五条で批判されるような、死者に対して廻向するために申す念仏をいいます。釈尊の教え、仏法というものは、どこまでも私自身の生き方を教えたものにほかなりません。その点、仏教を死者追善のために利用しようと考えることは、まったくの誤りであり、その死者のために申す念仏は、偽というほかはありません。かくして、真宗においては、自分の私欲を満たす目的をもって申す現世祈祷の念仏と、死者への追修廻向、死者のためにと考えて申す死者追善の念仏は、いずれも偽なる念仏だというわけです。

そして次の仮なる念仏とは、親鸞聖人は、それについてはさらに仮門の念仏と真門の念仏の二種があるといわれます。ここでいう仮門と真門の門とは、いずれも階梯、プロセスということを意味して、真なる念仏に至るための道程、道すじをいいます。偽なる念仏も、自分の過誤を認めて、この仮門か真門に帰入するならば、やがては真なる念仏に至ることができるというわけです。

その仮門の念仏とは、仮の中の仮なる念仏ということで、それは阿弥陀仏の本願の仏道の教説に重ねると、第十九願の修諸功徳の道のことであり、それはまた『浄土三部経』の上でいうならば、『観無量寿経』の教説に重なる道を意味して、その内実は、出家仏教なる聖道教が明かすところの諸善、諸行を取り込んで、それらと称名念仏とを合わせて修める行業のことです。まさしく雑行念仏の道です。親鸞聖人は、この仮門の道を厳しく批判して、

観経の定散諸機は、極重悪人、ただ弥陀を称せよと勧励したまへるなり。濁世の道俗、よく自ら己が能を思量せよとなり。(「化身土巻」)

と明かされています。そのようなさまざまな雑行を修める仮門の道を捨てて、ひとえに念仏一行の真実道に帰入すべきことを教示されるのです。

そしてまた、その真門の念仏とは、仮の中の真なる念仏ということで、それは阿弥陀仏の本願の仏道の教説に重ねると、第二十願の植諸徳本の道のことであり、それはまた『浄土三部経』の上でいうならば、『阿弥陀経』の教説に重なる道を意味して、その内実は、あらゆる雑行を廃捨し、もっぱら称名念仏の一行を修める道を進みながらも、なおその念仏に自執のはからいがまじっているという、いわゆる自力念仏の道です。すなわち、自己否定が成立していない、不徹底なる念仏の道をいいます。そしてまた親鸞聖人は、この真門の自執の念仏については、さらに雑心の念仏と専心の念仏があるといわれます。その雑心の念仏とは、

まことに教は頓にして根は漸機なり。行は専にして心は間雑す。(「化身土巻」)

と明かされるように、その教えは念仏成仏の道を学びながら、学ぶ主体の側が不徹底であり、その行はまさしく称名念仏を専修しながらも、なおその心が不徹底であって、自執の心が残存しているような念仏をいいます。そしてまた、その専心の念仏とは、

罪福を信ずる心をもって本願力を願求す。これを自力の専心と名づくるなり。（「化身土巻」）

と明かされるように、罪福を信ずる心、信罪福心にもとづいて念仏することをいいますが、その信罪福心とは、『無量寿経』に説かれるところで、信罪心と信福心のことをいいます。その信罪心とは、称名念仏しながら、自己自身を顧みて、これではまだ不充分だ、もっと努めねばならぬと思う心のことをいい、その信福心とは、称名念仏しながら、自己自身を顧みて、もうこれでよかろうと、自己満足する心をいいます。しかしながら、このような心は、いずれにしても、自分が自分を顧みて、自己計量し、自己判断しているわけであって、そこにはなお、自己計量し、自己判断する自己自身が残存しているわけであって、そういう念仏は、なお「はからい」の念仏、自力の念仏といわざるをえません。親鸞聖人は、このような仮なる念仏、仮門としての第十九願の雑行の念仏、真門としての第二十願の雑心と専心の念仏を、厳しく批判しながら、すべからく、真なる第十八願の念仏成仏の道に帰入すべきことを勧められるわけです。

そこで真なる念仏、第十八願、本願他力の念仏とはいかなる内実をもった念仏でしょうか。すでに述べたように、真宗の仏道とは称名念仏の道でした。そしてその称名念仏とは、法然上人においては、中国の浄土教の伝統を継承して、専らいちずに称名念仏するならば、やがてこの現生において阿弥陀仏を見ることができるか、またはその臨終において、その来迎を見ることができるということでした。かくして法然上人は日課七万遍の称名念仏を修め、また人々にもそれを勧められたといいます。ところが、その法然上人の門弟の中において、その称名の数量をめぐって、できるかぎり多いほうがよいとする多念義の立場を主張するものと、称名の数は、その内実が正しければ、数量は問うべきではないとする一念義の立場を主張するものとに分裂してきました。そこで親鸞聖人は、その浄土の行道の原意趣について深く究明され、『無量寿経』が教示するところの仏道とは、ひとえに聞名の道であること

を発見されたのです。すなわち、それによると、

あらゆる衆生、その名号を聞きて、信心歓喜し乃至一念せん。至心に廻向したまえり。彼の国に生まれんと願ずれば、すなわち、往生をえて不退転に住せん。（第十八願成就文）

その仏の本願力、名を聞きて往生せんとおもえば、皆ことごとく彼の国に到りて、おのづから不退転にいたる。（「往覲偈」文）

などと明かすところです。そこで親鸞聖人は、法然上人に学んだ称名念仏の道とは、その『無量寿経』の本義に帰すならば、そのまま聞名の道であるべきことを、明確に知見し、領解されたわけです。かくして、一念義と多念義に分裂して、称名念仏の数量について争うべきではなく、その称名念仏において、そこに阿弥陀仏自身の、私に対する告名、呼び声を聞いていくことが、もっとも肝要であることを明らかにされたのです。すなわち、私から仏への方向において成立する称名が、そのままそっくり、仏から私の方向において成立する聞名となること、称名即聞名の道こそが、『無量寿経』が教説するところの本願の仏道であることを開顕されたわけです。そしてその聞名がきわまって、まことの聞名となるとき、それはそのまま信心体験を意味するわけで、ここに真宗の仏道が、まことの完結を見ることとなるというわけです。そのような称名即聞名なる真宗の仏道を、ひとすじに歩んだのが妙好人の浅原才市さんでした。彼の歌に、

名号はわしがとなえるじゃない。わしにひびいて南無阿弥陀仏。

念仏は、わしがとなえるではない。念仏は、向うからなりでる。

如来さんはどこにおる。如来さんはここにおる。才市が心にみちみちて、南無阿弥陀仏をもうしておるよ。

才市よいへ、いま念仏を称えたは誰か。へ才市であります。そうではあるまへ。親さまの直説であります。機

法一体であります。

などというものがありますが、このような念仏領解こそが、まことの真宗の仏道、真なる第十八願の本願念仏です。

二　親鸞と死者儀礼

親鸞聖人は、その「化身土巻」において、法琳の『弁正論』をかなり長く引用しながら、道教を批判しておられますが、これは古代の日本、ことには平安時代の中期以降においては、この道教が陰陽道《おんみょうどう》としての呪術信仰に転落して、民間に弘まった点を中心に、問題にされたものと考えられますが、またその後に多くの先師の文と孔子の『論語』の文を引用して、鬼神、死霊を祭祀することを批判されています。このことは死者儀礼、死霊供養を重視するところの儒教を批判するものでした。

もともと法然上人の浄土教は、死霊追善の行事を否定しています。その「葬家追善の事」によりますと、

追善の次第、また深く存ずる旨あり。図仏、写経等の善、浴室、檀施等の行、一向にこれを修めるべからず。もし追善報恩の志あらん人は、ただ一向に念仏の行を修すべし。平生の時、すでに自行化他について、ただ念仏の一行にかぎる。歿没の後、あに報恩追修のために、むしろ自余の衆善をまじえんや。(『西方指南抄』)

と明かして、死者に対する追善を否定し、もし報恩追善の志があるならば念仏を行ずべしといっています。親鸞聖人における死者儀礼に対する批判は、この法然上人の思想を継承したものと思われます。

そこで、この「化身土巻」に引用される『論語』の文は、そのもとの原文では、

季路、鬼神につかえんことを問う。子のいわく、いまだ人につかうることあたわず、いづくんぞよく鬼神につ

かえん。

というものですが、親鸞聖人は、その訓点を改めて、

季路問わく、鬼神につかえんかと。子のいわく、つかうることあたわず。人いづくんぞよく鬼神につかえんや。

と読みかえられています。原文では、鬼神、死者の霊に奉仕する方法について尋ねたものですが、親鸞聖人は、それを鬼神、死霊に奉仕することの是非、善悪について尋ねたものと解して、それに奉仕すること、それを供養することを、否定する意味に捉えられているわけです。その点、親鸞聖人は、この『論語』の文によって、鬼神、死霊に対する祭祀、供養を、してはならないと教示されているのです。ことにこの『教行証文類』では、その全六巻の中で、仏教典籍以外の世俗の文献を引用されるのは、この『論語』の一文のみであり、しかもまた、それを大胆に読みかえしてまで引用されたのは、ひとえに、このことを主張するためであったことが明らかです。もともと儒教、孔子の教えとは、君臣、父子、夫婦、兄弟、朋友の五倫と、仁、義、礼、智、信の五常という、主従関係、縦の倫理、封建体制的な道徳を教えるものですが、ことにその縦の倫理としての両親、父母に対する孝行を重視し、その孝行についても、生前の孝行よりも死後の孝行、その追善こそが大切であると強調するものです。しかしながら親鸞聖人の倫理観は、「同行」、「同朋」という言葉を用いられるように、また「親鸞は弟子一人ももたずさふらう」（『歎異抄』）と語られるように、徹底した平等主義、横の倫理に生きるものであって、このような縦の倫理を説く儒教の主張は、とうてい是認できなかったものでしょう。その点、親鸞聖人は、このような儒教にもとづく死霊供養、祖霊崇拝を、厳しく批判し、否定されたものと思われます。いまここで、「親鸞は、父母孝養のためとて、一返にても念仏まふしたることいまださふらはず」と語られるものは、このような背景、基盤の上で生まれたものであると思われます。

親鸞聖人自身も、自分の死後については、

某、親鸞、閉眼せば賀茂河にいれてうほにあたふべし。（『改邪鈔』）

と語られたと伝えているところです。そしてまた、親鸞聖人は、毎月二十五日の法然上人の命日には、門弟たちとともに集って念仏を申されていましたが、そのことは、死者に対する追善廻向の念仏ではなくて、

聖人の廿五日の御念仏も、詮ずるところはかやうの邪見のものをたすけん料にこそ、まふしあはせたまへとまふすことにてさふらへば、よくよく念仏そしらんひとをたすかれとおぼしめして、念仏しあはせたまふべくさふらふ。（『親鸞聖人御消息集』）

と明かすように、ひとえに利他行としての、現実に生きる人々に対する他者作仏をめざすところの、衆生廻向の実践であったことが知られます。それらのことからして、親鸞聖人においては、死者に対する追善、死者儀礼をめぐっては、明確に否定されていたことがうかがわれます。

三　覚如・存覚・蓮如と死者儀礼

そこでこのような親鸞聖人の思想が、その後の真宗教団において、どのように継承されていったかという問題について、いささか振り返ってみましょう。

まず本願寺第三代の覚如（一二七〇～一三五一）は、その『改邪鈔』に、

没後葬礼の助成扶持の一段を、当流の肝要とするやうに談合するによりて、祖師の御己証もあらはれず、道俗男女往生浄土のみちをもしらず、ただ世間浅近の常講とかやのやうに諸人おもひなすこと、こころうべきこと

なり。かつは本師聖人のおほせにいはく、「某親鸞閉眼せば賀茂河にいれてうほにあたふべしと云云」。これすなはちこの肉身をかろんじて、仏法の信心を本とすべきよしをあらはしましますゆへなり。これをもておもふに、いよいよ喪葬を一大事とすべきにあらず、もとも停止すべし。

と明かして、死者の喪葬儀礼を重んじることを批判し、「もとも停止すべし」といっています。追善供養については何もいうところはありませんが、葬儀について停止すべしという以上、その追善供養についても否定していたと思われます。

ところが、この覚如の長子存覚（一二九〇～一三七三）は、死者儀礼としての追善供養の意義を強調し、それを勧励します。すなわち、その『浄土見聞集』によれば、死者は、沒後の第二七日から第七七日まで、さらにはまた百か日、一周忌、三周忌まで、自分の罪業が裁かれ苦しむゆえに、充分なる追善供養すべきであるといいます。そしてまた、その『報恩記』によれば、

現世一旦の孝養は夢の中の報恩なればなを真実にあらず、没後の追善をいとなみてかの菩提をとぶらはんはまめやかの孝養となるべきなり。

生前にそこばくの孝行をいたさんよりは、没後に随分の善根をも営みてかの仏果をかざらんは、その功徳ことに莫大なるべし。

などといって、生前の孝行よりも死後の追善がよりまことの孝行になるといい、追善供養の功徳を讃えます。そしてまた、その『至道鈔』によれば、

そもそも人の後生をとぶらふにとりて、まづ中有のあひだ、善悪の生所さだまらざるさきにより、功徳を修して悪道におとさず、善所に生ぜしめんと廻向する時分あり。

つぎにその生所さだまりぬる後も、悪趣ならば善趣にも生ぜしめ、また善趣なりとも三界のうちをはなれて極楽に生じ、仏果を証せしめんがためにこれをとぶらふべきなり。おほよそ人の死せるあとには、閻王もつかひをつかはして娑婆にいかなる追福をか修すると検知し、亡者も肝をくだきて遺迹にいかなる善根をかいとなむとこれを希望す。もしこれを修せず、これをとぶらはざれば、いたづらになき、いたづらにかなしみて、憂をそへ悲をますなり。あとにとどまる人、いかでか仏事を修せざらんや。
なかんづくに死亡の日にとりて、一年に一度の正忌をば忌日といひ、一月に一度の忌辰をば月忌といふ。月忌なほもて等閑なるべからず、いはんや忌日をや。さればたとひ年をふといふとも、亡日をむかへては世間の万事をさしをきて必ず菩提をかざるべきなり。（中略）その追善におひて、かの亡者今生に悪業もふかく、修したる善因もなくして死せん人は、六道四生をはなれずして流転の報をうけんこと疑なければ、それがためには、ことにいそぎて善根を修し、ねんごろに功徳を行じて追福をいたすべし。追善の分斉によりて善悪の生を定むべきがゆへなり。（中略）なをその位もすすみ、いよいよ衆生得度のちからも自在にならんこと疑なし。

などといい、まことに徹底した追善供養を勧励します。それによれば、死者が悪道に堕ちていても、その追善の功徳によって浄土に生まれるといい、さらにはまた、還相摂化の菩薩の力も増大するというわけです。ここにはもはや真宗信心の論理はまったく欠落し、それは親鸞聖人の意趣を、遠く逸脱しているというほかはありません。存覚が、このように死者儀礼を強調した理由は、当時の社会では、すでに儒教における孝の倫理がひろく受容されており、またその一部では、死者に対する追善の儀礼が営まれていたという状況に、よく順応したということがありましょう。そしていま一つの理由としては、本願寺の経営をめぐる経済的な側面が考えられます。存覚はしばしば、念仏の行者、ちからのたえんにしたがひて供養を師長にいたし、こころざしのひかんにまかせて財宝を仏道になぐべし。(『破邪顕正抄』)

といいます。徹底した財施上納の勧誘です。いまの死者儀礼の積極的な導入の理由は、何よりもこのことにあったと考えられます。

また本願寺第八代の蓮如(一四一五~一四九九)にも、

文明第四十月四日、亡母十三廻にあひあたり候、今日のことに候あひだ、ひとしをあはれにこそ候へ。三月ひきあげ仏事をなされ候あひだ、さだめて亡者も仏果菩提にもいたりたまひ候らん。(『帖外御文』)

などという発想が見られるところ、その追善供養が、死者のために何らかの効を奏することを、認めていたことがうかがわれます。

四　真宗における死者儀礼

近世になると、徳川幕府のキリスト教禁圧政策にもとづいて、寺請制度が生まれてきました。すなわち、幕府権力によって、それぞれの家は、いずれかの仏教寺院に所属し、その門徒、檀家となることを命じられ、その証として、その師匠寺、檀那寺の住職による、死者の葬儀とその年忌の仏事が営まれることとなりました。そのことは、日本の各宗の寺院が、徳川幕府の民衆支配の補完物となることにより、その対価として、経済的な収入を確保した、ということにほかならなかったわけです。そしてこのような構造の中で、一般の民衆の生活水準が上昇するにしたがって、死者儀礼もいっそう普及することとなり、寺院の経済的な基盤は強固になっていきました。

また他面においては、幕府の宗門統制にしたがって、仏教各宗とも自己の教義に対する学的な研鑽を進めてきましたが、この死者儀礼を教学的にいかに位置づけるかということも、問題になってきました。そしてそれをめぐっては、真宗教団においては、親鸞聖人の『歎異抄』の教示にもとづいて、死者のための読経を否定する立場と、上に見た存覚の『報恩記』や『至道鈔』などにもとづいて、死者のための読経の効果を肯定する立場に、分裂してきました。その否定する立場を主張するものは、僧鎔（一七二三～一七八三）、玄智（一七三四～一七九四）、南渓（一七九〇～一八七三）らです。その玄智によりますと、その『考信録』に、

亡者の忌景等を迎て、仏事を修するを、追薦とも、追修とも、追善とも名く。この義上に粗論する如く、当流には通仏法の式の如くに、所作の善を亡霊に廻向し、冥に苦を薦抜せんと作意するに及ばず。ただ何事もそれぞれの縁にたよりて、まふくる仏恩報謝の営とこころえて、修忌する故に、追善等と名けず。ただ報謝と称す。その亡霊に益あると否とは、仏力の計に一任するのみ。例せば信後の称名を以て、往生の業とも化他の行とも謂はず、ただ報恩の備とするが如し。『歎異抄』に、親鸞は父母孝養の為にとて、一遍の念仏をも称せずとある意これなり。

と論じて、明確に追善廻向を否定しています。またその反対に、肯定の立場を主張するものは、月筌（一六七一～一七二九）、興隆（一七五九～一八四二）らです。その月筌によりますと、その『真宗関節』に、

浄土の門に入り、他力の仏智に帰して如来の御廻向をうけ伝ふる上には、父母孝養の為めは云に及ばず、乃至蜎飛蠕動の類、順逆二縁ともに、平等に追修廻向すと云こと、祖師の御己証分明也。

かくの如く亡者を思念するにも及ばず、それを縁として仏恩を報せんと思ふ志起れば、これ則亡者の忌景良縁となるゆへに、如来その志をしろしめすなれば、此の方には計ひ知らねども、任運に仏智の御方便を以て、亡

者に大益を与え玉ふべき事、何の疑かあらん。

などと記しています。ここでは追善供養するならば、「亡者に大益」が与えられるというのです。このように近世の真宗教団とその教学においては、死者儀礼をめぐる賛否両論については、何ら決着をつけないままで推移していったわけであり、現代においても、是山恵覚（一八五七～一九三一）は否定論を主張し、花田凌雲（一八七三～一九五二）は肯定論を主張しているところです。教学におけるこのような曖昧性の中で、本願寺派教団においては、一九八四年（昭和五十九年）に、その『伝道院紀要』（第二九号）において、これからは現場に即した教学を構築すべきであるといい、上に見た存覚の『浄土見聞集』、『報恩記』、『至道鈔』こそを現場の三部経と捉え、それにもとづいて、もっぱら死者儀礼、祖霊崇拝を鼓吹せよと主張しました。そこには親鸞聖人が、その「化身土巻」において明示されたところの、鬼神、死霊を祭祀することに対する厳しい批判の主張、およびこの『歎異抄』第五条の教訓は、まったく無視されているわけで、このような本願寺教団には、もはや親鸞聖人は不在であるといわざるをえず、このような教団の姿勢は、真宗の習俗化の歩みを、いっそう加速させるだけでしょう。

しかしながら、心ある真宗者、真宗僧侶は、今日における真宗寺院と真宗教団が、親鸞聖人の教示に背いて、死者儀礼に深く埋没していることの矛盾を思わずにはおれないわけですが、このことについては、いかに考え、いかに対処すべきでしょうか。それについては、真宗における基本的な立場としては、死霊祭祀、死者追善の行為は認めるべきではないと考えます。そのことをめぐっては、教学的には、親鸞聖人の教示にしたがって明確化すべきであると思います。これは私の考えることですが、日本の宗教には、大きく分類すると、力の宗教と道の宗教があるといいうると思います。その力の宗教とは、神道系の宗教がそうであり、そこではもっぱら神の威力を語り、それに対する祈願、祈祷を教えます。それに対して道の宗教とは、もともと仏教がそうであったわけで、釈尊の教説とは、人間が仏に成っていく道を明かしたもので、そのことは原始経典には明確にうかがえるところです。しかしながら、今日における日本仏教の現実は、その多くが力の宗教に変質しているのではありませんか。そのことは真宗における死者追善の儀礼にも見られるところであって、もともとは道の宗教であるはずの真宗が、ここでは力の宗教になっているわけです。このような仏教における死者儀礼との関係は、ことに中国に仏教が流伝することにより、そこで死者儀礼、祖霊崇拝を重視する儒教と重層することによって生まれたものであり、それが日本仏教において徹底したのは、すでに上に指摘したように近世における徳川幕府の寺請制度にもとづくものでした。その点、仏教における死者儀礼とは、仏教自身の必然において成立したものではなく、中国における仏教流伝をめぐる社会事情と、日本における仏教と政治権力の癒着によって生成してきたものであって、それを生んだ社会状況が変化していくならば、それはまたやがては消滅していくものでしょう。

とはいいながらも、今日の日本仏教の現実においては、死者儀礼はいまなお盛んであるところ、その点、真宗においては、それをたんに否定することなく、真宗の根本教義、道の宗教としての念仏成仏の路線上において捉えることにより、真宗伝道、その教化の経営の一環として生かしていくべきであると考えます。それについては、『十地経』および天親菩薩の『十地経論』に明かされる、三種の供養に学ぶべきであろうと思うことです。すなわち、その三種の供養とは、利供養、敬供養、行供養のことです。その利供養とは、仏前を荘厳することをいいます。またその敬供養とは、仏徳を讃歎し恭敬することですが、それに重ねて、故人、死者を追憶することを加えることができるでしょう。そしてその行供養とは、仏法を聞法、受持して修習することをいいます。真宗における死者儀礼とは、このような三種供養に相当するものと捉えるならば、それは仏前荘厳、仏徳讃歎（故人追憶）、仏道修習という、三種の意味をもつものといいうるわけで、それは真宗伝道の経営といいうることでしょう。そこでは従来の死者儀礼を、どれほど一人ひとりの仏道修習の営みに、昇華させていくかということです。ただし、この死者儀礼という風習も、世俗化が進む都会では、急速に衰退しつつあり、また家制度が崩壊しつつある現実状況の中では、このような死者儀礼も成立しがたくなってきました。その点、日本仏教にかかわる死者儀礼とは、近世における徳川幕藩体制の中で、その民衆支配政策に付随して生成してきたものであるところ、社会状況の変化の中で、それは必然的に消滅していくことは必定でしょう。そのことをめぐっては、真宗寺院と真宗教団は、これからの寺院と僧侶の在りようをめぐって、充分に熟慮すべきことが肝要です。これからの真宗は、その本来の原点、「念仏成仏これ真宗」の教旨に正しく立ち返り、悩める多くの現代人に、その教法を確かに語り伝え、もってその一人ひとりの人間成長、人格成熟をめざしていくということ以外に、その存在の意義はないということを、よくよく銘記すべきでしょう。

第六条　不持門弟の教訓

本　文

一、専修念仏のともがらの、わが弟子ひとの弟子といふ相論のさふらうらんこと、もてのほかの子細なり。親鸞は弟子一人ももたずさふらう。そのゆへは、わがはからひにて、ひとに念仏をまふさせさふらはばこそ、弟子にてもさふらはめ。弥陀の御もよほしにあづかて念仏まふしさふらうひとを、わが弟子とまふすこと、きはめたる荒涼のことなり。つくべき縁あればともなひ、はなるべき縁あればはなるることのあるをも、師をそむきてひとにつれて念仏すれば、往生すべからざるものなりなんといふこと、不可説なり。如来よりたまはりたる信心を、わがものがほにとりかへさんとまふすにや。かへすがへすも、あるべからざることなり。自然のことはりにあひかなはば、仏恩をもしり、また師の恩をもしるべきなりと云云。

組　織

- 念仏のともがらの在り方……専修念仏の～
- 不持門弟のおしえ…………親鸞は弟子一人も～
- 人の世は縁によりて…………つくべき縁あれば～
- 信心に生きるもの…………自然のことはり～

語　義

○専修念仏……『選択本願念仏集』に見える言葉。「専修」とはもと善導の「散善義」に見えるもの。
○ともがら……輩、仲間。
○相論……相互に論争すること。
○さふらうらんこと……「らん」とは推量で、あるようでございますこと。
○もてのほか……「もて」とは以て、もちての音便。とんでもないこと、けしからぬこと。
○子細……事柄、事態。
○そのゆへは……その理由は。これは「荒涼のことなり」までにかかる。
○わがはからひ……私の計画、指示。
○まふさせさふらはばこそ……「まふさせ」は使役の意味で、念仏を申すように育てたならば。
○さふらはめ……でありましょう（推量）。
○御もよほし……仏の催し、仏の導き。
○あづかて……与って、その力のよって。
○念仏まふしさふらうひと……念仏を申している人。
○きはめたる……極めることで、この上もないこと。
○荒涼……心が荒れすさむことで、凄まじい、とんでもないこと。
○縁……因に対する縁で、第二次的間接的な原因。
○ともなひ……伴う、つれになる。

○あるをも……「も」は強意の助詞、あるのに。
○師をそむきて……師に背く、師から離れる。
○ひとにつれて……他人に同行して、従って。
○なんといふこと……などということ。
○不可説なり……言語道断のこと、まったくけしからぬこと。
○如来よりたまはりたる信心……仏からたまわった信心、他力廻向の信心。
○わがものがほに……自分の所有物だというような顔つき、態度。
○とりかへさんとまふすにや……取り返すこと、「にや」とは、であろうかということ。
○かへすがへすも……返す返す、何度考えても、「も」は強意で、決して。
○あるべからざること……あってはならないこと。
○自然のことはり……ここでいう自然とは仏の本願のことで、真実の道理、仏の本願の働きのこと。
○あひかなはば……相叶うこと、一致すること。
○しるべきなり……「べき」とは当然の意で、知るはずである。

要　旨

この第六条は、念仏者においては、自分の弟子とか、他人の弟子とかいって争ってはならぬことを誡めたもので、念仏者は、ひとえに仏のもよほしによって念仏者になったわけで、すべてが、釈迦、諸仏の弟子（「信巻」）であることを教えている。

一、組織

この第六条は、親鸞聖人は、弟子を一人ももっていないといわれたという話が主題で、タイトルとしては「不持門弟の教訓」といいうるかと思います。親鸞聖人が往生されたのちに作成されたと思われる『親鸞聖人門侶交名牒』という文書が伝えられていますが、それによると親鸞聖人の主な弟子の名前と、それぞれの出身の国を知ることができます。またそれ以外にも、親鸞聖人の手紙その他によって、親鸞聖人の弟子として名前が分かっているものもあり、それらを合わせるとおよそ八十人ほどの弟子の名前が分かります。しかし、それは主な弟子たちのことです。それらの弟子たちを囲んで、いくつもの念仏集団が生まれています。たとえば高田門徒とか横曾根門徒とか、というように、それぞれの土地の名前を付けたグループが、当時の関東にはたくさんあったと考えられます。ですから親鸞聖人の弟子といいうる人々は、これら八十人程度のわずかな人数ではなくて、それら直接の門弟たちを核にしたところの門弟、信者たち、親鸞聖人を師と慕う人々は非常に多かったと思われます。学者によっては、その数は数千人ともいい、また十万人を超えたであろうという人もいるほどです。とにかく関東を中心に、遠江、三河、あるいは越後、京都などの各地に門弟がいて、その総数はかなりの数に及んでいたと考えられます。しかしながら親鸞聖人は、親鸞は一人も弟子はもっていないといわれるわけです。ここのところの親鸞聖人の意趣を見ていこうということです。

そこでこの第六条は四段に分かれます。最初の第一段は「専修念仏の」というところから「もてのほかの子細なり」までです。ここでは念仏を申して生きる者お互いの関係は、どうあるべきかということをめぐって、自分の弟子とか他人の弟子などといって、争いをしてはならないということが明かされます。次の「親鸞は弟子一人ももたずさふらう」から「きはめたる荒涼のことなり」までが第二段です。ここがこの第六条の中心です。親鸞聖人は、「私には、弟子は一人もおりません」といわれます。それから次の「つくべき縁あれば」から「かへすがへすも、あるべからざることなり」までが第三段で、ここでは人と人との出遇い、つながりは、それぞれの縁によって生まれてくるのだから、我執にまみれた計らいをもって造作してはならないということを教示されるのです。そして最後の「自然のことはりに」以下が第四段で、信心に生きる者の在りようについて教えられます。

二、文　義

そこでもう一度初めから、この文章の意味を少々砕きながらお話しします。まずはじめの「専修念仏」というのは、もっぱら念仏を修めることで、それ以外の行業は何もしない。ただ一つ、念仏だけが仏道であると思いとって生きるのが「専修念仏」です。これは法然上人が仰せになったことですが、「専修」という言葉は、中国の善導大師が作られた言葉です。そういう念仏一筋を生きる「ともがら」、仲間ということです。そういう仲間は、「わが弟子ひとの弟子」といって、相い論じる、お互いにいい合いをしてはならない。「さふらうらんこと」の「らん」は推定、推量です。そういう話があるようですがということです。そんなことは「もてのほかの子細」である。昔は「もてのほか」と書いたのですが、読むときは「もってのほか」です。とんでもない、ということ。「子細」は、わけがら、事態を意味し、自分の弟子だ、他人の弟子だといって、喧嘩しているようだが、まことにとんでもない愚かなことであると、いわれるわけです。

「親鸞は弟子一人ももたずさふらう」、私には一人も弟子はいません。「そのゆへは」、そのわけは、「わがはからひにて」、自分の力、技量で、「ひとに念仏をまふさせさふらはばこそ」、「まふさせ」は使役の意味です。そのようにさせる、導き育ててそのようにするということ。「さふらはばこそ」とは、そういうことであればこそ。「弟子にてもさふらはめ」、弟子といってもよろしいでしょう。しかし実際は、私たちが念仏を申す身にさせてもらうのは、「弥陀の御もよほしにあづかて」、ひとえに阿弥陀如来の本願の働きによって、いろいろな導きによって念仏を申す身になったわけです。「念仏まふしさふらうひとを」、そのような働きによって念仏をするようになった人を、「わが弟子とまふすこと」、私の弟子だということは。「きはめたる」、まことに、このうえもない、「荒涼のことなり」。「荒涼」というのは昔の言葉で、凄まじい、荒々しい、とんでもない、ことだというわけです。

「つくべき縁あれば」、師匠として、ついていく縁があれば「ともない」、一緒になり。「はなるべき縁あれば」、離れるべき縁があるならば、「はなるることのあるをも」、縁によってついたり離れたりすることです。「師をそむきて」、先生に背いて、「ひとにつれて」、他の人に従って念仏するならば、「往生すべからざるものなりなんどいふこと」。私の教えを聞いていたのをやめて他の人に従ったら、往生はできないなどと、そのようなことをいうのは、「不可説なり」、まったくけしからんことです。そんなことをいってはならないことです。「如来よりたまはりたる信心を」、阿弥陀如来の働き、導きによっていただいた信心を。「わがものがほに」、自分のものだという格好をして、顔をして、そういう思いをもって。「とりかへさん」、取り返そうと。「まふすにや」、「にや」というのは推量の意味で、であろうかということ。取り返そうというのでしょうか。「かへすがへすも」、とんでもないという意味を強めたいい方です。決して、「あるべからざることなり」、そんなことがあってはならない。そういう思い、考えを持ってはならない。

「自然のことはりにあひかなはば」。この場合、親鸞聖人がおっしゃるところの「自然」とは、ひとりでにということではなくて、仏の働きによって、本願の道理によってということです。「ことはり」は道理のことです。本願の道理に「あひかなはば」、ぴったりと一致するならば、いい換えれば、仏の慈悲がよく分かったならば。「仏恩をもしり」、仏の恩を知り。「また師の恩をも」、先生の恩も「しるべきなり」。「べき」というのは、いろいろな意味合いがありますが、ここでは当然の意味で、知るはずであるということ。まことの信心に生きる人なら、仏の恩や先生の恩が、よくよく知られてくることです。

ところで、この第六条では、親鸞聖人は、念仏者においては、自分の弟子とか他人の弟子とかいって、争ってはならないと誡めておられます。念仏者は、ひとえに仏のもよおしによって念仏者になったのであって、すべて釈迦、諸仏の弟子であると仰せになるのです。親鸞聖人は、信心の人を「真の仏弟子」といわれます。この場合の仏というのは、釈尊のこと、広くいえば諸仏ということです。この真の仏弟子に対しては、仮の仏弟子、偽の仏弟子と、いわれます。真宗の僧侶であろうと信者であろうと関係ありません。その念仏者の中には、多くの偽の仏弟子や仮の仏弟子がいるが、ひとしく真の仏弟子にならなければならないと、非常に厳しく仰せになるわけです。

真の言は偽に対し仮に対するなり。（『信巻』）

と、明確にいっておられます。仏法を学ぶものは、まことの釈尊の弟子にならなければならない。だからこそ、私たちは「釈何某」という法名をいただくのです。あの「釈」というのは、釈尊の弟子という意味です。このあたりところを、しっかりと自覚しなくてはなりません。本願寺第三代の覚如という人は、親鸞聖人の曾孫にあたられます。この人が、親鸞聖人が亡くなって二十八年の後に、関東へおいでになって、当時まだ親鸞聖人に御縁のある人が生きていましたから、そういう人々に会っていろいろな思い出の話を聞き集められました。それを書物にしたのが『口伝鈔』です。口伝というのは、覚如が話されたことを別の人が書いたので口伝というのです。ともかくここには、親鸞聖人にかかわる物語がいくつか書き残されています。その中の第六条に、「弟子同行をあらそひ、本尊聖教をうばひとること、しかるべからざるよしの事」という題で書かれたくだりがあります。親鸞聖人のある門弟が、信楽房という人ですが、教義の理解が異なったことから、師の親鸞聖人が嫌いになって、「ほかの人について勉強したい」といいだしたのです。そして師に背いて去ったときの事情が詳細に記してあります。親鸞聖人は、その人が門弟になったときに、いろいろと本尊や聖教を与えられ、その聖教には自分の名前を書いて、サインして渡しておられたようです。信楽房はそれを持っていた。そこで他の門弟が、親鸞聖人に訴えて、「いままでお世話になっていながら、意見が合わないといってやめるとは何事か。どうぞあの人に与えられた聖教は取り戻して、破門にすべきです」といいました。ところが親鸞聖人は、そのとき、「親鸞は弟子一人ももたず、なにごとをおしへて弟子といふべきぞや。みな如来の御弟子なればみなともに同行なり」といって、聖教を取り戻すことをされませんでした。こういう話が『口伝鈔』に書かれています。この『歎異抄』の第六条の話は、この事件に重なるものと考えられます。そして親鸞聖人は、「たとえそれらの聖教を野か山に捨てたとしても、縁があれば、その捨てた聖教を読んで仏法に近づく人がいるかもしれない。だから取り返さなくてもよろしい」とおっしゃったといいます。そういう意味では親鸞聖人という方は、まことに徹底しています。己に背いた者に対しても、おおらかに寛大です。それをどうこうおっしゃらない。そして「つくべき縁あればともなひ、はなるべき縁あればはなるる」ものだといわれています。ここには、親鸞聖人における師と弟子との関係にかかわる基本的な立場と、その心情が明確にうかがわれるところです。

ただし、このような親鸞聖人の思想は、本願寺教団の中では、後世において大きく変質していきます。そのことについていささかふれておきますと、本願寺第三代の覚如は、その『口伝鈔』において、親鸞聖人はそのように仰せになったと書いていながら、自分は、門徒、信者に対しては、徹底して善知識の態度をとりました。善知識とは、仏道上の善き師匠、先生ということで、具体的には覚如自身のことをいうのです。もっといえば、親鸞聖人の血を引く者をさすわけです。そして覚如は、

願力不思議の仏智をさづくる善知識の実語を領解せずんば往生不可なり。

知識伝持の仏語に帰属するをこそ、自力をすてて他力に帰するともなづけ、また即得往生ともならひはんべれ。（『改邪鈔』）

などといって、その善知識、自分が明かすところの教示に帰順することこそが、自力を捨て他力に帰す信心を意味するわけで、善知識の言葉を領解しなければ、往生は成立しないといいます。そしてまた、そのような善知識については、

ただ実語をつたへて口授し、仏智をあらはして決得せしむる恩徳は、生身の如来にもあひかはらず、木像ものをいはず経典くちなければ、つたへきかしむるところの恩徳をみにたくはへん行者は、謝徳のおもひをもはらにして、如来の代官とあふいであがむべきにてこそあれ。（『改邪鈔』）

と明かして、その善知識とは、「生身の如来」（生き仏）に変わらぬもので、「如来の代官」（権力の代行者）として尊崇せよというわけです。ここにはもはや、親鸞聖人の「弟子一人ももたずさふらう」という思想は、まったく見ることはできません。かくして、このような覚如の発想が、後の本願寺教団の門主制を生むこととなったわけで、門主のことを善知識といい、門主が信者の信心の正否をめぐる裁断権をもつということも、ここにその発端があるわけです。そしてついでにいいますが、蓮如は、その『御文章』一帖目第一通に、

故聖人のおほせには、「親鸞は弟子一人ももたず」とこそ、おほせられ候ひつれ。

と、『歎異抄』のこの文章を引きながら、その後すぐに、

そのゆへは、如来の教法を十方衆生にとききかしむるときは、ただ如来の御代官をまうしつるばかりなり。

といいます。ここでいう如来の代官とは、上に見た覚如の『改邪鈔』の文によるものでしょうが、代官とは、中世以来、権力を背景にしてそれを代行するもののことでしょう。親鸞聖人は「自分は弟子一人ももたない」とおっしゃった。だからこの私、蓮如があなたたちに対する如来の代官である、というのです。これは、どうみても思想が噛み合いません。どうして「不持門弟」ということが、蓮如にとっては、自分が如来の代官であるという表現になるのか、どう読んでもよく分かりません。また蓮如は、自分のいうことをきかない門弟に対しては、「御勘気」といって、教団から追放し、そういうものは浄土に往生はできないといい、また世俗的に自分が世話になった者に対しては、たとえ信心がなくても「後生を請け取る」といって、来世の往生を保証しました。まあここまでくれば、親鸞聖人の意趣とは、まったく無縁の世界です。その後の本願寺教団においては、このような門主、善知識独裁の体制が長く続いていったわけです。

三、私　解

一　人間教育の基本原理

一、人と人との出遇い

そこで次に、第六条の内容をめぐって、私なりにいくつかの問題点を掲げて考えてみたいと思います。まず人間教育の基本原理ということで、広い意味での教育論をめぐって、いささか述べてみたいと思います。教育論といいましたが、狭い意味では仏法を伝えるという問題です。あるいは家庭教育の問題です。

それについては第一には人格の交流、人と人との出遇いという問題があります。人間と人間との確かな出遇い、このことがなかったら教育は成り立ちません。教育とはそういうものです。親鸞聖人の言葉でいえば「よき人」に出遇わなければ仏法は成り立たないのです。ただの凡人ばかりが集まって、あれこれいい合っているだけでは教育は成り立ちません。そのことを教育の「教」の字がよく表わしています。「教」は古い字体では「敎」になっています。その偏の「孝」、「斈」は、××と子の合字で、××とは「交」わるという字の原形です。子供が大人と交わるということを意味します。旧漢字の「學」とは、それを詳しく表わしたもので、大きな屋根の下で、子どもが大人、先生に交わることを意味します。そして旁の「攵」（ボク）は動作を表わし、ここでは与えることを意味します。また学ぶという日本語は「まねぶ」からきています。「まねぶ」は真似をすることです。子供が大人の真似をする。さらにいえば子供が大人に交わることです。だから「教」の偏の「孝」は、子供が求めることを意味します。

雨が降っても風が吹いても、先生のところ、学校へいく。旁のほうの「攵」は、与えるということを表わします。大人、先生が子供に与えるのです。この求めることと与えること、その両者がうまく噛み合ったときにこそ、はじめて教えが成り立つわけです。教えというものは、どこかにあるのではない。学校の先生が持っているのでもなければ、図書館にあるものでもない。そのときそのときの人間関係、求める者と与える者との両者の交わりの中でこそ、成り立つものなのです。今日の皆さんの中には、わざわざ東京からおいでいただいた方もあり恐縮です。私も先ほど京都から着いたばかりです。こういうかたちで出遇いが成り立つ。しかし、その出遇いがぴったりと噛み合っていなければ意味がありません。ズレていたら、たとえ私がどんなにいい話をしても、あるいは皆さんがどれだけ遠くから、深い思いを込めておいでになったとしても、すれ違いになる。それは猫に小判、豚に真珠でしかない。あるいは骨折り損のくたびれもうけになります。求める心と与える心とが、ぴったりと噛み合うというところにこそ教えが成り立つのです。

求める心は求道心です。与える心は「よきひと」の願いです。本気になって相手に伝えようとする願い心です。この二つがぴったり噛み合うときに、それが厳しく交差するとき、それを「啐啄同時《そつたくどうじ》」(『碧巌録』七則)といいます。この「啐」という字は、鶏のひよこが卵からでてくるとき、卵の殻の中でひよこが一人前に育ってくると呼吸をしますから、ある程度成長したら空気を入れてやらなければいけない。だから内から殻を叩くわけです。けれども、ひよこの黄色いくちばしでは割れないから、その音を感じて、外から雌鳥が硬いくちばしで割ってやるのです。卵の中から、ひよこが早くでたいと黄色いくちばしでコンコンと合図するのが「啐」。そして雌鳥が硬いくちばしで外からコツコツと叩いてその殻を割るのが啄です。啄木鳥(キツツキ)の啄です。この柔らかいくちばしと硬いくちばしが同時に叩いたとき、ピヨピヨとひよこがでてくる。これがズレていたら、ひよこの生命はなくなります。

この「啐啄同時」とは禅宗の語録にある言葉ですが、見事な表現だと思います。これが教えということ、それを伝え、それを学ぶについての、いちばん大事なところです。そこには人為を超えている問題があると思います。問題は、よき人との出遇いです。善知識との出遇いです。このことについて親鸞聖人は、『教行証文類』の最後に、『安楽集』の言葉を引いて、

　前に生まれん者は後を導き、後に生まれん者は前を訪へ。連続無窮にして、願くは休止せざらしめんと欲す。無辺の生死海を尽くさんがための故なり、と。（「化身土文類」）

と明かされています。前に生まれた人は後から生まれた人を導き、後から生まれた人は前に生まれた人についていきなさい。これが途中で切れないように念願します。この世界には限りなく迷いの人が次々に生まれてくるのだから、それを尽くすためには、決してその途中が切れてはならないと、こういうことです。

　私の若いときの軍隊経験の話ですが、私は十八歳の学生の身で兵隊にとられた。厳しい訓練の日々でした。雨の降っている真っ暗な真夜中に行軍をさせられた。妙な訓練をしたものです。行軍中は音をだすなと命令される。一切音をだしてはいかん、敵に聞こえるというのです。音をださずに歩く。特に私たち砲兵隊は、馬で車を引っ張って行くのですが、それでいて大きな音をだしたら叱られる。最低の音はしかたがありません。真っ暗闇です。いっさい灯をともさない。どうしたかというと、前を行く兵隊が背中に白い布をつけている。後ろの兵隊はそれを頼りに歩くわけです。真っ暗だから、目の前のほんの少ししか見えない。目の前の白い布を見失ったら、どっちへ行ったらいいか分からないのです。そういう訓練をさせられたことがあります。私はこの文章を見るとそれを思いだします。前の者が後ろの者を引っ張ってやる。後ろの者は前についていけ。途中で切れてはならない。切れたら無辺の生死海を救うことができなくなるというのです。中国の西安の市街は、いまも立派な都市です。善導大師の頃、

唐の時代には長安という都であったのですが、当時は百万の人口を擁していたといいます。たくさんの寺院があって、町には念仏の声があふれていたと記録されている。しかしいまは念仏の「ネ」の字も聞こえません。念仏の流れが途中で断絶したのです。今はただ大雁塔という千四百年昔の建物が残っているだけです。

親鸞聖人における求道の足跡は、まさによき人を探し求め、その人に出遇ったということでした。親鸞聖人は「値遇」という言葉を使っておられますが、「値」も「遇」も、どちらも「あう」という字です。「値」という字は、これはぴたりと合うということを意味します。たとえば割り箸か何かをポキッと折る。折ったものをそのままくっつけると、ぴたりと合います。そこに接着剤でも着けたら元通りになる。こういうように、ぴたりと合うのが「値う」ということです。長い間、求めていたものに、ぴたりと出遇う。それを「値」といいます。「遇」という字は、にんべんを書くと「偶」という字で「たまたま」と読みます。いまの遇も同じことです。「たまたま」というのは、予定していないのに、不思議にも、偶然に、という意味です。親鸞聖人が、法然上人に出遇われたのはまったく偶然なのです。しかもぴたりと合ったのです。値遇といわれた意味がここにあるわけです。親鸞聖人が『教行証文類』の最初のところで、

遇ひがたくして今遇ふことをえたり。聞き難くしてすでに聞くことをえたり。(「総序」)

といっておられるあの文章の意趣は、まさにこういう感慨を意味するものでしょう。親鸞聖人はこのように、仏道における人との出遇いを非常に大事にしておられます。そういう意味で、人に遇わなければだめなのです。よき人に遇わないかぎり、仏法に遇う、仏に遇うことはできません。明治時代の真宗の傑僧、七里恒順師がいっています。「仏法を聞くのは汽車に乗るようなものだ」。今なら電車でしょうが、明治のことですから汽車です。汽車に乗るためには、「線路の上をいくらウロウロ歩いていても汽車には乗れない。駅に行きなさい。駅に行って切符を買えば

汽車に乗れます」と。本を読んで、あるいはいろいろな人の話を聞いて、いくら理屈をこねまわしていても、駅に行かなければ汽車には乗れないぞと、こういうことです。よき人、信心の人に遇わなければ、浄土いきの汽車には乗れない。仏法は身につかないというわけです。見事な表現、教化だと思います。ただ問題は、「この駅から乗らないとだめだ」と、そういうことをいう人がいることです。そんなことはありません。どの駅でもいいのです。小さな駅であろうと、大きな駅であろうと、汽車には乗れるのです。有名な讃岐の庄松同行。あの人はほんとうに深い信心を生きた人です。彼がそれだけ深い信心に生きることができたのは、その檀那寺の役僧の周天という人に育てられたといいます。その周天という人がどういう人物であったのかは、まったく分からないのですが、庄松は、この人のことを、いつも周天如来、周天如来といっています。やはりよき人に出遇うことが、仏道を学ぶについては一番大切なことです。

二、人間成長の原理

次に第二には人間成長の原理をめぐって少しお話しましょう。私の教育論としては、教育には、厳しさと優しさが必要であると思うのです。これを私の言葉では厳格性と慈愛性といっています。

親鸞聖人は「行巻」に、念仏成仏の道を明かすについて、

　なお厳父の一切諸の凡聖を訓導するが如し。なお悲母の一切凡聖の報土の因を長生するが如し。

といっておられます。まことに見事な表現です。念仏の道は、厳しい父親が育てていくという面と、優しい母親がはぐくむような面をもっている。それが念仏の教えだというのです。その厳しさというのは、別な表現をすれば、単独、ひとりぼっちになるということです。突き放されて一人になるということです。人間がその人格を確立させ、

成長させていくためには、そういう孤立という厳しさが必要なのです。これも七里恒順師の話です。明治時代のことですが、身体障害者の一人の青年がいた。その母親はこの子の将来を案じていた。それでその青年をつれて七里和尚に相談に行った。その青年が、「どうして私は皆さんと同じような、身体に生まれつかなかったのでしょうか」と尋ねたところ、七里和尚は言下に答えた。

「それは、あんたが地獄からきたから、そうなのや」

「どうしたらよろしいですか」

「念仏を称えなさい。それ以外におまえには仕合わせになる道はない」

「もし念仏を称えなかったら、どうなりますか」

「もといた地獄に落ちていくばかりじゃ」

それからこの青年は、懸命に仏法を学ぶこととなり、念仏を申す身になって、心豊かな人生を築いていったということです。私は、教育にはそういう厳しさが大切だと思います。今どきの学校では、教師が子供を叱ったり、こらしめたりしたら親がやってきてうるさいから、そんなことはしないのでしょう。しかしそれでは教育にならない。子供の時代は、まだ善悪がよく分からないところがあるから、言葉によって理解させたり、身体にかけて納得させなければ教育になりません。しかし、今日の親の多くは、そういうことをしないで、もっぱら舐めるように可愛がっているのではありませんか。これでは子供の教育は成立しません。まっとうな人間に育つはずはありません。

　昔の人は、可愛い子には旅をさせよといいました。自分が単独者として孤立し、どこにも退路がない、頼るものがないという立場に立つ、そういう厳しさを経験することを通してこそ、人間の成長は生まれてくるものです。しかしまた、人間が人格的に成長していくためには、そういう厳しさとともに、限りない優しさ、温かさが重要です。

それは孤立、単独ということに対していえば、接触、連帯ということで、優しい愛情にいつも包まれているという実感、いつでも自分を受容してくれる場所があるということです。そういう二つの契機、厳格性と慈愛性、厳しさと優しさ、孤立と連帯、そういう二つの契機が、人間の成長、人格の生育にはもっとも大切なのです。この二つの契機は矛盾しているのです。父親は厳しく突き放す、そして母親は優しく抱きとる。このまったく矛盾する二つの契機が、ちょうど縄をあざなうように、ほどよく噛み合っていくときに、人間は人格的に成長していくのです。そして人間は、そのような厳しさの経験、孤立、単独という経験をとおして自己脱皮を遂げ、自分の旧い殻を脱いでいくものです。そしてまた人間は、そのような優しさの経験、接触、受容という経験をとおして自己成熟を遂げ、新しい自分、新しい人格に成っていく、新しい人格主体を確立していくのです。仏法に出遇い、仏法を学ぶということは、このような厳しさと優しさにふれ、それを実際に経験していくということなのです。上に見たように、親鸞聖人が、念仏の道を明かして、「厳父の訓導する如し、悲母の長生するが如し」といわれるゆえんです。それはまた、真実の信心に生きるということの内実でもあります。信心に生きるということは、念仏を申しつつ自分自身について顧みるかぎり、自分の罪業性が知られてまことに厳しく痛いかぎりです。その点、私の心はいつも疼くばかりです。しかしまた、私が信心に生きるとは、その念仏が仏の呼び声として思いあたるところ、如来の大悲性が知られて優しく温かさをおぼえることです。その点、私の心は安らかになってきます。私は信心という体験とは、そういう厳しさと優しさの両面をもっているものだと思うことです。かくして真実信心に生きるということは、どれだけわずかであろうとも、少しずつ少しずつ、浄土の方角に向かって成っていく、成長していくことなのです。親鸞聖人は、真実信心に生きるものは、この現生において正定聚、不退転地の位に住するのだといわれましたが、また親鸞聖人は、その正定聚、不退転地の位とは、「仏に成るべき身と成る」（『一念多念文意』その他）ことであるといわれています。聖道教が教える仏道とは、この現実の世界、この人生において仏に成る道ですが、真宗の仏道においては、この現世で仏に成るということは語りません。私たち人間は、生きているかぎり煩悩にまとわれていますので、仏に成るということはできません。しかしながら、信心に生きる人は、すでにこの身に仏の生命をいただいて生きているわけですから、煩悩を宿す身でありながらも、すでに「仏に成るべき身に成」っているわけです。かくして真実信心に生きるとは、その厳しさと優しさの両契機によって、少しずつ自己脱皮と自己成長を遂げつつ、人格的に成熟していくことであり、新しい人格主体を確立していくことなのです。

しかしながら、今日までの本願寺の伝統教学では、そうはいいません。信心とは正因であるといいます。ここでいう正因とは、死後に浄土に往生して仏に成るための原因という意味で、真宗における信心とは、どこまでも死後のためのものであって、今生、この現世のためのものであるとはいいません。しかしながら、釈尊が教説された仏教とは、どこまでもこの現実に生きる人々の、まことの生き方をめぐって明かされたもので、死後、来世のための教えではありません。親鸞聖人の教法もまた、この現実の日々の生活に迷い悩む人々のための教えであって、たんに死後について教えたものではありません。それはすでに上に見たように、明らかに人間一人ひとりが、その念仏、信心において、人間成長を遂げ、新しい人格主体を確立していくことを教示するものです。にもかかわらず、伝統教学はどうしてそういわないのか、それは本願寺教団が、そしてまた僧侶が、真宗の念仏、信心に生きるとは、自己自身が変わっていく、成長を遂げていくということは、とてもしんどいことだからです。信者に率先して歩むべき僧侶が成っていないかぎり、成るということはいいにくいことです。そこで死んで浄土へいったら成るといったのです。これなら誰にも分からないから何とでもいえます。このことは教団と僧侶の中にあるべき、緊張感の喪失をもたらすことになり、教団がいっそう世俗化してきたわけです。教えを学び教えを伝えるということは、何よりも当事者自身がもっとも厳しいことです。成ってはいない自己自身が、人間として成っていく道について学び、それを他者に伝えていくことはまったくの矛盾です。それは欺瞞になります。しかし私はいま一人の真宗の僧侶として、学徒として、そのことを重々承知しながら、いまこの道を歩んでいるわけです。少しでもその矛盾と厳しさに立ち向かいつつ、私自身の成長を願うからです。かくして、私にとっての親鸞聖人、その念仏の教法というものは、とても重くて厳しいものですが、しかしまた私は、この教法に値遇しえたことの喜びを深く思うことでもあります。

二　真宗僧侶の在り方

一、仏法と山登り

次には真宗僧侶の在り方についていささか述べてみたいと思います。これはことに僧侶の方々に申しあげるのですが、信者の方々も一緒に聞いてください。これは私の思いですが、真宗を学ぶということは、山に登るようなものだと思います。たとえば富士山に登るとすると、その山に登るにはいくつかの道がある。そして登るについては、その山をよく知っている先達につくことが肝要です。その山をよくよく知っている人の後ろをついていけばいいわけです。先ほどの言葉でいうなら「前を訪ら」うのです。わが身ひとりの装備を整え、山登りの準備をして、弁当や水筒や着る物などをちゃんと持って、確かな先達の後をついて行けばいいのです。これが一般の人々、信者の方の仏法の学び方です。ところが僧侶はそうではない。多くの人々を導いて山に登らなくてはなりません。ここに僧侶、教化者の責任があるわけです。そのためには、何よりもどの道を進めばよいのかということを、充分に確かに心得ていなければなりません。そういう意味で、その山の地図を学習しておかないと、他人を導いていくわけにいその道を京都の本山に団参するようなこととは違うのです。みんな初めて登る念仏の道です。その浄土への道はどう生きていったらいいかということです。僧侶、教化者としては、たんに先輩の後をついていけばいいということではすみません。責任ある僧侶としては、自分自身でその山の道を充分に承知しておかなければいけない。これが山の地図を勉強するということです。真宗の教義、親鸞聖人の教言を学ぶということです。いろいろな地図、解説書があるから、まずどれがほんとうの地図か、正しい注釈書か、どの道を進むのが正しいのかということを、よくよく学んで、理論的にきちんと理解し、身に付けなければなりません。だから僧侶においては、真宗教義についての充分なる学習が必要なのです。そういう学習が充分であり、その山の地図が分かっていればこそ、多くの人々に対して正しく指示をし、人々を導いてその道を行くことができるわけです。ことに今日では、そういう真宗という山、親鸞聖人の教えの山に登ろうと願う人が少ないところ、どうしてその山に登ることが大切なのかを、まず多くの大衆に、分かりやすく説明する必要があります。そういう意味では、たんに登山道について学習するだけでなく、その山の裾野としての、さまざまな分野の学習もしっかりすることが大切です。そしてまた、そういう道をよく知っていても、人によっては、私は体力がないから五合目までしか行けないということもあるでしょう。また足腰が達者な人なら、もっと上のほうまで登れる人もあるでしょう。それはそれでいいのです。自分より前を行ったら困るなどと考えるのはおかしい。人間みんなそれぞれの能力、体力があるわけです。だから浅原才市さんみたいに、深く信心を生きて、ずっと前のほうを行く人もいれば、途中でもたもたしている人もいるでしょう。それでいいのです。問題は、真実なる確かな道を登っていけばいいのです。その道を間違っていたら話にならない。ともかく浄土に通じるまことの道を指示し、その道に導かなければなりません。それが僧侶、教化者の責任です。そのために、真宗教義からその裾野の分野の学習は、充分にしておかなければならないのです。信者の方も、僧侶が正しい山登りの道を教えてくれるかどうか、よくよく見きわめることが大切です。道を求める志願が本気であったら、そこで語られる教えが正しいか誤っているかは、およそ分かってくるものです。

二、教団と寺院の意義

また真宗の仏道を学ぶについては、僧侶ではなくて、熱心な信心に生きる人を先達とすることも大切です。教団の中に入ったら、そういう先達はたくさんいます。あるいは、寺院の法座に行けば、そういうまことの念仏に生きている人がいろいろといらっしゃる。そういう人に出遇うことができる、それが寺院とか教団とかの基本的な存在意義です。教団に入ってもそういう人はいないし、寺院に行ってもそんな人には出遇えないというのでは、これはもうどうしようもありません。今日における教団と寺院の現実が厳しく問われるところです。むしろ今日では、親鸞聖人のまことの意趣を学ぶためには、教団や寺院の外に、教団からはみだしたところに、まことの先師、先達を探すことが大切なのかもしれません。私が知っているところでも、教団には無縁な在家者で、とてもよく親鸞聖人の著述を学び、念仏の道を真剣に生きていられる人がいます。今日の教団と寺院の在りようをめぐっては、ここらが問われるところです。昔、少なくとも明治以前には、親鸞聖人の教えを学ぼうと思ったら、寺院へ行く以外には方法はなかった。しかし今日では、親鸞聖人について学ぶためなら何も寺へ行かなくてもいいわけです。いよいよ寺院、僧侶の在りようが厳しく問われる時代になったものです。これからの僧侶というものは、自らよくよく親鸞聖人を学ぶとともに、また親鸞聖人の教えを大衆に伝えるという重大な責任を担うものという自覚をもって、それなりの自己責任を果たしていってほしいと願うことです。

三、社会科学の叡智

先ほど僧侶の在りよう、その責任ということを話しましたが、『無量寿経』の中で、釈尊の姿をめぐって五徳現瑞ということを明かすについて、「住導師行」という言葉があります。この「導師の行に住したまへり」という言葉は、いま私たちに引きよせていえば、仏法を語るについての僧侶の自己責任ということです。特に若い僧侶の方々にいいたいのは、仏法を語るについては、つねに社会的動向についての認識を忘れてはならないということです。たんに真宗教義の理論だけを学んでいただけでは、現代人にはなかなか仏法は伝わらない。いろいろな現実の社会の動きも充分に勉強して、深く現代にかかわりながら、真宗について語っていただきたいと思うことです。かつてのアジア・太平洋戦争のとき、一九四五年（昭和二十年）の五月、すでに日本の敗色は濃厚であったにもかかわらず、本願寺派の大谷光照門主は、念仏の声高らかに、あくまで驕敵撃滅に突進すべしといい、またその六月には、大谷派の大谷光暢法主は、念仏もろともに皇国を死守すべしといって、その真宗の僧侶、信者を、いっそうその戦列に駆り立てていったわけです。しかしながら、それと同じ頃、東京大学の南原繁教授は、その社会科学の明晰な眼をもって日本の敗戦を予知し、戦場に行かないで残っていた学生を、毎日大学の研究室に集めて、戦後の日本の在り方をめぐって議論を重ねていたといいます。私は戦後まもなくある雑誌を読んでこのことを知り深く開眼したことです。そして真宗教団の責任者が当時の社会的状況に対していかに無知であったかを思うとともに、これから真宗教義を学び、それを大衆に伝達するについては、充分に社会科学的な知識を身につけ、その視点から考察することを忘れてはならないと思ったことです。そういう視点を持たずしては、これからの時代にまことの親鸞聖人の意趣を語ることはできないでしょう。

四、自己省察の徹底

上において、僧侶は自己責任を持つようにいいましたが、そのこととともに、僧侶はつねに自己自身の在りようについて、つねに厳しく自己を問い、自己を省察することを忘れてはなりません。聖徳太子が「十七条憲法」の中で、

我れ必ずしも聖に非ず、彼れ必ずしも愚に非ず、共に是れ凡夫のみ。是みし非みするの理なんぞよく定むべき、相ともに賢く愚かなること鐶の端なきが如し。

と明かされるとおりです。僧侶、教化者たるものは、この「共に是れ凡夫のみ」という視座を忘れてはならないと思うことです。また親鸞聖人は、その『正像末和讃』において、

よしあしの文字をもしらぬひとはみな　まことのこころなりなるを
善悪の字しりがほは　おほそらごとのかたちなり
是非しらず邪正もわかぬ　このみなり
小慈小悲もなけれども　名利に人師をこのむなり

と告白されていることも充分に注目し、その意趣についてよくよく学ぶべきでしょう。そしてまた源信和尚の『往生要集』によりますと、地獄の世界は八種あって、そのもっとも恐ろしい地獄は最下層にあって無間地獄といいますが、それは頭を下にし足を上にして落下すること二千年にして達するところの、地底のもっとも深い暗黒の世界であるといいます。そしてそういうもっとも恐るべき苦しみの世界には、「虚しく信施を食える者この中に堕す」と明かされています。虚しく信施を食うとは、信者から捧げられた布施を正しく用いないということでしょう。この文章は源信和尚自身の深い内省にもとづくものでしょうが、それはまた、私自身の現実の在りようをめぐっても、

まことに痛い言葉でもあります。私は若い頃にこの言葉に出遇い、以来時おりとても重い教言として思いおこすことです。僧侶として生きる者は、この言葉を決して忘れてはならないと思います。

ともあれ、親鸞聖人は、多くの門弟や信者を育てられながらも、「親鸞は弟子一人ももたずさふらう」といわれたわけです。そして念仏に生きる人々を、すべて「同朋」「同行」と呼ばれて、まったく無差別、平等の地平に立って交流されたわけで、このことは教化者としての私たち僧侶の、伝道、教化についての基本的な姿勢であるべきだと思うことです。私は今日に至るまで長年にわたって、僧侶として生き、また学校の教員としての生活を続けてきましたが、そこでよくよく経験したことは、高いところに立っていくらうまい理屈をいったところで、人間は決して変わるものではなく、自分自身が変わる、成長していくほかに、他者を変える、他者を教育する手段、方法はないということです。すなわち、教育とはまさしく「共育」にほかならないということです。そしてここにこそ人間教育の原点があるわけです。親鸞聖人における不持門弟の教言の意趣もまた、ひとえにそのことを意味するものであろうと思うことです。

第七条　念仏無碍の教訓

本文

一、念仏者は無碍の一道なり。そのいはれいかんとならば、信心の行者には、天神・地祇も敬伏し、魔界・外道も障碍することなし。罪悪も業報を感ずることあたはず、諸善もおよぶことなきゆへなりと云云。

組織

┌念仏者は無碍……念仏者は～
└その理由根拠……そのいはれ～

語義

○念仏者は……┌念仏者（は）─行業として
　　　　　　　└念仏者は───人格として

・多屋頼俊『歎異抄新註』

「者」とは事を別つ辞で助字である。よって「は」は者の送り仮名である。そうでないと主語と述語が齟齬する。（姫野誠二・安良岡康作）

・石田瑞麿『歎異抄―その批判的考察』

第八条の「念仏は」とかかわって、ここでは「念仏者は」と読むべきである。（金子大榮・河田光夫）

・私解

原本（蓮如本）では「は」は「者」の送り仮名とは思われない。次の「信心の行者」とのかかわりを考えると「念仏者は」と読むべきである。主語と述語のズレについては、第三条の「悪人もとも往生の正因なり」の例がある。

○無礙の一道……何ものにも障られないひとすじの道。

・無礙…「無礙といふはさわることなしと也」（『尊号真像銘文』）、「無礙ともふすは煩悩悪業にさえられず、やぶられぬをいふなり」（『一念多念文意』）。

「無礙道」（「行巻」）、「無礙人」（「行巻」）。

・一道…辶＋首＝道（スタート）

念仏者の道―ひとすじの道

┌方向性
└道程性

―二河白道

「唯仏一道独清閑」（『法事讃』、「信巻」）、「唯仏一道是於正道」（『弁正論』、「化身土巻」）、「一道者一無礙道也」（『論註』、「行巻」）、「唯仏一道きよくます」（『正像末和讃』）。

○そのいはれ……その理由根拠。

○いかんとならば……「いかん」は「いかに」の転で、どういうわけかといえば。
○信心の行者……真実信心に生きる人。
「本願の行者」(『尊号真像銘文』、『一念多念文意』)、「信心の行人」(『末燈鈔』)、「念仏の信者」(『正像末和讃』)。

信心の行者
念仏の信者
―行信不離

○天神・地祇……天神―天の神。地祇―地の神、祇は地の神のこと。日本の神々についていう。
○敬伏……敬―擁護。伏―畏伏。古代中世的宇宙観との対決を意味する。
○魔界・外道……いかなる人間の煩悩、欲望による誘惑やその働きかけにも、迷惑しない道が開かれる。
・魔界―魔(māra)。障と訳す。ひろくは煩悩を意味する。『大智度論』には「慧命を奪い道法功徳善本を壊る、この故に名づけて魔となす」という。その魔の境界。
・外道―内道に対するもので、仏教以外の邪偽の教法。「九十五種外道」(『化身土巻』)。
○罪悪・業報……善因楽果・悪因苦果。
・罪悪―罪業と悪業。
・業報―業因(karman)。
○感ずる……感果、作した業因に由って結果を招くこと。
○諸善もおよぶことなき……諸善―あらゆる善根功徳。いかなる人間の悪業善業の果報をも超えていく世界が開かれてくる。

仏道の善根（出世間善）
世俗の善業（道徳善・世間善）

要旨

この第七条は、念仏に生きる真宗の信者には、その人生において、いかなる障害にも煩わされることのない、ひとすじの道が開かれてくることを教示するものである。すなわち、まことの信心の人にとっては、いかなる天地の神々も敬伏してわざわいを加えることがなく、またいかなる悪魔外道にも迷わされることがなく、またいかなる業報をも克服し、いかなる善根にもまさる世界が開かれてくるというのである。

一、組織

この第七条は、まことの念仏に生きる者は、いかなる厳しい障害、苦悩が重畳する人生であろうとも、それをよく克服しつつ生きていくことができるという教言であって、それは「念仏無礙の教訓」というタイトルがふさわしいかと思われます。

この第七条は、簡潔でよくまとまった文章です。その組織としては二段に分かれて、最初の「念仏者は無礙の一道なり」というのが第一段で、この第七条の主題です。そしてそのあとの「そのいはれいかんとならば」というところから最後までが第二段で、ここではどうして念仏者の生きる道が無礙の一道なのかという、その内容、理由について説明します。

二、文義

次に本文のいちおうの文義について見ていきましょう。「念仏者は」、この念仏者という言葉をめぐっては、いままでいろいろと問題になっています。「念仏者」が「無礙の一道」というのはおかしいではないかという話です。そういえないこともないと思うのですが、大谷大学の国語学の多屋頼俊氏は、「者」とは事を分かつ辞で助字である。よって「は」は「者」の送り仮名である。そうでないと主語と述語が齟齬する、といいます。念仏者が道であるというのではおかしいではないか。念仏者というのは人格である。それが「道」であるというのはおかしい。この漢字の「者」という字は「は」という意味の送り仮名なのだ。次の「は」という字と重ねてあるのだ。だからここは「念仏は」と読むべきである。「念仏は無礙の一道なり」ということだと、こういうようにいうわけです。古語にはそういう例があります。「者」には、「は」という主格を表す副助詞のような意味を持つ助辞として用いられる場合がある。したがって「念仏者は」を「念仏は」と読んでいいわけです。これはそう読むべきだというのが姫野誠二氏、安良岡康作氏。安良岡氏は国語学者であって、その立場からいわれるわけです。ところが石田瑞麿氏は、やはりこれはこのまま「念仏者は」と「者」と「は」を別々に読むべきだ、といっています。これは従来の理解です。それから最近の歴史学者の河田光夫氏もそう理解します。そして次の第八条の「念仏は行者のために」と書かれている文体と比較してみても、やはり「念仏者は」と読むべきであると主張しています。

そこで私は、次のように考えます。第一に、原本（蓮如本）を見るかぎりでは、「は」は「者」の送り仮名であるとは思われません。蓮如本より以前の写本がないからこれに頼るしかないのですが、蓮如本に「念仏者は、無礙の一道なり」と書かれている「は」は、どう見ても「者」の送り仮名ではありません。これを次の第八条の「念仏は行者のために」という原本の文章と比べてみても、第七条の「念仏者は」の「者」を「は」と読めというのはちょっと無理でしょう。第八条のほうは「念仏は」と書いてありますから、もしそういう読み方をするのなら、第七条も「者」の字を書かないのが普通でしょう。第七条では「者」は「は」と読め、第八条のほうは「者」がないからそのまま「は」と読めというのは、原本を忠実に見るかぎり、いささか無理だと思います。次の「信心の行者」とのかかわりを考えても、ここはやはり「念仏者は」と読むべきでしょう。主語と述語がズレているといっても、この前に見た第三条の「悪人もとも往生の正因なり」の例があります。これも、悪人が往生の正因であるというのは、言葉を付け足さないと簡単に文意が通らないわけで、悪人であって念仏を申す者、念仏を申す悪人こそが往生の正因である、というふうにいわないと文意がとおりません。そういう意味で、主語と述語がうまく合致していないからというだけで、これを「念仏は」と読み変えるのは問題があろうと思うことです。だからここは、その日々において念仏を申す者は、「無碍の一道」を生きることができるのだと、こういう意味に読んでいきたいと思います。

そして次の「無碍の一道」、「無碍」の「碍」は障りですから、障られない、なんの障害物もない、一筋の道を生きるということです。親鸞聖人は「無碍」という言葉をいろいろにお使いになっています。一例を引くと、

無碍といふはさわることなしと也。(『尊号真像銘文』)

無碍とまふすは煩悩悪業にさえられず、やぶられぬをいふなり。(『一念多念文意』)

などあって、障ることがない、破壊されることがない、いかなる煩悩悪業も邪魔にならないということをいうわけです。そのほかにも「無碍道」とか「無碍人」(「行巻」)とかといっておられます。「一道」の「道」というのは、

「首」という字に「辶」がついています。道の首ということですから、初めのスタートを意味します。つまり仏法では「道（どう）」というときには方向性を示すのです。地獄へ落ちる道だ、浄土往生の道だというふうに、どちらかの方向に向かって行くという意味です。それともう一つ、道程といいますか、その途中の在りよう、内容について問題にします。その途中が苦しい道であるか、易しい道であるか、難行道か易行道か、有礙道か無礙道かどうか、そういうことをあらわします。この一道は二河白道に重なる道でもありますが、この「道」については、親鸞聖人は、「白道」「黒道」（『愚禿鈔』）ということを語っておられます。白道とは浄土に通じる道であり、黒道とは迷界に転落していく道のことです。また「一道」という語は、仏教文献ではいろいろと使ってありまして、

唯仏の一道独り清閑なり。（『法事讃』、「信巻」）

という言葉がある。これは善導大師の言葉を親鸞聖人が「信巻」に引いておられるのですが、念仏の道は「独り清閑」である。清らかにして安らかである、無礙であるという意味をあらわします。そのほかにも、

唯仏の一道なり、是、正道なり。（『弁正論』、「化身土巻」）

一道とは一無礙道なり。（『往生論註』、「行巻」）

唯仏一道きよくます。（『正像末和讃』）

等々があって、これらの言葉はたいへん深い意味をもっています。

次の「そのいはれいかんとならば」、「そのいはれ」というのは、その理由、根拠です。「いかん」は、いかに、どういうわけかといいますならばということです。「信心の行者には」、親鸞聖人は、非常に細かに「行者」と「信者」を分けておられることに注意していただきたい。基本的には信心の場合は「行者」、念仏の場合は「信者」といわれます。信じるというのは心の働きですから、それに対応して「行者」といわれます。「本願の行者」（『尊号

真像銘文』）、「真実信心の行人」（『末燈鈔』）などと明かされます。しかし、念仏の場合、念仏は身体の行為ですから、それに対応して「信者」です。『正像末和讃』には「念仏の信者」といわれます。このように行と信とを細かに対応して教示されている。こういう親鸞聖人の言葉遣いも注意すべきでしょう。「天神・地祇も敬伏し」、「天神」は天の神さま、「地祇」は地の神さまのことです。だから「天神・地祇」というのは日本の神々全部をひっくるめて、そういうわけです。「敬伏」の「敬」は尊敬、「伏」は平伏する。「天神地祇も敬伏する」というのは、日本のさまざまな神々が、善神も悪神も、みんな念仏を申す者に頭を下げて畏伏するというのです。親鸞聖人の当時、中世の人々は、地震が揺れるのも、台風が吹くのも、すべて神々が司っているのだという素朴な宇宙観をもっていました。それに対して、念仏の道を生きるものには、そういうことは関係がない、それを超えて成り立つ世界があるのだということをいおうとされるのです。そして「魔界・外道も障礙することなし」。「魔界」の魔というのは、サンスクリット語のマーラ（māra）の音写です。普通にはこれを障（さわり）と訳していますが、広くは人生における善事を妨害する内なる煩悩と外なる威力をいいます。『大智度論』には「慧命を奪い、道法功徳善本を壊る。この故に名づけて魔となす」とあります。その魔の境界を「魔界」という。だからこれはいうならば、自己自身の煩悩と超自然的な威力のことです。仏教では、そういう魔が私の人生を阻害するというわけです。「外道」というのは一般用語としても使いますが、仏教を内道というに対して、仏教以外の宗教をそう呼んだわけです。親鸞聖人の表現でいえば「九十五種の外道」（「化身土巻」）とあります。九十五種というのは、釈尊在世時代における、当時のインドにおける邪偽なる原始宗教のことです。そういうものを九十五種数えるわけですが、一般の誤れる宗教をさすといっていいと思います。自己の煩悩や超自然的な威力、あるいは私たちを取り巻くさまざまな民俗宗教、迷信、邪教、そういったものも「障礙することなし」、さわることがないというわけです。

そして「罪悪も業報を感ずることあたはず」。今度は自分の行為を問題にします。「罪悪」というのは罪、「業報」というのは私の行業の報いのことをいいます。業とは原語ではカルマン（karman）といい、カルマンとは行為ということですが、この業は業因と業果に分けて捉えることができます。私の行為は、必ず何かに対しての原因になる。それは必ず結果をもたらします。仏教は人間の行為についてそういうことを教えます。因果応報ということです。その業因が業果をもたらすところのはたらきを業報、報いといいます。しかし、それを感ずるということがないというわけです。行為した業因によって結果をもたらすことがない、念仏を申す身には、どんなに恐ろしく粗末な行為を犯しても、その結果を招来することがない、その結果がその人の人生に障害をおよぼすことがないというわけです。そして今度は逆に、「諸善もおよぶことなきゆへなり」。私たちがどれほど立派な行為をしようとも、「およぶことなし」。念仏を申すことによってうる、功徳以上の結果が成り立つことはないというわけです。第一条にも「念仏にまさるべき善なきゆへに」とありました。このように、あらゆる悪も念仏に対しては問題にならないし、またいかなる善も念仏の価値を超えることはない。念仏こそが、一切の悪を超え、最高の善となるのだというのです。

そこでこの第七条をいま一度通釈してみますと、念仏に生きる真宗の信者には、その人生において、いかなる障害にもわずらわされることのない一筋の道が開けてくる。すなわち、まことの信心の人には、いかなる天地の神々も敬伏してわざわいを加えることがなく、またいかなる悪魔外道にも迷わされることがなく、またいかなる業報をも克服し、いかなる善根にもまさるべき世界が生まれてくる、ということになります。

三、私　解

一　宗教における救いの類型

一、三種類の救い

この第七条にかかわって、以下真宗における仏の救いについて、いささか考えてみたいと思います。それについてはまず、広く宗教一般における救いの意味について概観してみます。宗教における救いというものには、大きく分類すると、三種類があると思います。これは私見ですが、第一には欲求充足型の救い。第二には自己制御型の救い。第三には主体確立型の救いと、このように分けることができるかと思われます。

二、欲求充足型の救い

その第一の欲求充足型の救いというのは、やや固くいえば、当面する現実状況を、超越的威力にもとづいて、自己の欲求のとおりに改変させることによって成立する救いのことです。すなわち、私たちの人生においては、つねに目の前にいろいろな状況が出現してきます。たとえば、自分の息子が一生懸命に勉強したけども大学の入学試験に合格しなかった。そこで息子はたいへん落胆している。あるいはまた、病院に行って診てもらったら恐ろしい病気だと分かって心が動転している。そういうような現実の危機的状況に遭遇したとき、この世俗を超えたパワー、神とか仏の力にたよって、その危機を自分の欲求どおりに変えていき、そしてやれやれよかったと安堵する。そういう構造で成り立つ救いです。このような欲求充足型の救いには、その前提として超越的な支配者の存在が考えられているわけです。受験の神さまとか、病気を治す神さまとか、そのほかさまざまな私たち人間の願望を満足させてくれる神さま仏さまがいる。そういう超越的な支配者の存在を考えるのです。そしてその超越者に対して、それぞれが懸命に祈願、お願いをする。素手ではできないから、その超越者に対していろいろとお供えする。あるいはまた、自分の誠意をあらわして、たとえば水ごりを取ってお願いするとか、あるいは食べものを絶ってお願いする。またはお百度を踏むなどというようなことをしてお願いする。そしてその祈願にもとづいて、人間の力ではできないような結果、つまり奇跡が生まれて自分の願望がうまく成就する。こういうかたちで、自己自身の願望がうまく充足し、実現したことが救いだと考える宗教があります。これはご利益中心の民俗信仰などにおいて語られる救いです。お祈りしたら病気が治るとか、金が儲かるということです。現世利益中心の新興宗教において語られる救いもそうです。このような現世利益的な救い、自分の願望の充足が自分自身の力では充足できないところ、それを神や仏の力にたより、それによって成就しようとする宗教は、昔も今も存在し、人間は自分の人生に危機的状況が迫ってきたときには、苦しいときの神だのみということで、そういう宗教をたよることがありますが、それがいかに他愛のないことであるかは、いうまでもありません。

三、自己制御型の救い

そういう現世利益的な欲求充足型の救いに対して、二番目には自己制御型の救いというべきものがあります。これは自己自身の欲求、願望を自分で制御しながら、自己の人生態度を改変することによって成立する救いです。人間というものは、現実の実在的な世界に住みながらも、その人間一人ひとりは、自分自身の経験的な世界の中に生きているものです。すなわち、その現実をどのように知見し、経験しているかという内的経験、感覚的な世界の中で生きているわけです。たとえば、体の調子がおかしいので、病院に行って診察してもらったら、肝臓ガンの疑いがあるので改めてレントゲン検査をしましょうといわれたとき、その肝臓ガンという病気が事実かどうかまだ分からないにもかかわらず、もしもこの病気が進行していたら私は死ぬかもしれないと不安に思う、そのような瞬間的な知覚、それを経験的な世界というわけです。そして私たちが日々生きているということは、人間一人ひとりが、そういう私的、経験的な世界の中に生きているわけで、その経験が自分自身の内的な願望と何ら矛盾することなく受けとめられていけば問題はないわけです。しかしながら、そういう自分自身の内的な願望とその私的な経験が矛盾、対立したとき、人間はそこに不安や苦悩を抱くこととなります。自分はまだ元気で仕事をしたいという内的な願望をもちながら、肝臓ガンかもしれないという私的な経験を自覚する、というような状況です。このような状況に遭遇したとき、人間は誰でもその全力を傾倒して、その経験の改変、すなわち、いまここでいえば、そういう肝臓ガンを治療し、その病気を克服しようと考えます。しかしながら、その治療がうまく進展しない場合には、人間はそういう状況に対していかなる態度をとるでしょうか。その対応のひとつが、すでに上に見たところの、この世を超えたところの超越的な威力、神や仏に祈願して、その病気の平癒、私的経験の改変を求めるということですが、いまひとつその経験を自覚する自己自身の願望、その意識を、制御し改変していくことを教え、それにおいて救いを語る宗教があります。このような自分の願望、意識を改変することによって危機状況を克服するという場合、たとえば、大学受験に失敗したとき、意識を転じて第二志望に切り替えて納得するというようなことは、日常的によくあることですが、その危機的状況がもっとも深刻な場合には、その願望、意識というものは、自分自身ではそう簡単に改変するわけにはいきません。そういう場合には、人間はどうするでしょうか。人間はそのときに宗教を求め、究極的な絶対者、神に対して帰依し信仰することによって、自己自身の願望、意識の改変を計ります。私たち人間がそれぞれの人生を生きているということは、それぞれが何らかの意味において、価値体制を抱いて生きているわけです。すなわち、自分の人生生活においては何が一番高い価値をもっているか、そしてそれに続く価値は何かというように、それなりの価値基準、価値体制というものをもっているものです。人によっては名誉を第一の価値とする人もありましょうし、また財産を第一の価値とする人もありましょうし、また愛情こそが最高だという人もありましょう。いま自己自身の願望、意識を改変するとは、そのような価値体制を変更することを意味します。そしてそのことを宗教において、その絶対者に帰依することにより、その価値体制を編成替えするわけです。すなわち、宗教を信奉することにもとづき、自分が信じる絶対者、神、仏が唯一絶対の最高価値であると認知することによって、その願望、意識を改変していくのです。

このような救いを説く宗教は多くありますが、たとえば天理教の教えにもそのことが見られます。天理教では、もともとその神、天理王命のことを「ホウキ」（箒）といいました。神を信仰するとは、その神によって自分の内なる心の「ほこり」を払い捨てることだというわけです。その祈りの言葉が「悪しきを払うて救けたまへ天理王命」といわれるゆえんです。そして天理教では、その心のほこりについて八種をあげます。すなわち、「をしい」「ほしい」「にくい」「かわい」「うらみ」「はらだち」「よく」「こうまん」です。絶対神としての天理王命を日々深く信仰することにより、これらの八種のほこりを払いつづけていくならば、そこに「陽気ぐらし」としての平安な人生が開かれてくるというわけです。そして天理教では、その神に対する信仰をめぐって、その神、天理王命が絶対の価値、権威であることを強調するとともに、その神に対する報謝、奉仕の行為が大切であるといって、「ひのきしん」（日の寄進）が要求されます。天理教では、こういう教義にもとづいて、心のほこりを払いのけることにより、いままでの日常的、世俗的な価値体制を変更し、自己自身の願望、意識の改変をはかるわけで、ここにおいて神の救い（陽気ぐらし）を語るのです。

こういう宗教が教える救いとは、その危機状況をもたらした現実を変えるのではなく、その危機状況の現実に合わせて自分自身を変えるわけで、それにおいて矛盾をなくするのです。たとえば、どうしても病気を治すことができなければ、「自分の病気は神様が私に与えてくださった試練だから仕方がない。すなおに受けよう」と、自分の思いを変えれば、病気と対決、争わなくてすむ。だからストレスや苦しみは生まれてこない。このように、まったく自己自身の意識を変革するという方向において現実を超えていこうとするわけです。こういう意識の編成替えによる現実受容において救いを語る宗教は、今日では立正佼成会やピーエル教団などの精神主義的な新興宗教に多く見られるところです。また今日においては新新宗教といわれるものが、オカルト的な宗教として、さまざまな神秘的な様相を演出しながら、現代人の心の悩みを癒すといって宣伝しています。そしてそこでは教祖の権威を最大限に誇張、利用し、その修行といわれる宗教行為については科学的な偽装をこらして、現代人の意識にうまく対応しているようですが、これらもまた、基本的には、人間の意識の編成替えをめざすものでしょう。自分の人生生活の途上で、絶体絶命の危機的状況に遭遇したとき、こういう宗教にたよって、その現実状況をよく受け止めていくということも、ある意味では必要かもしれません。しかしながら、またこういう宗教の権威にもとづいて、単純に意識を変革するということには大きな危険があります。マルクスが宗教はアヘンである。現実の状況を何ひとつ変革しないで、その現実をそのまま受容せよという宗教は、社会変革の邪魔ものだといったのは、そのとおりだと思います。

四、主体確立型の救い

ところが仏教が語るところの救いは、それとは違います。これが第三番目の主体確立型の救いです。それはある特定の普遍的な原理、または究極的な価値を自己自身が体験することにより、その現成体験にもとづいて成立するところの自己成長、自己実現による新しい人格主体の確立において、現実のさまざまな状況を、たとえそれが厳しい危機的状況であっても、それをよく主体的に克服するということによって成立する救いです。つまり、教法を学び、それを日々実践することによって、まったく新しく目が覚めてくるというような究極的な宗教体験をもち、そのことをとおして人格的に成熟していき、新しい人格主体が確立されることによって、現実状況を主体的に克服していくというのです。仏教が語るところの仏による救いとは、そういうことをいうわけです。そしてまた、いまここで「念仏者は無礙の一道なり」というのは、そういう主体確立にもとづく人生の道のことをいうのです。念仏に生きていくということは、究極的な宗教体験をもつということであり、そういう体験を反復しつつ、次第に深化していくということです。真宗における信心とは、いままで見えなかったものが、新しく見えてくるという宗教的な体験のことです。それにおいて自分の煩悩、罪業の深さが見えてくるようになり、またそれとひとつになって仏の大悲が知れてくるのです。仏教では、「信じる」ということは「知る」とか、「分かる」ということです。仏を信じるということは、新しく何かが見えてくる、分かってくることなのです。仏教における信心とは、分からないもの、見えないものを当てたよりにすることではありません。ここが仏教における信心の意味の大事なところです。親鸞聖人は「信心の智慧」（『正像末和讃』）、「智慧の信心」（『唯信鈔文意』）といわれます。あるいはまた、しばしば「信知」といわれます。「信じる」とは知ることなのです。そしてまた、その「知る」こととは、「成る」ことなのです。親の御恩が知れたら、少しはましな人間になろうと思うものです。その信心体験において、私はまことに粗末な日暮らしをしています。恥かしいかぎりですと、深く自己自身を知るならば、その必然として、少しずつその古い皮を脱ぎ捨てて、少しでもましな人間に成っていこうという生きざまが生まれてくるはずです。まことの信心とは、こういう方向に人間を成熟させていくものです。仏教とは成仏の教えです。人間が仏に成っていくのです。まったく成ってはいない私が、仏法を学び、念仏を申して生きていくことにより、少しずつ成っていく。脱皮し成長していく。それを成仏道といいます。真宗の教えもまた、この方向において成り立つものです。

仏教では、仏の「さとり」をひらいた人のことを「自由人」「自在人」といいます。親鸞聖人も「自在人」という言葉を使っておられます。自由人とは、自らに由る人のことです。自在人とは自らにおいて在る人のことです。ほんとうの信心に生きる、仏さまの生命をもらって、その生命を生きるということは、まことの自分に由って生きるのです。他人には由らない。私たちはいつも他人の目を心配してうろうろしていますが、そうではない。自分自身に由る、それが自由です。自分自身において在る、それが自在です。明治時代の初頭に、フリーダムとかリバティという英語を訳すときに、いろいろ考えたが、よい訳語が見つからなかったから、経典にある自由とか、自在という言葉を当てたといいます。今日における翻訳語としての自由とか自在というのは、何らかの束縛から逃げることを自由といい、自在といいます。しかし、仏教が明かすところの自由、自在とは、人間がまことの人格主体を確立して、他の何ものにも支配されないことをいい、障害をうけないことをいうわけです。いまここでいえば「無礙の一道」に立つということです。

二　真宗における救いの意義

一、伝統教学における理解

そこで次に、真宗における救いの意義についてお話しします。それについては、まず伝統教学において、仏に救われるということが、どのように理解されているかについて見てみましょう。伝統教学においては、仏の救いについては、現当二世の救いということで理解しています。すなわち、現生、今世では正定聚、不退転地に住し、当来、来世には往生成仏するというわけです。その現生の、現実の人生生活における救いは、正定聚、不退転地をいいます。その正定聚とは、死後に浄土に往生して仏に成ることに、正しく決定したということで、それは未来、死後に対していうわけです。また不退転地とは、再び迷いの世界にかえらない、退転しないということで、これもまた未来、死後に対していうことです。ところが、この正定聚、不退転地の意味を、親鸞聖人以後においては、存覚は「現生不退の密益」（『浄土真要鈔』）といい、蓮如も同じように「これ不退の密益」（『御一代記聞書』）といいます。ここで「密益」というのは、もとは天台教学の用語によるわけで、それは表面に現われることのない利益を意味します。それに対して顕益というのは、現に日常の生活の上に現われてくる利益をいいます。かくして、伝統教学では、信心の利益としての、現生に正定聚に住し、不退転地に住するということは、法徳、仏法における価値の問題であって、その利益は、具体的にはその人の人生生活には何ら現われることはないというわけです。すなわち、そのことは死後における浄土参りの切符を持ったか、持たないかというだけの話であって、そこで語られる救いとは、何ら日常的な生活の上に現われるものではないというわけであって、それはまったく観念的な救いというほかはありません。

伝統の真宗教学では、仏に救われるということは、死後に浄土に往生することに決定することをいい、それにもとづいて何らかの安堵感がえられるだけであって、そのほかに今生の人生生活において、具体的な利益がめぐまれるということは語りません。私が若いときに、龍谷大学のある真宗学の教授が、真宗における仏の救いについて説明するのに、君たちは土曜日がきたら、明日は日曜日で休日だということで気分が楽になるだろう、といわれた。昔の学生はよく勉強していたから、月曜から土曜まできっちりと授業を受けていたわけです。土曜日がくると、ああ、明日は受講しなくてもいいと思ってホッとするだろうというのです。そしてこの先生はまた、君たちは子供の頃に、正月が近づいたら気分がうきうきしただろう。親のいうこともよく聞いて、お手伝いをしただろう。真宗における救いというのは、ちょうどそういうものだ。土曜日にホッとするようなもの、正月の前に心がうきうきするようなものだ。やがて死んだら浄土に往生できる、そしてまことの仕合わせがえられると思ったら、現実の悲しいことも苦しいことも忘れて安堵できる。これが真宗における救いだと、いつもそういっていました。私たち心ある学生は、このような講義を皮肉って「土曜日の真宗」といっていましたが、これが伝統教学における真宗の救いをめぐる理解です。

そういうことを書いた、この人の書物は、いまも売られていますが、これが真宗の伝統教学の発想です。死んだら仕合わせになるのだ。だからいまは苦しくても頑張れというのでは、上に見たアヘンの宗教と変わらないのではないですか。こんな現実の欠落した無責任な話が現代人に受け入れられるはずがありません。親鸞聖人は、そんなことはどこにもいわれていません。

二、真宗信心の性格

『無量寿経』の本願成就の文に「信心歓喜」とありますが、この信心歓喜とは、サンスクリット語ではチッタプラサーダ（citta-prasāda）といいます。チッタというのは心です。プラサーダとは澄むということです。だから真宗における信心とは心が澄んでくること、そのことによって新しくものが見えてくるということなのです。それを私は「めざめ」体験といっています。「ああ、そうか」と、私の心の底のところで深く感得するのです。すなわち、私自身の罪業の重さと仏の温かい慈悲を、私の心の深いところでひとつとして体験する、そういう「めざめ」の体験を信心、チッタプラサーダというのです。親鸞聖人は、これを「智慧の信心」、「信心の智慧」といわれました。またさらには「信ずる心のいでくるは智慧のおこると知るべし」（『正像末和讃』左訓）とも明かされています。だから真宗における信心とは、主客二元的に私が対象に向かって心を傾けるということではない。そうではなくて、主客一元的に私がまったく主体的に「めざめ」ることなのです。すなわち、信心とは、知ることであり、見えてくることなのです。私における虚妄が見えてくる。私における如来の大悲の真実が見えてくるのです。私においてそういう虚妄と真実がひとつになって見えてくるようになるならば、そのような体験は、私の人生の生きざまにおいて、何らかの影響をもたらしてくることとなりましょう。そのことについて、親鸞聖人は『愚禿鈔』に、「本願を信受するは、前念命終なり。即得往生は、後念即生なり」といわれます。この「信受本願」「即得往生」というのは、第十八願成就文による言葉です。また「前念命終」「後念即生」というのは、善導大師の『往生礼讃』の中の言葉です。この文は、善導大師の場合は、人間が死んでいくとき、その臨終の前後について明かしたものです。その前念というのは前の時間のことで、この世の生命が終わるとき、次の後念とは後の時間のことで、浄土に生まれるときのことをいった文章です。それを親鸞聖人は、信心の成立、「めざめ」体験の成立に重ねて、その信心が成立する前の時に迷いの生命が終わり、その後の時に浄土の生命に生まれるのだと明かされるわけです。すなわち、まことの信心体験をもつということは、その体験において、私が迷いの生命を捨てて、新しい仏の生命に生まれかわることだといわれるのです。古き自己に死して新しき自己に生まれることなのです。「本願を信受するは、前念命終なり。即得往生は、後念即生なり」という文は、まさしく信心において、まったく新しい人生が開けてくることを明かすものです。

親鸞聖人は、また真実信心の人について、しばしば、

念仏を信ずるは、すなわちすでに智慧をえて、仏に成るべき身に成る。(『弥陀如来名号徳』)

かならず仏に成るべき身と成るなり。(『浄土和讃』左訓)

まことの仏に成るべき身と成れるなり。(『一念多念文意』左訓)

などと明かされます。信心の人は、この現生において、やがて仏に成ることのできる身に成るのだといわれるわけです。はじめの成るは来世、死後についていい、あとの成るは今生ただ今の話です。かくして信心の人は、迷いの生命を捨てて、新しく仏の生命をたまわり、やがて仏に成ることのできる身に育てられ、成らせていただくのです。今生ではこの煩悩を宿す肉体をもっているかぎり仏には成れません。しかし、やがて仏に成るべき身に、いまここにして成らせていただくのです。

そしてまた親鸞聖人は、このようにして仏の生命を生きる信心の人を、しばしば「如来と等しき人」といわれます。このことについても充分に注目すべきことです。ただし、今日でもこのことを「如来等同」という学者がいますが、これは誤解です。親鸞聖人は、如来、仏と「等し」といわれたけれども、「同じ」とは一度もいっておられません。これは『末燈鈔』の第七通に、「諸仏等同と云事」というタイトルが付けられているところから、「等同」

といっているのですが、このタイトルは、後の人が親鸞聖人の手紙に書き加えたものです。よく分かっていない人が書き加えたのでしょうが、そこでこのタイトルから、今日の学者が「如来等同」といっているだけです。親鸞聖人は、信心の人は弥勒菩薩と同じだといわれます。弥勒菩薩という方は、兜率天でいま修行しておられる。菩薩の階位では五十一段目で、もう一段上がったら仏になられるわけです。かくして、弥勒菩薩とは同じだといわれますが、仏と同じとは一度もいわれません。信心の人は、「弥勒におなじくらいなれば（中略）如来とひとしとも申すなり」（『末燈鈔』）といわれます。何度もそうおっしゃっています。信心の人は仏と「同じ」とはいわれない。仏と「等し」といわれるわけです。これは親鸞聖人の言葉遣いの厳格なところです。しかしこれを誤って「等同」などといっている。親鸞聖人は言葉を非常に厳密に使っておいでになります。多くの漢字の辞典を見ても、「等」と「同」は同じ意味をもっていて、「等しい」とは「同じ」ということだと書いてあります。しかし親鸞聖人の場合には、この両者の意味が違うのです。信心の人は、菩薩の階位の第五十一段目の弥勒菩薩と同じであるから、「如来諸仏とひとしと申すなり」といわれるのです。ここでは明らかに、「等」と「同」は違うのです。結論的にいいますと、すでに上に見たように、「前念命終、後念即生」として、その信心において如来の生命をいただくのですが、親鸞聖人においては、仏に出遇うということは、そのまま同時に私の心の底に地獄を発見することです。光に遇うということは、そのまま黒い影が映るということです。その信心において地獄を発見するから、仏と「同じ」だといえなかったのです。弘法大師や道元禅師は、この現身において成仏するといいましたが、親鸞聖人は、仏の生命をいただいて生きる人は、「仏と等しい人」といわれたのです。それについてこんなことがありました。かつて私の同僚の真宗学者が、道元禅師は親鸞聖人よりもよほど「さとり」が深かったのだろうなといいました。「なぜですか」と聞いたら、道元禅師は五十二歳で死んでいるが「さとり」をひらいたといっている。けれども親鸞聖人は九十歳まで生きられたが「さとり」をひらいたとはいわれなかった、だから道元禅師のほうが深いというのです。仏法が分かっていないのです。道元禅師は五十二歳で亡くなった。道元は深い「さとり」に生きた人ですが、親鸞聖人は、それよりも四十年近く長く生きて、九十歳まで念仏の味わいを深められたのです。その信心、「さとり」の内実は誰よりも深かったと思われます。そこで仏に成れないといわれたのは、親鸞聖人の信心の深さ、その「さとり」の深さ、自己を見つめる眼の深さによるからです。私はそのときにいいました。釈尊は八十歳で亡くなられたが、親鸞聖人は九十歳まで生きられた。だから釈尊よりも、親鸞聖人のほうが、よほど深い「さとり」をもっていられたに違いない、と。そういうものです。私がいま今日まで生きてきてそう思うことです。かつて鈴木大拙先生が、「九十歳になってみなければ分からない仏法の世界がある」といわれたといいますが、そのとおりでしょう。年齢を重ねていくと、自分の煩悩はいよいよ厳しく見えてきますし、仏の慈悲はいよいよ喜ばれてくるものです。仏法の上からは、生きているということには、そういう意味があるように思われます。

ともかく親鸞聖人は、信心の人を仏と同じ、仏に成った人とはいわれなかったのです。そのかわりに、信心の人は「必定の菩薩」(『愚禿鈔』)、やがて必ず仏に成ることに決定している菩薩だ、といっておられます。真宗は、その伝道、布教において、こういう教言をもっと大事にすべきだと思います。かつて本願寺教団は、アジア・太平洋戦争中には戦死した人を菩薩といいました。それはまったくの間違いです。しかし、まことの信心の人は、みんな菩薩なのです。

三、触光柔軟の益

親鸞聖人は、その「信巻」において、信心の利益をめぐっていろいろと説かれ、「真の仏弟子」ということで、信心の人の具体的な生きざまについて明かされますが、そこでは、阿弥陀仏の第三十三願と第三十四願の二種の願文を引用されます。第三十三願は「触光柔軟の願」といわれ、その触光とは、仏の光明に触れる、その教えを学ぶということで、信心の人は、その念仏生活の必然として、心と体が柔軟になるというのです。これは、おもしろい表現だと思いますが、念仏信心に生きるものは心が柔らかくなるだけではなく、体、その行動も一緒に柔らかくなるというのです。まことに趣の深い教えだと思います。親鸞聖人は、信心のことを「柔軟心」といっておられます。信心のことを柔らかい心だという。またときには、信心とは「金剛心」、堅い心だともいわれます。柔らかくして堅い心、堅くして柔らかい心、それが真実信心です。どんな状況に遭遇しても、決して崩れることなく、ぴたりとその状況に順応することができる。上にいったような、心を無理に箒で掃いて捨てなくてもいい。いろいろな苦しみや悲しみの状況に出遇ったら、つねにその状況に合わせて心と体が動いていくというのです。私たちの人生は、毎日あくせくと働いても、つねに苦しみや悲しみがつきまとうものです。そしていっそうストレスがたまるばかりです。けれども念仏に生きるものは、その信心において、「そうかそうか」と、少しずつ心と体が柔らかくなって、その現実によく対応できるのです。これが真宗における救いということの意味です。いわゆる「癒し」ということを、こういうかたちで捉えるならば、念仏において癒されるわけです。鳥取の源左同行にこんな話があります。ある年の正月に地区の知り合いが集まって、ご馳走して宴会をすることになった。それで源左が「わしも手伝う」というと、「おまえは魚を焼け」といわれた。鰯か何かだったのでしょうか、源左が七輪に火をおこして焼いていたら、一人の若い衆がそれを見て、「源左さん、魚の頭を取って焼かんでもいいやろ。きょうは正月だから、頭を付けて焼けや」、「そうか、そうか」と源左。いわれたとおり頭を付けたままで焼いていた。そしたら別な男が来て、「なんで頭をつけて焼くのや。頭は食べられんのやから、取って焼けや」、「そうか、そうか」と源左。食卓に皿がで盛り付けてあるのを見たら、一匹は頭が付いたまま、一匹は頭を取って焼いてある。まことに見事です。普通の人なら、そういわれると、「彼は頭を取らずに焼けというたが、あんたは取れという。いったいどうすればいいのか。わしゃもうやめた」などというところでしょう。しかし源左は何もいわずに、「そうか、そうか」と柔軟に対応しているのです。信心の人には、こういう生きざまが生まれてくると明かされるわけです。ここにはまさしく触光柔軟の生き方として、心も体も柔らかく生きていく人生の生き方を、よく見ることができます。

四、聞名得忍の益

そこでもう一つの第三十四願は「聞名得忍の願」といいます。ここで得忍というのは智慧を身にうることをいいます。その智慧とは、私における世俗の知恵ではなくて、信心において生まれてくるところの智見のことです。信心の人が念仏をしながら、「ああ、これは如来さまが私に対して呼びかけてくださる呼び声だ」と聞くことができたら、その聞名の功徳として、浄土から届いた光によって、新しく違った世界が見えてきます。新しい眼が開けてくるのです。信心の人には、そういう智慧がめぐまれてきます。

その昔、ある妙好人の爺さんの、こんな話を聞いたことがあります。この爺さんは信心深いということで、村の人々からとても尊敬されていましたが、その村の若者たちが、この爺さんを試してみようと悪巧みをたて、ある夜のこと、提灯をかかげて道を急ぐ爺さんを待ち伏せして、田圃に突き落としました。若者たちは陰にかくれて、爺さんがどうするか、じっと見ていました。すると田圃から泥まみれになって這い上がった爺さんは、何事かとぶつぶついいながら、また夜道を歩いていきました。そのときの爺さんの独りごとは、どうやら「こらえてやれよ、こらえてやれよ」というように聞こえたといいます。若者たちには、その独りごとの意味はまったく分かりませんでした。

それから、ずいぶん経った後日のこと、そのときの若者の一人が、かつての悪戯を告白して詫びながら、あのときの独りごとの意味はどういうことかと尋ねました。すると爺さんは、「あのときは、ずいぶんと腹がたったものよ。だが如来さんのことを思ったら、どうせ村の若者の悪戯だろうから、腹をたてるな、こらえてやれよ、こらえてやれよ、といわれているように思われたのよ。だから、あんな独りごとをいうたのだ」と語ったといいます。普通には、腹をたてたときには、カッとなって、自分自身の心や姿はまったく見えないものです。腹をたてているということさえも自覚してはいません。腹をたてている自分だけがいて、その自分の心や姿を顧みる心も眼も存在しないものです。しかし、この爺さんは、腹をたてながらも、その瞬間に、腹をたてている自分自身を、もう一人の自分が、ちゃんと見つめているわけです。それはまさしく念仏、信心をとおして身にえた眼、手鏡であり、仏の眼です。そしてこの爺さんは、それにおいて、「こらえてやれよ、こらえてやれよ」という、如来の声を聞いたわけです。ここには聞名得忍の生き方として、一般の自己中心的な生き方を脱して、つねに仏法の手鏡を持って、自分自身を徹底して客観化しつつ、自分の現実をもう一人の自分が、しっかりと見つめながら生きていく生きざまを、よく生みだしてくることを明かしているわけです。

親鸞聖人は、その「信巻」において、この「触光柔軟」と「聞名得忍」の二種が、念仏、信心に生きる人が身にうるところの利益であるといわれるのです。ところが従来の伝統教学では、これらをみんな法徳、仏法上における功徳、価値について明かしたもので、念仏者の日常的な生活において、具体的にあらわとなるものではない、といっているのです。しかし、この触光柔軟と聞名得忍の利益は、明らかに信心の人が身にうるところの具体的な相状です。そのことは、上に見た妙好人の生きざまによくよくうかがわれるところです。

五、現生における十種の益

それからまた親鸞聖人は、「信巻」に「現生に十種の益をうる」と明かして、真実信心の人には、今生において十種の利益がめぐまれるといわれます。これは、中国の遵式（九六四～一〇三二）という人が書いた『往生西方略伝』にもとづき、それにヒントをえて明かされたものです。そこで明かされる十種の益とは、次のようなものです。第一は「冥衆護持の益」。「冥衆」というのは、眼に見ることのできない多くの力、諸天、善神のことで、それらがつねに信心の人たちを守ってくれているという利益のことです。第二は「至徳具足の益」。どれほどお粗末な人間でも、信心に生きるならば、最高の価値、広大無辺な功徳が具わってくるという利益です。第三は「転悪成善の益」。悪が転じて善に成る。まことの信心に生きる人は、自分の罪業が転じて善根になっていくという利益です。第四は「諸仏護念の益」。諸仏が信心の人を守ってくださる。信心に生きる人は、いつも諸仏によって護持されているという利益です。第五は「諸仏称讃の益」。諸仏が信心の人は如来と等しい人、やがて仏に成るべき身に成った人だといってほめたたえてくださる、という利益です。第六は「心光常護の益」。信心の人は、阿弥陀仏の摂取の光明に照護されているという利益です。第七は「心多歓喜の益」。信心に生きる人は、つねに心に安らいと喜びが満ちてくるという利益です。第八は「知恩報徳の益」。信心に生きる人は、さまざまな恩徳を感知して、それに報いる働きをするという利益です。第九は「常行大悲の益」。ここで大悲を行ずるというのは、阿弥陀仏の働きのことをいうわけですが、信心の人は、そういう働きができるようになるという利益です。そして最後の第十が、「入正定聚の益」。これは信心の人は、すでにここにして仏に成ることに決定した仲間に入るという利益をいいます。真宗の信心に生きる人には、こういう現生における十種の利益がめぐまれるというのです。かくして、こういう利益が少しでもわが身において顕わになってくるところにこそ、信心に生きることのまことの証しがあるのだと、このように捉えなければなりません。しかしながら、伝統教学においては、すでに上に見たように、存覚、蓮如が正定聚、不退転地とは密益であるといったことをうけて、この十益は日常生活に顕わるものではなくて、すべて法徳である、仏法上の価値について明かしたものだといいます。しかしながら親鸞聖人の本意はそうではありません。この現生の十種の利益とは、信心の人の生活にめぐまれ、あらわとなってくる現実の利益にほかなりません。

六、真宗における救いの特性

先ほどもいったように、真宗における救いというものは主体確立型の救いです。念仏、信心に生きるということは、それにおいて、新しい人格主体を確立し、それにもとづいて現実の厳しい諸状況を、まったく主体的に克服して生きていくことをいうのです。それは自分の心、思いを転換させて、その状況を苦難と感じなくするというような単純なことではありません。その危機、苦難に真正面から向き合いながらも、ひとえに「南無阿弥陀仏」と念仏を申しつつ、それを乗り越えていく、そういう生き方が成立するところ、それが真宗が教えるところの救いです。仏教が語るところの「済度」とは、そういうことなのです。この「済度」はサンスクリット語ではウッタラナ（ut-taraṇa）といい、この語は超えること、横切ることを意味します。「済度」の「済」の字は、もともと「サンズイ」が書いてあるように、水を渡ることをいうのです。辞典にも「渡る」と同じ意味だと書いてあります。「度」は「サンズイ」を書いたら、川や海を「渡る」のです。「サンズイ」がない場合は、谷をわたる、道をわたるということで、「わたる」です。それをウッタラナ、済度という。親鸞聖人はこれを「横超」、横に飛び超えることだといわれました。どんなに苦しくても、悲しくても、念仏を申しつつ、その障害を乗り越えていく。渡っていく。これが真宗における仏に救われた者の姿なのです。死ぬることを往生というのも、念仏において死を乗り越えていくということをあらわします。死は終わりではない、新しい生命に生まれることだという。真宗において死を往生というのは、その死を真正面に受けとめ、それをよく超えていく、渡っていくことをいうわけです。

しかしながら、従来の伝統教学では、そういうことはいいません。まったく観念的、抽象的な解釈を加えるばかりです。伝統教学の学者の中で、峻諦、僧叡らは、仏の立場に立って、信心をいただいたら如来の光明に摂取されるから、そのことを救われたというのだといいます。また別な学者の円月、鮮妙らは、衆生の立場に立って、名号を廻施されたことが、救われたということだといっています。そしてそのことを正定聚・不退転地の益と、こういっているのです。従来の教学における救いというものは、みなそのように光明の摂取か名号の廻施かのどちらかで解釈している。真宗における仏の救いとは慈悲の光明に包まれることだという。あるいはまた名号をいただくことだという。そしてそのことは正定聚、不退転地の位につくことだと解釈します。まったく抽象的、観念的な話でしかありません。伝統教学の人々は、親鸞聖人の教えを学ぶについて、まったく観念的に文字の解釈ばかりをして、自分自身の主体をかけて学ばないから、こんな話になるのです。真宗における救いとは、仏の光明に照らされることだといい、仏の名号をいただくことだといっても、多くの現代人が、精神的、経済的に追いつめられ、さまざまなストレスをかかえて苦悩しているところに、こんな話をして聞いてくれるはずがありません。伝統教学がいかに時代離れしているかが、よくよくうかがわれるところです。真宗において救われるということは、その念仏、信心において、新しい人格主体を確立していくということです。私たち人間一人ひとりが、その念仏、信心において少しずつ成熟していくということです。もちろん、そのことは一気には進みません。一歩前進、一歩後退で、うろうろしている私ですから、何も偉そうなことはいえませんが、念仏、信心に生きるというのは、そういうことをいうのです。そしてそれにおいて、私の日常の人生生活において、「済度」とか「横超」とかいう事態が少しずつ成り立っていくのです。そういう具体的な体験を基本にして、救いというものが考えられ、語られなければ、「念仏者は無礙の一道なり」ということはいえません。親鸞聖人は、これだけはっきりと、「信心の行者には、天神、地祇も敬伏し、魔界、外道も障礙することなし。罪悪も業報を感ずることあたはず、諸善もおよぶことなき」とおっしゃっているのです。真宗における救いの道、済度といわれ、横超と明かされた道が、いかに堅牢にして無礙の道であるかを明かす言葉です。これは親鸞聖人が、自己自身の念仏に生きる姿を、身をもって教示された言葉です。親鸞聖人の生涯は、まさしくこのような「無礙の一道」だったわけでしょう。よくよく味識したいところです。

三　天神地祇の敬伏

次に、「信心の行者には、天神、地祇も敬伏し」といいますが、その天神地祇の敬伏ということについて少しお話しします。日本の中世以前における宇宙観においては、天地のいたるところに神々がいて、それが私たちの人生を支配し、左右するのだと考えられていました。しかし親鸞聖人は、中世に生きたものとして、そういう宇宙観のただ中に住みながらも、ほんとうの念仏に生きるならば、そういうことはまったく問題ではないと、はっきりといわれたのです。念仏、信心にもとづいて、まことの人格主体を確立するならば、天地の神々が、いかに私たちを支配するといっても問題ではない。それをよく克服して生きていくことができるというのです。ここでちょっといっておきますが、親鸞聖人は、真宗念仏に生きるものは、神祇不拝、神さまを拝んではならないと教えられました。その『教行証文類』の「化身土巻」には『涅槃経』や『般舟三昧経』などの文を引いて、

仏に帰依せば、ついにまたその余の諸天神に帰依せざれ。

みずから仏に帰命し、法に帰命し、比丘僧に帰命せよ。余道につかうることをえざれ、天を拝することをえざれ、鬼神を祠ることをえざれ、吉良日を視ることをえざれとなり。

などといわれています。あるいはまた、

かなしきかなや道俗の　　良日吉日えらばしめ
天神地祇をあがめつつ　　卜占祭祀つとめとす

などという和讃もあります。念仏、信心に生きるものは、ただ阿弥陀仏の一仏に帰依すべきであって、それ以外のいかなる仏や神にも帰依してはならないと、厳しく教えられました。

かなしきかなやこのごろの　　和国の道俗みなともに
仏教の威儀をもととして　　天地の鬼神を尊敬す（『悲歎述懐和讃』）

すなわち、親鸞聖人は、念仏者の宗教的な生きざまについて、迷信、邪教に惑わないということと、神祇は拝むべからずということを明言しておられます。しかしながら、真宗教団は、はじめの迷信、邪教についてはいいますが、あとの神祇不拝についてはいいません。だからその現場の布教においても、神祇不拝についてはほとんど語りません。何ゆえにいわないのか。それは親鸞聖人没後における真宗教義の解釈の誤りによるもので、覚如、存覚、蓮如らが、もっぱら世俗に迎合して神祇崇拝を是認、肯定したからです。まさしく親鸞聖人の教示を裏切ったわけです。それについては、教団は今もって原点に回帰して修正しません。ひとえに教学の責任であり、怠慢です。かくして、真宗信心の内実がはなはだ曖昧となって、それによる人格主体の確立ということが成り立たないこととなります。これは本願寺派と大谷派に共通する、今日における真宗布教上の最大の課題です。広島県安芸の国は、昔から真宗の法義が盛んなところです。それについては、近世江戸時代に、慧雲（一七三〇～一七八二）という優れた学僧がいました。この人は、自ら若い僧侶を育てながらも、各地を巡回して法義を伝え、また神棚を家の中に祀ることをやめさせ、位牌も廃止させせました。世間では、彼を「神棚おろしの慧雲」と呼びましたが、その教化、伝道によって、安芸の国には、まことの真宗信心がよく育つこととなり、いまもその名残りの跡をとどめています。真宗の布教、伝道において、このような神祇不拝の立場を明確化しないかぎり、ほんものの真宗信心は育ちません。仏檀と神棚を並べて拝んでいて、どうしてまことの真宗信者が育ちましょうか。安芸の国にまことの真宗信心が育ったのは、近世以来、慧雲とその教えの流れを受けた人々の神祇不拝の教化によるものです。

親鸞聖人は、神祇をめぐって、念仏者はそれらに帰依し信奉してはならないと教説されますが、またその『現世利益和讃』によりますと、

天神地祇はことごとく　善鬼神となづけたり
これらの善神みなともに　念仏のひとをまもるなり
願力不思議の信心は　大菩提心なりければ
天地にみちる悪鬼神　みなことごとくおそるなり

などと明かして、天地の神々、その善鬼神は念仏者を擁護し、その悪鬼神はその信心の人に対して畏伏するといわれます。すなわち、天地にみなぎって存在する神々は、ひとしく念仏者を擁護し、それに対して畏伏するというわけです。そしてそのことはまた、その『教行証文類』の「化身土巻」において、『大集経』の「日蔵分」と「月蔵分」の文を長々と引用して、この宇宙世界における太陽、月、星座などの天体の運行は、すべて私たち人間と仏法を、よく護持していることを明かし、さらにまた、天地に住むところの眼に見えない神々や鬼神たちもまた、決して私たちに仇をなすものではなくて、よく仏法僧の三宝を守護し、さらにはまた、私たち念仏者を擁護し、支持す

ることを、繰り返して明かしています。いまここで「信心の行者には、天神、地祇も敬伏し」と語られるものは、このような『現世利益和讃』や「化身土巻」引用の『大集経』の主張に連なる発想と思われます。

親鸞聖人においては、当時の中世の人々が、古代的な宇宙観の中に生きて、さまざまな神の支配と、それにもとづく人生の吉凶禍福をめぐって、戦々恐々として生きていることに対して、真宗念仏者は、その信心においてよく自立して生きていくところ、何らの不安もなく、平安なる人生生活が、よく展開していくことを教示されたわけでしょう。

四　魔界業報の克服

そしてまたここでは、信心の行者に対しては、「魔界、外道も障礙することなし。罪悪も業報も感ずることあたはず」といいます。ここでいう魔界の魔とは、すでに上において述べたように、人生における善事を妨害するところの内なる煩悩と、外なる超自然的な威力をいうわけですが、『大智度論』によりますと、それをより詳しく分類して四種があるといい、それは第一にはさまざまな煩悩をいい、第二には身体にかかわって生まれてくるところの苦悩をいい、第三には生命を奪うところの死をいい、第四にはこの宇宙世界を支配する超自然的威力としての天魔をいいます。はじめの三種は私の内なる魔をいい、最後の第四は外なる魔をいいます。この四魔については、『涅槃経』にも説かれており、親鸞聖人は、それを「信巻」に引用されています。ともあれ、信心の行者は、それらの悪魔に障害されることなく、それをよく克服して生きていくことができるというわけです。

そしてまた、ここでいう外道とは、仏教を内道というに対して、仏教以外の邪偽なる宗教や哲学、およびそれを信奉する人々をいい、より具体的には、釈尊当時のインドにおいて、六人の教祖を中心とする九十五種の邪見が弘まっていたものをいい、それは六師外道と呼ばれています。しかしながら、親鸞聖人はまた、その外道について、『一念多念文意』に、

一念多念のあらそひをなすひとおば、異学、別解のひととまふすなり。異学といふは、聖道、外道におもむきて、余行を修し、余仏を念ず、吉日良辰をえらび、占相祭祀をこのむものなり、これは外道なり。

と明かされています。そこではその「異学、別解」に左訓して、「ことごとをならいまなぶなり、じりきのひとなり」とありますから、この異学とは、聖道教やそのほか仏教以外のいろいろな教法を学んで、さまざまな行業を修め、さまざまな仏を念じ、さらには良い日、良い時をえらんだり、占いや払い清めの神事をおこなうことをいいますが、それは外道であるといっているわけです。その点、親鸞聖人においては、聖道教に帰して、余行を修め余仏を念ずることや、また仏教以外の教えに帰して、良時吉日をえらんだり、卜占祭祀、占いや清めの儀式に心を奪われることを、すべて外道の行為であると考えられていたことが知られます。かくしてここでは、信心の行者は、そのような外道が立っている地点とは、まったく異なった地平に立脚しているわけで、その外道が説くところの道理やその結末とは、まったく無縁であるということを主張しているのです。

そしてまた、次に「罪悪も業報を感ずることあたはず」といわれますが、この業報とは、古代インドにおいて語られ、後に仏教において摂取されたところの、業（カルマン karman）の思想にもとづくところの因果の道理を意味します。この業の思想については、後の第十三条において宿業をめぐって明かすところがありますので、またそこでも改めていいますが、この業とは私たち人間の行為をいい、それについては、身体にかかわる行為を身業、言語にかかわる行為を口業、意念にかかわる行為を意業といって、人間における行為は、すべてこの身、口、意の三

業におさまりますが、これらの行為は、つねにそれを原因として、何らかの結果をもたらすと考えます。いわゆる因果の道理です。そしてこのような因果の道理が、道徳的、倫理的な視点から捉えられますと、人間における善悪の行為について、善なる行為、善因を行なうならば、その報いとして善なる結果、楽果が生起し、悪なる行為、悪因を行なうならば、その報いとして悪なる結果、苦果が生起してくると説かれることとなります。すなわち、因果応報の教説です。仏教が明かすところの人間存在をめぐる迷いの構造も、また私たちが修めるべき成仏道の構造も、ともにこのような因果の道理、因果応報の論理の上において語られるわけであって、この業の思想は、仏教教理の中心的な概念でもあります。しかしながら、いまここで「罪悪も業報を感ずることあたはず」というのは、いかなる悪因も決して悪果を招来することはないということをあらわして、そのような因果応報の論理を否定することを意味します。このことはどのように理解すべきでしょうか。親鸞聖人は、その『愚禿鈔』に、『観無量寿経』の経文を引用して、「深信因果」(深く因果を信じる)と明かされ、またその『末燈鈔』に、「瞋恚の煩悩にくるはされて、ねたむべくもなき因果をやぶるこころもおこり」などと語られるところからすれば、この仏教が教えるところの因果の道理を、充分に是認されていたことは明白でしょう。とすれば、ここでいう「業報を感ずることあたはず」とは、たんに因果の道理、応報の原理を否定したものではなく、その業報の結果、因果応報、自業自得の業果を全面的に認めながらも、その業報の結果を、自己の信心、それにもとづいて、新しく確立された念仏的人格主体において、よく受けとめ、その業報がいかに厳しく、重いものであろうとも、それによく耐え、それをよく超えていくことを意味することであると、理解するほかはありません。すでに上において見たように、真宗における救いの特性とは、サンスクリット語ではウッタラナ(超えること、横切ること)といい、漢訳語では「済度」と明かされるように、新しい人格主体を育てることにもとづいて、いかなる障害、苦難の人生でも、よく渡っていく、超えていくことであるといわれるところです。それはまた親鸞聖人によれば、「横超」といわれるわけです。いまここで「業報を感ずることあたはず」とは、そういう人生の成立、展開を意味すると思われます。

そしてまた「諸善もおよぶことなきゆへなり」とは、すでに上において見たところの、第一条の「念仏にまさるべき善なきゆへに」という教言に重なるもので、念仏に生きる道は、いかなる仏道上の善根（出世善）をも、倫理、道徳における善行（世間善）をも、はるかに超えたところの究極的な真実、善根である、ということを主張した文章でしょう。

第八条　念仏非行の教訓

本文

一、念仏は行者のために非行・非善なり。わがはからひにて行ずるにあらざれば非行といふ、わがはからひにてつくる善にもあらざれば非善といふ。ひとへに他力にして自力をはなれたるゆへに、行者のためには非行・非善なりと云云。

組織

┌念仏は非行非善……念仏は～
└その理由根拠………わがはからひにて～

語義

○念仏……称名念仏。

念┬心念……憶念
　└口念……称名

○行者…仏道を生きる人・行人。
　念仏の信者
　信心の行者（人）
○非行・非善……自己の修める行業ではなく、自己が修める善根でないこと。
○わがはからひ……自己自身の思慮・計度のこと。
○ひとへに……もっぱら、ひたすら、いちずに。
○他力にして自力……菩提流支（Bodhiruci 六世紀）の翻訳本にはじめて見える語で、浄土教では曇鸞『浄土論註』に初出する言葉である。他力とは仏力のこと、自力とは仏力に対するもので人間の計らいをいう。

要　旨

この第八条は、真宗の仏道としての称名念仏行とは、行者自身にとっては、非行非善である、ということを教示するものである。まことの念仏行とは、私が行なう行でありながら、私の行ではなく、私の作る善でありながら、私が作る善ではない。それはひとえに自分の計らい、自分の力を超えたところで成り立つ行であり、善である。だからまことの念仏行とは、行者自身にとっては、非行非善といわなければならないのである。

一、組織

この第八条は、真宗におけるまことの念仏とは、私の修める行でもなく、私が励む善でもない、非行非善の念仏であることを明示するものであるところ、それは「念仏非行の教訓」と題すべきであろうと思います。

この第八条は、いささか意味が分かりにくくて、難しい感じがするかもしれませんが、親鸞聖人の教えの中では、非常に重要な内容をもっている文章です。その組織としては二段に分かれており、はじめの「念仏は行者のために非行・非善なり」が第一段で、これがこの第八条の主題です。そしてその後の「わがはからひにて」以下、最後までが第二段で、その根拠、理由について明かします。

二、文　義

まず全体の文章をなぞりながら、その文義を分かりやすく説明していきましょう。「念仏は行者のために非行・非善なり」。これがこの第八条の基本的なテーマになっています。「行者」というのは私たちのことです。「のために」は、何々にとってはということで、私たちが念仏を申すことは、私たちにとっては、往生成仏のための行業ではない、そしてまたそのための善根でもないというのです。ただし実際には、私が念仏することは私の行為です。そしてそれは善い行為です。念仏は行であり善であるのですが、ここでは、まことの念仏を申す者にとっては、その念仏は行でもない、善でもないと、こういうことを主張するわけです。そして以下は、その理由を説明する文章です。

真宗教義の伝統の上では、「念仏」の「念」という字は、部首が「シタゴコロ」であることでも分かるように、「思う」という意味です。もともとは仏さまのことを静かに思うことを念仏といったのです。しかし中国の隋、唐の浄土教以後は、「称える」という意味がこれに加わってきます。かくして古来、この念仏については、心念（憶念）と口念（称名）の二義があるといいならわしていますが、いまここでいう念仏とは、特に口にだして念仏するという、口念としての称名の意味が強いわけです。「行者」というのは、仏道に生きる人のことです。行人ともいいます。親鸞聖人は、非常に細かに配慮されていて、「念仏」というときには「信者」とおっしゃる。「信心」といわれるときには「行者」といわれます。前の第七条では「信心の行者」といいます。ここでは「念仏は行者のためには」となっていますが、親鸞聖人の用語例を見ると、基本的には、口に行為する念仏のときには、心に信じるという「信者」、心に信じるというときには、体で行為するという「行者」と、行と信、体と心をうまく配慮していわれているようです。念仏は行者にとっては「非行・非善」であって、私の行う行業ではなく、私の修める善根でもない。なぜかというと、「わがはからひにて行ずるにあらざれば非行といふ」。「わがはからひにてつくる善にもあらざれば非善という心です。自分の思い心で行ずるのではないから非行という。「はからひ」というのは自分の思いふ」。自分の思い心で修めるのではないから非善という。ここでは「わがはからひ」という問題がでてきます。これがこの第八条の主題になるわけです。実際にはひとりでに念仏がでるはずはありません。やはり自分自身の思いの中で、その気にならないと念仏は申されません。念仏するということは私の行為です。そしてまたそのことは私における善根です。仏檀に参って手を合わし念仏申すということは、まさしく行であり善なのです。しかし、それが自分のはからい心で、自分のとらわれ心によってするものならば、ほんとうの念仏ではないと、そういうことをここで教示しようとされているのです。まことの念仏は、私のはからいを超えて行ずる念仏でなければならない。私の思いを超えて修める善でなければならない。「非行・非善」、これこそがほんとうの念仏の内実だと、こういうことをおっしゃるわけです。「ひとへに」とは、もっぱら、ひたすらということ。「他力にして自力をはなれたるゆへに」。この他力、自力という概念については、いろいろと問題があるところですが、簡略化していえば、私のはからい心、我執の思いを離れて、仏の働きかけによって成り立つところの念仏ならば、「他力にして自力をはなれたる」念仏になるのです。かくして「行者のためには」、信者にとっては「非行・非善なり」というのだということです。

そこで全文をいま一度通釈してみますと、真宗の仏道としての称名念仏行とは、その行者自身にとっては非行非善である。念仏行とは私が行う行でありながら私の行ではなく、私の作る善でありながら私が作る善ではありえません。それは、ひとえに自分のはからい、自分の力を超えたところで成り立つ行であり善です。だから、称名念仏行とは、行者自身にとっては、非行非善ということにならなければなりません。これがこの第八条の意趣です。

三、私　解

一　浄土教における行道

一、『無量寿経』本願文の教説

さてそこで、なぜ念仏は行者のために非行非善であるかという、その論理的根拠、理由について、私の領解をお話したいと思いますが、まずはじめに浄土教における行道、仏道について述べます。まずこの浄土教における行道をめぐり、ことに『無量寿経』の第十八願文、本願文に明かされる行道について、いささか詳しく述べてみたいと思います。ということは、今まで皆さんが聞かれている真宗の仏道、行道の理解には、いろいろと問題があり、誤りがあるので、それについては改めて『無量寿経』の原意趣を明確化し、そしてまた親鸞聖人の根本義を、充分に解明し、領解していきたいと思うからです。どうしてこんなことをいうかというと、親鸞聖人の没後、曾孫である本願寺第三代の覚如、さらにその子息の存覚が、親鸞聖人の書物をいろいろと解説しました。そしてその後に第八代の蓮如が、さらにそれを受けて注釈しました。そしてそれらの注釈にしたがって、近世江戸時代三百年のあいだに、真宗の教義はさまざまに研鑽されてきたわけです。しかしそこでは、封建的な教団の厳しい統制もあって、親鸞聖人の書物にただちに触れることよりも、そういう覚如、存覚、蓮如らの解釈を指針にし、それを手本にして読んできたのです。そしてそのために、真宗教義に対する理解が、親鸞聖人の本意を逸脱して、さまざまに歪んできているわけです。そしてまた、明治以後、新しく西洋の学問が伝わって、その客観的、科学的な研究方法も摂取され、また多くの仏教文献も発見されて、インドあるいは中国、そして日本の仏教が、新しくさまざまに研究されるようになりました。そして真宗学の場合でも、親鸞聖人の書物が、新しく発見され、またその真蹟本を直接に見ることができるようになってきました。そういう新しい学問によって、経典なり親鸞聖人の書物なりが、もう一度見直されてくると、近代まで何百年か続いた伝統的な解釈が、いかにズレているかがよく分かります。逆にいえば、近代以降の新しい学問に従って見ると、その浄土教理の原義、浄土教理史、さらには親鸞聖人の思想、真宗領解の内実が非常によく理解できるわけです。しかしながら真宗学においては、少なくとも戦前までは、そういう学問はまったくといっていいほどなされてはいませんでした。

そういうことで、今日における布教、伝道の現場で語られている真宗の教義は、親鸞聖人の本義というよりも、その没後の本願寺教団に都合のいいように捉えられた、覚如や存覚や蓮如の真宗解釈をそのまま引きずってきているのです。かつて江戸時代に、存覚を批判したために教団から追放された学者もいるほどです。疑問さえも赦されないような学問が、どうして真実を明らかにすることができましょうか。そこでは親鸞聖人のまことの真宗領解が正しく継承されてはいないのです。その意味においては、真宗信心を学ぶためには、すべからく覚如、存覚、蓮如の真宗理解は、いちおう傍において、ただちに親鸞聖人の本義に直参し、その本意を正しく領解することが大切です。いまここでは、念仏は行者のために「非行・非善」であるというのですが、どうしてそういいうるのか。それについては伝統教学では、念仏とは如来のはからいによって成立するからそういうのだと、単純にいってきたのです。しかしながら、そこでいう如来のはからいというのは、いったいどういうことなのか、それがたんに観念的な説明でなく、私たちに経験的にきちんと分からなければ意味がありません。そこで、そのことを経験的に納得してもらうために、学問的にまず『無量寿経』における本願文の意味についてお話しします。

真宗の教えは『無量寿経』の本願文の教えにもとづきます。二千年の昔に成立した『無量寿経』の中心は、第十八願、本願の文です。その第十八願文というのは、

設我得仏、十方衆生、至心信楽、欲生我国、乃至十念、若不生者、不取正覚、唯除五逆、誹謗正法。（たとい我れ仏をえんに、十方の衆生、至心に信楽して、我が国に生まれんと欲いて乃至十念せん。もし生まれずば正覚をとらず。ただ五逆と正法を誹謗するは除く。）

という文です。「信楽」つまり信心をひらいて、「乃至十念」、日々に念仏し、信心を相続していけば、浄土に生まれて仏に成れる、こういうことです。初めの「設我得仏」の「我」というのは阿弥陀仏のことをいっています。法

蔵菩薩がやがて仏になったというのですから、「私が仏になったときに」という。それから「我が国に生まれんと欲いて」の「我が国」というのは、阿弥陀仏がおっしゃっているのですから、阿弥陀仏の国、浄土に「生まれんと欲いて」ということです。同じ『無量寿経』にもう一つ本願文があります。後の人が「成就文」といっている文です。

諸有衆生、聞其名号、信心歓喜、乃至一念、至心廻向、願生彼国、即得往生、住不退転、唯除五逆、誹謗正法。

(諸有の衆生、その名号を聞きて信心歓喜し、乃至一念せん。至心に廻向して彼の国に生まれんと願ずれば、すなわち往生をえて不退転に住せん。ただ五逆と正法を誹謗するは除く。)

そこでは、「至心に廻向して彼の国に生まれん」とでてきます。第十八願文では「我が国」になっていますが、この成就文では同じ浄土を指して「彼の国」といっています。これは釈尊がそういわれたからです。釈尊の言葉ですから、そうなります。だから阿弥陀仏と釈尊とが相依して本願の教えを語られたと、こういうことになっているのです。

そしてこの成就文には、あらゆる衆生が「聞其名号」その名号を聞いて、と説かれています。名号を聞くという言葉がでてくるのです。まずこれに注目してください。それからこの『無量寿経』には、その原本としてのサンスクリット語、梵語で書かれたものがあります。近代、明治時代になってネパールで新しく発見されたものです。それ以前には表にはでてこなかった。だから親鸞聖人も、江戸時代の宗学者も見てはいないわけです。その『サンスクリット本大経』の第十八願文相当の第十九願文によりますと、

もしも、世尊よ、わたくしが覚りをえたときに、無量・無数の仏国土における生ける者たちが、わたくしの名を聞いて、かしこの仏国土に対して心をかけ、そこに生まれるために、もろもろの善根をさし向けるとして、

かれらが、無間罪を犯した者たちと正法を誹謗するという障礙に覆われた生ける者たちとを除いて、たとえ十たび心を起こすことによってでも、かしこの仏国土に生まれないようであるならば、その間は、わたくしは無上なる正等覚はさとりません。

となっています。これが本願文の原本の文章だということです。ここでも「わたくしの名を聞いて」とでてきます。いま私たちが読んでいる漢訳の『無量寿経』では、浄土に往生する道が、第十八願、第十九願、第二十願と、三種の道として示されている。しかし、この『サンスクリット本大経』では、第十八願と第十九願の二種の道しか説かれていないのです。これは大きな問題ですが、いまはそれにふれません。そして、その『サンスクリット本大経』の第十九願成就文に相当する文によりますと

およそいかなる生ける者たちであっても、かの世尊アミターバ如来の名を聞き、聞きおわって、たとえ一たび心を起こすだけでも、浄信にともなわれた深い志向をもって心を起こすならば、かれらはすべて、無上なる正等覚より退転しない状態に安住するからである。

となっています。ここでも「アミターバ如来の名を聞き、聞きおわって」と明かされています。その願文にも成就文にも、ともに「聞名」、「阿弥陀仏の名を聞け」というようにでているのです。いま私たちが用いている『無量寿経』の第十八願文には見えないのですが、その本願成就文には「聞其名号」とでています。その願文についても、もともとの原本では「名を聞き」という言葉があるわけですから、この第十八願文の行道とは、本質的には聞名にもとづく道であることが明白です。だから私たちが本願の教えにしたがって浄土に生まれて仏になるには、何よりも阿弥陀仏の名号を聞くということが、非常に重要な意味をもっているということがよく分かります。このことについては、親鸞聖人は、ちゃんと領解されているのです。しかしながら、親鸞聖人没後の覚如、存覚、蓮如たち、

そしてその後の江戸時代の宗学者たちは、ほとんどそのことについて注目してはいないのです。実はここにこそ、真宗教義理解の錯誤と混乱の原因があるのです。

そのことをもう少し説明しておきましょう。『大阿弥陀経』という経典があります。これは今日の『無量寿経』のもっとも原形としての経典です。これについてはサンスクリット本がなく、中国で訳されたものだけが残っているわけですが、この経典がだんだんと整備され充実されて、いま私たちが用いている『無量寿経』が成立したのです。その原形としての『大阿弥陀経』の第五願文は、いまの『無量寿経』の第十八願文に当たりますが、それによりますと、

某作仏せん時、八方上下の諸の無央数の天人民及び蜎飛蠕動の類、若し前世に悪をなすに、我が名字を聞きて、我が国に来生せんとおもわん者は、すなわち正に返りて自ら過を悔い、道のために善を作し、すなわち経戒を持して、願いて我が国に生まれんとおもいて断絶せずば、寿終りて皆、泥犁、禽獣、薜茘にかえらざらしめ、すなわち、我が国に生まれて心の所願に在らしめん。この願をえばすなわち作仏し、この願をえざれば終に作仏せず。

と説かれています。ここにも明らかに「我が名字を聞き」とあります。

また、『平等覚経』という、『大阿弥陀経』と同じように古い『無量寿経』があります。これも原本はなくて漢文に訳したものだけが残っています。その第十九願文が、『無量寿経』の第十八願文に当たりますが、そこでもまた、

我れ作仏せん時、他方仏国の人民、前世に悪を為すもの、我が名字を聞き、正に反りて道を為し、我が国に来生せんとおもはん。寿終へて皆また三悪道にかえらざらしめて、すなわち我が国に生まれんこと心の所願に在らん。しからずば我れ作仏せず。

と明かされます。ここでも、その十八願文に相当するところを見ると、「我が名字を聞き」とでてきます。しかもまた、これら第十八願文の原形の願文では、いずれも今生の人生において悪業を犯した者の行道として明かされ、その行道が聞名の道として説かれているのです。そしてまた『如来会』という経典がありますが、これはいま私たちが用いている『無量寿経』と、ほとんど同じ内容をもっています。原本は同じだが訳した人が違うということでしょうか。親鸞聖人は、これを非常に大事にしておられるのですが、その『如来会』の第十八願文にも、ちゃんと「我が名を聞く」と明かされています。すなわち、

若し我れ無上覚を証得せん時、余の仏刹の中の諸の有情の類、我が名を聞き、已に所有の善根を、心々に廻向して、我が国に生まれんと願じ、乃至十念せん。若し生まれずば菩提をとらず。ただ無間の悪業を造り正法および諸の聖人を誹謗せんをば除く。

と説かれます。そしてその第十八願成就文にも、

他方仏国の所有の衆生、無量寿如来の名号を聞きて、乃至能く一念の浄信を発して歓喜愛楽し、所有の善根を廻向して無量寿国に生まれんと願ずれば、願に随いて皆生まれて不退転乃至無上正等菩提をえん。五無間と、誹毀正法および誹聖者を除く。

と明かされ、ここでもまた「無量寿如来の名号を聞き」とあります。かくして『無量寿経』に説かれている阿弥陀仏の本願の行道は、その経典の原形としての『大阿弥陀経』や『平等覚経』、およびその原本としての「サンスクリット本」、および『無量寿経』の異訳としての『如来会』の諸文を検討しますと、基本的には、罪業重く善根を行なうことの難しい私たち愚かな悪人のための往生の道とは、ひとえに阿弥陀仏の名号を聞くという、聞名の道であるということが明瞭です。親鸞聖人は、先にいった『サンスクリット本大経』はご存じなかったのですが、あと

の『大阿弥陀経』や『平等覚経』、および『如来会』はちゃんと見ておられて、それらの諸文を、その『教行証文類』に引用されているところです。親鸞聖人の真宗領解をめぐる深い思想は、まさしくこれらの経典を読破し、それに精通されるところから生まれたものでしょう。

なぜこんなことを、くどくどと問題にするかといいますと、真宗の仏道、行道とは、念仏とか信心とかいっているけれども、それは本願文にもとづくかぎり本質的には、「仏の名を聞く」、「聞名」ということに尽きるのだと、こういうことがいいたいわけです。いま私たちが用いている『無量寿経』には、この他にも、いろいろと、阿弥陀仏の名を聞いたら浄土に生まれるという教示が見られます。有名なのが、

其仏本願力、聞名欲往生、皆悉到彼国、自致不退転。(その仏の本願力、名を聞きて往生せんとおもえば、みな悉く彼の国に到りて、自ら不退転にいたる)

です。またその第四十七願では、

たとい我れ仏をえんに、他方国土の諸の菩薩衆、我が名字を聞きて、すなわち不退転に至ることをえずば、正覚をとらず。

と説いています。これなどは非常にはっきりと、その意趣が示されています。また、

其有得聞、彼仏名号、歓喜踊躍、乃至一念、当知此人、為得大利、則是具足、無上功徳。(それ、彼の仏の名号を聞くことをえて、歓喜踊躍して乃至一念することあらん。まさに知るべし、この人は大利を得とす。すなわちこれ無上の功徳を具足するなり)

と明かしています。この文章は『無量寿経』のいちばん最後のところにでてきまして、この文をもって経説が結んであるわけです。そしてまた、阿弥陀仏の四十八願の中心は第十八番目の願で、これを本願といっているのですが、

その四十八願の全体を詳しく見てみると、聞名したら浄土に生まれるとか、仏に成るとか、そのほかいろいろな功徳が身に付くなど、聞名の功徳を讃えた願が十二種（第十八願を含む）あります。四十八種のうちの四分の一は聞名の功徳を誓った願なのです。いかに阿弥陀仏の教えが、私たちを聞名にもとづいて仏に育てていこうとする教法であるかがよく分かります。親鸞聖人は、そのことをよく承知されています。かくして『無量寿経』が明かすところの行道、したがってまた親鸞聖人が開顕されたところの仏道とは、ひとえに聞名の道であったことが、よくよく知られるところです。

ところで次に阿弥陀仏の名号をめぐって少々いっておきます。すでに上においていろいろと明かしたように、阿弥陀仏は、釈尊の「さとり」の境地、その生命を象徴したものにほかなりません。釈尊の滅後、いままでその教えを仰ぎ学んでいた人々は、釈尊は八十歳で亡くなられたけれども、その「さとり」は永遠にして普遍なるもので、今もなお生きて私たちに向かって働きかけていてくださるのだと考えるようになりました。そしてそういう釈尊を深く思慕する人々によって、永遠の釈尊としての新しい仏というものが発想されてくることとなりました。それが阿弥陀仏です。この阿弥陀仏の阿弥陀とは、インドの原語ではアミターバ、アミターユスといいますが、そのアミターバとは光明が限りないということ、アミターユスとは寿命が限りないという意味で、それは、もともとは亡くなった釈尊を讃えてそういっていたわけです。だから、阿弥陀仏の姿というものは、釈尊の姿を原形にしているわけです。それは釈尊そのものではなく、釈尊の永遠化として、その「さとり」の世界を象徴して、それを阿弥陀仏と明かしたのです。そしてそれを象徴表現して、一つには姿形として捉えた。それが仏身です。いま私たちが拝んでいる仏像がそれです。そしてもう一つは言葉として捉えた。それが南無阿弥陀仏という名号です。姿形として捉えるか、言葉として捉えるか、という二つの方向において象徴表現しました。そこで浄土の三部経の中で、『無量寿経』は、阿弥陀仏とは言葉として、名号として私たちに届いていてくださるのだ、という立場に立って説かれた経典です。そしてまた『阿弥陀経』も同じようにそうです。それに対して『観無量寿経』は、姿形として、仏身として私たちのところに近づいていてくださるのだ、という立場に立って説かれた経典です。かくしてそれが言葉、名号として届いているという立場からすれば、阿弥陀仏とは聞かれるべきものであり、それが姿形、仏身として近づいているという立場からすれば、阿弥陀仏とは観られるべきものだということになります。したがって、阿弥陀仏に出遇うためには、その名号を聞くか、その仏身を観るか、ということになりますが、インドの龍樹菩薩の教示によりますと、仏身を観るということは非常に難しい。心を澄まして落ち着かせ、それにおいてはじめて仏の姿形、仏身を観ることができるというのです。それに対して、名号を聞くということも心の耳を澄まして聴かなくてはならないのですけれども、観るよりは易しいといっています。そういう意味で、名号を聞くという道こそが、善根を修めることが少なく煩悩罪業の深い凡夫、悪人には、もっともふさわしい行道だというので、『無量寿経』は聞名の道を明かしているわけです。

二、浄土教理史における行道思想の展開

この『無量寿経』が教説するところの、阿弥陀仏の名号を聞くことによって往生成仏するという教えを中核にして展開していったのが、その後のインド、中国、日本にわたる浄土教の流れです。親鸞聖人のところでいえば七高僧による教示の流れです。

最初に龍樹菩薩についてお話します。この龍樹菩薩はその原名はナーガールジュナ（Nāgārjuna）といい、紀元二世紀から三世紀にかけて南インドに出生され、活躍されました。すなわち『無量寿経』が成立して間もないこ

ろのことです。だいたい『無量寿経』は一世紀ごろに成立したといいます。この龍樹菩薩は、やがて北インドに移って初期の大乗仏教を学ぶこととなり、それらの経典について深く研鑽するとともに、厳しい仏道を修行することにより、大乗仏教の真髄に透徹して、ことに般若空の教学を確立しました。しかしまた、この龍樹菩薩は他方において、浄土教、阿弥陀仏思想にも傾倒され、この阿弥陀仏に帰依する心情も表白しておられます。そしてこの龍樹菩薩は、浄土教理の深化、展開についても、きわめて重要な役割を果たされました。すなわち、すでに上に見たように、この浄土教においては、ことに善根を積むことができないで悪業を犯すことの多い凡夫、悪人の行道として、聞名の道が明かされていますが、その経典においては、この聞名の道の具体的な内実、どうしたらその阿弥陀仏の名号を聞くことができるのか、ということについては詳しくは何ら教説してはいません。そこで龍樹菩薩は、自らこの浄土教に帰依して、その易行道なる聞名の道を修めることを決意し、その聞名という体験をうるについては、身業による礼拝、口業による称名、意業による憶念の、三業にわたる実践を日々に行ずべきであり、その三業の奉行によってこそ、やがて確かな聞名体験、阿弥陀仏の名号としての到来に出遇うという体験をもてるといい、そのような聞名体験をもつならば、「若し人善根をうえて疑えばすなわち華開けず、信心清浄なるものは華開けてすなわち仏を見たてまつる」（『十住毘婆沙論』「易行品」）というように、信心清浄にして見仏することができると明かしています。そしてそのような聞名体験、すなわち値仏体験をうるということは、菩薩道における初地、不退転地に至ることであり、如来の家に生じるということを意味するとも明かしています。

かくして、この龍樹菩薩の開顕によって、浄土教における不善作悪者なる凡夫の仏道が明確化されたわけで、後世の浄土教は、この龍樹菩薩によって教示された易行道、すなわち、礼拝、称名、憶念の三業奉行の道を継承していったわけです。

そしてまたインドでは、この龍樹菩薩のあとに天親菩薩が出られます。この天親菩薩はその原名はヴァスバンドゥ（Vasubandhu）といい、紀元四世紀から五世紀にかけて活躍されました。この天親菩薩は大乗仏教における唯識教学を確立された方ですが、また他方において浄土教にも帰依され、ことには阿弥陀仏を姿形、仏身として捉えて、その浄土の行道とは、もっぱら心を定めて仏身を見ることだといって、観仏の道を明かされました。その点、インドの浄土教においては、龍樹菩薩による聞名の行道と、天親菩薩による観仏の行道が明かされたわけです。

そしてこのようなインドの浄土教が、やがて中国に流伝していったわけですが、この龍樹菩薩の浄土教と天親菩薩の浄土教を重ねて継承したのが、曇鸞大師（紀元四七六～五四二頃）です。この曇鸞大師は、浄土の行道を十念念仏の道と捉えて、その十念とは、臨終において心に深く阿弥陀仏を憶念することをいい、その十念が臨終においてよく相続されるならば、まさしく浄土に往生することができるといい、その十念念仏を成就するためには、称名によってもよいし、また観仏によってもよいといっています。

そしてこのような中国の浄土教を、さらに発展させ大成したのが、善導大師（六一三～六八一）でした。この善導大師は、浄土に往生する行道について、五種の行を修めることを主張されました。すなわち、読誦、観察、礼拝、称名、讃嘆供養の五正行です。これらを行ずるならば、浄土に往生できると明かされました。その五正行の「読誦」とは経典を読むこと、これは口業です。次の「観察」とは仏身と浄土を観ること、これは意業です。そして「礼拝」とは仏檀、仏像に向かって礼拝すること、これは身業です。この三種が基本になります。さきの龍樹菩薩と同じように、口業と意業と身業の三業です。そしてそれにもう一つ付けたして「称名」をいいます。それから五番目に「讃嘆供養」。この「讃嘆供養」とは、阿弥陀仏の教えを人々に讃えて伝えるということです。讃嘆することが仏に対する何よりの供養だというわけです。しかしながら善導大師は、この五正行の中で、いちばん中心となるのが称名行であるといわれます。いわゆる称名正定業の主張です。

そしてこの善導大師の称名正定業の主張を、そのまま継承したのが、日本浄土教の先達である法然上人（一一三三～一二一二）です。この法然上人は『選択本願念仏集』を著わして、阿弥陀仏の浄土に往生するためには、その他の諸善万行を捨てて、ひとえに称名念仏を申すべきであると主張しました。いわゆる専修念仏の提唱です。法然上人は、その念仏については、下は十声一声であっても往生すると思いとって、生命のかぎり退転なく申せよといい、自らは日々に六万、七万遍の念仏を修めたといいます。しかしながら、すでに上において述べたように、その門下においては、その念仏は内実が問題であって、遍数は問うべきではないという一念義と、やはり念仏は遍数が問題であって、可能なかぎり多く称えるべきであるという多念義とに、分裂して論争されることとなりました。両者の対立は、法然上人の在世時代からありましたが、その没後いっそう激しくなりました。

三、親鸞における真宗の行道

そこで親鸞聖人は、このような一念義と多念義の論争について、どのように理解されたかということですが、親鸞聖人は、その『一念多念文意』において、

浄土真宗のならひには、念仏往生とまふすなり、またく一念往生、多念往生とまふすことなし、これにてしらせたまふべし。

と明かされています。親鸞聖人によれば、真宗の仏道とは、ひとえに念仏して往生成仏していく道にほかなりませんでした。そしてその念仏の内実をめぐって、その念仏成仏の道の原意趣を尋ね、『無量寿経』を詳細に研尋されましたが、そこでは称名を仏道として語る文章は明確には存在せず、仏道としては、繰り返して聞名の道が明かさ

れていました。たとえば『無量寿経』における阿弥陀仏の四十八願の中で、聞名の功徳について誓う願文は、その成就文に聞名を語る第十八願文を加えれば、十二種におよびますし、またその第四十七願文には、

たとい我れ仏をえんに、他方国土の諸の菩薩衆、我が名字を聞きて、すなはち不退転に至ることをえずば、正覚をとらず。

と説かれて、聞名するならば、不退転地、正定聚に至るといいます。またその第十八願成就文によれば、

あらゆる衆生、その名号を聞きて信心歓喜せんこと乃至一念せん。至心に廻向せしめたまえり。彼の国に生まれんと願ずれば、すなわち往生をえて不退転に住せん。ただ五逆と誹謗正法を除く。

と明かして、聞名し信心するならば、浄土に往生をうると説いています。そしてまた、その「往覲偈」にも、

その仏の本願力、名を聞きて往生せんとおもえば、皆悉く彼の国に到りて、自ら不退転にいたる。

と説くところです。またその流通分においても、

それ彼の仏の名号を聞くことをえて、歓喜踊躍して乃至一念することあらん。まさに知るべし。この人は大利をうるとなす。すなわちこれ無上の功徳を具足するなり。

と述べております。

かくして親鸞聖人は、それらの経文にもとづいて、浄土の仏道とは、念仏して往生する、念仏して不退転に至ると学んできたけれども、その『無量寿経』の原意趣によれば、聞名して往生する、聞名して不退転地に至ると説かれていることに注目されたわけです。浄土教の伝統では、何ゆえに称名往生、称名不退と語ってきたのか、この称名と聞名の関係はいかなるものか、そのことをめぐって、親鸞聖人は、徹底して究明されていったわけです。そしてその究明の跡が、『教行証文類』の中の「行巻」と「信巻」に、見事に開示されているのです。

そこで以下、そのことをめぐって簡単に説明しましょう。

二　親鸞における聞の思想

一、称名と聞名の関係

そこで親鸞聖人は、基本的には、『無量寿経』にもとづいて、真宗の仏道とは聞名の道であるということを明かされるのです。それについて、まず『教行証文類』の「行巻」には、称名して浄土に往生するという文が引いてありますす。上に述べたように、経典の文章としては、称名して浄土に往生するという文はありません。ですから経典の文章としては聞名して浄土に往生するという文章が引用してある。称名して往生するという文章は七高僧になってからでてくるのです。すなわち、「行巻」においては、その冒頭において、

大行とは、すなわち無礙光如来の名を称するなり。この行は、すなわちこれもろもろの善法を摂し、もろもろの徳本を具せり。極速円満す、真如一実の功徳宝海なり。故に大行と名づく。

と明かして、真宗における行とは称名念仏であることを教示します。そしてそれに続いて、その行が称名念仏であることを証するための根拠としての、経典および多くの先師の論釈の文を引用します。その中、経典の文は十三文ほど引用しますが、その中の六文は、諸仏が阿弥陀仏を称讃していることを明かす文であって、あとの六文は、いずれも聞名往生を明かす文です。すなわち、次の文がそれです。

その仏の本願力、名を聞きて往生せんとおもへば、みなことごとく彼の国に到りて、おのづから不退転にいたると。(『無量寿経』)

諸の天人民蜎飛蠕動の類、わが名字を聞きて慈心せざるはなけん。歓喜踊躍せんもの、みなわが国に来生せしめん。この願をえて作仏せん。この願をえずばついに作仏せじ。（『大阿弥陀経』）

諸の天人民蠕動の類、わが名字を聞きてみなことごとく踊躍せんものわが国に来生せしむ。しからずばわれ作仏せじ。（『平等覚経』）

我れ作仏せん時、他方仏国の人民前世に悪を為すもの、我が名字を聞き、正に反りて道を為し、我が国に来生せんと欲はん、寿終えて皆また三悪道に更らざらしめて、則ち我が国に生れんこと心の所願に在らん、しからずば我れ作仏せず。（『平等覚経』）

かくの如きの人、仏の名を聞きて快安穏にして大利をえむ。（『平等覚経』）

所有の衆生わが名を聞かん者、もろもろの善本を修してわが界に生れんとおもはん。ねがわくはそれ命をすての後、必定して生をえしめん。（『悲華経』）

そしてそれ以外の一文は阿闍世太子の聞法について明かすもので、それは直接的には行道に関係ありません。かくして親鸞聖人においては、真宗における行道とは、法然上人の教言を受けて称名念仏の道であって、それはまさしく念仏成仏の道であると領解されていましたが、その行道の内実としては、その称名はまたそのまま聞名とならねばならない、称名が聞名となってこそ、はじめてその行道が、『無量寿経』が教示するところのまことの行道、本願の仏道となるということを、開顕しようとされたわけです。

かくして親鸞聖人は、真宗の行道としての称名は、そのまま聞名でなければならないといわれます。真宗における行とは、私における日々の称名念仏の行だけれども、それはそっくりそのまま聞くべきものだということです。それについては、「信巻」においてあれこれと釈されるところですが、いまは簡略化して『一念多念文意』を見ま

すと、

　称は御なをとなふるとなり。また称ははかりといふこころなり。はかりといふは、もののほどをさだむることなり。

と明かされています。称名の「称」とは、もともとの字義としては「はかり」という意味がある、といわれるのです。昔のはかり、秤は、長い棒の一方の端に分銅をぶら下げて、左右の均衡をとってものの重さを量った。「称」とは、その「秤」に通じる字で「はかる」ということ、ものの中身、内実をはっきりと知るという意味があります。この「称」の字には「となえる」という意味はありません。「となえる」なら口偏の「唱」という字を書きます。しかし、中国浄土教では、この称を「となえる」と読んだのです。親鸞聖人はそれをご承知なのです。かくしていまは、その称名の称は中身を定め知ることだといわれるのです。すなわち、称名とは、それにおいて仏の心、大慈大悲の心を知ることであり、仏の呼び声を聞くことだというわけです。そしてその文に続いて、

　名号を称すること、とこゑひとこゑ、きくひと、うたがふこころ一念もなければ、実報土へむまるとまふすこころなり。

と明かされます。そこでは「十声一声聞く」といわれます。称名念仏を十声し一声することは、そのままその称名を聞かねばならない、それを聞くことでなければならない、といわれるわけです。あるいはまた『尊号真像銘文』においても、

　下至といふは十声にあまれるもの、一念二念聞名のものを、往生にはもらさず、きらはぬことをあらはししめすとなり。（略本）

　下至といふは、十声にあまれるものも、聞名のものおも、往生にもらさずきらはぬことをあらはししめすと也。

（広本）

などと明かされます。このように親鸞聖人は、称名を明かす文章のところに聞名という語を入れられるのです。まことの称名は、ただ称えるだけのものではない、それはそのまま「もののほどをさだむる」こと、その内実について深く知っていくことだといい、また「一念二念聞名」といって、一声、二声称名念仏することは、そのまま聞くこと、称名即聞名でなければならない、といわれるわけです。かくして、称名とは私から仏に向かって仏を呼ぶ、その名を称えることなのですが、それが逆転して、その私の称名が、そのまま仏から私への呼び声だと聞いていくということが、親鸞聖人における聞名の思想なのです。

そしてそのことが非常にはっきりするのが、次の「行巻」の引文です。

深心は即ちこれ真実の信心なり。自身はこれ煩悩を具足せる凡夫、善根薄少にして三界に流転して火宅をいでずと信知す。いま弥陀の本弘誓願は、名号を称すること下至十声聞等におよぶまで、定んで往生をえしむと信知して、一念に至るにおよぶまで、疑心あることなし。故に深心と名づくと。

これは、善導大師の『往生礼讃』の中の二種深信の文章なのですが、ここでは「下至十声」の次に「聞」の字が入っています。もとの善導の文章では、ここが「下至十声一声等」になっているのです。しかし、ここでは、その「一声」が抜けて「聞等」になっている。これは善導より後にでた智昇という人が、『集諸経礼懺儀』という自分の書物の中に、この二種深信の文章を引用しているのですが、それを引くときに、「下至十声一声等におよぶまで」というのが善導大師のもとの文章なのに、それを「十声聞等におよぶまで」と書いているのです。どうしてそう書いたかがまた問題ですが、ともかくここが違う。親鸞聖人は善導大師のこの文章を、ほかのところにも幾度か引いておられますが、それを引用するについては、必ずすべて、この智昇の「聞」という字が付いた文章を用いておいでになるのです。これは親鸞聖人の細やかな配慮でしょう。「聞」がない文章は引かれません。先ほどの『一念多念文意』の文章は、ここのところを引いて説明しておられるわけです。

名号を称すること、とこゑひとこゑ、きくひと、うたがふこころ一念もなければ、実報土へむまるとまふすところなり。

その人その人の生命のかぎり念仏しなさいということです。「とこゑひとこゑ」とは、ここでいう十声とは、生涯をかけて多くということ、そして一声とは、少なくてもいいということです。いまは、もとは善導大師の文章なのに、「聞く」という字が入っている智昇の文を、ことさらに引いておいでになるのです。そして「聞く」という字がない文は全然引かない。「聞く」と書いてある文だけを引いている。そしてその文を説明するについては、「聞く人うたがふこころ一念もなければ」という、すなわち、称名念仏を申しつつ、それを聞いて信心をうるならばと、こういっている。称名が聞名となるとき、まさしくそこに信心が開発してくるということです。親鸞聖人が、真宗における行道としての称名を、どのように理解されておられたかが、これでだいたいお分かりいただけると思います。

かくして、いま私が申している私の称名は、私の行為ではありません。それは仏が私を呼んでいてくださる仏の呼び声が、私の口を通してでてくださっているのです、と気づいていく、思いあたっていく、これを聞名というのです。いま親鸞聖人は、経典の中の「聞名往生」という教説と、インド、中国、日本の七高僧によって伝統された「称名往生」という教示とを重ねて、真宗の仏道とは、称名しながら聞名すること、そしてその聞名とは、「聞く人うたがふこころ一念もなければ」で、帰するところ信心のことなのだと、こういう解釈を展開されます。これが「行巻」と「信巻」を一貫する基本の流れなのです。いま『歎異抄』で、「念仏は行者のために非行・非善なり」というのは、そういう称名即聞名の教示にかかわって語られたものにほかなりません。しかし、仏の呼び声を聞くということは、私が仏に向かって、仏の名を称えなければ聞こえてはきません。日々心して念仏を申しながら、それにおいて仏の呼び声を聞いていくのです。これが私たちの真宗の仏道における基本の行為、行業です。親鸞聖人が「大行は無碍光如来の名を称するなり」といわれた意味がここにあります。称えて、称えて、称えるのです。しかし称えても称えても、それはそっくり如来の呼び声だと、深く思いあたっていかなければならない。そういう思いあたることのない念仏はほんものの念仏ではないということです。聞名ということは現代風には脱自といえましょうか。脱自とは自己の殻を脱ぐことです。蝉が殻を脱ぐように、念仏を申していたら、何かの縁をとおしてひとりでに自己の殻が脱げていくのです。自己、自我が崩壊していきます。「なんとあさましい日暮らしをしていることだなあ」と、ありのままの自己の姿がいよいよ見えてくる、分かってくる、知れてくるのです。それを脱自というわけです。その自分の我執の心がガラガラと崩れていく音が南無阿弥陀仏です。南無阿弥陀仏を称えれば、自己の我執が少しずつ崩壊していく。そしてその崩壊していくままに、そこに如来の慈悲が、その生命が、私の心の中にあらわになってくる。これは別のことではありません。夜が明けるということは太陽がでることですが、太陽がでるということは夜の闇が消えるということです。どちらが先ということはない、同時です。暗闇が晴れるということと太陽が照るということは一つこと、同時です。しかし、そのことが私において成り立つためには、まず心を傾けた私の念仏がなければならない。

弥陀大悲の誓願を　　ふかく信ぜんひとはみな
ねてもさめてもへだてなく　　南無阿弥陀仏をとなふべし（『正像末和讃』）

念仏を申さなければならないのです。けれどもそれはまた、その称名においてそういう私の行為が捨てられていかなければならない。称名が聞名となっていかなければならない。そしてそこに新しい目覚めが開けてきます。思いあたるということが生まれてきます。そのような「めざめ」、思いあたりの体験を信心というわけです。親鸞聖人は、

聞はきくといふ。信心をあらはすみのりなり。（『唯信鈔文意』）

と示されています。その称名念仏において、仏の呼び声を聞くという体験が信心といわれるのです。かくして、念仏往生とは、すなわち信心往生なのです。真宗の仏道とは、念仏往生の道です。念仏して往生するのです。しかしその念仏をひっくり返していえば、聞名往生です。しかもまた、その聞名体験とは信心体験のことだから、信心往生といってもいいわけです。真宗における行道というのは、教えにしたがって念仏を申して、その念仏がどんでん返しにひっくり返って、「私が申す念仏ではない、仏の生命が私に届いて、私の中から私を呼んでいてくださるのだ」と深く思いあたっていく、そこに仏の声を聞くという、私における宗教的な経験が成り立ってくるのです。

妙好人の浅原才市さんの歌にこんなものがあります。

念仏は仏の念仏。仏がもうす仏の念仏。
如来さんはどこにおる。如来さんはここにおる。才市が心にみちみちて、南無阿弥陀をもうしておるよ。
才市よいへ、いま念仏を称えたは誰か。へ才市であります。そうではあるまへ。親さまの直説であります。機法一体であります。
南無阿弥陀仏、南無阿弥陀仏。念仏は親の呼び声、子の返事。南無阿弥陀仏、南無阿弥陀仏。

まことに見事です。「念仏は親の呼び声、子の返事」、まさしくそのとおりです。

二、無私にして聞くこと

ところで、ここで真宗の仏道とは、私が日々称名しながら、それを仏の呼び声として聞いていく道、称名即聞名の道であるといいましたが、その聞くという私の行為、その聞くということについても、充分に心すべき問題がありまず。先ほど聞名とは自己脱皮、自己崩壊を意味するといいましたが、その聞名の聞くということも捨てられていかねばなりません。すなわち、仏と私との人間的、対立的な関係をはなれて、仏と私が一つとなって称名し聞名するということで、まさしく無私にして称え、無私にして聞くということです。

そのことについては、妙好人の浅原才市が見事にそれを語っています。

聞いた聞いたとすましておいて、それが違えば無間地獄よ。聞いた心は玉にきず、それは疑い自力なり。

これはまことに深いことをいっています。私は長年にわたって聴聞させてもらった。よく聞かせてもらった。ありがたいことだというけれども、「聞いた心は玉にきず」だ。「それは疑い自力なり」と、才市さんはいっているのです。またこうもいっています。

よく聞いた、聞いた心は玉にきず、領解たのんで弥陀をたのまん。

これも深い味わいの言葉です。親鸞聖人の心がここにある。私が領解したという心さえも捨てなくてはいけないのです。何もかも挙げて、その全部のおのれがすたって、仏の慈悲のど真ん中にいま在る、という実感以外に、聞法、聞名の意味はないというのです。

お寺まいりて空聞きすんな、法にとられよ、法にとられる身になれば、法にとられて浄土にまいる。

才市さんの信心というものにはまことに深いものがあります。才市さんのこういう歌をとおして親鸞聖人のお心がよく分かります。

もう一人、物種吉兵衛という妙好人。この人は大阪の堺の生まれで明治時代に生きた人で、仏法が分からないというので、十数年も師匠を求めて歩いたという、とてもありがたい同行です。この人にこんな言葉があります。

聞けばわかる、知れば知れる。聞こえたはこっち、知れたはこっち。こちらには用はない。聞こえたこちらは、おさらばと捨てる方ヤ。用というのは、我ヤ我ヤ我ヤと向こうから名告って下さる。

だから聞いたということさえも、そのことを自分が握っていてはいかんというのです。すべてを捨てたならば、そのときに、はじめて慈悲が向こうから自然に届いてくると、こういうことです。さっきの才市さんと同じ心です。

一遍上人（一二三九〜一二八九）の言葉にも、非常に深い味わいがあると思います。話がちょっと真宗からそれるのですが、一遍上人という方は、親鸞聖人より少し後にでて時宗を開いて念仏をひろめた人です。念仏しながら旅に生き、旅の空の下で死んだ人なのですが、彼はこういうことをいっています。

念々の称名は念仏が念仏を申すなり。

念仏が念仏を申すというのは、おもしろい表現です。念仏を申しながらも、念仏をする私がいなくなっているという意味合いがそこにあります。

一切の事をすてて申す念仏こそ、弥陀の超世の本願にはかなひ候へ。

一切のことを捨てて念仏を申すことが大切だというのです。

また江戸時代、姫路に盤珪禅師（一六二二〜一六九三）という臨済宗の僧侶がいました。彼は浄土の念仏にも心を傾注して生きていった人です。彼に『盤珪仮名法語』というものがありますが、非常にありがたい話がでている。その中に、「見聞の主を見付けんと思ふは大きな誤りでござる」という言葉があります。「見聞の主」。真宗では聞くというのですが、禅宗では見るという。その見聞の主を見つけようと思うのは、大きな誤りだという。分かりやすくいえば、見聞、仏を見たり、仏の声を聞くという体験に、主人、主体があるならば、それはもはや仏法ではないというのです。同じことをいったわけですが、このことが親鸞聖人が明らかにしようとされた真宗における聞、聞法、聞名の極意です。

三、親鸞における聞の構造

親鸞聖人は、その「信巻」に、

経に聞と言ふは、衆生仏願の生起本末を聞て疑心あることなし。これを聞といふなり。

と明かされています。親鸞聖人が、心を尽くして聞について説明された文の一つです。『無量寿経』の第十八願成就文の「聞其名号」、名号を聞く、私が称名念仏を申しつつそれを聞くという、その聞について説明されている文章です。その聞くということは、衆生が阿弥陀仏の本願の生起と本末を聞て、疑心がなくなること、このことを聞というのだということです。ここでいう「生起本末」の生起とは、生まれ起きることだから、その本願が起された原因ということ。そしてその本末とは、その原因に対する結果の始終、その始めから終わりまでということです。もっというなら、阿弥陀仏の本願が起こされたのは私を救うためだから、その生起とは私のことです。煩悩を具足して地獄一定の日々を生きている、この私が生起なのです。だからその生起を聞くとは、この地獄一定の私について聞くことです。そして本末というのは、如来の本願、「もし生まれずば正覚を取らじ」という、自分の存在をかけて働きかけていてくださる、その慈悲のことをいっているわけです。だからその本末を聞くとは、いま現に私に到来しつつある阿弥陀仏、その無倦の大慈大悲について聞くことです。この二つについて聞くのです。しかしここでいう聞とはまだほんとうの聞ではない。親鸞聖人が教示されるまことの聞とは、「仏願の生起本末を聞て」の次の「疑心あることなし。これを聞といふ」のこの聞のことなのです。この文では「聞」が三遍でてきます。初めの「聞と言ふは」。途中に「聞て」。最後に「これを聞といふ」。最初の「聞」と、あとの「聞」は、同じことをいいます。この最初と最後の聞がほんとうの「聞」で、名号、称名を聞くということです。途中の「聞て」というのは、まだほんものではない。階梯位、プロセスとしての聞のことです。それを徹底して深めていかねばなりません。まことの「聞」とは、先ほどいったように聞くということさえも自己崩壊する。無私にして成り立つ聞のことで、そのことを「疑心あることなし」といったのです。聞きながら、その聞く自己がなくなること、聞くという「見聞の主」がなくなって聞こえたときに、これをまことの「聞」というわけです。

このことは、別に表現すれば、阿弥陀仏の慈悲に、私が深く目覚めさせられていく、思いあたっていくという境地を明かしたものです。この「生起本末」、すなわち、地獄一定の私の現実相について聞き、阿弥陀仏の大慈大悲について聞きながら、そのことが一つとなって聞こえてくる、地獄一定の私の中に仏がましまし、大慈大悲の仏の心の中に地獄一定の私が生きているということに、深く目覚め、思いあたっていくということです。そのことをまことの「聞」というのです。だからそれを「聞はきくといふ、信心をあらはすみのりなり」（『唯信鈔文意』）といわれたわけです。

このことは大乗仏教の基本のところに返してもいえることだと思います。インドの無着菩薩（アサンガ、紀元四世紀頃）という人が書いた書物に『摂大乗論』というものがあります。この無着菩薩は天親菩薩の実兄です。天親菩薩は、この兄に導かれて小乗仏教から大乗仏教に入り、後に阿弥陀仏の教えについて説いたわけです。その『摂大乗論』に、

最清浄なる法界所流の正聞薫習を種子となすが故に、出世心を生ずることをうる。（『摂大乗論』真諦訳）

という言葉があります。その意味するところは、私の根源的な主体、すなわち、私の根本の生命、これを唯識教学ではアーラヤ識といいますが、それは全分虚妄であるといいます。浄土にいけるような可能性はまったくない、まさしく地獄一定なる罪業深重の私です。しかし、その私が仏法を聞いていくならば、やがてその生命のところに「出世心が生ずる」というのです。「出世心」というのは、浄土の生命です。地獄の生命が浄土の生命に転じていく。これが聞法ということの働きを意味するというのです。この教説に重ねていえば、真宗の教えとは、念仏を申しながら念仏を聞いていくこと。そしてそれにおいて自己がだんだん捨てられていく、崩壊していく。そしてそれに即一してそこに、称えるままにそれが仏の呼び声として聞こえてくるようになる。それは、この無着菩薩が語るところの大乗仏教の原理からいうならば、出世心が生じてくる、地獄一定の生命が、その称名即聞名において、徐々に徐々に、浄土の生命に転成していくということです。

このことは、親鸞聖人の別の言葉でいうならば、「信受本願前念命終、即得往生後念即生」(『愚禿鈔』)ということです。ここで「信受本願前念命終」というのは、阿弥陀仏の本願を信受したら、今までの古い迷いの生命が終わるということです。そして次の「即得往生後念即生」というのは、信心を開いたら、この世でただちに往生をうるということだが、それはまた、新しい仏の生命に生まれかわるということです。このことは聞において信心が成立してくる構造について明かしたものです。すなわち、信心を開くということ、また信心を相続するということは、初めの時間・前念において、我執、自我の殻が少しずつ脱げ、それが次第に崩れていき、そしてそのあとの時間、後念において、真実の生命、浄土の生命に向かって、少しずつ育てられていくということです。こういう構造において、信心が成立してくる。あるいはまた、その信心が相続され、深まっていくというのです。

四、念仏は大行大善にして非行非善

さすれば念仏というものは、私が称えるままに、それは私が称えることではなかったということになります。親鸞聖人は、いろいろなところで、念仏とは大行大善であると仰せになるのです。先ほども見たように、「大行とは、無礙光如来の名を称するなり。この行はすなわち、これもろもろの善法を摂し、もろもろの徳本を具せり」（「行巻」）といわれています。はっきりと称名念仏は行である、善であるといわれるのです。また「行巻」には、

今弥勒付嘱の一念は、すなはちこれ一声なり。一声すなわちこれ一念なり。一念すなはちこれ一行なり。一行すなはちこれ正行なり。正行すなはちこれ正業なり。正業すなはちこれ正念なり。正念すなはちこれ念仏なり。則ちこれ南無阿弥陀仏なり。

とも示されています。ここでも称名は行であるといわれるのです。そしてまた、すでに見たところの『歎異抄』の第一条では、「しかれば本願を信ぜんには他の善も要にあらず。念仏にまさるべき善なきゆへに」といって、念仏が最高の善だといわれるのです。しかし、いまここでは、念仏は非行非善であるといわれるわけです。そしてまた、その念仏を説明して、

これ凡聖自力の行にあらず。故に不回向の行と名づくるなり。大小聖人、重軽悪人、みな同じくひとしく、まさに選択大宝海に帰して念仏成仏すべし。（「行巻」）

とも語られます。親鸞聖人は、念仏について明かすのに、行であるといいながら行ではないといい、善であるといいながら善ではないといって、二通りにいっておられるわけです。このことは、すでに上において、あれこれといったように、まことの念仏とは、私が申す念仏でありながら、それがそっくりそのまま、仏の念仏、仏の呼び声と聞こえてくる念仏でなければならないといわれること、称名が聞名であるということ、そういう領解に立ってい

ただくと、よくよくお分かりいただけると思います。

それからまた、この非行非善をめぐって、『弥陀経義集』という書物が注目されます。これは善導大師が書かれたというのですが、その原物は残っていないのです。『真宗全書』の第五十八巻に、同名のものが載っていますが、はたしてそれかどうかは分かりません。善導大師の「定善義」の中に、「この義、『弥陀経義』の中に、広く論じおはんぬ」という文があって、善導大師が自分で、このことはすでに『弥陀経義』という書物の中に書いているといわれているのですから、そういう名前の著書があったのだとは考えられるのですが、原物を見ることができません。ただ、その『真宗全書』の『弥陀経義集』にこういう文言があります。

宝号王経、非行非善、但持仏名、故生不退位。

はじめの「宝号王経」というのは、「宝号王経にいはく」ということだと思います。次は「行にあらず善にあらず、ただ仏名をたもつ故に不退の位に生ずるなり」と読めます。「宝号王経」という経典に、このように書いてあると、善導大師がいっているというわけです。親鸞聖人はこの文章を大切にしておられまして、『末燈鈔』の第二十二通には、次のようにしたためておられます。

『宝号経』にのたまはく、弥陀の本願は行にあらず善にあらず、ただ仏名をたもつなり。名号はこれ善なり行なり、行といふは善をするについていふことばなり。本願はもとより仏の御約束とこころえぬるには、善にあらず行にあらざるなり、かるがゆへに他力とはまふすなり。本願の名号は能生する因なり、能生の因といふは、すなわちこれ父なり。大悲の光明はこれ所生の縁なり、所生の縁といふはすなわちこれ母なり。

この文の意味は、『宝号王経』によると、阿弥陀仏の本願にもとづいて成り立つ念仏とは、行でもなく善でもありません。ただ無私にして申すばかりです。称名念仏とは、もともと私にとっては善であり行であります。その行とは善根を修めるについていうことです。しかしながら、本願とは、阿弥陀仏が私にかけてくださった願いであるということを思い知るならば、その称名念仏とは、ひとえに仏の働きかけにおいて成り立つものであって、私の修める善でもなく、行でもありません。すなわち、他力の念仏と申すほかはありません。本願の名号、その称名は、私が浄土に往生するための因であり、父親にあたります。そして大悲の光明は、それを育てる縁であり、母親にあたります。かくして私が浄土に往生するについては、名号、称名の因と、光明、聞法の縁により、その父と母の因縁により、よく成立するわけです、ということです。この『宝号経』というのは、よく分からないのですが、とにかく、いまの『弥陀経義集』に前のような文章があるのですから、それと絡んでいると考えられます。きっと親鸞聖人は、その『宝号経』を見ておいでになるのでしょう。しかし、残念ながら、その経典は今日は残っていないのです。これは私の推測ですが、『歎異抄』のこの第八条の「念仏は行者のために非行・非善なり」という文は、この『弥陀経義集』にもとづいて、親鸞聖人がいわれたものであろうと思うことです。ともかく称名念仏とは、行であり善であるといいながら、またそうではないといわれる、この二つの考え方が親鸞聖人には見えるということです。ここで明かされる真宗における称名念仏、私たちが日ごろ申している念仏とは、大行大善にして非行非善である、非行非善にして大行大善であるという教示は、よくよく味識すべきことです。

第九条　不歓不欣の教訓

本　文

一、念仏まふしさふらへども、踊躍歓喜のこころおろそかにさふらふこと、またいそぎ浄土へまひりたきこころのさふらはぬは、いかにとさふらふべきことにてさふらうやらんと、まふしいれてさふらひしかば、親鸞もこの不審ありつるに、唯円房おなじこころにてありけり。よくよく案じみれば、天におどり地におどるほどによろこぶべきことを、よろこばぬにて、いよいよ往生は一定とおもひたまふべきなり。よろこぶべきこころをおさへてよろこばざるは煩悩の所為なり。しかるに、仏かねてしろしめして、煩悩具足の凡夫とおほせられたることなれば、他力の悲願は、かくのごとしわれらがためなりけりとしられて、いよいよたのもしくおぼゆるなり。また浄土へいそぎまひりたきこころのなくて、いささか所労のこともあれば、死なんずるやらんとこころぼそくおぼゆることも煩悩の所為なり。久遠劫よりいままで流転せる苦悩の旧里はすてがたく、いまだむまれざる安養の浄土はこひしからずさふらふこと、まことによくよく煩悩の興盛にさふらうにこそ。なごりおしくおもへども、娑婆の縁つきて、ちからなくしておはるときに、かの土へはまひるべきなり。いそぎまひりたきこころなきものを、ことにあはれみたまふなり。これにつけてこそ、いよいよ大悲大願はたのもしく、往生は決定と存じさふらへ。踊躍歓喜のこころもあり、いそぎ浄土へもまひりたくさふらはんには、煩悩のなきやらんとあやしくさふらひなましと云云。

組織

- 唯円房の質問
  - 念仏不歓の疑問……念仏まふし〜
  - 浄土不欣の疑問……またいそぎ〜
- 親鸞の応答
  - 親鸞の基本的姿勢……親鸞も〜
  - 親鸞の領解
    - 念仏についての歓喜の問題……よくよく案じ〜
    - 浄土に対する欣求の問題……また浄土へ〜
- 結びの言葉——踊躍歓喜のこころ〜

語義

○念仏……称名念仏。

○さふらへども……「ども」とは、けれども。

○踊躍歓喜……念仏・信心における歓びの心。

・第十八願文——「信楽」

・第十八願成就文——「信心歓喜」

・付属の一念

「それ彼の仏の名号を聞くことをえて歓喜踊躍して乃至一念せんこと。まさに知るべし。此の人は大利をうるとなす。則ちこれ無上の功徳を具足するなり」（『無量寿経』）
「歓喜と言うは身心の悦予をあらはす皃なり」（「信巻」）
「歓喜といふは歓はみをよろこばしむるなり、喜はこころによろこばしむるなり。うべきことをえてむずとかねてさきよりよろこぶこころなり」（『一念多念文意』）
「歓喜はうべきことをえてむずと、さきだちてかねてよろこぶこころなり。踊は天におどるといふ。躍は地におどるといふ。よろこぶこころのきわまりなきかたちなり」（『一念多念文意』）

歓―「みをよろこばしむ」
喜―「こころをよろこばしむとなり」（親鸞真蹟本、左訓、大谷本願寺蔵）

「慶はうべきことをえてのちによろこぶこころなり。信心をえてのちによろこぶなり。喜はこころのうちにつねによろこぶこころたえずして憶念つねなるなり。踊躍するなり。踊は天にをどるといふ。躍は地にをどるといふ。よろこぶこころのきはまりなきかたちをあらはずなり」（『唯信鈔文意』）
「慶喜といふは信をえてのちによろこぶこころをいふ也」（『尊号真像銘文』）

歓喜―うべきことをえてんずとさきだちてかねてよろこぶ心。
慶喜―うべきことをえてのちによろこぶ心。

歓―身をよろこばしむ。　踊―天にをどるといふ。
喜―心をよろこばしむ。　躍―地にをどるといふ。

○おろそか……疎、疎略。親・近の反対で、うとくなること。
○また……もうひとつ。

○いそぎ浄土へまひりたきこころ……急いで浄土にいきたいと欣求する心。
○いかにとさふらふべきこと……どうしたもので。
○さふらうやらん……「候にやあらん」の変形で、ございましょうか。
○まふしいれ……申し込む、質問をする。
○さふらひしかば……「ば」は接続助詞で、したら。
○親鸞も……この「も」は唯円房に同座する姿勢をあらわす。
○不審……疑問。
○ありつるに……「つる」は完了の助動詞で、私にもかつてありました。
○唯円房……この第九条といまひとつ第十三条に見える。河和田の唯円で水戸報仏寺の開基。対話の当事者としての臨場感。報仏寺の記録によれば正応元年（一二八八）、六十八歳で没す。親鸞聖人四十八歳のときの誕生。親鸞聖人帰洛後の門弟であろう。
○おなじこころにてありけり……「けり」は感動・詠嘆の助動詞。
○よくよく案じみれば……よくよく思案してみるならば。
○天におどり地におどる……「踊は天におどるといふ。躍は地におどるといふ。よろこぶこころのきはまりなきかたちなり」（『一念多念文意』、『唯信鈔文意』）
○よろこばぬにて……喜ばぬによって、不歓の理由を示す。
○いよいよ往生は一定……いっそう往生は確実であると。「と」の字を入れるがよかろう（端ノ坊本・「と」）。
○おもひたまふべきなり……ここでいう「たまふ」は鄭重な気持ちを示す補助動詞で、思いますの意味。この文の主語は親鸞聖人である。「べき」の語は挿入すべきではなかろう（蓮如本にはない。端ノ坊本にある）。
○よろこぶべきこころをおさへて……喜ばなければならない心を邪魔して。
○煩悩の所為なり……煩悩のしわざ、煩悩が原因。
○しかるに……それなのに。
○仏かねて……仏が前もって。
○しろしめして……「しろす」は知るの尊敬語で、承知されて。
○煩悩具足の凡夫……煩悩を具足する愚かな人。具足とは充分に具えて欠けることのないという意味。
○おほせられたること……「おほせ」は言うの尊敬語。その根拠は本願文の「唯除五逆誹謗正法」の文において明かされている。「このふたつの罪のおもきことをしめして、十方一切の衆生みなもれず往生すべしとしらせむとなり」（『尊号真像銘文』）
○他力の悲願……阿弥陀仏の仏力による大悲の誓願。
○かくのごとし……「し」は「き」の写誤か。かくの如き、そのような。
○われらがためなりけりとしられて……私たちのためであると思い知られて。
○いよいよたのもしくおぼゆる……いっそう頼りになる。確かであると自覚される。
○また浄土へいそぎまひりたきこころのなくて……もうひとつ急いで浄土を欣う心がなくて。
○いささか……少しばかり。
○所労のこと……労とは病むことで、病気になること。
○死なんずるやらん……「死なんとするにやあらん」のつまった語で、あるいは死ぬるのであろうか。

○こころぼそくおぼゆる……心が細くなる。不安、心配になる。
○久遠劫……kalpa「劫波」。『雑阿含経』の芥子劫、磐石劫。一由旬（七キロメートル）の立方体、百年に一度。
○流転……生死界における流転、六道の輪廻。
○苦悩の旧里……この人生の苦しみの境界、故里。
○安養の浄土……浄土のことで、安養とは心を安らかにして身を養うこと。「安養国」、「安養仏」（『無量寿経』）。
○まことによくよく……ほんとうに充分に、深いこと。
○煩悩の興盛……煩悩が次々と生起して盛んなこと。
○にこそ……「こそ」は詠嘆的断定の意味を表わす結びの言葉で、ことです。
○娑婆……娑婆（sahā）、堪忍の世界の意で忍土、忍界と訳す。
○ちからなくしておはるときに……わが力がおよばずして生命が尽きるときに。
○かの土……仏の浄土。
○まひるべきなり……「べき」は当然の意で、当然に疑いなく浄土に往生する。
○こころなきもの……浄土を欣う心のないもの、この「もの」は者ではない。
○ことにあはれみたまふなり……特に心にかけて憐れにおもうこと。
○これにつけてこそ……以上申したことによってこそ。
○いよいよ……強意を示す言葉。
○大悲大願……阿弥陀仏の慈悲と誓願。
○たのもしく……心強い。

○往生は決定……浄土に往生することは確実である。
○存じさふらへ……思いなさい。
○さふらはんには……そうでありますようでは。
○なきやらんと……ないのであろうかと。
○あやしく……蓮如本の「あしく」は「あやしく」の写誤であろう。不審に、疑わしく（端ノ坊本・「あやしく」）。
○さふらひなまし……「なまし」は完了の助動詞で、現実の事実に反する仮定の表現。もしも〜であるならば不審に思われるであろう。

要　旨

この第九条は、弟子の唯円房が、親鸞聖人に対して、日常における自分の信心生活を反省しつつ質問したことについて、親鸞聖人が応答された内容を記録したものである。すなわち、念仏を申しながらも歓喜の心が生まれてこないこと、そしてまた浄土に対する欣求の心が生まれてこないことについて、親鸞聖人に疑問を開陳した。そこで親鸞聖人が、その質問に深く同感しながらも、念仏しつつも歓喜の心が生まれてこないのは、ひとえに私たちの煩悩、我執が深いことによるものであり、また浄土に対して欣求の心が生まれてこないのも、私たちの煩悩、我執が強いことによるからであって、そういう私たちのためにこそ、阿弥陀仏の本願が存在することを思うて、私たちは、その煩悩の生活のままにも、いよいよ念仏を申しつつ、深く仏の本願を思念しつつ生きていくべきだと教示されている。

一、組織

この第九条は、唯円房が、その念仏生活において、なかなか歓喜の心や欣求の心が生まれてこないという問題をめぐって、親鸞聖人に質問したことをめぐる教示ですので、「不歓不欣の教訓」というタイトルを付しました。

この第九条は、親鸞聖人に対する唯円房の質問と、それに対する親鸞聖人の応答の教示です。唯円房という名は、この第九条と後の第十三条に見えます。『歎異抄』では、この唯円房以外に、人名が具体的にでることがありません。親鸞聖人の門弟としては、この人だけです。史料によると、親鸞聖人の弟子の中に、鳥喰《とりばみ》の唯円という人がもう一人いるのですが、この唯円房は、河和田の唯円と呼ばれている人です。現在の茨城県水戸市の河和田に、報仏寺という寺院を開いた人ですが、その報仏寺は今日も残っています。

唯円の生涯については詳しいことは分からないのですが、奈良県の吉野に生まれたという説が今日その土地に残っています。墓もそこにあります。この地方は、古く真宗が栄えたところで、有名な妙好人の大和の清九郎もこの近くに生まれた人です。また報仏寺の記録によれば、唯円房は正応元年（一二八八）に、六十八歳で亡くなっています。生まれたのは親鸞聖人が四十八歳の年ですから、関東でいろいろと法義を弘めておいでになったときのことです。親鸞聖人は六十歳を過ぎて京都に帰られますが、その後に縁が結ばれて弟子になったと考えられます。親鸞聖人とは五十歳近く年が離れていたわけですから、晩年の親鸞聖人が、京都でいろいろと法話をしておられたころ、若い唯円房が傍で生活の手助けをしていたのでしょう。

この第九条の組織としては、大きくは三段に分かれます。まず第一段は最初の「念仏まふしさふらへども」から

「まふしいれさふらひしかば」までで、そこには唯円房の質問が二点ほど明かされます。最初の「念仏まふし」という文は、念仏しても歓喜の心が生じないという第一の質問、次の「またいそぎ」以下は、浄土を欣う心が生じないという第二の質問です。そして第二段は、それに対して、親鸞聖人が応答された部分で、「親鸞も」以下「往生は決定と存じさふらへ」までの文章です。そこではまず「よくよく案じみれば」以下は、第一の質問、念仏についての歓喜の問題をめぐって、親鸞聖人の領解が語られます。そして次の「また浄土へ」以下は、第二の質問、浄土に対して欣求の心がおこらないという問題をめぐって、親鸞聖人の領解が明かされます。そして第三段が、最後の「踊躍歓喜のこころ」以下の文で、その応答を結ばれる言葉です。ここには親鸞聖人の言葉が生々しく記録されています。おそらく唯円房自身が直接に親鸞聖人に質問して、それに応答してもらったことを、思いだして書いたものでしょう。ここには対話の当事者としての臨場感がよくよくうかがわれます。

二、文義

それでは、この第九条の本文を分かりやすく、砕いて読んでみましょう。

「念仏まふしさふらへども、踊躍歓喜のこころおろそかにさふらふこと（中略）いかにとさふらうべきことにてさふらうやらん」、これは唯円房の問いです。私は今日まで長く仏法を聞いて、日々念仏を申していますけれども、いっこうに仏法を聞いたことの歓びが生まれてきませんという。「おろそかに」というのは、そういう心があまりでない、疎いということです。「踊躍歓喜」とは念仏・信心における歓びの心です。『無量寿経』には、念仏、信心には、歓喜が生まれると説かれています。親鸞聖人も、そうおっしゃいます。第十八願文には、「信楽」とでてきます。信じることは楽しむこと、安らぐことだというのです。それを丁寧にいったのが、第十八願成就文の「信心歓喜」です。「信楽」の「信」を「信心」、「楽」を「歓喜」といったわけです。信楽と信心歓喜の原語は同じ言葉です。そこでも信じることは歓びが生まれることだといっている。そのよろこびについて、『無量寿経』の終わりの「付属の一念の文」と呼ばれている文には、

それ彼の仏の名号を聞くことをえて、歓喜踊躍して、乃至一念せんことあらん。まさに知るべし。此の人は大利をうるとなす。則ちこれ無上の功徳を具足するなり。

と説かれています。名号を聞くというのは、念仏しながら、その念仏が如来の呼び声だと聞かれてくるということです。そして、そのような信心の人は、歓喜の心をもって大きな利益をうることができると明かされます。ここでいう「乃至一念」の一念は、念仏と信心のことです。また、『無量寿経』のそれらの言葉について、親鸞聖人が説明をしておられます。「信巻」には、

歓喜といふは身心の悦予をあらはす皃《かおばせ》なり。

といわれます。悦予は「えっちょ」と読みます。「えつよ」が詰まって「えっちょ」になった。悦も予も「よろこぶ」です。「あらわす皃なり」、皃とは姿という意味です。それから『一念多念文意』には、信心の説明に、

歓喜といふは、歓はみをよろこばしむるなり、喜はこころによろこばしむるなり。うべきことをえてむずと、かねてさきよりよろこぶこころなり。

と明かされます。まだ浄土には往生していないが、浄土が待っていると、「かねてさきよりよろこぶ」心が、歓喜の意味であるといわれるのです。あるいはまた、同じ『一念多念文意』に、

歓喜は、うべきことをえてむずと、さきだちてかねてよろこぶこころなり。踊は天におどるといふ。躍は地に

おどるといふ。よろこぶこころのきはまりなきかたちなり。

とも教示されています。そのほか、『唯信鈔文意』や『尊号真像銘文』にも、同じような意趣の文が見られます。上の語義解説に示したところです。「またいそぎ浄土へまひりたきこころのさふらはぬは」、浄土で仏さまが待っておられると聞くが、この娑婆の世界にいつまでも止まりたいと思って、急いで浄土を欣求する心がないのは。「いかにとさふらうべきことにてさふらうやらん」。ちょっと持って廻ったいい方ですが、「いかにとさふらふ」というのは、どうしたものかということ。「さふらうやらん」は、本来は「候にやあらん」で、でございましょうか。ここでは、いったいどうしたものでございましょうか、という質問です。そして「と、まふしいれてさふらひしかば」。「ば」は接続助詞で、申し入れましたところ。親鸞聖人にそう質問をしましたら、ということです。「親鸞もこの不審ありつるに」、「つる」は完了の助動詞で、私にもかつてそういう不審がありました、ということ。親鸞聖人は、自分も若いときに同じような不審、疑問をもった。どうして歓べないのだろうか、浄土に往きたいと思えないのだろうかと、思ったことがある、ということです。「唯円房おなじこころにてありけり」、「けり」は感動、詠嘆の助動詞ですから、唯円房よ、あなたも同じ疑問をもったのだなあ、ということでしょう。このあたりは、先ほどいったような臨場感がよくでています。質問に答える親鸞聖人は、「それはこういうことだぞ」と、高いところから教えるという姿勢はとっておられません。「私もかつてはそう思ったが、あなたも同じであったか」と、お互いが同じ座に着いている立場で、親鸞聖人はこの話を聞き、そして自分の心中を語っておられる、そういう感じです。

「よくよく案じみれば」、ここからが親鸞聖人の自己領解をめぐる表白の言葉です。心を落ち着けてよくよく思案してみるならば、「天におどり地におどるほどに」。親鸞聖人は、天に踊るとか地に踊るとかいう言葉を、よく使っ

ておられます。『一念多念文意』には、この踊躍という語について、

踊は天におどるといふ。躍は地におどるといふ。よろこぶこころのきはまりなきかたちなり。

と語られます。また『唯信鈔文意』にもこれと同様の言葉がでてきます。次の「よろこぶべきことを、よろこばぬにて」。親鸞聖人は、「よろこぶ」について、歓喜と慶喜という言葉を説明しておられます。歓喜というのは、

歓喜はうべきことをえてむずと、さきだちてかねてよろこぶこころなり。(『一念多念文意』)

とおっしゃる。未来において「うべきことを」、その利益、功徳を、これから「えてむず」、いただくであろう。まだもらっていないのだけれども、「さきだちてかねてよろこぶこころ」、前もって歓ぶ心、これを歓喜というのだといわれるのです。だから信心歓喜というときの歓喜は、まだ手に入ってないけれども、いずれいただくものだと、「かねて」前もって歓ぶ心のことをいうわけです。それに対して慶喜というのは、

慶はうべきことをえて、のちによろこぶこころなり。信心をえてのちによろこぶなり。喜はこころのうちにつねによろこぶこころたえずして憶念つねなるなり。(『唯信鈔文意』)

といわれる。現在において、もうすでにその利益、功徳をいただいたあとに、よかったなあと歓ぶ心を慶喜というのだと、親鸞聖人は、こういうように両者を分けて教えてくださっています。このすでに現在において完了したことに対する慶喜とは、信心においてえた現実の救いの利益についていうものであり、これからうるであろう未来に対する歓喜とは、信心においてめぐまれてくる今後における利益についていうものです。そしてまた『一念多念文意』には、その歓喜について、

歓喜といふは、歓はみをよろこばしむるなり、喜は心によろこばしむるなり。

とも明かされます。歓は身にかかわっていい、喜は心にかかわっていう、といわれるわけです。そしてまた「踊

躍」というのは経典の言葉ですが、踊も躍も足偏ですから、おどるのです。それを「踊は天におどるといふ、躍は地におどるといふ、よろこぶこころのきわまりなきかたちなり」と説明しておられる。おもしろい表現です。空に舞い上がってよろこぶのと、大地に足を踏みしめてよろこぶのと、そういう二種の歓びがあるといわれるわけです。いまここで「天におどり地におどる」というのはその話です。親鸞聖人は、時おりこのように、熟語を一字一字に分けてその意味を解説されることがありますが、これは比叡山の天台教学に、一文字ずつの意味を取って解釈する学問研究の方法があったのを、親鸞聖人は若いときから身につけておいでになったからなのでしょう。

さて、それほどに体をかけて「よろこぶべきことを、よろこばぬにて」。歓ばなければならないことを歓ばぬによって、そこで「いよいよ往生は一定とおもひたまふべきなり」。いっそう私の浄土往生は確実であると思います。ここでいう「たまふ」は丁重な気持ちを示す補助動詞で「思います」ということ。この主語は親鸞聖人です。そこのところ、「往生は一定と」と「と」の字が入っていますが、これは端ノ坊本に依ったものです。以前にも話しましたが、『歎異抄』は、室町時代に蓮如が書き写したのがいちばん古い。それより前のものはないのですが、蓮如が書写してそう遠くない頃に、別な人が書き写した『歎異抄』が数本今日残っています。その中の一本が端ノ坊本と呼ばれています。それには「往生は一定と」と「と」が入っている。蓮如本には「と」が入っていないのですが、ここは入っているほうが意味はよく分かります。同じように端ノ坊本には「一定とおもひたまふ」の次に「べき」が入っていますが、蓮如本には入っていません。これはないほうがよろしいと思います。その次、「よろこぶべきこころをおさへてよろこばせざるは煩悩の所為なり」。当然歓ばなければならない心を、何かが上から押しとどめてそれを歓ばせないのは、ほかではない、私の煩悩のしわざです。「所為」というのは、それが原因だということ。煩悩があるばっかりに、歓ばないのだというのです。「しかるに」、それなのに。「仏かねてしろしめして」、「かねて」とは前もって。「しろしめす」は知るの尊敬語です。仏さまはちゃんとご存じで、そのことを計算に入れて「煩悩具足の凡夫とおほせられたることなれば」、私たちを煩悩がいっぱい具わって欠けるところのない、愚かな人間だといわれていることですから。「おほせられたることなれば」、すでに仏がそういわれています。ところで仏は、どこで煩悩具足の凡夫とおっしゃっているか。阿弥陀仏がそうおっしゃったというところからいえば、第十八願文に「唯除五逆誹謗正法」と示されています。親鸞聖人は、その『唯信鈔文意』において、この文を解説して、

五逆のつみびとをきらい、誹謗のおもきとがをしらせむと也。このふたつのつみのおもきことをしめして、十方一切の衆生みなもれず往生すべしとしらせむとなり。

と明かされています。阿弥陀仏はちゃんとご承知で、煩悩を宿して歓ばない人間をこそ、必ず救いとると「おほせられたることなれば」。本願文にそういうことをおっしゃっているところからすれば。「他力の悲願は」、阿弥陀如来の大悲の誓願は。次は蓮如本では「かくのごとし」になっていますが、これは「かくのごとき」の写誤だと思います。「かくのごときのわれらがためなりけりとしられて、いよいよたのもしくおぼゆるなり」、本願はそういう煩悩具足の私たちのために立てられたものであったと思い知られて。「いよいよ」は、いっそう。いっそう「たのもしく」、相手の力を確かに思うという意味です。仏の慈悲がいよいよ確かなものだと思われて歓ばれますと、いうことです。ここまでは、念仏を申しながらも、仏の慈悲が歓べないという問題です。歓べないのはどうしたものかという質問に対して、歓べないものを目当ての本願だから、それを思うならば、いよいよたのもしく歓ぶべきである、という教示です。

次に「また浄土へいそぎまひりたきこころのなくて」。今度は、浄土に往生したいという思いがないのは、どうしてだろうかという唯円房のもう一つの質問です。浄土を欣う心がまったくなくて、「いささか」、ちょっと、少し

ばかり。「所労のこともあれば」、この労というのは病むという意味です。病気になると、「死なんずるやらんと」、「死なんとするにやあらん」が詰まって「死なんずるやらん」になった。ひょっとしたらこの病気で死ぬのではなかろうかと、「こころぼそくおぼゆることも」、不安になる、心配になることも「煩悩の所為なり」。前のところにも「煩悩の所為」とでています。歓ばないのも「煩悩の所為」。この浄土を欣わないことも煩悩のゆえだ、そのはたらきだといわれるのです。「久遠劫よりいままで」、久遠劫というのは、この劫とは原語ではカルパ（kalpa 劫波）といい、およそ一辺七キロメートルの立方体の箱に入っている芥子の実を、百年に一粒だして尽きるまでの年月、または同じ立方体の磐石を、百年に一度薄布で払ってそれが摩滅するまでの年月をいい、無量の時間のこと。だから久遠劫とは長い長い時間を指します。その長い迷いの時間、歴史を秘めた私の生命ですが、その迷いの世界を「流転せる」、その迷いの境界を生き死にしてきた私ですが、そういう「苦悩の旧里は」、苦しみの故里ということですが、自分のいままで生きてきた迷いの境界のことです。それは「すてがたく」、いつまでもそこから離れがたく。「いまだむまれざる」、まだ生まれていない「安養の浄土はこひしからずさふらふこと」、安養というのは『無量寿経』にでてくる言葉ですが、心を安らかにし体を養うという世界、浄土のことです。そういう安養の浄土は、いっこうに恋しくない、願わしくない。そういうことは「まことによくよく煩悩の興盛にさふらうにこそ」、ほんとうに煩悩がどれだけ深いことか。「興盛」の興はおこる、盛は盛んになる。すなわち、次から次と煩悩の心がわきでてくるさまをいっているわけです。「さふらうにこそ」の「こそ」は、詠嘆の係助詞で、そのあとに「あれ」という言葉が省略されています。ほんとうに煩悩がこんなに多いことでありますよなあと、詠嘆されているのです。しかしながら「なごりおしくおもへども」、この世にはやはりいろいろと名残りがあって、いつまでもここにいたいと思うのだけれども。「娑婆の縁つきて」、娑婆というのはこの境界です。インドの原語ではサハー

(sahā) という。それを音写で「娑婆」という漢字を当てたのであって、この漢字には意味がありません。サハーという言葉の意味は忍土、忍界ということです。この人間の境界は、我慢し耐え忍ばなければ生きていけない世界だということです。これはよくぞいったものだと思います。私もこの人生でつくづくそういうことを思うのですが、この境界は、ひとえに堪忍しなければ生きていけない。いろいろと我慢をしなければ生きていけない世界です。かくして仏法は、この人間の境界を、忍土、忍界、サハーというわけです。その娑婆の縁、この人間の境界の縁が尽きて、「ちからなくしておはるときに」。おもしろい表現ですが、ともかく、いつまでも生きていたい、死にたくないと思ったところで、結局は死の縁無量で、ついにはみんな死んでいかなければならない。しかし、いよいよ力が尽きて終わっていくときに、「かの土へはまひるべきなり」。「べき」は当然を表す助動詞ですから、仏の世界に、当然、疑いなく往生させていただくのです。「いそぎまひりたきこころなきものを」、すぐにも往きたいと、いっこうに思わない私たちを「ことにあはれみたまふなり」。先ほどの煩悩具足の凡夫と同じような内容です。そういうものを仏は「かねてしろしめして」、そういうもののために浄土をしつらえて、特に心をかけて私たちを迎えようとされているのです。「これにつけてこそ」、以上申しあげたような理由によって、そのことを思って、「いよいよ大悲大願はたのもしく」、親鸞聖人は、仏の本願のことをよく悲願といわれる。悲しみの願いということですが、これは意味深い表現です。親鸞聖人は悲母といわれることもあります。悲しみの母、熱い涙を流しながら私を育ててくれた母親を悲母というのです。いまは、そういう大きな仏の悲願を大悲大願といわれます。大きな慈悲、本願を「たのもしく」、心強く、これあればこそだ、もったいないことだと。「往生は決定と存じさふらへ」、いつ、どこでどういう死にざまをしようと、そのまま浄土に参らせていただくことに間違いがない。「決定(けつじょう)」、決定している、確実であると思いなさい。「存じさふらへ」は、そのように思いとりなさい。親鸞聖人はそのようにおっしゃるわけです。

そしてこの後は結びの言葉になります。唯円房の質問に対して親鸞聖人が、念仏を歓ぶ心、浄土を欣う心の二つを、それぞれちゃんと説明して、最後にそれを結ばれます。もしも「踊躍歓喜のこころもあり」、天におどり、地におどり、心に歓び、身に歓ぶ、そういう大きな歓びの心をもって、あるいはまた「いそぎ浄土へもまひりたくさふらはんには」、もしも浄土に急いで往生したいと思うならば、「煩悩のなきやらんと」、その人には煩悩がないのであろうかと。「なきやらんと」は、ないのであろうかと。その次の言葉は、蓮如本の原文では「あしくさふらひなまし」となっていますが、別本を見ると、「あしく」に「や」が入って「あやしく」となっています。どうもおかしいぞという意味だろうと思いますので、「や」を入れて読んだほうが正しいでしょう。どうもおかしい、あやしい、煩悩がないのではないか、格好だけつけているのではないかと疑っているのです。「なまし」は完了の助動詞「ぬ」に仮想の「まし」がついた形ですから、「きっと、だろう」「だっただろうに」という意味になります。だから、もしもそうでなかったならば、おかしいですよ、不審に思われますよと、こういうようにいって結ばれるわけです。

そこでもう一度、全文の主旨を見ておきましょう。唯円房は、日常の信心生活を振り返って、親鸞聖人に二つのことを質問します。一つは念仏しても歓びの心が生まれてこないということ。二つには、浄土を欣う心が生まれてこないということです。先ほど踊躍歓喜ということについていいましたが、親鸞聖人は、念仏、信心の歓びは「天におどり地におどる」ほどに大きいものだという解釈をされています。そのもとは経典にそう説かれているのです。だから、日ごろそういう話を聞いていた唯円房が「念仏しても歓びがないのはいかがでしょうか」、「浄土の話を聞いても浄土に生まれたいと欣わないのはどうしたことでしょうか」と尋ねたわけです。

そのとき親鸞聖人は、唯円房のその質問に同感して、私にもかつてはあなたと同じ疑問があったといわれます。そして歓喜の心の問題については、煩悩我執の生活の中では、私たちはなかなか歓べないのだ、しかし、その歓ばない私のための本願だと味わえよとおっしゃる。また、浄土に往生したいと欣わないのが私の本音の心だ、それは私の内なる煩悩がそうさせるのだが、そういう煩悩具足の私のための如来の悲願だから、そういう意味で、私たちは歓ばなくても、欣わなくても、間違いなく慈悲に救われていくのだ、このことを忘れてならないぞと、こういうようにおっしゃるわけです。

問題は、この親鸞聖人と唯円房の問答を、私たちがその日々の生きざまにかかわって、どう解釈するかということです。『歎異抄』のこの文章を読んで、「念仏しても歓びがないのはあたりまえだ。歓ばなくてよいのだ。浄土に往生したいと欣わないのが凡夫の心だから、それでいいのだ」と、こういうように解釈してよろしいのかどうか。経典には、歓喜とか願生の心についてきちんと説いているわけです。しかも親鸞聖人は、そういうことを、天に歓び、地に歓ぶ。心に歓ぶ、身に歓ぶなどとも解釈されています。このあたりをどう領解したらいいのかということです。私たちは、親の恩を思って、ときには相すまんことだと思います。そしてまた、ときにはありがたいことだと思うのですが、お互いに凡夫だから、そんなことを思わなくてもいいのだ、そんな親の恩など忘れてもいいのだといえますか。こういった問題は、現代の私たち念仏者の生きざまの問題にかかわってきます。いかが考えるべきでしょうか。以下、この問題をめぐる私の領解をいささか開陳いたします。

三、私　解

一　念仏歓喜の問題

一、念仏と信心

そこでまず、念仏歓喜の問題。念仏において歓びがあるか、ないかということ。まったく歓ばなくていいのかどうか、という問題について考えてみましょう。

浄土真宗の仏道とは、「念仏成仏するこれ真宗なり」（『入出二門偈』）と明かされるように、念仏成仏の道です。そしてその念仏において信心が開発してくるのです。これが真宗の教えの基本的な立場です。念仏をしないで信心が開けるはずはありません。真宗の教えを学ぶについては、このことをまずはっきりしなければいけません。それなのに本願寺教団は、念仏は信前に称えてはいけないということをいってきたのです。信心正因称名報恩で、念仏は信後の報謝の念仏だ、信前には念仏を称えてはいけないと、こういってきた。だから今日の本願寺教団には念仏の声がほとんど聞こえない。したがって確かに信心を開発したものが少ない。それはひとえに念仏を申す生活を勧めないからです。念仏のないところに信心が生まれてくるはずがありません。親鸞聖人は、

往生を不定におぼしめさんひとは、まづわが身の往生をおぼしめして、御念仏さふらふべし。わが身の往生一定とおぼしめさんひとは、仏の御恩をおぼしめさんに、御報恩のために御念仏こころにいれてまふして、世のなか安穏なれ、仏法ひろまれとおぼしめすべしとぞ、おほえさふらふ。（『親鸞聖人御消息集』）

といって、往生が不定の人、いまだ信心をえていない人は、何よりもまず、わが身の往生、信心を決定するために、ひとえに念仏を申すようにと教示されているところです。とにかく仏檀に朝夕お参りすることと、心に思いだして念仏すること、これが真宗者の日々の基本的な行儀です。阿弥陀仏の本願、慈悲の話を聞こうと思うならば、まず仏檀を大切にし、日々それにお参りしなければなりません。そして念仏を申さなければなりません。親の名を呼んだことのない人間、お父さんとも、お母さんとも呼んだことのない人間には、親の心が分かるはずはありません。私たちは幼い頃に、親の名前をかぎりなく呼んだという経験をもっているが故に、いまにして親の恩ありがたしと、思うことができるのです。日々に仏檀にお参りすること、そしてまた、さまざまな縁の中で日々念仏を申すということ、それが確かな生活習慣となることが大切です。その生活習慣行の徹底とその深化においてこそ、よく信心が開発してくるのです。かくして念仏をしながら信心を開いていくのですが、その念仏がほんとうの念仏になったところ、すなわち、その私から仏に向かう私の念仏が、そのままそっくり仏から私に向かう仏の念仏、仏の呼び声と聞こえてくるようになった念仏の境地を信心という。だから信心は念仏と別ではありません。したがって、念仏には、信心に重なるところの、信心に即一する念仏と、いまだ信心にまで届いていない、プロセス、道程としての念仏があるわけです。親鸞聖人が、「真実の信心は必ず名号を具す。名号は必ずしも願力の信心を具せざるなり」（「信巻」）といわれるとおりです。ここでいう名号とは念仏のことです。まことの信心には必ず念仏がついている。しかし念仏には必ずしも信心が具していないものがあるといわれます。

二、信心とはチッタプラサーダ

そこでその真実の信心というものは、いかなる内実をもつものかについて、いささか考えてみます。真宗における信心とは、その原点は、先に話した『無量寿経』の本願文にでる「信楽」、およびその本願成就文の「信心歓喜」という言葉にはじまるわけですが、その『無量寿経』の原典「サンスクリット本」に重ねて見ると、「信楽」「信心歓喜」とは、ともにサンスクリット語のチッタプラサーダ（citta-prasāda）という言葉に相当します。ここでチッタというのは心。プラサーダというのは、澄んでよく見えてくる、歓びが生まれてくるということで、澄浄か、喜悦という意味をあらわします。これを中国では「心澄浄」と訳しています。かくして、このチッタプラサーダとは、心が澄浄になる、心が澄んで清らかになるということであり、そしてまたそこには、心に安堵の思いが生まれて、心の喜悦、心の歓びという意味をもってくるということができます。それで昔の訳経者が、この語を「信楽」、信じ楽しむことである、「信心歓喜」、信心し歓喜することであると訳したわけです。したがって、真宗における信心とは、何かに対して、二元的、対象的に信じるのではありません。信心というのは、信じる私がここにいて、遠い彼方に仏がいたり、浄土があって、その話をいろいろな人から聞くことにより、まだ見たことのない仏や浄土のことをいろいろと思いめぐらして、やっぱり仏が確かにいる、浄土が間違いなくあると信ずる。そんなことをいうのではありません。日々において仏檀を大切にし、念仏を申す生活を続けていくならば、やがて心が澄んでくる。心に歓びが生まれてくる、そういう心を信心というのです。だからそれは私が何かに対して信ずるのではない。そうではなくて、私の心が育てられていくことによって、いままで見えなかった世界が新しく見えてくるという体験のことで、私の中で「ああ、そうだったのか」と目が覚めることです。そしたら私の心の中に、「ああ、よかったな」という歓びの思いも生まれてくる。そういうまったく一元的、主体的な、私のもっとも深い心のところで成り立つところの究極的な「めざめ」体験を、チッタプラサーダ、信心というのです。いつも私がいうことですが、信心とは「思い当たる」ことです。思い込むのではありません。誰が何といっても、私は阿弥陀仏の存在を確信するようになったら、そのように思い込むために、繰返し繰返し仏法を聞いたり、勉強したりすることはまったく無意味なことです。それではいよいよ思い込みが大きくなるばかりです。そういう信心は真宗の信心ではありません。私たちは子供のころから、「親の恩は山よりも高く、海よりも深い」という教訓を、何度も繰り返して学んできました。私たちはその言葉をよくよく知っているからこそ、人生生活の中での何かの縁をとおして、親の苦労を知ることにより、ああ、「親の恩は山よりも高い」ということは、こういうことをいったのだなと思い当り、改めて親の恩に感謝することがあります。真宗の信心が「思い当る」ことだといったのもそれと同じことで、日ごろの聞法において、よくよく人間というものが、罪業深重にして地獄一定の存在であると学んでいたならば、その日々の念仏生活をとおして、自分自身の生活を顧みて、ああ、「地獄は一定」ということは、私のいまのこういう姿をいったものだなと思い当ることがあるものです。またその聞法において、称名念仏というものは、私が仏に向かって仏の名を呼ぶことであるが、そのことはそのまま、仏が私に向かって自分を名のっていてくださる仏の呼び声にほかならないと学んでいたならば、その日々の念仏生活において、必ずきっと、いま称えているこの私の念仏は、仏の私に対する呼び声だなと思い当るものです。その思い当りが確かに繰り返されるようになったら、そういう主体的な体験を信心というのです。したがって、そういう信心体験においては、私自身の罪業の深重さに「めざめ」るとともに、またそれに即して、仏の無倦の大悲に「めざめ」ることとなります。その罪業に対する「めざめ」にかかわっては、その信心に慚愧がともない、その大悲に対する「めざめ」にかかわっては、その信心に歓喜がともなうこととなります。いま『無量寿経』における本願の信心が、「信楽」「信心歓喜」と明かされるのは、その仏の無倦の大悲に対する「めざめ」の側面について、表わしたものであるといいえましょう。

三、信心と歓喜

親鸞聖人は、その「信巻」において、この「信楽」の内実を明かすにあたり、その「信」と「楽」を一文字ずつに分けて、次のように解釈されています。これは親鸞聖人独自の解釈で、一般には「字訓釈」といわれています。

信楽というは、信とは、すなはち、これ真なり、実なり、誠なり、満なり、極なり、成なり、用なり、重なり、審なり、験なり、宣なり、忠なり。楽とは、すなはち、これ欲なり、願なり、愛なり、悦なり、歓なり、喜なり、賀なり、慶なり。（中略）信楽すなわち、これ真実誠満の心なり。極成用重の心なり。審験宣忠の心なり。欲願愛悦の心なり。歓喜賀慶の心なるがゆえに、疑蓋まじわることなきなり。

すなわち、信楽の「信」と「楽」という字には、こういう意味があるといわれるのです。親鸞聖人は、何を根拠にこれらの文字を集められたのか。基本的には、中国の諸種の『辞典』にもとづいて書かれたことがうかがわれますが、まことに緻密な研尋と配慮によって生まれたものと思われます。そこでこの文のおよその意味については次のとおりです。信楽（信心）が、真実誠満の心であるとは、その信心が、清浄、真実にして、虚妄、罪濁を遠く離れた心を意味します。またそれが極成用重の心であるとは、その信心が、その人格をしてよく脱皮し、成長せしめて、その人生生活において、種々に作用してその日々を充実させるという、すぐれた働きをもつことを意味します。またそれが審験宣忠の心であるとは、その信心が、誠実にして、現実生活によく具体的に発露してくるということを意味します。またそれが欲願愛悦の心であるとは、その信心が、大きな喜びをもたらし、平安にあふれた人生を創出していくという働きをもつことを意味します。またそれが歓喜賀慶の心であるとは、その信心が、多くの慶喜に満ちて、さまざまな逆境、苦悩をも、よく超えていく力を宿していることを意味します。親鸞聖人による、このような「信楽」をめぐる領解は、親鸞聖人の体験、生活をとおしての理解と思われます。ここではその信楽、信心が、私たちの現実の人生生活において、このようにさまざまに発露し、展開してくることを明かされているわけで、充分に注目すべきところでしょう。

そのほか親鸞聖人は、真宗における信心と歓喜の関係をめぐって、その「行巻」には、

真実の行信を獲れば、心に歓喜多きが故に、これを歓喜地と名づく。

と明かされます。「真実の行信を獲れば」というのは、まことの信心を開いたならば、あるいはまた、まことの念仏を申す身になったらということ。この行信とは、真実の念仏と真実の信心のことで、両者は別のことではありません。両者は一つです。親鸞聖人は「行をはなれたる信はなしときさて候。又信はなれたる行なしとおぼしめすべし」(『末燈鈔』)といわれます。行信は一如です。まことの念仏、信心を身にうることができたならば、心に歓喜が多く生まれてくるから、これを歓喜地というわけです。この歓喜地とは、龍樹菩薩の『十住毘婆沙論』において語られるもので、それによりますと、私たちが仏道を進んで仏の「さとり」をうるについては、五十二位の階梯があるといいますが、その四十一位を初地、不退転地といい、この位に至れば、再び迷界に退転することなく、いずれ必ず、仏の「さとり」を開くことができるというわけです。そしてその意味において、この初地に至るならば歓びの心が生まれてくるところから、この初地をまた歓喜地ともいったわけです。親鸞聖人は、まことの行信、念仏と信心を身にえた人は、この現実の人生において、この初地、歓喜地の位に至った人だと明かされるのです。上の文はそのことを教示されたものです。また親鸞聖人は、その信心と歓喜をめぐって、その「信巻」において、

金剛の真心を獲得すれば、(中略)必ず現生に十種の益を獲る。(中略)七には心多歓喜の益なり。

と明かされます。「金剛の真心」というのは、金剛堅固なる真実の心、信心のことです。親鸞聖人は、信心のことを、しばしば真心とか、「まことの心」といわれます。それを「獲得すれば」、それを身にうるならば、「必ず現生

に十種の益を獲る」。必ずこの現実の人生において、十種の利益を受けることができるというわけです。そしてその利益の第七番目に「心多歓喜の益」ということをあげます。すなわち、心に歓喜が多いという、利益があるといわれるわけです。そしてまた、その信心が日々において相続されていく状態についても、それに続いて同じように、

真実一心すなわちこれ大慶喜心なり。大慶喜心すなわちこれ真実信心なり。

と明かされます。ただしここで真実一心というのは、日々の生活の中で相続されていくところの信心のことです。すでに上において見たように、親鸞聖人においては、「歓喜」というのは、これから身にうるであろうところの未来にかかわる歓びのことであり、「慶喜」というのは、すでに身にえているところの現在にかかわる慶びを意味するわけで、この大慶喜心とは、まさしく現在にかかわる、信心開発以後の相続の信心の慶びについて明かしたものです。そしてまた親鸞聖人は、そのほかにも、

無上の信心を獲れば、則ちこれ大慶喜心をうる。（『浄土文類聚鈔』）

この信心をうるを慶喜という。（『唯信鈔文意』）

なども明かされます。このように親鸞聖人は、信心をうるならば、その必然として、歓喜とか慶喜の心が生まれてくるのだと、繰り返して教示されています。

四、信心に生きるということ

しかしながら、この『歎異抄』第九条の文章に即していえば、私の現実生活においては、煩悩我執にまみれた日々を送っているわけで、なかなか歓喜、慶喜の心は生まれてはきません。まったく矛盾したことです。親鸞聖人は、念仏、信心のたてまえとしては、経典にもとづいて、念仏の歓び、信心の喜びついて、いまいったように、い

ろいろと明かされていますけれども、『歎異抄』のこの文章では、その現実のところでは、踊躍歓喜の心がおろそかになる、それについての歓喜、慶喜の心がなかなか起きてこないと、歎かれているわけです。そしてそのことは、『歎異抄』以外でも、親鸞聖人はそれについて悲痛な表白をされています。すなわち、これは有名な言葉ですが、「信巻」に、

誠に知ぬ、悲しき哉、愚禿鸞、愛欲の広海に沈没し、名利の太山に迷惑して、定聚の数に入ることを喜ばず。真証の証に近づくことを快《たの》しまざることを、恥づべし傷むべし。

といわれています。これは親鸞聖人の告白です。「誠に知ぬ、悲しき哉、愚禿鸞」、自分のことをへりくだって「愚禿鸞」とおっしゃる。「愛欲の広海に沈没し、名利の太山に迷惑して」、「愛欲」というのは、親子、兄弟、夫婦など人間関係の中で、喜んだり、泣いたりして、日暮らしていることです。そういう状況が、あまりにも広く深い海のようであるというところから「愛欲の広海」といわれた。そこに「沈没」、そういう生活に沈んでいる。また「名利の太山」とは、名誉が欲しかったり、物や金の利益を欲しかったりする心を、動かしがたいほどの大きな山に喩えているわけですが、「太」ははなはだ大きいことをいいます。そんな大きい山に迷い込んでいる。そして「定聚の数に入ることを喜ばず」、「定聚」とは正定聚、不退転地のことで、信心を歓ぶ身になって往生成仏に決着がついた、必ず仏に成る身になった人たちのこと。その人々の数に「入ることを喜ばず」。そういう身になった私でありながら、そのことについて、いっこうに喜ばない。「真証の証に近づくことを」、そのことはまた、仏の「さとり」にだんだん近づいていくことだけれども、それについても「快しまざる」、いっこうに嬉しく思わない。「恥づべし傷むべし」、まことに恥ずかしいかぎりですと、悲歎し、告白しておられるのです。

しかしながら、親鸞聖人は、その反面において、その『教行証文類』の「総序」においては、

ここに愚禿釈の親鸞、慶しい哉、西蕃月支の聖典、東夏日域の師釈に、遇いがたくして今遇うことをえたり。聞きがあくして已に聞くことをえたり。真宗の教行証を敬信して、特に如来の恩徳深きことを知りぬ。ここをもって聞くところを慶び、獲るところを歎ずるなりと。

と表白して、阿弥陀仏の本願に値遇しえたことに対する深い慶心を示されており、またその「後序」においても、

慶しい哉、心を弘誓の仏地に樹て、念を難思の法界に流す。深く如来矜哀を知りて、まことに師教恩厚を仰ぐ。慶喜いよいよ至り、至孝いよいよ重し。

と述べて、この念仏の法義を学びえたことに対する、深い慶喜の心を表詮されています。

かくして親鸞聖人においては、その念仏、信心の生活において、ときには阿弥陀仏の本願を仰ぎ、その慈悲を思念しつつ、深い歓喜、慶喜の思いにひたりながらも、またときには、自己の煩悩の生活を顧みて、その念仏、信心をめぐって、何らの感激もなく、歓喜、慶喜の心も生まれてこない現実に、深く慚愧されているわけです。すなわち、親鸞聖人の念仏、信心の生活においては、このような歓喜、慶喜の心と、慚愧、悲歎の心が、あたかも時計の振り子みたいに、つねに交錯していたのであろうと思うことです。これは私のひそかな味わいですが、真宗の念仏、信心に生きるということは、仏法を学ぶことによって仏に育てられた私と、いつまでも仏法に背いている生まれたままの私との、厳しい闘いに生きていくことだと思いとっています。いまいった歓喜、慶喜の心と、慚愧、悲歎の心の交錯、葛藤も、私にとっては信心における闘いの中での話であり、その私の信心の闘いにおいては、いつもいつも、生まれたままの私が勝ってしまう現実ですが、これからもまた、心してその闘いに立ち向かっていきたいものと思うことです。

二　浄土欣求の問題

一、仏教における信の解釈

そこでもう一つの問題は、浄土欣求の問題。信心に生きる生活において、浄土を欣う心がなかなか生まれてこないが、それでいいのか、ということです。この問題をめぐって、いささか考察してみましょう。

インドの仏教において、ことに信心をめぐって、詳細な教義的解釈を行なっている唯識教学によりますと、仏教における信については、信認と心浄と願楽という三種の性格があるといいます。そしてその信認とは、仏法僧の三宝などに対して明確に信認し勝解することをいい、心浄とは、次第に煩悩を離れて心が澄浄となっていくことをいい、願楽とは、「さとり」とその仏道に対して志向し欲願することだといいます。そしてまた、その信の基本の性格、相状とは心浄であって、信認はその信の因となり、願楽はその信の果の意味をもつといいます。そのことからすると、浄土教において説かれる信心についても、当然に同じ性格をもつと考えられ、その信心には、必然的に、いっそうその仏道を精進していこうという願楽の心が生まれてくることとなりましょう。確かに真宗における仏道を明かすところの第十八願文には、「心を至して信楽して我が国に生まれんと欲うて」と説かれ、またその成就文にも「信心歓喜せんこと乃至一念せん、至心に廻向せしめたまへり。彼の国に生まれんと願ぜば」と語られています。信心をひらくならば、いっそう仏道を志向して、浄土に向かって欲生し、願生する心が生まれてくるというわけです。

二、信心と願生

親鸞聖人は、その「信巻」において、この本願文およびその成就文における「欲生」および「願生」の内実をめぐって、いろいろと明かされていますが、そこでは上に見た「信楽」と同じように、その「欲」と「生」を一文字ずつに分けて、次のように解釈されています。

欲生というは、欲とは、すなわちこれ願なり、楽なり、覚なり、知なり。生とは、すなわちこれ成なり、作なり、為なり、興なり。（中略）欲生、すなわち、これ願楽覚知の心なり。成作為興の心なり。大悲廻向の心なるがゆえに、疑蓋まじわることなきなり。

すなわち、欲生の「欲」と「生」という字には、このような意味があるということです。そこでこの文のおよその意味については次のとおりです。欲生（願生）が、願楽覚知の心であるとは、その信心が、阿弥陀仏の本願に対する深い自覚、覚知にもとづいて、浄土、「さとり」をめざして願生し、帰命していくことを意味します。またその心が、成作為興の心であるとは、成作とは自己の成仏を意味し、為興とは他者の救済、成仏をめざして行動を起こすことを意味して、その信心が、自利と利他の働きをもっていることをあらわします。そして親鸞聖人は、そのあとに、上の字訓にはあげない文字を用いて、大悲廻向の心といいます。このことは、この欲生の心が、ひとえに私から仏、浄土への方向において成り立つ心でありながらも、それはまた同時に、仏、浄土から私への方向をもって成り立つことを、とくに明かそうとされたものと思われます。

そのほか親鸞聖人は、この本願文と成就文の「欲生我国」と「願生彼国」について、

欲生我国といふは、他力の至心信楽のこころをもて安楽浄土にむまれむとおもへと也。

願生我国といふは、安楽浄刹にむまれむとねがへと也。（『尊号真像銘文』）

願生彼国といふは、願生はよろづの衆生本願の報土へむまれむとねがへとなり。(『一念多念文意』)

願生彼国は、かのくににむまれむとねがへとなり。(『唯信鈔文意』)

などと明かされています。またそれ以外にも、天親菩薩の『浄土論』にかかわっては、「安楽国にむまれむとねがひたまへるなり」(『尊号真像銘文』)といい、また善導大師の『観念法門』にかかわっては、「安楽浄刹にむまれむとねがへと也」(『尊号真像銘文』)と語られています。いずれも「生まれんと思え」「生まれんと願え」といって、明確に浄土、「さとり」に向かうべき、私における志願の心を勧められているところです。そしてまた、その『唯信鈔文意』では、この本願文の至心、信楽、欲生を、「本願の三信心」「大経の三信心」「真実の三信心」などといって、それぞれが独立した信心であると明かし、さらには「三つの心を具すべし」「三信かけぬるゆへにすなわち報土にむまれず」などと語られています。この至心、信楽、欲生の三心をもつべきであり、その一つでも欠けたら、浄土に往生はできないといわれるのです。これらの教示については、真宗念仏の道を学ぶものとしては、確かに受けとめて、深く味わいとるべき問題でしょう。

三、三業惑乱の後遺症

ところが本願寺教団における伝統教学の理解では、このような信心に必然するところの、欲生、願生の心を全面的に否定します。親鸞聖人の領解によるところの、信心にともなう自己成仏と他者作仏の能動的な志向性をまったく語りません。そのことは、ひとえに幕末に起きた三業惑乱という事件によるものです。この事件のあらましは、西本願寺の能化職、この能化とは、当時の教団の教育機関である学林の長で、今でいえば龍谷大学の学長みたいな地位ですが、その第六代の能化が功存(一七二〇〜一七九六)という学僧でした。この功存が『願生帰命弁』といという書物を著わしました。この願生とは欲生のことで、浄土に生まれたいと願求する心を意味し、功存は、この著書において、真宗の信心とは、『御文章』に「たすけたまへとたのむ」と明かされるように、身口意の三業をかけて帰命し、たのむことであって、本願文の至心、信楽、欲生の三心は、欲生の一心に帰一するもので、この欲生が往生の正因であると主張しました。これは当時、越前のほうで、こういう解釈があった。すなわち、真宗の信心とは、阿弥陀仏が一切の罪深い私たちを無条件に救ってくださるのだから、こちらからは何もすることはないのだ。仏が、一切の衆生を一人残らず救ってやるとおっしゃるのだから、「ああ、そうですか」と、それが分かったらそれでよろしいというのです。その後は聞法することもなく、念仏を申すこともいらない。こういう無責任な布教をする僧侶がいたのです。これを「無帰命安心」といいましたが、功存は、こういう「無帰命安心」のあやまりを正すために、この『願生帰命弁』を著わしたわけです。そして功存はこの『願生帰命弁』を残して死んでいきます。そしてそのあとに、弟子の智洞（一七三六〜一八〇五）が第七代の能化になって、同じようにその主張を継承しました。功存や智洞はどうしてそういうことをいったのか。それについては上にいったように、直接的には越前のほうで生まれた無帰命安心を正すためでしたが、それはより本質的には、当時、幕末の頃の教学的状況に基因するものと考えられます。ご承知のように、日本の政治状況は、江戸時代の中期から幕末にかけて、大きく動き始めます。徳川幕府の権力が次第に衰退して武士階級の威力がなくなります。そしてその代わりに、士農工商のいちばん下におかれていた商人の力が上昇してきた。それにしたがって農民の地位も上がってきました。そして幕府の厳しい締めつけに対抗して、全国各地で百姓一揆が頻発するようになり、幕府がだんだんとその威力を失っていきます。他方、幕末になると、いろいろな外国の船が来て、武力をほのめかしながら通商貿易を迫りました。日本はまさしく内憂外患こもごもでした。

そのときに仏教は徹底的に批判されました。当時、仏教を非難する書物があれこれと出版されていますが、それによると、坊主は何をしているのか。死者ばかりを相手にして、将棋を指したり、碁を打ったり、酒を飲んだりしているだけではないかなどと書いてある。そして仏教無益論という主張がでてくるのです。そしてやがては近代初頭にかけて廃仏毀釈という運動が起きてくるわけです。そういう社会状況、仏教教団を取りまく状況の中で、教団の未来を背負う若者を育てる責務を担った功存、智洞らは、教団の再興をはかり、より能動的な教学体系の確立をめざして、このような身口意の三業に連動するような、積極的な信心理解を主張したものであろうと思われます。

しかしながら、このような中央の教学理解はおかしいといって批判したのが、安芸の大瀛（一七六〇～一八〇四）や河内の道隠（一七四一～一八一三）らです。大瀛は『横超直道金剛錍』という書物を出版して、本願の三心は、欲生ではなく、信楽が中心であるという主張を展開しました。そうすると、蓮如が「たすけたまへとたのむ」といったのはどう解釈するかということですが、大谷派では、この「たのむ」ということは、お願いすることで請求の意味があるといいます。しかし本願寺派では、「たのむ」とは「田の実」のことだといいます。これはおもしろいことをいったものだと思うのですが、農家の人は、秋になって田圃に稲が立派に稔って黄金の波がそよぐようになったら、「ああよかった。これでもう食いつなぎができる。売ればお金になって、この一年間は無事だ。やれやれ」と思う。だから「田の実」が「たのむ」ということだというのです。見事なこじつけです。つまり、すでに成就している慈悲を聞いて、「ああよかった。これで安心だと思う」こと、そのことを「たのむ」（田の実）というわけで、お願いすることではない、いちずに信順することだと解釈するのです。そしてそのことが信心だというわけです。そうしますと、この欲生、願生という言葉はどう解釈したらいいかという問題になります。そこでこの大瀛は、欲生は義別だといった。義別というのは意味の別ということで、欲生、願生といっても、生まれたいという具体的な心を起こせというのではない。欲生というのは、本願文では「生まれんと欲え」と説かれているけれども、そのような心を別に持たなくてもいいのだ。ただ信楽、信心に、そういう意味があることを表わしているだけであるというわけです。欲生といい願生というも、それは具体的に私たちの心に、浄土に生まれたいという心がおきてくることをいったのではない、それは信心にそういう意味があるということをいったのだというわけです。それを義別という。しかしながら、大谷派ではこんな解釈は通じません。そして大瀛はさらに徹底して、真宗の信心とは非意業であるといいます。仏教では、人間の行為を、身と口と意の三種に分け、それを三業といいますが、信心はそのどれでもないといい、信心とは、人間の行為、心理ではなく、非三業、非意業であるといったわけです。かくして大瀛、道隠らによる真宗信心とは、欲生、願生だけでなく、その中核の信楽、信心さえも、何らの体験でもなく、実体は何ら存在しないこととなります。まことに徹底した観念論です。かくして、この智洞派と大瀛派とは全面的に対立することとなり、やがて本願寺教団全体を巻きこむ信心騒擾となっていきました。はじめのころには、本願寺の門主の法如、新門の文如らは、ともに智洞側を正義として認めていましたが、のちには逆に大瀛側を正義とするようになり、教団の中枢、責任者の混乱が、この問題をいっそう混迷化させていき、ついには幕府権力が介入することとなりました。

そして最後には、江戸の寺社奉行のもとに、智洞と大瀛が呼びだされ取り調べをうけ、文化三年（一八〇六）七月に、智洞側を非とし、大瀛側を是とする裁定が下されました。それは表面的には、真宗教義をめぐる判定ということですが、実質的には、幕府権力の封建体制下における民衆統治、宗教支配の論理が貫徹されているわけで、そこでは必然的に、きわめて能動的、積極的な論理をもつ智洞側の主張は退けられ、もっぱら受動的、消極的な論理をもった大瀛側の主張こそが、幕府権力にとっては、もっとも好ましい教義解釈であったことはいうまでもありません。そして本願寺教団においては、それ以来今日に至るまで、この大瀛の真宗理解が、教団公認の教義となっていったわけです。

しかしながら、すでに上において見たように、仏教の基本的な教義理解においても、信心には、その果相として願楽の心が生じてくるといい、第十八願文においても、信心にもとづいて「我が国に生まれんとおもう」とか「彼の国に生まれんと願ず」と明かされるところです。そしてまた親鸞聖人によれば、その本願文の「欲生」とは、「願楽覚知の心」「成作為興の心」と明かされるところです。そしてまたその「欲生」を註釈して、

欲生我国といふは、他力の至心信楽のこころをもて安楽浄土にむまれむとおもへと也。

願生我国といふは安楽浄刹にむまれむとねがへと也。（『尊号真像銘文』）

願生彼国といふは、願生はよろづの衆生本願の報土へむまれむとねがへとなり。（『一念多念文意』）

などと明かして、浄土の仏道を生きるものは、その信心において、浄土に生まれんと思え、願えといわれているわけですが、この三業惑乱以降は、それらの文はすべて義別、意味の別ということを表わすというのです。しかしながら、そんな解釈がまともに通用することなのか、まことに非学問的な発想というほかはありません。そしてこのあたりから、本願寺教団の信心理解はことに現実離れをしていったのです。かつて私が「宗教経験としての信心」ということで論文を書いたところ、伝統教学から、真宗信心は非意業だから経験ではない、それを経験というならお前の信心は自力の信心だと、厳しく非難されたことがありましたが、経験でもない信心が、現実の人生生活にどうかかわりうるのか、そういう信心とは、まさしく観念以外の何ものでもないでしょう。西本願寺教学における三業惑乱の後遺症は、まことに大きいといわざるをえません。

四、信心に生きるということ

浄土教の基本的な立場は、源信和尚が、その『往生要集』において明かされるように、「厭離穢土欣求浄土」ということであり、この迷いの世界を厭い離れて清浄なる仏の世界、浄土を欣いも止めるということです。親鸞聖人も「穢を捨て浄を欣え」（『浄土文類聚鈔』「総序」）と明かされるところです。そしてまた親鸞聖人は、浄土の教法を学ぶ人々を、「浄邦を欣う徒衆、穢域を厭う庶類」（「信巻」）と呼び、また真宗の真実信心を讃えて、「欣浄厭穢の妙術」（「信巻」）ともいわれます。ところでここで注意すべきことは、親鸞聖人は、源信和尚をうけて「捨穢欣浄」といいながらも、また「欣浄厭穢」といわれるということです。すなわち、浄土の教法においては、「捨穢」が先か「欣浄」が先かという問題です。このことは古来、教学上では、厭欣次第というテーマでいろいろと議論されてきたところですが、浄土を欣うということは、この現実の世界、穢土が不実だと目覚めて、それを厭離する心をもってこそ、よく成り立つことであり、またこの現実の世界を虚妄であると知見するということは、浄土の教法、阿弥陀仏の仏法を学ぶことによってこそ、よく成り立つことであって、いずれを先とするかは、単純にはいいえないところであり、あえていうならば、それは同時に成立することであるとしかいえないことでしょう。しかし、にもかかわらず、親鸞聖人が、その「信巻」においては「欣浄」を先として語られていることは重要であり、親鸞聖人においては、本願念仏の道を学ぶについては、何よりもまず、教法、先師に遇って、その教えを聞き浄土を欣うべきであったわけでしょう。

かくして親鸞聖人は、真実信心生きる人を讃えて、しばしば、

安楽国をねがふひと　　正定聚にこそ住すなれ
邪定・不定聚くにになし　　諸仏讃歎したまへり（『浄土和讃』）

もしひと、ひとへにかのくにの清浄安楽なるをききて、剋念してむまれむとねがふひとと、またすでに往生をえたるひとも、すなわち正定聚にいるなり。（『一念多念文意』）

としごろ念仏して往生ねがふしるしには、もとあしかりしわがこころをもおもひかへして、とも同朋にもねんごろにこころのおはしましあはばこそ、世をいとふしるしにてさふらはめとこそおぼえさふらへ。（『末燈鈔』）

などと明かして、それが浄土を欣求する人であるといわれています。しかしまた、親鸞聖人は、同じく浄土を欣いながらも、それがまことの欣求になっていない人についても、

安楽浄土をねがいつつ　他力の信をえぬひとは
仏智不思議をうたがひて　辺地懈慢にとまるなり（『浄土和讃』）

往生をねがはせたまふひとびとの御中にも、御こころえぬこともさふらひき、いまもさこそ候らはめとおぼえさふらふ。（『末燈鈔』）

などといって批判されているところです。

しかしまた親鸞聖人は、念仏者にして浄土を欣う人の現実の在りようをめぐって、その『唯信鈔文意』において、

浄土をねがふひとは、あらはにかしこきすがた、善人のかたちをふるまはざれ、精進なるすがたをしめすことなかれとなり。（中略）この世の人は無実のこころのみにして、浄土をねがふ人はいつはりへつらひのこころのみなりときこえたり。よをすつるも名のこころ利のこころをさきとするゆへなり。しかれば善人にもあらず、賢人にもあらず、精進のこころもなし。懈怠のこころのみにして、うちはむなしく、いつはり、かざり、へつらふこころのみにして、まことなるこころなきみをしるべし。

と教示されていて、親鸞聖人は、ここで浄土を欣う人は、いつわり、へつらいの心ばかりを宿していて、ほんと

うに浄土を欣ってはいない。世を捨てる、この世界を厭い捨てるといっても、名利の心によって姿形ばかりをそうしているだけで、ほんとうには何も捨ててはいない。かくして私たちは、善人でもなく、賢人でもなく、精進の心もなくて、懈怠の心ばかりであって、内には虚しくいつわりの心を抱き、外には飾りへつらう姿を現じていることをよくよく自覚せよ、といわれているわけです。すなわち、親鸞聖人は、私たち念仏者が、浄土を欣うといい、この世界を厭うというも、その欣も厭も、しょせんいつわり、へつらいでしかないといわれているのです。まことに厳しい教訓です。いまのこの『歎異抄』第九条の、「浄土へいそぎまひりたきこころなし」といい、「安養の浄土はこひしからずさふらふ」という告白もまた、そういう深い自省、内観の中から語られた言葉であろうと思われます。

したがって、親鸞聖人が私たちに教えられることは、そういう私たち人間の現実相、浄土を欣いこの世界を厭うというとも、しょせんいつわり、へつらいでしかないということを、よくよく自知し自覚しながら、浄土を欣いこの世界を厭うて生きよ、といわれるわけです。まことに矛盾した教示です。すでに上にもいったように、私は真宗の念仏、信心に生きるということは、仏法を学ぶことによって仏に育てられた私と、いつまでも仏法に背いている生まれたままの私との、厳しい闘いに生きていくことだと思いとっています。いまの欣求浄土、厭離穢土の心と、それはすべていつわり、へつらいの心でしかなく、しょせん浄土を欣うこともなく、この世界を厭うこともないという心の交錯、葛藤も、そのまま信心における闘いの内なる話であると思います。

三　私の煩悩と仏の慈悲

そこで上に述べた、念仏歓喜の問題と浄土欣求の問題についてまとめていいますと、私たちは、念仏を歓ばなくてもいいのではありません。あるいはまた、浄土を欣わなくてもいいのではありません。歓ぶべきでありながら、歓ぶ心が生まれない、欣う心が生まれないのです。阿弥陀仏は、そのことを充分に承知した上で、しかもなお歓べ、欣えと教えておられるのです。親鸞聖人もまた、そう勧めておられるのではありませんか。そういう絶対的な矛盾にたたずまれたからこそ、親鸞聖人は自己の現実を深く見つめて、「恥ずべし、傷むべし」と告白されたわけでしょう。このような矛盾にたたずむところ、そこに立脚することこそが、仏法を学ぶこと、念仏を生きることの証であると、私は思います。私たちは煩悩をもっているのだから念仏は歓ばなくてもいいのだ、浄土を欣わなくてもいいのだと、その話を横においといて、真宗の救いとは煩悩のままのお助けだという人がいる。しかしながら、そんなものは仏法ではありません。真宗念仏の道ではありません。ここのところを、よくよく味わいとっていただきたいものです。

真宗において念仏を申して生きていくということは、その念仏を契機としてこの世俗を超えるということです。真宗の教えとは、その念仏において、この世を超える視点を身につけながら、それにもとづいてこの世俗を生きていくという、まことの道を明らかに示してくれるものです。したがって、この世俗を超えていくという意味においては、その念仏に歓びが生まれてくるとしても、どこまでもこの世俗に執着して生きようとする現実の私においては、念仏による歓びというものは、何ら生まれてくるということはありません。そしてまた真宗において念仏を申して生きていくということは、その念仏を契機として、浄土を発見していくということです。真宗の教えとは、その念仏において、浄土に開眼し、それを目指して生きながら、それにもとづいてこの世俗を生きていくという、まことの道を明らかに示してくれるものです。したがって、この浄土を欣い、それを目指して生きていくという意味においては、その浄土の欣求に安らいの心をもつとしても、どこまでもこの世俗に執着して生きようとする現実の私においては、浄土を欣う心というものは、何ら生まれてくるということはありません。そのことは簡単にいえば、念仏を学びながら念仏から逃げている私、浄土を欣いながらその浄土から逃げている私という問題です。信心とは闘いに生きていくことです。仏に育てられている私と、仏に背いて生きている私、このまったく矛盾するところに、立ちつづけていく、それが信心に生きるということなのです。ある真宗僧侶の研修会において、こんな話をしたら、あんたのいう信心みたいなものについていけるか、といわれた僧侶がいました。真宗信心とは、そんなややこしいことじゃない、ありがとうといただいて、もったいなしと思って生きていけば、それでいいのだ、真宗の教えとはもっと簡単な教えだということでした。このことについては面々のおはからいですから、それ以上私は何も申しません。しかし私は思うのです。真宗の教えを学ぶということ、仏檀の前に座るということは、あたかも鏡の前に座るようなものです。念仏して仏の名を呼ぶということは、私の日々の生きざまが、厳しく振り返られてきます。必ずそこに矛盾が生まれてきます。この矛盾にどれだけ深くめざめて歓び、そしてその自分について歎いていくか。親鸞聖人は、その生涯をかけて、この歓びと歎きの二つの狭間に立ちつづけ、この二つの心が振り子のように交差する中で、生きていかれたのだと思います。八十六歳にして書かれた「和讃」には、

浄土真宗に帰すれども　真実の心はありがたし
虚仮不実のわが身にて　清浄の心もさらになし（「愚禿悲歎述懐和讃」）

と明かされています。この文章は、帰するところ、私には信心はないということでしょう。親鸞聖人の信心の生きざまにおいて、その自己凝視がいかに徹底し、深刻であったかがうかがい知れるところです。

これは私が四十代の頃、若いときのことです。龍谷大学では、宗教部から学生向けのパンフレットを配っているのですが、あるとき、それに何かを書いてくれと頼まれて、学生に分かりやすいようにと思って、ちょっとした小

文で、こんなことを書いたことがありました。すなわち、田舎の道を歩いていたら、ふと靴の中に小さな石が入って、足にチカチカ当たって痛いことがある。私にとっての親鸞聖人、その念仏の教えというものは、ちょうどその靴の中の小さな石みたいなものだ。立ち止まってその石をだせばいいのだが、だしてはいけないと思う。だから歩いていると、ときどきチカッとくる。それが私の人生の生きざまであり、親鸞聖人に対する理解だと、そのようなことを書いたのです。どれだけ学生の皆さんが読んでくれたかは分かりませんが、当時の経済学部の先生が、この人は豊崎稔先生といいますが、京都大学を定年になって龍谷大学に来られた、日本では有名な経済学者でしたが、その先生が手紙をくださって、あなたの文章に私は深く感銘した。私は宗教、仏教のことについてはまったく素人なのだが、若いときから親鸞聖人が好きだった。そこでときどき親鸞聖人のものを読んで、私なりに親鸞像を描いていた。ところが、あなたの「靴の中の石」という文章を読んだら、私がイメージした親鸞聖人とまったく同じだと思ってたいへん嬉しかった。あなたのような専門家がいわれることと、私みたいな素人の思いがまったく重なっていたことが嬉しくて、一筆お礼の手紙を書きますと、こういうことでした。私はたいへん恐縮しましたが、日本で著名な経済学者に、そういう人がおられたかと思って、とても感動しました。そしてしばらくしたら、『朝日新聞』の「この人」という人物評論みたいな欄に、この豊崎先生についての記事が写真つきで載っていて、この先生は有名な経済学者でありながら、自己を律するのに厳しい人だ。この先生には、これまで政府あたりからいろいろな叙勲などの沙汰があったけれども、自分は学問をして学生を育ててきたが、それで充分満足なのだ。そんな栄誉や勲章などを、受け取る気持ちはないと固辞なさったと書いてありました。だいたい学者というものは、政府からの勲章などというものをもらいたがるものです。それで私は、改めて立派な人だなあと感心したことでした。そして案外、教団の外のほうに、そのように親鸞聖人をきちんと捉えて生きていかれている人がいらっしゃることを知り、かえってこちらのほうが深く教えられたと、つくづくと思ったことでした。

　信心に生きるということは、どうしても歓ばなければならないというのではありません。しかし、歓ばなくてもよいのでもありません。浄土に生まれたいと欣わねばならないのでもありません。欣わねばだめだとは、仏はおっしゃっていません。しかし、欣わなくてもよいのでもありません。何も欣わなくていいと、阿弥陀仏はいわれる。しかしながら、その仏の心を聞けば聞くほど、歓ばなくてよい、欣わなくてよいのではないという、思いが生まれてくるのではないですか。どこまでも歓ばず欣わざるこの私を、常に願い続けたもう仏の心を思うならば、いよいよ歓び欣いつつ、生きていける道が開けてくるのではないでしょうか。妙好人の浅原才市さんに、こんな歌があります。

　私は邪見ものであります。目のさきに見えたことを喜びません。地獄から人間に生まれさせてくださったことを喜びません。またこれから浄土に生まれさせてもらうことも喜びませず。私ほど心の邪見のものはありません。あさまし。あさまし。あさまし。あさまし。南無阿弥陀仏。南無阿弥陀仏。果報者は私であります。南無阿弥陀仏。南無阿弥陀仏。

　あさましがないならば、弥陀の浄土はできんのに、あさましがあるゆえに、こさえてもろた弥陀の浄土を。

　煩悩を悔むじゃない。喜びのたね。「さとり」のたね。「さとり」のたね。南無阿弥陀仏。

上に見たところの、親鸞聖人における歎きと歓びの交差の味わいが、ここには見事に見られるところです。

四　人間における死の問題

一、人間における死への対応

そしてここでは、いま一つ死の問題がでていますので、真宗においては、死をどう考えるのか、念仏者は自分の死をどう克服していくのか、という問題について述べてみたいと思います。そこで人間は古代から現代にいたるまで、死についてどう対応してきたかということですが、私見によると、①どこまでも生命の延長を願うということ。②できるかぎり死から逃避すること。③死んでも必ずいつかは復活したいと願うこと。④死んだのちに、その生命の代わりに何かをこの世に残しておきたいと願うこと。⑤死が何らかの意味をもつと考えることで、死の解決をはかること。⑥死しても来世には何かに生まれ変わると考えること。人間は、昔から今に至るまで、このような死に対するさまざまな対応を試みてきました。

はじめの①生命の延長を願うとは、人間というものは、誰しもいずれは死なければならないとしても、できるかぎり生命を延長したいという考えをもちます。不老長寿とは、昔から今に至るまでの人間の根本的な願望です。今日では日本人の平均寿命は飛躍的に延びました。しかし、しょせん人間の生命には限界があって、やがては死ななければならないことは冷厳なる事実です。そして②の死からの逃避とは、多くの人間は、死にまつわる言葉や現象は不吉なものとして、それらを排除します。病院の病室には四の番号を掲げることを嫌い、結婚式には終了とはいわないで「おひらき」といいます。しかし、どれほど死から逃避するといっても、生命というものは本質的に死を含んで成立しているものでしょう。また③の死後の復活ということも古代人の願望でありましたが、現代でもアメリカでは、死体を冷凍保存しておいて、医学の発達によってその病気が治癒できる日まで、待機させておくということが行なわれているということです。また④の生命の代償とは、虎は死して皮を残し、武士は死して名を残すといわれるように、この世に自分が存在したことの証拠に何かを残しておこうと考えるものがいます。今日では生前に自分の墓を作製する人が多いとのことですが、そのこともこういう営みにつながるものでしょう。また⑤死の意味づけとは、死に対して何らかの解釈を試みることによって、死のむなしさを慰めようとするもので、かつての日本の軍隊が靖国神社を讃美したのは、その一例です。そしてまた⑥死後の転生を語るということも古代以来の死への対応です。これには来世の思想がからみますが、よく葬式の吊詞にでてくる、草葉の陰から見守るということなどは、そのような発想にもとづくものでしょう。以上の事柄は、昔から今に至るまで、そして東洋においても西洋においても、人間がその死について対応してきた共通の形態ですが、そのいずれにおいても、人間の死に対する根本的な解決にならないことはいうまでもありません。

とすれば、私たちは自分の死についていかに対応すべきでしょうか。いまは釈尊の教え、仏教が語るところの、死を克服する方法について学んでみましょう。釈尊は、死をめぐっては、

あらゆる宇宙時期と輪廻と生ある者の生と死とを二つながら思惟弁別して、塵を離れ、汚点なく、清らかで、平安に帰して、善悪を捨て去り、塵を離れ、この世とかの世とを知り、生と死とを超越した人、このような人が生を滅ぼしつくすに至った人、かれをめざめた人、仏という。

がまさにその故に道の人と呼ばれる。（スッタニパータ）

などと教示しています。その意味するところは、私たちが住んでいる宇宙・世界というものは、そのすべてが無常にして変化してやまないものであり、そのことが、この宇宙・世界の根本原理です。しかしながら、私たちの生きざまは、どこまで自我、執着の心を抱いて、自分の掌中にあるものだけは、いつまでも変わらないであってほしい

と願います。すなわち、宇宙・世界における無常の原理と、私たちの変わらないであってほしいという願望とは、まったく矛盾し、対立するわけです。ここに私たちの苦悩が生起する原因があるわけで、それはあたかも急流の川を川上に向かってボートを漕いで上っていこうとするようなものです。その流れが激しければ激しいだけ、またその激流を漕いで上りたいという願望が大きければ大きいだけ、そのボートに加わる抵抗の波は強くて、私たちの苦悩は深刻となります。そこで釈尊は、私たちは、それぞれ清浄な行業、生活を実践することをとおして、この宇宙・世界の根本原理としての、この世の一切の存在は、すべてが無常にして変化してやまないものであるという事実について、深く「めざめ」、覚醒せよと、教えられるわけです。そしてそのことは裏返していうならば、私たちが自分の掌中にもっているものだけは、いつまでも変わらないものであってほしいと思う、そういう自我、我執の心を放棄せよということでもあります。すなわち、そのような原理に対して覚醒し、自己の我執の心を放棄するということは、この世界を貫徹するところの無常の原理、すべては変化してやまず、生あるものはついには死に帰していくという現実を、無条件に承認するということであり、上に述べた急流に向かってボートを漕ぐという譬えでいうならば、逆に流れに従ってボートを流すということでしょう。そうすれば、なんの水の抵抗もなくて、穏やかな舟の旅路が生まれてくることとなりましょう。釈尊が説かれた、仏教が明かすところの死を克服する方法とは、そういう生き方をいうわけです。すなわち、清浄なる行業、生活を実践することによって、この宇宙・世界を貫徹する無常の道理について深く「めざめ」、覚醒し、それにおいて新しい人格主体を確立するならば、その死をよく超えていく道がひらけてくるというわけです。

江戸時代の末期、新潟県に住んでいた曹洞宗の僧侶であった良寛（一七五八〜一八三一）さんについて、こんな話が伝えられています。この新潟地方に大きな地震が起きて、多くの人々が死んでいったとき、ある人が良寛さんに対して、恐ろしい災難からのがれるためにどうしたらよいだろうか、その方法を教えてほしいと依頼したら、良寛さんは「災難にあう時節には、災難にあうがよく候。死ぬ時節には、死ぬがよく候。これはこれ、災難をのがる妙法にて候」という、手紙を書いて送ったということです。災難がやってきたら、それをよく受けとめる。死がやってきたらそれもよく受けとめる。すなわち、どれほど厳しい状況に遭遇することがあっても、自分自身がそれを主体的に受けとめて、それをよく乗り超えていけよというわけです。ここには激しい仏道の修行をとおして、新しい人格主体を見事に確立していた、良寛さんの生き方がよくうかがわれましょう。

そういう聖道教の出家者の仏道に対して、何らの厳しい修行も語らない在家者の仏道として、ひとえに聞法し、日々念仏を申して生きよという浄土教の真宗においては、その念仏において真実の信心を開発したものは、いまここにして、すでに仏の生命を生き、その大慈大悲に包まれているかぎり、いつどこで死が訪れてこようとも、その信心において、如来の家に生まれている以上、何の不安も心配もありません。死が訪れてきたときには、そのまま死ねばよいだけのことです。「かたつむり、どこで死んでもわが家かな」です。昭和の初期まで生きた真宗の妙好人、鳥取県の足利源左さんについて、こんな話が伝えられています。この源左さんの仏法友達に山名直次という人がいました。この直次が老衰で死の床についたとき、近づいてくる死が怖くなって、これでは死ねないと悩みつづけた後、孫娘を使いにして、その悩みを源左さんに相談したが、源左もまた、同じように死の床についていました。しかし、源左さんは、その直次の悩みを聞いて、「直次さん、死ねばよいがなあ」と、何度も何度も、そうつぶやいたといいます。この源左の言葉を聞いた直次は、深く思いあたるところがあったようで、まもなく安らかに死んでいったということです。また明治時代の初頭まで生きた堺の妙好人、物種吉兵衛さんも、その死に臨んで見舞いに訪れた法友に、「ままの喰えんことが起こってきたワヤ。さりながら、達者の時に味おうてよばれたワヤ。このままホンガリ口あいたら、それでよいのじゃ」といいのこして死んでいったと伝えられます。このような死の迎え方は、上に見た良寛さんのそれと本質的には同じことでしょう。これが仏教が教えるところの死に対する克服の道です。

かくして真宗念仏者は、死に臨んで、死後に何かがあると考えて、それをあてたよりにして死んでいくのではありません。そんなものはすべて観念であり、幻想でしかなく、死が近づいてきたら吹き飛ぶことでしょう。そうではなくて、今ここにして、真実なるもの、永遠なるものに出遇い、それを身にえているからこそ、何の不安もなく、前向きに死んでいけるのです。いま親鸞聖人が、ここで「なごりおしくおもへども、娑婆の縁つきて、ちからなくしておはるときに、かの土へはまひるべきなり」といわれるのは、こういう念仏者の死にざまについて明かされたものでしょう。問題は、私たちが、今生ただ今のところで、そういう真実なるもの、永遠なるものに、確かに確かに出遇えているか、それを身にえているか、どうかです。

第十条　無義為義の教訓

本文

一、念仏には無義をもて義とす、不可称不可説不可思議のゆへにとおほせさふらひき。

組織

┌念仏の本義………念仏には～
└その理由根拠……不可称～

語義

○念仏……称名念仏のこと。
○無義……自己による計度分別、そういうはからいのないこと。
○義とす……道理、本義とする。
○不可称……言うことができないこと。
○不可説……説くことができないこと。
○不可思議……考慮、思議することができないこと。

○おほせさふらひき……親鸞の仰せか、法然の仰せか。親鸞聖人は法然上人の教言として示されるが、ここでは唯円房の聞書によるもので、親鸞聖人の仰せとして理解する。

要旨

この第十条は、真宗における念仏、信心の基本的な原理である無義為義についての教示である。この無義為義の主張は、親鸞聖人の晩年に見られるもので、親鸞聖人八十六歳のときの法語、自然法爾に共通する思想である。それは基本的には、超越としての如来、浄土についての論理であるが、それはまた、私における念仏、信心の境地についての論理でもあり、いまはその本願念仏の内実として明かしたものである。

一、組織

この第十条は短い文章ですが、意味の重い言葉ですから、慎重に味わっていきたいと思います。ここではタイトルを「無義為義の教訓」としましたが、本文に「無義をもて義とす」とありますが、「義とす」というのは、「義と為す」と書きますから、無義為義という標題にしたわけです。

この文章の組織は二段に分けることができます。初めの「念仏には無義をもて義とす」というところが第一段で、ここでは念仏の本義、真宗念仏の要義を明かしています。そしてそのあとの「不可称不可説、云々」というのが第二段で、ここではその理由、根拠について明かしています。すなわち、なぜ念仏は無義が義であるのかということの、意味、内実について示しているわけです。

二、文義

次にその本文の意味について見てみましょう。最初に、「念仏には」とでています。この「念仏には」という念仏は称名念仏のことです。私たちが、日ごろ、南無阿弥陀仏、南無阿弥陀仏と、仏の名前を称えること、それを念仏といいます。その念仏については「無義をもて義とす」。無義というのは義がないということです。その義の意味についてはあとから詳しく説明しますけれども、ここでいう義とは、簡単にいうと、自己による「計《け》度《たく》分別《ふんべつ》」のことです。これは仏教用語ですが、計度の計は、はかる、計算する。度も、これもはかるということ。自分であれこれと思いはからうことです。分別とは、そっちはあなた、こっちは私、これは善これは悪と、自分で振り分けをするのが分別です。分かりやすくいえば、自分で思いはからうことを義といいます。だから、そういう思い、はからうことがないということが無義です。次にもう一度、義がでていますが、このほうの義は、初めの無義の義とは意味が違います。これはまことの道理、本義という意味です。だから、念仏には、私たち一人ひとりが、あれこれと思いはからうことがないということが、念仏における正しい道理である、それがほんとうの念仏だと、こういう意味になります。

あとで詳しくいいますから、一応そうしておいて、次にどうしてそういうことがいえるかということです。「不可称不可説不可思議のゆへに」。「不可称」とは訓点をつけて読めば「称すべからず」。「称」は讃えるとか、説明するということ。だから、説明することができないということ。「不可説」とは、「説くべからず」。これも説明ができないということ。「不可思議」とは、「思議すべからず」。「思」も「議」も考える、はかるということ。だから、考え、思うことができない。念仏とは、そういう中身、内実をもっているものだと、こういう意味です。最後の「とおほせさふらひき」。これは誰が仰せになったのか。以下において詳しく見ていきますが、一つには法然上人が何度もこのことをいわれています。そういう意味では、法然上人の仰せだともいえますが、『歎異抄』は「古親鸞のおほせごと」(「後序」)ですから、この言葉も、親鸞聖人の仰せであると理解すべきでしょう。

そこで法然上人の教言としては、こんな言葉があります。

信空上人又いはく、先師法然上人あさゆふおしへられし事也。念仏申にはまたく様もなし。ただ申せば極楽へむまるとしりて、心をいたして申せばまいる事也。(『和語灯録』)

この『和語灯録』というのは、法然上人が亡くなった後に、弟子がその法語を集めたもので、和文で書いたものが『和語灯録』、漢文で書いたものが『漢語灯録』です。「灯録」の灯はともしびで、私たちの人生を明々と照らしてくださる法然上人の教えということです。「信空上人又いはく」、信空とは法然上人の弟子です。「先師法然上人」、先師とは前の先生。「あさゆふおしへられし事也」、朝に夕べにいろいろと教えくださったことであります。「念仏申にはまたく様もなし」、「様もなし」というのは、手本、理由がない。あれこれと思いわずらうことがない、ということです。「ただ申せば極楽へむまるとしりて、心をいたして」、「心をいたして」は、心を一点に傾けて、「申せばまいる事也」、そのようにして念仏を申せば浄土に参ることができる、というわけです。そしてまた、次のような法語もあります。

ただ往生極楽のためには南無阿弥陀仏と申せば、うたがひなく往生するぞと思とりて申外には別の子細候はず。念仏を信ぜむ人は、たとひ一代の法をよくよく学すとも、一文不知の愚鈍の身になして、尼入道の無智のともがらにおなじくして、智者のふるまひせずして、ただ一向に念仏すべし。(『黒谷上人起請文』)

これは『一枚起請文』ともいいますが、法然上人が亡くなるときに、弟子に筆をとらせて一枚の紙に短い法語を残されたものです。起請文というのは大事な誓いの言葉をしたためた文章のことです。「ただ往生極楽のためには」という文は、読んでのとおりです。また「念仏を信ぜむ人は、たとひ一代の法を」、「一代の法」は釈尊の一生涯をかけて説かれた仏法。それを「よくよく学すとも」。「一文不知の愚鈍の身になして」、一文字も字も知らない愚かな身となって、つまり理屈を抜きにして、すなおに。「尼入道の無智のともがらにおなじくして」。尼は女性、「入道」というのは仏教の信者のこと。女性の信者で詳しい学問をしていない人と同じようになって、智者らしいかたちをしないで、「ただ一向に念仏すべし」、ただひたすらに念仏を申すべきである、という教言です。

法然上人云、念仏の義を深く云ふ事は還って浅事也。義は深からずとも欣求だにも深くは一定往生はしてん。

（『一言芳談』）

この『一言芳談』とは、鎌倉時代に、念仏について書かれた法語集です。その文の意味は、法然上人がいわれました。あまり念仏のことについて理屈をいうことは、かえって浅くなるものです。「義は深からずとも」、理屈はあまり知らなくとも。ひとえに「欣求だにも深くは」、欣求とは浄土を願う心。「だに」というのは、それだけが、それこそが、深ければ往生は一定である。「往生してん」は、まちがいなく往生するでしょう。

これらはいずれも法然上人の言葉です。これを受けた親鸞聖人も、また同じようなことをいろいろといっておられます。

如来の御ちかひなれば、他力には義なきを義とすと、聖人のおほせごとにてありき。義といふことは、はからうことばなり。行者のはからひは自力なれば義といふなり。他力は本願を信楽して往生必定なるゆへにさらに義なしとなり。（『末燈鈔』）

また他力とまふすことは、義なきを義とすとまふすなり。義とまふすことは、行者のをのをのはからふことを義とは申すなり。如来の誓願は不可思議にましますゆへに、仏と仏との御はからひなり、凡夫のはからひにあらず。補処の弥勒菩薩をはじめとして、仏智の不思議をはからふべきひとは候はず。しかれば、如来の誓願には義なきを義とすとは、大師聖人のおほせに候き。（『末燈鈔』）

親鸞聖人は、このほかにもいろいろと「念仏は義でないことが義だ」ということ、無義為義ということを、手紙に書いておられます。たとえば、

また弥陀の本願を信じさふらひぬるうへには、義なきを義とすとこそ大師聖人のおほせにてさふらへ。かやうに義のさふらふらんかぎりは、他力にはあらず自力なりときこえてさふらふ。（『親鸞聖人御消息集』）

このゆへに他力と申すは、行者のはからいのちりばかりもいらぬなり。かるがゆへに義なきを義とすと申すなり。このほかにまたまふすべきことなし、ただ仏にまかせまいらせ給へと大師聖人のみことにて候へ。（善性本『親鸞聖人御消息集』）

などです。

さてここで、この第十条の文義について簡単に話しておきます。この無義為義の思想は、親鸞聖人の晩年に見られる自然法爾の思想と共通するもので、それはこの迷いなる現実世界を超えたところの、如来あるいは浄土の内実、その論理について説明したものです。しかしまた、それは私たち一人ひとりにおける、念仏あるいは信心の境地、その味わいについて表白したものでもあります。いまは本願念仏の内実について、そのまことの道理を明かしたものだと、こういうことができます。

三、私解

一　真宗における行道

以下、この無義為義の主題をめぐって、私の領解を話します。そこで真宗における仏道とは、

念仏成仏するこれ真宗なり。（『入出二門偈』）

と明かされるように、念仏を申して仏に成っていく、これが真宗の仏道であると、親鸞聖人は主張されます。いま私たちが学んでいる真宗の教えとは、一口でいえば、愚かな凡夫のこの私が、ひとえに念仏を申して、まことの人間、仏に成っていく、それをめざして少しずつ成長していくという教えです。あるいは親鸞聖人の別な言葉によれば、

大行とは則ち無礙光如来の名を称するなり。（「行巻」）

とありますが、私が修めるべきもっとも大切な行業とは、無礙光如来、阿弥陀仏の名を称えることだといわれるのです。また、

安養浄刹の往生の正因は念仏を本とす。（『尊号真像銘文』）

とも明かされます。「安養浄刹」とは、心と体を安らかに養うという浄土。刹とは国のことです。その浄土に往生するまさしき原因は、「念仏を本とす」、念仏を根本とするといわれます。あるいは、

往生を不定におぼしめさんひとは、まづわが身の往生をおぼしめして、御念仏さふらふべし。（『親鸞聖人御消

息集』）

と語られます。いつ死ぬるか分からない私たちの生命ですが、死んだらどこへ行くのか分かっていないのが、往生が不定ということ、「おぼしめさんひとは」、そう思う人は、「まづわが身の往生をおぼしめして」、他のことはさておいて、まず自分が死んだらどこへ行くのか、その道を求めて「念仏さふらふべし」。念仏を申しなさい。あるいはまた、

他力真実のむねをあかせるもろもろの正教は、本願を信じ念仏をまふさば仏になる。そのほかなにの学問かは往生の要なるべきや。（『歎異抄』）

とも明かされます。浄土真宗の教えをあかせるもろもろの経典や論釈は、ひとえに仏の教え、この阿弥陀仏の教えを信じて、念仏して仏に成っていく、そのほかに学ぶことはいらない。このことだけが、私たちが真宗の教えを学ぶ肝要である。だから念仏成仏の道が真宗の仏道だと、こういうことです。

二　念仏行の成立構造

一、念仏成仏の歴史

そこで、念仏して成仏する、この親鸞聖人の教えにしたがって、どうしたらその念仏が、私のうえに正しく成り立っていくかということ、私における念仏行の成立構造について話します。仏教とは、私たちがひとしく仏に成っていく道を教えるものですが、その教えの内容はいろいろに分かれています。天台宗も真言宗も禅宗も日蓮宗も、みんなそれぞれ独自の仏教理解の立場に立ちますので、目指す目標は同じ仏の「さとり」ですが、その歩むべき道

は違います。そこで浄土真宗では、つまり親鸞聖人の教えは、ただ念仏ひとつで仏に成ることができるというのです。ほかの宗旨とはここが違う。ところで、念仏して仏に成るということが、どうして私の身のうえに成立するのか。それには、一つは念仏成仏の歴史の問題がある。そしてもう一つは念仏成仏の論理です。この念仏成仏の歴史に遇うということと、念仏成仏の論理を領解すること、このことをとおしてこそ、はじめてこの私に念仏が成立してくるのです。

最初にその念仏の歴史の問題について話します。まず、私たちが念仏を申すということには、念仏の歴史との邂逅、出遇いがなくてはなりません。念仏を申している人に出遇うということがなかったならば、私たちは念仏を申すことはできません。上において読みました『歎異抄』の第二条に、「親鸞におきては、ただ念仏して弥陀にたすけられまひらすべしと、よきひとのおほせをかふりて信ずるほかに別の子細なきなり」という文がありました。当時の関東で、念仏しても仏には成れないという人がいた。そこで、親鸞聖人の門弟たちが、生命がけで京都へやってきて、「何ゆえに、念仏したら仏に成れるのですか」と、念仏成仏の理屈について尋ねた。そのときに親鸞聖人は、何の理屈もおっしゃらなかった。むしろその念仏の歴史に出遇ったことを語られた。「親鸞におきては、ただ念仏して弥陀にたすけられまひらすべしと、よきひとのおほせをかふりて信ずるほかに、別の子細なきなり」。この場合の「よきひと」というのは法然上人のことです。先生からそう聞いたのだ、そのほかには何の子細、理由もありませんと、こういって突き放されたのです。これは親鸞聖人の非常に深い信念にもとづいた発言です。あるいは弟子に対する深い愛情の表現といってもいいかもしれません。とにかく何の理屈もいわれない。「私は、法然上人がそうおっしゃったから、その教えを信じているだけです」といわれる。ここには理屈はないのです。法然上人がついて来いといわれたから私は行くだけだ。もしも理屈が知りたかったら、比叡山にも奈良にも大きなお寺があって、偉い僧侶がたくさんいるから、そこへ行って聞きなさいと、非常に厳しくいい放っておられます。こういう言葉は、ほんの一分間か二分間で済んだだろうと思います。まったく取りつく島もないわけです。それで関東の門弟たちはどう反応したかは分かりませんが、念仏のみぞまことという立場に立つためには、このことがとても大切なのです。そういう確かな歴史、先師、「よきひと」に出遇わなければ、真宗の仏道は始まりません。

それから次の文は、親鸞聖人が二度も引いておられる『涅槃経』の言葉です。

また二種あり。一には道ありと信ず。二には得者を信ず。この人の信心ただ道ありと信じてすべて得道の人ありと信ぜず。これを名づけて信不具足となすといへり。（「信巻」・「化身土巻」）

ここで「得者」というのは、すでに道を歩いて信心をひらいた人のことです。いくら学問して道についていろいろと知っていても、それだけではだめだ、その道をいま現に歩いている真実信心の人に遇わなければ意味がない、こういう教言です。得者を信じる、この人のあとをついて行こうという、そういう確かな人に遇って、その人のあとをついて行くということがなかったならば、まことの念仏は成り立たないわけです。

明治のころ、九州博多の万行寺の住職で七里恒順という人がおられた。この人は教団からは異端視されましたが、私は、近代以降の本願寺教団の僧侶としては、もっとも深い信心に生きた人であると思います。彼の言葉に「駅に行って切符を買いなはれ」という言葉がある。これは見事です。念仏を勧めるについて、電車に乗車する話に喩えていったものです。「線路の上をいくらウロウロ歩いても目的地には行けない」という。それはそうです。「駅に行って切符を買いなさい。そしたら電車に乗れる。電車に乗ったら必ず目的地に行ける」、こういう話なのです。いくら真宗の理屈を勉強しても、今現に念仏を喜んでいるこの人こそという人、先師に遇わなくてはだめだということです。線路の上で、「なぜ電車が走るのだろうか」、「どっちへ行くのだろうか」、「誰が考えたのだろうか」などと、いかに理屈をこね回していても、目的地には行けない。駅に行って切符を求めてこそ、電車に乗れて目的地に行けるのです。人格に遇わないかぎり念仏の道は始まらない、こういうことです。いまは、その人格のことを歴史といっているのです。先人の歩いた足跡です。親鸞聖人が、七高僧の意義を強調しておられるのは、そういうことなのです。釈尊が亡くなられたあと、インド、中国、日本と、多くの先輩たちが念仏の道を歩まれた。その念仏の道、歴史を、親鸞聖人はとても大切にされたわけです。皆さんとはこうして御縁をいただいているのですが、皆さんがこうして集まられたのは、すでにそういう先師、真宗の歴史に遇われているからです。教団とか寺院というものは、その先師、その歴史に出遇うための重要な契機となるものです。その出遇いの場を構成するもの、それが教団であり、寺院が存立することの意義です。お寺というのはそういうところです。お寺へ行ったら念仏の歴史に遇えるということです。ただし、全国の真宗寺院がすべてそうなっているかどうかは問題ですが、寺院の本来の存在意義はそういうことです。今日の真宗教団、真宗寺院が、充分にその役目を果たしていないところに大きな問題があります。

二、念仏成仏の論理

次には念仏の論理の問題です。そこでまず明確化しておかねばならないことは、真宗における行とは念仏、念仏は真宗における行であるということです。親鸞聖人は、その「行巻」において、

大行とは則ちこれ無礙光如来の名を称するなり。この行は、即ちこれ諸の善法を摂し、諸の徳本を具せり。極速円満す、真如一実の功徳宝海なり。故に大行と名づく。

と明示されています。初めに「大行とは」とでています。ここでいう「大」とは、もっとも優れている、真実のと

いう意味を表わしています。その次は、「この行は」と大の字がありません。私たちの行為であることを意味します。そのあとにまた「故に大行と名づく」と「大行」がでます。すなわち、真宗においては、この私の称名念仏の行が大行となるのだと、こういうことです。すなわち、この私の行、念仏行が、大行となるとき、その念仏が初めて真実の念仏となるのです。これが真宗教義の基本です。親鸞聖人の主著は『顕浄土真実教行証文類』です。これを多くの人は『教行信証』と呼んでいますが、親鸞聖人の直系の弟子たちは『教行証』と呼んで、そんなことはいっていません。教・行・証です。その教とは『無量寿経』のことです。行とは、いまいったところの「無礙光如来の御名を称するなり」といわれるように称名です。そして証とは往生成仏、浄土に往生して仏に成ることです。すなわち、『無量寿経』の教えにしたがって、本願の教えを信じて称名念仏を申さば、仏に成る。これが真宗教義の基本構造です。「本願を信じ念仏まふさば仏になる、そのほかなにの学問かは往生の要なるべきや」（『歎異抄』）と説かれるとおりです。真宗の教えを学ぶとは、この教・行・証の道理について学んでいくことです。

かくして真宗における行とは、私が日々において念仏を称えることです。そしてその私の念仏の行の中には、「これ諸の善法を摂し」、さまざまな善法、まことの道理、優れた善根がおさまっている。「諸の徳本を具せり」、いろいろな価値を具足している。その念仏とは、ただの念仏ではない、私が称える念仏には多くの善根、功徳がおさまっている。「極速円満す」、その念仏一つで直ちにすべてが円満し、成就する。したがって、その念仏は、「真如一実の功徳の宝海」である。究極的な真実、真理をおさめた宝です。だからこそ、この私の念仏を大いなる行、大行、真実なる行というのだということです。

次に、仏教における行の話を少し話しておきたいと思います。仏教で行という場合、きわめて単純化していうと、大きくは二つの意味があります。一つは、私たち人間の造作、行為をいいます。仏道を修行するという場合の

「行」を意味します。そしてもう一つは、生滅変化する存在のこと、遷流のことで、諸行無常といわれる場合の「行」を意味します。いま親鸞聖人が、念仏は行だといわれたのは、はじめの造作、行為のことをいっているわけです。私の行為のことです。天台の『法華玄義』という書物の中に、「智目行足、到清涼池」、すなわち、智を目とし、行を足として、清涼池、すなわち、仏の「さとり」の世界に到る、という言葉があります。その「智」というのは智慧です。仏法を学んで身につけた智慧を「目」とし、日々の行為、修行を「足」にする。その目と足とによって前進し、ついには「清涼池に到る」。清涼池というのは、仏の「さとり」の世界のことです。すなわち、仏法を学んで、行じて、はじめて仏道が成就する、こういうことです。そのことは、いまの教行証でいえば、経典にもとづいて阿弥陀仏の本願の教えを学び、それを自分の眼とし、日々の念仏の行を足として前進していくならば、やがて清涼池、往生成仏という結果に到るということです。

そこで、次にその念仏が私の行為、仏道の行として成立するについての論理構造が、たいへん重要な問題になります。それについては、まず私たちが何ゆえに念仏をしなければならないか、という問いに対する答えとして、「念仏の論理を構築する」ということが必要です。そしてまた、その念仏が真実なる念仏となるためには、その「論理を構築するところの自己の思惟を完全に放棄する」ということが必要となるのです。このような構築とその放棄という、まったく背反する二つの論理、その態度、営為の中にこそ、念仏がまことの念仏になるという、念仏行の独特な論理構造が問題になるのです。

その論理の構築について、まずは何のために念仏が必要なのかということです。もっといえば、私たちは、なぜ念仏しなければならないのかということです。この論理、理屈をきちんと立てなければ人はついてきてはくれません。具体的には「智目」の確立です。なぜ仏法を聞かなければならないのか。この忙しいのになぜお寺に参らなければならないのか。それを学んで何が得なのかという、そういう基本的な仏道における目的と、それについての意志がはっきりしないと仏道は始まらない。しかもまた、いま一つは、仏道を学ぶについては、座禅の行もあり、題目を唱える行もある。比叡山、高野山などにもさまざまな修行がある。その中で、何ゆえに念仏でなければならないのか。その論理、道理をきちんと構築しなければなりません。

そこでまず念仏行が成り立つためには、親鸞聖人の教え、浄土真宗とは、往生成仏の道ですが、それは私の人間成就をめざす道である、ということが基本的に理解されねばなりません。ここのところがとても大切なことです。仏法というものは、現実のありのままなる私が、理想のあるべき私に成っていくということを教えるものです。成ってはいない私が、少しでもまともな人間に成っていくということを教えるのが真宗の仏道です。それをもっと具体的にいえば、たとえば、私は僧侶です。あるいは家庭にあっては爺ちゃんです。その成ってはいない僧侶の私が、あるいは、いろいろと欠点の多い私が、仏壇の前に座って合掌し、また仏法を学びながら、少しはましな僧侶になる。少しずついい人間に成っていく。その成ってはいない私が、少しずつ古い皮を脱ぎながら新しく育っていく。脱皮し成長していく。死ぬまでそれを繰返していくのです。なかなか成ってはいない私ですが、ともかくそういうその人間成就の道を教えるのが仏法なのです。仏法とは、そのように「成る」ことを目指す教えです。したがって、真宗の教えを学ぶについては、まずこのことについて、充分に理解、認識することが大切です。しかしながら、真宗、仏法は、そこのところがおかしくなっているのではありませんか。多くの一般寺院では、もっぱら除災招福を祈り、真宗寺院でも、死者に対する追善廻向が、主になっているのではありませんか。本来は「道の宗教」であったものが、仏の力にたよる「力の宗教」になっているのではありませんか。これでは、仏法ではありません。釈尊も親鸞聖人も、そんなことは教えてはおられません。人間の生き方を教えられたのです。人間は、みんな何の目的もなしにこの世にでてきたのです。この世に人間に生まれるについて、計画をもって生まれた者は一人もいない。親や環境などを選んで生まれた者もいない。生まれてみたら人間だったというところから、私たちの人生は始まったのです。だから何も考えずにうかうかと生きていたら、まったく無意味な生涯で終わってしまうのです。今の若い者の中には、そういう自分の人生について、真剣に考えることがないことから、簡単に自死したり、理由もないのに他人を殺したりするのではありませんか。仏法は、そして真宗は、人間の道、人間はいかに生きるべきかを教えるのです。はじめて生まれて、ただ一回かぎりの道しか生きていけない私たちが、どう生きたらこの生命をほんとうに完結できるのか。これでよかったと、人間に生まれてよかったと、それぞれが人間の生命を完結、納得して死ねる道について教えたのが仏法です。それが真宗念仏の教えです。

ところが世の中には、そういう道の宗教でなく力の宗教が多い。今年の新年元旦には八千万人の人が初詣に行ったという。八千万人といえば日本の人口一億二千万の三分の二です。おおかたはハシゴをしているのでしょうが、ともかく年が改まったが、今年もよいことがありますようにと、何かの力にすがって、お願いするということをしなければ気が済まないのでしょう。これはみんな神さま信仰です。神さまというのは、縁結びの神とか、受験合格の神とか、金儲けの神とか、みんな分担がある。専門店になっているらしい。そこへ行ってお願いをして、それぞれの力をもらうというわけです。世界と日本の宗教の多くはそれです。ときには、真宗の信者の家にも、仏壇のほかに神棚を祀っているところがありますが、そういう家の真宗は、もはや道の宗教とはいいえません。親鸞聖人は、きわめて明確に、

仏に帰依せば、ついにまたその余の諸天神に帰依せざれ。（「化身土巻」）

と明かされています。仏壇と神棚との両方を祀るということは、真宗念仏者のするべきことではありません。本気

で親鸞聖人の教え、真宗の仏道を学び、その道を歩もうと願いながら、なおそれ以外の道に心をよせるということは、道に迷うているということです。そんなことで真宗念仏の道がひらけてくるはずはありません。まことの道の宗教だったら、自分が信奉する以外の道は不要です。ただ一筋の道以外に、他の道、他の宗教は必要ありません。「ただ、念仏のみぞまことにておわします」です。親鸞聖人は「よきひとのおほせ」についていくといわれたわけです。真宗の教えを真剣に学ぼうとするならば、何よりも仏法、念仏ひとつ、というところに立脚しなければ道は何も開けてはきません。そのことはよくよく承知してください。かくして、真宗の教えを学ぶについては、まず私はこのままであってはならない。あるべき私に向かって少しずつ成長していこうという願いをもつことが大切です。その志願なくしては、真宗の仏道は成り立ちません。

そして次に、その人間成就の道については、何ゆえに念仏でなければならないのかという話です。私が人間成長を遂げる。成ってはいない私が少しでも成っていこうという目的に対して、なぜ念仏なのかということです。ここのところを、きっちりと学んでいただきたい、領解していただきたいと思います。このことについて、親鸞聖人は、念仏の道とは、「凡夫出要の道」(「行巻」)であるといわれています。私たち煩悩罪濁のものが仏に成っていくためには、もっとも易しく肝要な行だというのです。親鸞聖人は、比叡山において二十年間もさまざまな行業を修められたと思われます。しかしながら、いずれの道もとても難しい、私たち凡夫にとって、もっともふさわしく易しいのは念仏行だと、こういわれた。それが「凡夫出要の道」ということです。

比叡山に常行堂というお堂があります。五間四面のきれいな朱塗りの堂です。真ん中に阿弥陀仏像が安置してあって、その周りをぐるぐる回るようになっている。こういう常行堂は、かつて古くは、九州から東北地方まで、各地にあったといいます。比叡山だけでも三箇所にあったといいますが、今は一つしか残っていません。この常行堂では、九十日のあいだ、昼夜二十四時間ぶっ通しに、休まずに念仏を唱えながら、その仏像の周りをぐるぐる回るのです。そして阿弥陀仏と一体となる体験をもつわけです。これを常行念仏という。先年、この行をやられた天台宗の僧侶の話を聞きました。これはたいへんな行で、明治以来やった人がいなかったということです。江戸時代の文書を見ると、いろいろと記録があるが、途中で病気で死んだり、発狂して死んだりした人もいるということです。親鸞聖人も、比叡山ではこれらの堂で念仏を修行するところの堂僧を勤めておられたというわけですから、この常行三昧も修められたことであろうといわれています。この常行念仏の行とは、毎日毎日ぶっ通しに念仏しながら堂の中を巡る。その間ずっと立ったままです。血が下がって足がむくんでくる。声もかすれてでなくなる。ご飯は三度いただくが立ったまま食べるのだという。寝るのも歩きながら眠るのです。だからうつらうつらとしか眠れない。トイレも簡便トイレが近くに設けられている。九十日間それをやるのですから、たいへんに苦しい行です。発狂した人もいるというのも無理からぬことでしょう。しかし、この方は、「その念仏行の途中で、仏さまに何度も遇いました。あとから聞いたのですが、真宗には、火の河を渡り水の河を渡って浄土に往くという話があるそうですな。私はちゃんとその水の河を渡りました」といっておられた。滔滔と流れる水が見えた、そしてそれを踏み越えて歩いたというのです。世間的には一種の幻覚でしょうが、そういう体験もされたという。そして「私が九十日間、この行をやり遂げることができたのは、ほんとうに仏の加護があったからだと思います」といわれていました。これは私の理解ですが、親鸞聖人は、新しく真宗の仏道を開顕するについては、そのような常行念仏を、日常生活の中で修めようとなさったのだと思うわけです。常行念仏に代えて日々に生活念仏をする。妻子を持ち、家庭を営み、魚や肉を食らいながらでも、毎日「南無阿弥陀仏、南無阿弥陀仏」と念仏を申しながら日暮らしをしたら、同じように、仏に遇える、仏と一体となる体験をもつことができるというのが、親鸞聖人の浄土真宗の教えなので

す。だからこそ、親鸞聖人は、

子の母をおもふがごとくにて　衆生仏を憶すれば
現前当来とおからず　如来を拝見うたがはず（『浄土和讃』）

と教示されるわけです。そしてまた親鸞聖人は、この文に重なるものとして、

もし衆生、心に仏を憶し仏を念ずれば（中略）今生にも仏をみたてまつり、当来にもかならず仏をみたてまつるべしとなり。（『尊号真像銘文』）

とも明かされています。心して念仏を申す生活をしていたら、阿弥陀仏に出遇える、阿弥陀仏と一体となった体験をもつことができるといわれるわけです。それが信心のことです。この天台宗の行者は行の途中で仏に遇ったといわれた。遇ったということは、仏と一体になる体験をもったということです。この場合には、非常に特殊な状況の中でのことですから、日常生活とは変わっているわけです。このような行をするためには、たくさんの介添え人が夜も昼もついていなくてはなりません。一人で念仏を唱えながら堂の中をぐるぐる回るのだから、その修行者のために、ご飯をだしたり、そのほかいろいろな世話をする人が何人か必要なわけです。昼も夜も、九十日間、いつも誰かが監視し、介添えしているのです。そういう大所帯の援助があってこそ、はじめて一人の修行者の行が成立する。こんなことは私たちにはとうてい無理です。ところが親鸞聖人が教えられた真宗念仏はそうではない、私たちの日常の生活のただ中で、その念仏が成り立つといわれるのです。これが生活念仏。ここで生活念仏と私がいったのは、鈴木大拙先生が『教行証文類』を英訳されたとき、「行巻」の「行」、その念仏をリビング（living）と訳しておられる、それに教えられてのことです。ある特定の場所で、時間を限って一定の期間だけ称えるのではない。寝ていても起きていても入浴していても、何をしていても、日々の生活の中で、「南無阿弥陀仏、南無阿弥陀仏」

と念仏するのです。だからそのことは、念仏の生活化、生活の念仏化です。生活の中で念仏する、念仏の中で生活する。そういうかたちの生活念仏、リビング念仏を修めていく。それを易行といったのです。このような易行なる生活念仏によって、難行の証果と同じ結果がでてくるのだと、こういうことを親鸞聖人は主張しておられるわけです。かくして、私たちのような煩悩の多い者、世俗のただ中に生きる者には、この生活念仏の行道がいちばんふさわしいのです。鈴木大拙先生は、真宗の妙好人をいろいろ研究して、たとえば浅原才市さんの信心の境地は、禅の師匠の非常に高度な悟りの境地と同一だということをいっておられます。大拙先生という方は、長年にわたって坐禅を修められた禅の師匠であり、それについての世界的な研究者です。その先生が、念仏の信心の境地は禅の悟りの境地と同じだといわれるのです。そうでしょう。親鸞聖人はそのことをおっしゃったのです。

現代における真宗教学の根本目標は、このような生活念仏、リビング念仏の意義を、現代人に向かっていかに論証するかです。現代の人々に向かって、「お念仏しましょう」ということを、どのように理論的に構築していくか。そのことを現代の思潮との対決を通して論じていかなければならない。この論証はまことに至難のことです。しかしながら、このことこそが今日の真宗教学のいちばん大事なことでしょう。

しかしながら、いまひとつ重要なことは、まことの念仏が成立するためには、いまいったような論理を、徹底して捨てなければならないということがあるのです。ここが大きな問題です。私が念仏をしながら、実は、その念仏は私の念仏ではなかった、仏の念仏であったと目覚めること。私から仏への方向で成り立つ私の念仏が、そのまま仏から私への方向をもった仏の念仏にならねばならないのです。すなわち、称名が聞名になるということです。そしてそこにこそまことの信心が生まれてくるのです。そういう論理がどうのようにして成り立つか。これが実はまことの念仏の基本の論理構造なのです。これは今まで何度もいってきたことですが、真宗の仏道においては、念仏することが基本です。「ただ念仏」するのです。しかしその念仏は、私が仏に向かって念仏するだけではほんものではない。それが逆転しなければいけない。念仏しながら、その念仏の一声一声が、如来の呼び声だったと気づかせていただくというような体験をもたなければ、まことの念仏にはならない、こういうことです。そういう体験を私は「めざめ」体験といっています。またそれが信心といわれるのです。だから、「まことの念仏」を申すという、その「まこと」というのは、私が仏に向かって、懸命に念仏しながら、それは私の念仏ではない、仏の念仏、仏の呼び声であったと思い当たるということです。ここでいう思い当たるとは、これは非常に深い宗教的な体験を分かりやすくいったわけです。たとえば親の恩ということをいいます。私たちは子供のときから「親の恩は山よりも高い、海よりも深い」と聞き知っているのです。けれども、そのことを頭で知っているだけでは、いまだ親の恩が分かったということではない。その言葉がどこかで、自分の生活を通して、「ああ、そうか。いつか親の恩は山よりも高いと聞いたことがあるが、あれはこのことをいっているのだな」と、わが父親、母親が、私にかけてくれた親の心に私が思い当たったときにこそ、親の心に遇い、親の恩というものが分かるのです。思い込むのではない、思い当たるのです。別の言葉でいえば腑に落ちるということです。腑に落ちる。五臓六腑の「腑」です。漢方医学でいう心臓、肝臓など五つの内臓と、胃の腑や大腸、小腸など六つの腑。うまい酒を飲んだときに「五臓六腑にしみわたる」といいますが、あの「腑」です。「あんたのいうことは、話は分かるけれども、どうも腑に落ちん」というようなことをいいます。頭では理解できるけども、はらわたには届かない。まだよく分からない。そういう意味で、ずっしりとこの身心に納得できたのが「腑に落ちた」ということです。それがここでいう思い当たるということです。私が仏さまにお参りするようになり、念仏を申すようになったのは、私の意志とその努力でそうなったには違いないけれども、そのことは仏が後ろから押し、前から引っ張ってくださったからこそ、仏檀の前に座るようになったのだ、私の念仏もまた仏の呼び声にほかならないと、思い当る、腑に落ちる。そういう体験を「めざめ」体験といいっているのです。そしてそれがすなわち信心体験のことです。しかもそういう体験はいつもはなくて時々しかないことですけれども、その繰返しが、いわゆる信心の相続ということです。だから、まことの念仏、信心の構造というものは、私の念仏行における自己崩壊を意味します。私が称えるのではない。如来が私を呼んでいてくださるのだ。仏が後ろから押してくださっている、前から引っ張ってくださっているのだと、その自己存在、自己努力がまったく崩壊していくのです。しかしそれには自分が努力しなければならない。努力しながら、しかもまたその一つ一つが覆っていく。崩れていく。このような念仏行にかかわる論理、その思惟の全面放棄を、少し理屈っぽくいえば「脱自の体験」ともいうことができるでしょう。私自身が全部すたってしまうのです。一生懸命に努力しなければなりません。努力しなければ念仏もでないし仏法も聞けない。仏檀の前にも座れません。しかし、そのことをやりながら、他方において、心の底にスッポリと穴が開いて、桶の底がストンと抜け落ちて、「ああ、そうか、私はこんなことができる人間ではないのに、この横着な私がここまで仏縁をもらったのは、如来の働き以外にはなかったなあ」と、思い当たり、思い当たりする。それが「真実の現成」ということでしょう。私の心の桶の底が抜けたときに、はじめて、私ならぬ真実の仏が私のうえに顕わになってくる。これを親鸞聖人は「大行」とおっしゃったのです。上において、親鸞聖人は念仏のことを「行」ともいい、「大行」ともいわれているといいましたが、ただの私の念仏は「行」です。しかし、その行が「大行」になる。仏の行となる。そこのところを親鸞聖人は、「大行」といわれたのです。私が空っぽになって、仏が全面的に私の心の中に、その生命の中に顕わとなったときに、その念仏行を「大行」というのです。それはまた他力といってもよい。「不可称、不可説、不可思議」（『高僧和讃』その他）の世界というほかはありません。私がやるのだけれども「私がやったことではありませんなあ」という脱自の体験です。

親鸞聖人は、そのような念仏をめぐって、「行巻」に、

発願廻向とは、如来すでに発願して衆生の行を回施したまふの心なり。

と明かされています。発願廻向というのは善導大師がいわれたことで、私が願を起こして仏の方向に向かうというのが発願廻向です。けれども、ここでは「如来すでに発願して衆生の行を回施したまふ」、私が仏のほうに向かうのが発願廻向なのだが、よくよく考えてみたら、それは私が行なう前に、先に如来が私のために、その念仏を与えてくださっているのだ、という。そういうどんでん返し、逆転の体験の表白の言葉です。また、同じ「行巻」に、

明らかに知りぬ、是れ凡聖自力の行にあらず、故に不廻向の行と名づくるなり。

とも明示されています。同じ体験、論理の表白にほかなりません。

また妙好人浅原才市さんにこんな歌があります。


名号をわしが称えるじゃない。わしにひびいて南無阿弥陀仏。

念仏はわしが称えるじゃない。念仏は向こうから成りでる。

念仏は仏の念仏。仏がもうす仏の念仏。

如来さんはどこにおる。如来さんはここにおる。才市が心にみちみちて、南無阿弥陀仏をもうしておるよ。

才市よいへ、いま念仏を称えたは誰か。へ才市であります。そうではあるまへ。親さまの直説であります。機法一体であります。

称名は阿弥陀の息でわしが息。

南無阿弥陀仏、南無阿弥陀仏。念仏は親の呼び声、子の返事。南無阿弥陀仏、南無阿弥陀仏。

味わい深い表現です。才市さんは、とにかく生涯をかけて「南無阿弥陀仏、南無阿弥陀仏」と、念仏した人ですが、ふと思い当ったときに生まれたものが、これらの歌だったわけでしょう。

かくして、念仏行とは、本来において、こういう矛盾的構造をもって成立するものなのです。私がいちずに念仏を申しつつ、それは仏が申す仏の念仏であると思い当たるのです。念仏一つがまことだ、これ以外にはまことがないのだと、念仏を選び取り、その念仏に向かって自分の全体を投げだしながら、実はそういう念仏の論理が根源的にすたっていく。念仏はまことであると選び取りつつ、それは無功徳なのだと捨てていく、念仏しなければならないというけれど、しなくてもいいのだと知らされる。この二つはまったく矛盾対立することですが、それがどこかで、一つのこととして私のうえに成り立っていく、それが真宗におけるまこと念仏なのです。江戸時代の終わりのころ、三河、いまの愛知県渥美郡田原町に、お園同行という有名なおばあさんがいました。この人は仏法をほんとうによく聞いた人だった。自家の財産を全部つぶしてまで仏法を聞いて歩いたといいます。そして少しでも分からないことがあると、京都まで上って師匠に聞いた。三河と京都は六十里あまり、少々の距離ではありませんが、しばしば往復したといいます。それほどよく聞法したが、死ぬるときに友人が、「あんたほど聞法した人をわしは知らん。聞法の極意を教えてほしい」と尋ねたら、お園さんは、「無駄骨を折ったただけよ」と、そういったと伝えられています。真宗の仏道の極意とはこのことだと思います。何も聞かなくてもよかった。仏が向こうから全部私にはたらきかけてくださっているのだから、何も求めることもなく、聞くことはなかったということです。けれども、そのような境地は、よほど求め、よほど聞かないと分からない。成り立たないことでしょう。念仏もそうです。何も仏の名前を呼ぶことはないのです。その前に仏から呼ばれているのです。しかし呼ぶ前に呼ばれていたと思い当たるのは、懸命に呼んでみないと分からないのです。この人生における経験でもそうでしょう。自分の人生において懸命に努力してこそ、はじめて他人のおかげが知れてくるのです。まったく横着していては、他人のおかげは分からない。いまも、親鸞聖人はともかく念仏せよと教示されている。念仏しなければならないから一生懸命にするのです。しかしそれが、最後には、念仏することはなかったと、どんでん返しになる。おのれの論理と努力とが全部崩壊する。先ほどの言葉でいえば桶の底、心の底が抜けるわけです。そのときに思い当たる世界が顕わとなってくる。この第十条の主題である「念仏には無義をもて義とす」という意味が、まさしくここにあるわけです。

三　伝統教学の理解

ところが今日における本願寺派の伝統教学の理解はそうでないのです。親鸞聖人は、真宗における仏道は教行証の道だといわれました。それが親鸞聖人の没後、曾孫の覚如から後には、多く教行信証と呼びました。そしてその行とは念仏ではなく、名号だと理解しました。今日の本願寺派ではそれをことに法体名号だといっています。それはたんなる名前ではなく、阿弥陀仏の働きがこもっている名前だということで法体名号というわけです。このような理解は、覚如から蓮如を通って今日に至っているわけです。ただし、覚如の長男の存覚は、その行を称名念仏と理解します。そして大谷派の伝統教学は、江戸時代以来、ことにこの存覚教学に依っていますので、その行とは称名念仏であるといっています。その点、この教行証の道における行の理解をめぐっては、本願寺派は名号、大谷派は称名だといっているわけです。そして本願寺派では、その名号の説明をめぐって、機法一体、名体不二、願行具足ということをいっています。しかし、これらの言葉は親鸞聖人がいわれたものではありません。経典にもでてはいません。この機法一体とか名体不二とか願行具足という用語は、いずれも西山浄土宗系の人が書いたという『安心決定鈔』の中に見られるもので、西山教学の用語です。この西山教学とは、親鸞聖人の兄弟子にあたる証空という人が開宗した西山浄土宗の教学です。覚如は若い頃に、この西山浄土宗の教学を学びましたので、そのことから、この教学が真宗に取り入れられたのです。そしてここでいう機法一体とは、機とは人間のことをいい、法とは仏のことをいい、その両者の関係は不二一体であるということを明かすものですが、名号についていえば、その名号の中に、すでにそういう仏と私が不二一体であるということが成就しているというわけです。したがってそういう名号を私の身の上にいただくならば、そのまま機法一体の救いが成立するというのです。また名体不二ということをいうのも西山教学です。この名体不二とは、名前とその名前が指示するところの本体、ものがらが、不二にして一体であるということで、仏の名号はたんなる名前ではなく、その名前の中に、そのものがら、仏の働きのすべてがこもっている、ということを意味します。したがってその名号を私がいただくならば、そっくりその仏の働きを身にうることができ、救いが成立するというわけです。これでは名号がそのまま霊的存在としてのお守り札と化し、真宗信心とは呪術信仰になりかねません。また願行具足というのも西山教学で、名号の中には、阿弥陀仏の私たちを救うための願とその行、働きのすべてが具足しているわけで、私たちが、その名号をいただくならば、その名号の働きによって、ただちに救われていくことができるというのです。

かくして今日の本願寺派の伝統教学においては、真宗における行とは、阿弥陀仏の名号そのもののことであるといい、その名号とは、上に述べたように機法一体であり、名体不二であり、願行具足であって、その名号をいただくならば、その名号に宿るところのこれらの働きが作用して、仏の救いが成立するというわけです。ところで、ここでは万善万行の功徳がこもり、あらゆる力用をそなえているところの名号をいただくといいますが、その名号はどのようにしていただくのか、それについては、古来、名号印現説ということが語られています。すなわち、私たちが無疑なる心、真っ白い心の紙を仏の前に差しだすならば、仏がその無疑なる心、真っ白い紙に、南無阿弥陀仏なる名号の印判を捺印してくださる、それが名号を領受することであり、そのことを信心開発というというわけです。これが名号印現説ということであり、このことは上に見た三業惑乱事件にかかわって、真宗信心とは、非三業、非意業だと主張した安芸の大瀛がいいはじめたものですが、まことに徹底したところの二元的、観念的な行と信をめぐる解釈です。しかしながら、今日でも伝道、布教の現場では、このようなことが相変らず語られているわけですが、こんな話が現代の人々に受けいれられるはずはないでしょう。その点、この本願寺派の伝統教学では、念仏往生ということは語りません。称名念仏は、すべてその名号の領受、すなわち信心開発以後の報恩の行業であるというわけです。このような称名報恩の思想もまた、もともとは西山浄土宗の教学によるものでしたが、それが覚如によって取り入れられたものです。その意味において、今日の本願寺派の伝統教学における行信、念仏と信心をめぐる理解は、親鸞聖人の領解とは遠くはなれて、まったくの異質ですが、親鸞聖人の本意は、あくまでも称名大行であり、念仏往生の道です。

四　無義為義の思想

一、無義について

それでは次に「無義為義」の問題についてお話しましょう。ここで初めの無義、「義が無い」というときの「義」は、辞典的には、「正しきすじみち、のり（法）」、「むね・わけ（意旨）」、「事物を裁制して各よろしからしめる」、「行事の正しき理に適すること」（『字源』）等いろいろな説明がありますが、総じて、ものの善悪を分別、裁断する、思慮、計慮する、自分であれこれ考えるという意味になります。この言葉をめぐっては、親鸞聖人の解説がいろいろとありますので紹介しましょう。

このこころをえつれば、他力は義なきを義とするとなり、義といふは行者のはからふこころなり。このゆへに自力といふなり、よくよくこころふべしと。（『尊号真像銘文』略本）

自分で、これで私は少し仏法が分かったとか、少し念仏が称えられるようになった、これでよかろうなどと、仏法を学びながら自分で自分をはからっている。「これならよかろう」、「これではまだちょっと足りないな」などと、自分で自己計量をする、そういうはからいの心を捨てることを無義というのです。親鸞聖人は、それと同じような教示を繰返されています。

このこころをえつれば、他力には義のなきをもて義とすと本師聖人のおほせごとなり、義といふは行者のおのおのはからふこころなり、このゆへにおのおののはからふこころをもたるほどおば自力といふ也、よくよくこの自力のやうをこころふべしとなり。（『尊号真像銘文』広本）

如来の御ちかひなれば、他力は義なきを義とすと、聖人のおほせごとにてありき、義といふことは、はからうことばなり。行者のはからひは自力なれば義といふなり。他力は本願を信楽して往生必定なるゆへにさらに義なしとなり。（『末燈鈔』）

また他力とまふすことは、義なきを義とすとまふすなり。義とまふすことは、行者のをのをののはからふことを義とは申すなり。如来の誓願は不可思議にましますゆへに、仏と仏との御はからひなり、凡夫のはからひにあらず。補処の弥勒菩薩をはじめとして、仏智の不思議をはからふべきひとは候はず。しかれば、如来の誓願には義なきを義とすとは、大師聖人のおほせに候き。（『末燈鈔』）

また弥陀の本願を信じさふらひぬるうへには、義なきを義とすとこそ大師聖人のおほせにてさふらへ。かやうに義のさふらふらんかぎりは、他力にはあらず自力なりときこえてさふらふ。また他力とまふすは、仏智不思議にてさふらふなるときに、煩悩具足の凡夫の無上覚のさとりをえさふらふなることをば仏と仏のみ御はからひなり、さらに行者のはからひにあらずさふらふ。しかれば義なきを義とすとさふらふなり。義とまふすことは自力のひとのはからひをまふすなり、他力にはしかれば義なきを義とすとさふらふなり。(『親鸞聖人御消息集』)

行者のはからいのなきゆへに、義なきを義とすと他力おば申なり。善とも悪とも、浄とも穢とも、行者のはからひなきみとならせ給て候へばこそ、義なきを義とすとは申ことにて候へ。(『親鸞聖人御消息集』善性本)

聖道門のひとはみな　自力の心をむねとして

他力不思議にいりぬれば　義なきを義とすと信知せり(『正像末和讃』)

その他にも多く見られます。これらはみな親鸞聖人の言葉ですが、いずれも同じような意味です。義とは、仏教用語では計度といって、はからう心のことであり、自分自身において、あれこれと意義づけ理由づけして判断することです。だから無義とは、そういう計らいの心が全面的に棄てられていくことです。懸命に仏法を学び、心して念仏しながら、そういう私の行為に価値を認め、それを頼りとするという心を、徹底して棄てていくこと、それを義がないこと、無義というわけです。

二、為義について

それからあとの、「義となす」の「義」は、前の無義の義、「はからい」の意味とは異なって、正しい道理、むね、

て、
わけということをあらわします。なお、『歎異抄』には、他の箇所にも、同じ意味をもった「義」の用例が見られ

　不足言の義といひつべし。（第十二条）

不足言というのは、言葉が足りないことで、充分に説明がされてないという道理ということです。

　いかでかその義あらんといふ。（『歎異抄』結文）

どうしてそういう道理があるのでしょうか、という。そのほか、

　かくのごとくの義どもおほせられあひさふらうひとびと（『歎異抄』結文）

などと、処々に「義」の語がでてきます。

また親鸞聖人の用例としては、「三心即一の義」（『浄土文類聚鈔』）、「念仏の義」（『末燈鈔』）、「浄土宗の義」（『末燈鈔』）、「有念の義、無念の義」（『親鸞聖人御消息集』）等々いろいろとありますが、これらはみな道理、理由ということをあらわしています。ただし、あとの「義」についての従来の解釈の中には、次のような変わった解釈もあります。大谷派の江戸時代の教学者である了祥氏は、それは人間の「はからい」であるといいます。無義、義がないということは「よき義のはからい」であるというわけです。彼には『歎異抄聞記』等、多くの著書があります。しかし、この解釈はちょっと通らないのではないかと思います。それから、本願寺派の梅原真隆氏は、それは「如来の恩義」のことであるといって、凡夫のはからいのないことが如来のはからいである、といいます。また、本願寺派の瓜生津隆雄氏は、それは「儀」であると解釈します。「儀」とは、規定、きまりということで、はからいがないことが儀、きまりであるというのです。そして初めのほうの義は「議」のことであり、あとの義は儀で、無議為儀だというわけです。そういうこともいえるかもしれませんが、いささかてらいすぎではありませんか。まあいろ

いろの理解があります。

そして次の「不可称、不可説、不可思議」とは、そういう無義為義の念仏は、また説明することも、考えることもできないものである、ということであって、これは、まことの念仏とは、私たちの自己分別、計度、思惟、表現をはるかに超えたものであるということを意味します。親鸞聖人は、「無根の信」ということをいわれました。根がないけれども信心の華が咲くということです。この言葉は「信巻」にでているものですが『涅槃経』の言葉です。それに重ねていえば、同じようにして「無根の念仏」ということがいえるでしょう。念仏しながらも、その念仏にはまったく根がないということ。それは分かりやすくいえば、如来よりたまわりたる念仏、いただきものの念仏、他力廻向の念仏ということです。いまこの第十条の教示、まことの念仏とは、「無義をもて義とす」、「不可称不可説不可思議」であるということは、まさしくその念仏が、「無根の念仏」であるということを意味するものでしょう。

以上に述べた無義為義の意味を、再度まとめていうなら、ここでは真宗におけるまことの念仏とは、自己の計度、分別を放棄し、それを超えたところに成立するものであるということ。そしてそのことが、真宗念仏の根本原理、意趣、本義であるということ。このことを「念仏には義なきを義とす」という、この言葉で教示されているわけです。

五　自然法爾の思想

それから、この無義為義の教訓にかかわるものとして、「自然法爾」の思想について、いささか触れておきたいと思います。親鸞聖人の弟子に顕智という人がいます。代表的な門弟です。その上には、真仏という門弟がいたのですが、早く亡くなりましたから、この顕智が関東の門弟を束ねていました。正嘉二年の冬、親鸞聖人八十六歳のとき、この人が京都に親鸞聖人を訪ねています。そのころの親鸞聖人は、弟の尋有法師が居住されていた、三条富小路の善法院においでになりましたが、顕智はそこで親鸞聖人の法語を聞いたのです。なお、彼は親鸞聖人が亡くなられるときにも上京して、枕元で臨終を看取り、あとのお葬式も取り仕切っています。その顕智が、そのときに聞いた法語を自分で書きとどめたものが今日残っています。その中に、次のような文章があります。

自然といふは、自はをのづからといふ、行者のはからひにあらず、しからしむといふことばなり。然といふは、しからしむといふことば、行者のはからひにあらず、如来のちかひにてあるがゆへに。法爾といふは、この如来のおむちかひなるがゆへに、しからしむるを法爾といふ。法爾は、このおむちかひなりけるゆへに、すべて行者のはからひのなきをもて、この法のとくのゆへに、しからしむといふなり。すべて、人のはじめてはからはざるなり。このゆへに、他力には義なきを義とす、としるべしとなり。（『親鸞聖人全集』書簡篇）

そこでは、「自然」ということと、「法爾」ということが解説されています。そしてこの文章の終わりのところで、「義なきを義とす」という言葉がでてきます。だからこの無義為義ということは、「自然法爾」ということにも重なって、同じ内容をもっていることがうかがわれます。そこでちょっと、この「自然法爾」の教示をめぐって説明しておきます。自然というのは他然に対する自然です。だから自然とは自らしかるということで、他がしからしむというのは他然です。いわゆる人工であるか、ひとりでであるかということです。この「自然」には、古語としての鎌倉時代の用例を調べてみますと、「じねん」と「しぜん」と二つの読み方があるようです。「しぜん」と読めば、鎌倉時代の言葉では、もしも、万一、たまたま、偶然、という意味なのです。だから「しぜんに起きた」というと、おおごとが起きたということ、あってはならないことが起きたということでもあって、人が死ぬことを指す場合もあります。ひとりでにという意味ではないのです。あってはならないことが起きることを、鎌倉時代では「しぜん」といった。それに対して、「じねん」と読む場合には、もともとそうであること。天然のまま人の手を加えないことをいいます。自然生（じねんじょう）というのは、ムカゴのイモが枝から落ちて大きくなったものをいったのです。「じねん」に生まれるからでしょう。今日では「自然薯」と書いてジネンジョといいます。つまり「じねん」は、しぜんに、もともとに、人の手を加えない、という意味です。しかし、現代の用例では、そこのところが違っていて、それ自身の力によってそうなる、人間の作為が加わらないままの現象のことを自然（しぜん）といっています。「じねん」と読んだときには、もともとそうであるということなのですが、それについてことに真宗教学においては、三種の自然ということをいいます。その三種とは業道自然、無為自然、願力自然のことです。

その業道自然というのは、『無量寿経』に「天道自然にして、蹉跌することをえず」という言葉があるのですが、ここで「天道」というのは自然の道理、いわゆる因果の道理を指します。善い因を行じたら善い報いがあるし、悪い因を行じたら悪い報いがある。「自然にして蹉跌することをえず」というのは、そういう道理に違わないということです。すなわち、自然とは、白い花の種を蒔けば白い花が咲く。赤い種には赤い花が咲くと、因果の道理、ということをいう。

かくして私の行為によって、それに相応する報いとしての結果がでてくるのを、業道自然という。また無為自然というのは、親鸞聖人は「自然はすなわち報土なり」（『高僧和讃』）と語られます。この場合の自然とは、人間のはからいが一切ないということです。この世を超えたという意味で浄土のことを無為という。無為とは、作為することがないということで、その反対は有為です。「有為の奥山けふこえて」の有為です。

人間によって作られた世界が有為。無為とは人間の作為を超えたものということをいいます。人間のはからいや作為を超えた世界を無為自然といいます。これはすなわち浄土のことです。そして願力自然。親鸞聖人は「念仏成仏自然なり」（『高僧和讃』）といわれます。この場合の自然とは、「さとり」の道理、仏力によって、という意味合いで使われています。古来、真宗教学では、自然ということを、このような三種の意味において理解しています。いまの自然法爾の自然とは、この願力自然のことです。

そこで、いまの「自然法爾」の文にかえりますと、「自然といふは、自はおのずからといふ、行者のはからひにあらず」という場合の「自」というのは、人間のはからいを超えてということです。先ほどの言葉でいえば無義という世界です。さらにいえば、ひとりでに、もともとから、仏のはたらきによって、ということです。そして「然といふは、しからしむといふことば」、そのようになさしめられるのだと受け身にいうのです。この語は使役の意味にも理解できましょうが、それは宇宙・世界を貫徹する根本原理、ダルマの説明と捉えて、受け身に理解したいと思います。「行者のはからひにあらず、如来のちかひにてあるがゆへに」、私自身のはからいのすべてを超えているのです。したがってそれは仏の働きともいいえます。受動態として、しからしむというようにこの「然」を読みます。もう一度説明しますが、「自」というのは普通「みずから」と読みます。ところが親鸞聖人は「おのずから」と読まれます。これは私の理解ですが、「みずから」と読む場合の自には、自分で何かをするという我執の自分が残っている。「おのずから」という場合の自とは、我執を離れたところの無我の自です。私のはからいがなくなった私の在りようを、「おのずから」といおうとなさったのではないか。「みずから」というのは「わしが」という根性です。「おのずから」というのは、やはり私がするのですが、そこでの私は底のすべてが抜けた私です。だから念仏して、その念仏がほんとうの念仏になるというのは、おのずからの念仏になるという世界です。みずからの念仏が、おのずからの念仏になる。念仏は私がしなければなりません。放っておいたら念仏はでてはこない。私が意志して申すのですが、その私が抜けたところで、仏の慈悲に、思い当たり思い当たりする世界を、おのずからというのです。我執を離れたところの「自」です。「然」というのは「しかる」で、これは自分の能動態です。それに対して親鸞聖人は「しからしむ」と受け身の意味にとっておられる。これも同じことで、私がやっているのだが私が抜けているから、仏のはからいによってそうなるとしかいえなかったのです。それを「自然といふは、もとよりしからしむといふことばなり」とおっしゃった。私でありながら私が抜けているところで受け身にとったから、「自然」というのです。

「法爾」というのも同じ意趣です。「法爾といふは、この如来のおむちかひなるがゆへに、しからしむるを法爾といふ」、「法」というのはもともと道理のことです。この宇宙・世界を貫徹する根本原理、ダルマです。「爾」は、しかるで「然」と同じ意味です。だからこれもやはり受け身にとって、しからしむると読んでいます。したがって自然と法爾とは同じことなのです。「自然」というのは、この宇宙・世界を貫徹する根本原理、ダルマの本来の在りようについていったものです。そして「法爾」というのは、「如来のおむちかひ」と親鸞聖人がいっておられるように、その根本原理、ダルマの本来の在りようを如来の働きとして捉えていったものです。だから、「無義為義」といい、「自然法爾」というも、同じことを明かされているわけです。そしてこの法語の最後のところに、

弥陀仏は、自然のやうをしらせんれうなり。

と語られています。この言葉について、いささか話しておきます。ここには非常に深い親鸞聖人の思想が見られると思います。ここで「やう」というのは、親鸞聖人の用例で見ると「様」で、その相状を意味します。また「れう」というのは、古語の辞典を見ると二つの意味があると書いてある。一つは、材料、手段という意味。もう一つ

は、何々のために、という意味だとあります。あるいは目的に対する働きをいっている場合もあるようです。どちらにしても似たようなことですが、ここでは「何々のために」という意味に捉えたらどうでしょうか。かくして、この文の意味は、阿弥陀仏とは、上に見たような自然法爾、この宇宙・世界を貫徹する根本原理、ダルマの相状を、私たちに知らせようという目的のために語られたものだというのです。つまり、阿弥陀仏というものは、もともとは自然の道理、この宇宙・世界を貫く根本原理にほかならず、それを分かりやすく私たちに伝えるために、阿弥陀仏を語り、その本願を語ったと、こういうことです。それはこの宇宙・世界に遍満する無我大悲なる生命といってもいいでしょう。阿弥陀仏とは、そういう生命、そういう根本原理を、私たちに知らせるために象徴表現したものだというわけです。

このことは親鸞聖人の、真宗法義に対する最晩年の深い受け止め方、領解だと思います。現代人の科学的な発想からすれば、経典に阿弥陀仏とか浄土とかが、あれこれと神話表現的、物語的に書かれているから、多くの人々はそれに抵抗を感じるのですが、すでに上にいったように、阿弥陀仏の成仏の物語にしても、また浄土の荘厳相にしても、それらはすべて釈尊の「さとり」の内実、その生命を象徴表現したものでしかありません。ここでいう象徴表現とは、この世俗の世界を超越した究極的な真理の世界、「さとり」の世界を、私たち人間に知らせるために、この世界の中のさまざまな事象を材料としながら、類比的に表現、表象したものをいうわけで、インドの龍樹菩薩は、そのことを月と指の譬えで教示しています。すなわち、その月とは、この世界を超えた究極的な真理、「さとり」の世界を意味し、指とは、その真理、「さとり」について指示する経典の言葉を意味します。私たちは天空に輝く月を見るためには、その指によらなければなりませんが、龍樹菩薩は、その指を見て月と思い誤ってはならないといいます。経典の言葉は指でしかありません。その指を通してそれが指示するところの、天空に輝く月を見なければなりません。経典に説かれるところの阿弥陀仏や浄土の物語は、どこまでも指でしかなく、それを通して、天空の月、すなわち、究極的な真理、「さとり」の世界、自然法爾の世界を見ることが肝要なのです。その意味においては『無量寿経』の教えも、親鸞聖人の言葉も、仏法の語は何もかも指にすぎないのです。「阿弥陀仏は自然のやうをしらせんれうになり」、経典に明かされる阿弥陀仏をめぐる教言は、すべて「自然のよう」を知らせるための象徴表現なのです。指なのです。この世界を超えたところの自然の世界、究極的な真理、それを私たちに知らせるために、指月の指として阿弥陀仏の本願が説かれ、名号が語られているのです。七里恒順師の弟子に、三重県の髙田派の村田静照という人があります。大正から昭和時代にかけて生きた人ですが、彼は「私たちが学んでいる真宗の教えには、混じりものが入っているから、それをちゃんと取り除いて聞かなければならない。仏法の話というものは、雑炊のようなものだ。皆さんになんとかして聞いてもらおうと思うから、いろいろと味をつけたり、野菜を入れたりして、それを皆さんに話しているのだ。これはまったく雑炊です」というわけです。雑炊というのは混じりものが入っています。だから仏法を聞くについては、それらをうまく取り除いて聞かなくてはならないといっています。経典、釈尊の教えも、また親鸞聖人の教えも、まして一般の僧侶の法話は、いろいろなものが入った雑炊だから、よくよく気をつけて聞かなればいけない。そこで村田師は、「雑炊でないのは念仏だけだ。南無阿弥陀仏の六字の名号には混じりっ気がないから、それを称えて、それを聞けば、ほんとうの聞法になるのだ」という。まことにその通りです。しかし、私は、名号さえも雑炊だと思います。親鸞聖人は、念仏を明かすについて、なぜ「無碍光如来の名を称する」(「行巻」)といわれたのか。なぜ南無阿弥陀仏を称するといわれなかったのか。これは、村田師のいい方からすれば、親鸞聖人も、雑炊の問題を考えておられたのだろうと思います。南無阿弥陀仏がたんなる呪文になることを心配されたのだと思います。だから親鸞聖人の時代は、その称名については、「南無阿弥陀仏」のほかに、「南無無礙光如来」とも、「南無不可思議光如来」とも、称名念仏をさせておられたようです。『末燈鈔』には、覚信坊という弟子が亡くなるときに、「南無阿弥陀仏、南無無礙光如来、南無不可思議光如来」と称えて生命を終わった、と書いてあります。このことは、日ごろよほどよくそのように称えていないと、死ぬときに、そんな言葉がでてくるはずがないですから、親鸞聖人の時代には、そのように、いろいろな仏名を称えていたのだろうと思うわけです。仏像も経典も仏の名号も、みんな指なのです。月ではありません。「自然のやうをしらせんれうなり」の「れう」です。ここのところが充分に理解できていないから、本願寺で名号を買ってきて、それをお守りにしている門徒がいることになるのです。いまの伝統教学では、この象徴表現、指月の指、「しらせんれう」という問題がまったく考慮されていません。だから、上に述べたように、機法一体、名体不二、願行具足の名号をいただく、それを私の心に捺印してもらうという、実体的な名号印現説が語られることになるのです。このような「自然のやうをしらせんれうなり」と明かされる、象徴表現の問題は、今後の真宗教学においては、充分に留意すべき重要なテーマであろうと思うことです。この真宗における象徴については、別のところでいろいろ考察していますので、興味ある方はそれをご覧ください。

信楽峻麿（しがらき　たかまろ）

1926年広島県に生まれる。1955年龍谷大学研究科（旧制）を卒業。1958年龍谷大学文学部に奉職。助手、講師、助教授を経て1970年に教授。1989年より龍谷大学長に就任。

現在　龍谷大学名誉教授、文学博士。
　　　仏教伝道協会理事長。

著書　『教行証文類講義』全9巻『真宗教団論』『親鸞の道』『宗教と現代社会』“The Buddhist world of Awakening” その他。

信楽峻麿著作集第四巻
歎異抄講義 I

二〇〇八年三月二五日　初版第一刷発行

著　者　信楽峻麿
発行者　西村明高
発行所　株式会社　法藏館
京都市下京区正面通烏丸東入
郵便番号　六〇〇-八一五三
電話　〇七五-三四三-〇〇三〇（編集）
　　　〇七五-三四三-五六五六（営業）

印刷・製本　亜細亜印刷株式会社

ISBN978-4-8318-3384-6 C3315

索　引

一 般 索 引

あ

い

う・え

お

か

す・せ――――

へ・ほ

ま

み

む

め・も

や・ゆ・よ

ら・り

る・れ・ろ・わ

人名索引

書 名 索 引

せ・そ――――

た・ち・て――――

に・ね――――

は――――

ひ――――

へ・ほ――――

ま・み――――

む・も――――

ゆ――――

り・れ――――

ろ――――